P... en tu Vida

Para Diana con todo cariño, esperando que este devosional le sea de Bendición en su vida.

En el Amor de Jesús Gladys.

Noviembre, 5 - 12

Una Pausa en tu Vida

¡Dichosos los que oyen la Palabra
de Dios y la obedecen!
Lucas 11:28

PABLO MARTiNi

CLC EDITORIAL · CENTRO DE LITERATURA CRISTIANA

CENTRO DE LITERATURA CRISTIANA

en países de habla hispana

Colombia: Centro de Literatura Cristiana
ventasint@clccolombia.com
editorial@clccolombia.com
Bogotá, D.C.

Chile: Cruzada de Literatura Cristiana
santiago@clcchile.com
Santiago de Chile

Ecuador: Centro de Literatura Cristiana
ventasbodega@clcecuador.com
Quito

España: Centro de Literatura Cristiana
madrid@clclibros.org
Madrid

Panamá: Centro de Literatura Cristiana
clcmchen@cwpanama.net
Panamá

Uruguay: Centro de Literatura Cristiana
libros@clcuruguay.com
Montevideo

USA: CLC Ministries International
churd@clcpublications.com
Fort Washington, PA

Venezuela: Centro de Literatura Cristiana
distribucion@clcvenezuela.com
Valencia

EDITORIAL CLC
Diagonal 61D Bis No. 24-50
Bogotá, D.C., Colombia
editorial@clccolombia.com
www.clccolombia.com

ISBN: 978-958-8691-28-2

Una Pausa en Tu Vida 2012, por Pablo Martini

Edición y Diseño Técnico: Editorial CLC
Impreso en Colombia — Printed in Colombia

Somos miembros de la Red Letraviva: www.letraviva.com

RECONOCIMIENTOS

Este libro está dedicado a Dios, en primer lugar, Quien gestó esta obra desde antes de la fundación del mundo.

A todas las personas que me animaron a comenzar y continuar este desafío de fe.
A todos aquellos que aportaron tiempo, consejos, dinero y dones puestos a disposición, y que me enseñaron que *cuando lo poco que tienes es todo lo que tienes, para Dios es mucho.*

A mis tres preciosas hijas, y en especial a vos, Marta, compañera fiel, ayuda ideal, motivación de cada proyecto de vida.

Pablo Martini

CLC EDITORIAL · CENTRO DE LITERATURA CRISTIANA

¿QUIÉNES SOMOS?

CLC es un ministerio mundial de evangelismo a través de la página impresa, conformado por cristianos de diversos países, culturas y denominaciones, comprometidos con Dios, cuyo objetivo principal es dar a conocer al Señor Jesucristo, guiando a miles de personas a que lo acepten como Salvador y Señor.

Adicionalmente estamos comprometidos en inspirar, movilizar y entrenar a otros para este dinámico ministerio de la literatura.

MISIÓN

Nuestro propósito es poner al alcance de todas las naciones, la literatura cristiana, de manera que las personas puedan venir al conocimiento de la fe y a la madurez en el Señor Jesucristo.

VISIÓN

Ser una organización comprometida con Dios, que contribuye con la extensión del Evangelio de Jesucristo a través de la literatura cristiana, sirviendo con excelencia y de manera integral a todo pueblo y nación, dando la máxima Gloria a Dios.

NACIMIENTO Y DESARROLLO DEL MINISTERIO

Dios unió la vida de Ken y Bessie Adams, para iniciar una obra maravillosa en medio de los rigores de la Segunda Guerra Mundial. En el año 1941, estos siervos del Señor conmovidos por la situación espiritual de su natal Inglaterra, decidieron llevar el mensaje de Cristo a todos los necesitados. Recorrieron hospitales, cárceles, bases militares y campos de concentración donde había personas afligidas. Dios les enseñó que una manera de hacer perdurable el contacto con las personas, era dejándoles versículos escritos en pequeños trozos de papel.

Más tarde, aprovechando la vocación literaria y empresarial de Ken Adams, abrieron una librería.

En este tiempo, Dios fue armando cada pieza para su propósito y es así como nace el contacto con la WEC. Los Adams querían seguir adelante con su labor evangelística y la condición para aceptar el llamado misionero con esta agencia, era mantener la librería abierta. La respuesta de Norman Grubb, director de la misión fue: ¿Cerrarla? ¡Nada de eso! Hacen falta librerías cristianas en todas partes; una especie de "grandes almacenes espirituales" en todo el país... No la cierres ¡Cópiala en todas partes!

Esta fue una confirmación inmediata de parte de Dios. Lo que comenzó como el ministerio literario de la WEC, llamado en ese tiempo Editorial Evangélica, pronto se amplió hasta convertirse en una cadena de librerías en el Reino Unido. Al crecer este ministerio, CLC amplió su visión como agencia misionera interdenominacional que utilizaría la literatura para servir a todas las naciones, iniciando una maravillosa visión: el uso de la página impresa para la evangelización del mundo y la edificación de millones de creyentes.

¿CÓMO OPERA?

El ministerio de CLC, está dirigido esencialmente a impactar personas, familias, comunidades y naciones enteras, a través de los recursos que Dios nos provee por Su gracia. En este sentido cada librería se convierte en un sitio de encuentro espiritual y consejería, donde la gente puede examinar el material disponible, adquirir libros y otros recursos; recibir información y orientación sobre temas espirituales y disfrutar un momento de compañerismo.

Como parte de su ministerio local, promueve en algunos países bibliotecas y préstamos de libros. Otro recurso son las librerías ambulantes, que llegan a sitios lejanos, donde la gente tiene poco acceso a literatura cristiana. Además promueve la literatura a través de exhibiciones itinerantes en plazas de mercado, ferias, exposiciones y lugares apartados de la geografía mundial.

Después de seis décadas, este trabajo personal de amor a los perdidos, se ha transformado en un dinámico ministerio mundial con más de 1000 obreros que trabajan en más de 58 países de todo el mundo, y que alcanza a más de 100 naciones por medio de librerías cristianas fijas y rodantes, utilizando: Biblias, libros, películas, diapositivas y folletos, retiros espirituales, predicación a través de la radio, apoyo espiritual y toda actividad que lleve a las personas al conocimiento de Jesucristo.

Nuestra experiencia ha hecho evidente que las librerías son como templos, los mostradores como pulpitos, y cada libro o material afín, como un misionero, maestro, pastor o consejero, que realizan una obra efectiva (muchas veces anónima), guiados por el Espíritu Santo. Cada miembro de CLC está comprometido a usar la literatura cristiana como un medio masivo y poderoso de comunicación, para alcanzar a nuestra numerosa y necesitada generación con el mensaje de Cristo.

¿CÓMO SE SOSTIENE?

Uno de los principios básicos desde el comienzo ha sido la dependencia de Dios para el sustento de la obra; esa fue la forma como inició este ministerio, y la constante en cada uno de los países donde CLC ha empezado su servicio, ha sido una historia de fe, pues la fidelidad y el tierno cuidado de Dios son la base para afirmar el establecimiento de nuestro ministerio en cada lugar.

El producto obtenido como resultado de distribuir la literatura, nos permite reinvertir estas utilidades en la evangelización. Gracias a estos recursos, reimprimimos, adquirimos nuevos títulos y subsidiamos programas especiales de literatura.

La obra en cada país tiene el compromiso de auto sostenerse y también de contribuir, en la medida de sus posibilidades, con el comienzo y sostenimiento de la obra en los países más necesitados, como sucede en la actualidad con Rusia, Europa Oriental, Guinea Ecuatorial, Indonesia y el Sudeste Asiático. En Latinoamérica estamos comprometidos en destinar recursos para el proyecto de ayuda a Cuba y adelantar las gestiones para establecer CLC en Nicaragua y Bolivia.

Básicamente los obreros en el ministerio se sostienen de tres formas. (1) En algunos países es requisito indispensable para vincularse, que el obrero tenga garantizada su provisión por medio de la familia, amigos, donantes, o la iglesia local. (2) Otros lo hacen con su pensión de jubilación, con recursos propios o con ingresos provenientes de alguna actividad económica, y (3) En América Latina y otros países menos desarrollados, se realiza a través de las utilidades generadas por la compra, distribución y venta de los materiales impresos o audiovisuales.

PRINCIPIOS ESPIRITUALES QUE NOS CARACTERIZAN

Cada obrero de nuestro ministerio está comprometido a vivir los siguientes principios bíblicos, que denominamos las cuatro columnas:

- Fe

Reconocemos que Dios es el proveedor de todo lo que necesitamos en nuestras vidas y ministerios. Por esta razón podemos confiar totalmente en Él, creyendo que cumplirá toda Su voluntad y propósito, a pesar de las dificultades, oposición o imposibilidades que tengamos que enfrentar.

- Sacrificio

Reconocemos que la voluntad de Dios es más importante que el bienestar y los deseos personales. En caso de ser necesario, estamos preparados para vivir ajustados a las circunstancias, sabiendo que Dios tiene el control de cada situación, adaptando nuestro estilo de vida a los principios bíblicos, como respuesta a la influencia de las tendencias y los estándares de vida de la sociedad actual.

- Santidad

Reconocemos que nuestra meta es agradar a Dios de manera integral, es decir, que todo nuestro ser y nuestras acciones, estarán encaminadas a glorificar al Señor, no en nuestras propias fuerzas, sino en el poder de Su Santo Espíritu.

- Compañerismo

Reconocemos que aunque venimos de diferentes trasfondos sociales, étnicos y denominacionales, nuestra unidad en Cristo, hace posible que trabajemos, y tengamos comunión como parte de la familia de Dios. Por consiguiente estamos animados a mantener la unidad del Espíritu en el vínculo del amor y la paz.

CONFESIÓN DE FE

I. Creemos que la Biblia es la única inspirada, infalible y autorizada Palabra de Dios.

II. Creemos que hay un solo Dios, que existe eternamente en tres personas: Padre, Hijo y Espíritu Santo.

III. Creemos en la Deidad de nuestro Señor Jesucristo; en Su nacimiento virginal; en Su vida sin pecado; en Sus milagros; en Su muerte vicaria y expiatoria por Su sangre derramada; en Su resurrección corporal; en Su ascensión a la diestra del Padre y en Su regreso personal a la tierra, con poder y gloria.

IV. Creemos que la regeneración por el Espíritu Santo es absolutamente esencial para la salvación del hombre perdido y pecador.

V. Creemos en el ministerio actual del Espíritu Santo, por cuya posesión y control, el creyente es capacitado para vivir una vida fructífera.

VI. Creemos en la resurrección tanto de los salvos como de los perdidos; los salvos a resurrección de vida y los perdidos a resurrección de condenación.

VII. Creemos en la unidad espiritual de los creyentes en nuestro Señor Jesucristo, los cuales componen la iglesia que es Su cuerpo.

INTRODUCCIÓN

En un esfuerzo para bendecirte, CLC, pone a tu disposición este libro, para ayudarte a captar la perspectiva correcta sobre temas variados y actuales que conforman nuestro mundo, tu mundo.

Una cosmovisión fresca con la óptica del cielo, ya que si quieres tener un panorama real y completo debes escalar alto.

"Una pausa en tu vida" es ideal para un tiempo de reflexión antes de iniciar el día. Sus notas te ayudarán a tomar decisiones guiadas por la Palabra de Dios e infundirte ánimo.

Sintético, preciso y movilizador, "Una pausa en tu vida" comenzará a ser tu compañero inseparable, herramienta indispensable para elevarte sobre el nivel de la mediocridad y comprender el verdadero propósito de la vida que Dios tuvo en mente al permitirte existir.

Dios tiene un plan para ti y es nuestro deseo que estas sencillas reflexiones te ayuden a descubrirlo.

Gustoso de servirte,

Pablo Martini

1 de enero

SEPULTADO

"Pero yo, cuando sea levantado de la tierra, atraeré a todos a mí mismo".

Juan 12:32

La historia nos revela una gran cantidad de hombres y mujeres que gritaron al mundo sus verdades y se fueron a la tumba defendiendo sus convicciones. Algunos fueron escuchados y creídos en vida, recibiendo los más altos honores por sus descubrimientos. Así nos vienen a la memoria Cristóbal Colón, Thomas Alva Edison, Albert Einstein, etc. Otros fueron desoídos, criticados y hasta tildados de locos o mentirosos. Sus teorías y versiones necesitaron de su propia tumba para dar crédito a sus palabras y recibir honores "Post mortem". Recordamos por ejemplo al gran novelista Julio Verne, visionario adelantado, cuyos descubrimientos fueron considerados locura en su época y hoy los vemos hechos realidad; al gran Galileo Galilei, o al pintor Holandés Van Gogh entre otros. Pero sólo hay un hombre en la historia que predicó Su versión del cielo y que revolucionó los valores de un mundo alborotado. Sólo hubo un hombre que ante la duda de muchos, la oposición de otros, el desprecio de Su familia y la traición de Sus amigos continuó enseñando lo que para Él era la verdad. Lo demostró con Su vida, lo predicó con Sus Palabras y lo certificó con Su muerte. Nadie le creyó, sólo un reducido grupo de fieles. Pero hoy millones de personas le deben la plena realización de sus vidas a Su muerte. Vidas transformadas por Su revolucionaria versión del amor. Familias estables que gozan de Su presencia, ¿Hace falta mencionar de quién estamos hablando? Este humilde carpintero, nacido en el anonimato, criado en la pobreza, fue el único hombre de la historia que murió por Sus convicciones y Su muerte sigue convocando a millones cada año. Descolgaron Su cuerpo inerte de aquella cruz y lo sepultaron en una cueva. Una piedra lo separó del mundo de los vivientes. Pero resucitó intacto a los tres días, ¿Por qué? Porque este hombre fue, nada más y nada menos que Dios mismo hecho hombre, encarnado para decirnos cuánto nos amaba. Hoy comienzas un nuevo año, ¿atenderás a Su mensaje? Pues entonces prepárate para la más emocionante aventura de la mano del que estuvo muerto y hoy vive para siempre.

Hoy, millones de personas le deben la plena realización de sus vidas a la muerte de Cristo

CAMINANDO HACIA EL CHIQUERO

> "Entren por la puerta estrecha. Porque es ancha la puerta y espacioso el camino que conduce a la destrucción, y muchos entran por ella. Pero estrecha es la puerta y angosto el camino que conduce a la vida, y son pocos los que la encuentran."
>
> **Mateo 7:13-14**

Un pastor evangélico descansaba el fin de semana en casa de unos amigos. Por la mañana quiso dar un paseo por los floridos jardines de la parte posterior de la casa y el hijo menor de la familia anfitriona le acompañó. Caminaron y conversaron. Sin intentar llegar a un rumbo fijo, aquel hombre siguió la dirección de un camino que atravesaba el parque y entonces aquel niño se detuvo y tiró de su mano. "¿Qué sucede?" preguntó intrigado el pastor al muchacho, "¿Por qué te detienes y tiras de mi mano?" "Es que no me gusta la manera en que este camino fue hecho ni tampoco el lugar hacia dónde conduce", respondió el niño. El camino era bello y nada parecía mostrar peligro en transitarlo, pero algo había en ese sendero desconocido para el hombre y conocido para el niño. "Este camino fue hecho por los cerdos, y conduce al chiquero. Ese es un lugar asqueroso, mal oliente y lleno de espinos y abrojos. Las moscas y las ratas viven allí y está muy lejos de nuestro parque. Usted no querrá llegar allá, ¿verdad?", advirtió el niño. "Por supuesto que no", dijo el pastor. "Gracias por avisarme".

Apreciado amigo, dice la Biblia que "hay caminos que al hombre le parecen derechos pero su fin es camino de muerte." ¿Sabes? Lo importante no es lo bonito, atractivo y decorado que resulte el sendero por el cual transita tu vida sino más bien el destino hacia dónde te conduce. Alguien dijo que el camino que conduce a un cementerio, aunque esté rodeado de rosas siempre será un camino triste que se recorre con lágrimas en los ojos. Pero el camino que conduce a una boda, aunque difícil y con obstáculos, siempre se hará con alegría y risas. ¿A dónde conduce el sendero que transitas? No mires las luces a los costados, pueden llevarte a las tinieblas eternas. No te distraigas con lo sutil de su invitación y lo dulce de su seducción, puede amargar tu vida después. Mira al final, piensa en tu destino. Dijo Jesús en Mateo 7:14 que **hay un camino que es difícil y angosto pero que lleva a la vida.** ¿Es ese el tuyo?

No mires las luces a tu costado, pueden llevarte a las tinieblas eternas

3 de enero

Sé Sal

Esta es un de las frases más ricas de Jesús. No rica por el simbolismo que utilizó: la sal, sino por la didáctica que encierra. La característica principal de la sal, entre otras, es la de modificar el medio que le rodea. Si hay corrupción, la detiene, si no hay sabor sazona, y si te excedes en su uso arruina, pero de una u otra mane-

> "Ustedes son la sal de la tierra. Pero si la sal se vuelve insípida, ¿cómo recobrará su sabor? Ya no sirve para nada, sino para que la gente la deseche y la pisotee."
>
> **Mateo 5:13**

ra, lo que era ya no será igual después de la acción de la sal. Vivimos en medio de un mundo, una sociedad cambiante y tenemos dos opciones, cambiar nuestro mundo circundante o ceder ante su presión siendo cambiados por él. Es en ese aspecto que la Biblia nos anima a ser sal. Aquellos que hemos recibido de Dios perdón de pecados y una vida nueva estamos en condiciones de permanecer impermeables ante la corrupción que nos rodea y aún actuar como preservantes. Pero aquellos que no han rendido sus vidas a los pies de Jesús, se sienten indefensos ante esta realidad y muchos sucumben ante el avance corruptor de la maldad. No dejes que el medio ambiente te absorba; adquiere el poder de Jesús y sé otro más que, al igual que la sal, modifica todo lo que toca pero no es modificado por nada. La relación con el Autor de la vida sazona la vida; el distanciamiento de Él la amarga. ¡Ponle sabor a tu existencia! Contagia a los que te rodean, con tu amor, tu humor y optimismo. Seguirá reinando la anarquía mientras el sol brille sobre nuestros hombros, pero eso no significa que todo esté perdido. La invitación del Señor a aquellos que viven una experiencia desabrida sigue en pie. Acude a Su llamado y escucharás también la misma Palabra del Señor: **"Vosotros sois la sal de la tierra"** ¿Eres sal? Si no, poco a poco serás víctima de la corrupción, quieras o no, tarde o temprano, te llegará. Y cuando llegue tal vez sea demasiado tarde para revertirla.

La invitación del Señor a aquellos que viven una experiencia desabrida sigue en pie

> "Y a mí, que estoy pobre y adolo-
> rido, que me proteja, oh Dios, tu
> salvación. Con cánticos alabaré
> el nombre de Dios; con acción
> de gracias lo exaltaré."
>
> **Salmo 69:29-30**

El evangelio de Juan 5:1-16, narra la curación de un paralítico, efectuada por Jesús. Otra vez el nazareno se fija en una sola persona de entre una multitud agitada; quizás era el más miserable. Muchos iban de aquí para allá en esta fiesta judía que no se sabe cuál era, y entre tanta gente un pobre hombre postrado desde hacía 38 años; era un triste espectador del egoísmo y la indiferencia que corría por la calles del escogido pueblo de Dios, Israel. Al igual que en la conversación con la samaritana en el capítulo anterior, ésta se desarrolla al lado de otra fuente de agua. En aquella oportunidad eran las aguas del materialismo y la vida sensual que no sacian; en ésta, son las aguas del egoísmo que gobierna al mundo y del inútil esfuerzo humano para alcanzar la salvación. Tanto la mujer como el paralítico estaban solos cuando Jesús los halló. Tú me dirás: te equivocas, este hombre estaba en un lugar público y era un día festivo, seguramente estaba rodeado de mucha gente. Sí, pero solo. Entre muchos pero solo, como tantos hoy en día; como tú tal vez. Él mismo confiesa su soledad en el v. 7 al decir: No tengo a nadie que me meta en el estanque, ¡No tengo a nadie! ¿No te resulta familiar este clamor? Así está el mundo hoy. Ese es el slogan del hombre moderno: *No te detengas para ver quién está tirado al lado tuyo si quieres progresar en la vida. Avanza mirando sólo tu propio bienestar".* No ha cambiado mucho en más de 2000 años la historia ¿Verdad? ¡Qué bueno que este Jesús pasara por allí! Si no, este hombre hubiera seguido mendigando misericordia hasta que envejecido muriera. Justamente la palabra Betesda, que da nombre al estanque significa: Casa de misericordia y creo que la misericordia de esa casa no se encontraba en aquel estanque sino en la persona bendita del Señor quien se detuvo al ver a ese hombre y le sanó. Y las puertas de esa casa siguen abiertas para ti ¿Lo sabías? Si te sientes inútilmente postrado, extiende tu mano a Jesús y deja que Él te sane.

**La distancia entre este mundo de egoísmo
y *la casa de misericordia,*
fue cubierta por Cristo hace 2000 años**

5 de enero
LOS PECADOS DE SUECIA

"Y conoceréis la verdad, y la verdad os hará libres."

Juan 8:32

Se sabe que Suecia es uno de los países más ricos de Europa. La pobreza y el desempleo son casi inexistentes. La ayuda médica es gratuita. Cada madre recibe un subsidio del estado de 180 dólares cada vez que trae un hijo al mundo y además un mantenimiento mensual. Sumado a esto, Suecia experimenta otra realidad. La de la libertad sexual oficializada. Kristina Ahlmark-Michanek, escritora sueca, ha hecho popular su slogan: "Relaciones sexuales basadas en la amistad" y defiende el "derecho humano" de habitar con quien sea, según el deseo personal. Se estima que entre un 80-90% de los jóvenes han tenido relaciones antes del matrimonio. Pero este aparente paraíso para algunos que lo ven desde afuera, es en realidad un infierno para los que lo viven desde adentro. Suecia tiene uno de los índices de suicidio más alto del mundo. No sólo esto sino que a nivel sanitario este estilo de vida licenciosa también ha afectado. Las enfermedades relacionadas con los encuentros sexuales ocasionales como gonorrea, sífilis y otras ETS, ¡se han triplicado alarmantemente en los últimos 10 años! Una encuesta reveló que sólo el 50 % cree en Dios y sólo un 25 % piensa que existe vida después de la muerte. Los médicos y psiquiatras dicen que se debe hacer algo. Un grupo de 140 doctores eminentes han solicitado al gobierno sueco que se tomen urgentes medidas para frenar esta irresponsabilidad sexual. Esto sería una medida de previsión social y sanitaria antes de llegar al desastre. ¿Libertad o libertinaje? ¿Pensamos los hombres, ingenuamente, que el estilo de vida que inventamos puede ser mejor que el ideado por Dios? En ninguna manera. Debemos volver a las fuentes y aunque a nosotros nos parezca tener la razón y que los preceptos de Dios son antiguos, la Biblia sigue diciendo: **"Dejen su insensatez, y vivirán; andarán por el camino del discernimiento."** [Prov. 9:6]. Ricos por fuera, pobres por dentro. Libres para vivir como quieran por fuera, esclavos de sus propias lujurias por dentro. ¿Es esto vivir realmente?

¿Pensamos los hombres, ingenuamente, que el estilo de vida que inventamos puede ser mejor que el ideado por Dios?

RELACIÓN CUERPO - MENTE - ESPÍRITU

> "Gran remedio es el corazón alegre, pero el ánimo decaído seca los huesos."
>
> **Proverbios 17:22**

Sabemos que el ser humano es tripartito, es decir compuesto de cuerpo, alma, espíritu. El cuerpo como herramienta dada por Dios para relacionarnos con nuestros semejantes y con el medio que nos rodea. El alma, como conciencia interior que nos relaciona con nosotros mismos, con nuestros procesos afectivos interiores, y el espíritu, patrimonio exclusivo del humano, como mecanismo comunicador con Dios. La ciencia, recién hoy está concluyendo y aceptando que existe un fino hilo de unión entre estas tres partes, en especial alma-cuerpo. Está comprobado que mucho depende la salud del cuerpo, del estado del ánimo. En una sociedad estresada y estresante, este hecho puede denotar el peligro constante al que se ve sometido el hombre moderno por vivir constantemente bajo presión. De ahí, los males comunes que afectan hoy a la sociedad, como la depresión, migrañas, úlceras, deficiencias cardíacas, herpes, calvicie, etc., etc. ¿No será que en lugar de concentrar tanto la atención en los síntomas, deberíamos ahondar un poco más y buscar; no en lo somático sino en lo psíquico y aún un poquito más, en lo espiritual? Es una cadena de tres eslabones. ¿La puedes ver? Es común hoy en día acudir al médico por un fuerte dolor de cabeza y salir muy satisfecho por haber recibido una receta para un nuevo analgésico muy potente traído de Europa. Claro está, la alegría durará hasta el próximo dolor de cabeza y la consiguiente visita al médico. Los psicoanalistas tienen su agenda diaria repleta de pacientes, a los que conforman con un buen calmante si los síntomas son de estrés o un fuerte somnífero si el problema es la falta de sueño. Muy pocos tratarán de buscar la cura a sus dolencias corporales en sus pesares del ama y probablemente ninguno gastará tiempo en profundizar un poco más y diagnosticar sus conflictos personales por medio de su relación espiritual con Dios. Estamos al revés. Primero arregla tus problemas espirituales con Dios, luego permítele a Él que sane las heridas de tu alma y entonces disfrutarás de una excelente salud en tu cuerpo.

Sólo Dios puede sanar los dolores del alma

7 de enero
EL FRACASO DE NAPOLEÓN

La historia siempre atribuyó a los rusos la victoria sobre las tropas francesas bajo el mando del general Napoleón Bonaparte. Pero esa no es toda la verdad de lo ocurrido. Ante el avance de los franceses, los rusos simplemente se retiraron a las estepas dejando sus ciudades abandonadas y quemadas. Cuando los franceses llegaron, nada encontraron sino ruinas, humo, nieve y frío, mucho frío. Soldados cansados y hambrientos de tan larga travesía, se encontraban a miles de kilómetros de su patria y sin provisiones. El camino de regreso a Francia fue aún peor que la angustia vivida en Rusia. Se volvieron sin victorias. Salieron de París 691.500 soldados. Regresaron sólo 58.000. El frío, el hambre, enfermedades contraídas en el camino y especialmente el cansancio acabaron con los soldados. ¿Estrategia rusa? ¿Imprudencia francesa? El cansancio sigue cobrando víctimas en nuestra época. Es uno de los males de esta sociedad moderna en que vivimos que desgasta matrimonios y familias; que hunde a ministros y ministerios; que degrada el carácter y las relaciones interpersonales y roba el brillo al joven, al padre y a la ama de casa. Lo más peligroso del cansancio no es el agotamiento en sí, sino las decisiones que tomes en ese estado. Se intenta aliviar los síntomas del cansancio acudiendo a sitios SPA, pero es un relax virtual y momentáneo que produce paz por unas horas y... ¿Después? Otra vez el agotamiento y el estrés. El libro de Génesis, capítulo 27, cuenta la historia de Esaú, un joven que, cansado del campo, menospreció sus derechos de primer hijo, se dejó engañar por su hermano y realizó el peor negocio de su vida. La epístola a los Hebreos nos advierte también sobre este mismo ejemplo. ¿Estás cansado? ¡Cuidado con el agotamiento y el desánimo! Satanás anda como león buscando a quién devorar y tenlo por cierto que escogerá al más cansado de la manada. Dice la Biblia: **"Mirad bien que vuestro ánimo no se canse hasta desmayar"**. Dijo Jesús: "Venid a mí todos los que estéis trabajados y cargados que yo os haré descansar". La promesa sigue en pie, sólo debes acudir a Su invitación de descanso: **"En lugares de delicados pastos te hará descansar."**

> "Así, pues, consideren a aquel que perseveró frente a tanta oposición por parte de los pecadores, para que no se cansen ni pierdan el ánimo. En la lucha que ustedes libran contra el pecado, todavía no han tenido que resistir hasta derramar su sangre."
>
> **Hebreos 12:3-4**

Lo más peligroso del cansancio no es el agotamiento en sí, sino las decisiones que tomes en ese estado

> "Pero ahora en Cristo Jesús, a ustedes que antes estaban lejos, Dios los ha acercado mediante la sangre de Cristo."
>
> **Efesios 2:13**

El mundo en el que tú y yo vivimos impregna nuestras mentes con el concepto de marcar la diferencia, crear un ícono que te haga único, distinguido. Los antiguos modelos estereotipados venden una imagen de debilidad y conformismo que desentona en medio de una sociedad tan cambiante. La moda es el ejemplo más claro de este fenómeno. La ropa que uses, el automóvil que conduzcas, el teléfono móvil que portes determinan tu prestigio, tu valor y tu capacidad de supervivencia en este mundo. Lo que estás usando hoy, ya es pasado de moda en el norte y será la moda en el próximo invierno en el sur. ¿Hay algo en la historia que no haya sido víctima de este flagelo? ¿Existe vestigio alguno de algo o alguien que no pasó de moda a pesar de los cambios culturales, políticos y económicos y que haya marcado una diferencia tan trascendental que aún hoy siga en vigencia? La respuesta es un rotundo SÍ: La cruz de Cristo y el Cristo de la cruz. Te pregunto en este día en que el concepto de la cruz lo encontramos en todos los medios masivos de comunicación, al margen del entorno festivo: ¿Qué es para ti la cruz de Cristo? Para algunos es un trozo de metal colgando en su pecho, o de madera colgado en el cabezal de su cama al que hay que besar de vez en cuando para que le traiga buena suerte. Para otros es emblema de fracaso de un hombre bueno y de injusticia de hombres malos. Hay otros que piensan que la cruz es simplemente el emblema de otra religión más, pero pocos se dan cuenta de que la cruz ha sido, es y seguirá siendo el evento cósmico que dividió la historia en dos, que, impermeable a los cambios de este mundo, sigue transmitiendo Su mensaje con la misma claridad de siempre y que no es afectado por los cambios culturales porque regula sus valores según la moda del cielo, un lugar donde el tiempo no tiene cabida. Y para ti, ¿qué significa la cruz de Cristo? ¿Ha pasado de moda en tu vida?

La Cruz ha sido, es y seguirá siendo el evento cósmico que dividió a la historia en dos

9 de enero

CONFIANDO EN CRIMINALES

Charles Ward, el presidente de Brown y Bigelow, de Saint Paul, Minnesota es, probablemente la persona que más oportunidades ha dado a ex convictos empleándolos en su propia empresa. Ha dado trabajo a centenares de ellos, muchos de los cuales han subido a posiciones de prestigio allí o en otras compañías. Es que él mismo estuvo detenido en un presidio federal condenado por un delito que nunca cometió. Charles, en lugar de increpar a la justicia y llenar su corazón de amargura por el maltrato que se estaba cometiendo hacia su persona, decidió usar su experiencia en ayudar a otros presos que habían cometido crímenes reales. En la cárcel conoció a Herbert Bigelow, un convicto que cumplía su sentencia y que creyó en su inocencia y le prometió emplearlo en su fábrica tan pronto como ambos se encontraran en libertad. Desde su empleo de $25 semanales, ya liberado, escaló posiciones en la empresa de su amigo hasta llegar a compartir la gerencia y dedicarse a emplear a estos marginados sociales que al salir de los penales no tienen chance en la vida. Él mismo dice: "Han venido a nosotros personas con toda clase de antecedentes criminales y teniendo confianza en ellos les enseñamos a mirar hacia el futuro. Algunos me critican por emplear como jardinero a uno que fue asesino y trabajar en mi parque junto a mis tres niños. Claro que sé lo que él ha hecho pero no miro eso sino confío en lo que está haciendo ahora." Amigo, si hay alguien que quiere darte oportunidades sin reservas y sin fijarse en lo que hayas sido o hecho, ese es Dios. Te invita a trabajar en Su empresa eterna: La Iglesia, sin reparos. Te acepta tal cual eres, con tu pasado, presente y futuro. Sólo cuéntale lo que has hecho, Él te perdonará y arrojará tus pecados a lo más profundo del mar para hacer de ti una nueva criatura y forjar, de a poco, un nuevo mañana. El ladrón de la cruz, le pidió a Cristo una oportunidad y el Hijo de Dios, sin pedirle antecedentes o promesas de cambio, le tomó de la mano y le introdujo ese mismo día al paraíso.

> "Luego dijo: —Jesús, acuérdate de mí cuando vengas en tu reino. —Te aseguro que hoy estarás conmigo en el paraíso —le contestó Jesús."
>
> **Lucas 23:42-43**

El hombre perdona pero no olvida; ¡Dios sí!

CONOCIENDO LOS CAMINOS DE DIOS

"Oh SEÑOR, ¡cuán imponentes son tus obras, y cuán profundos tus pensamientos! Los insensatos no lo saben, los necios no lo entienden... Sólo tú, SEÑOR, serás exaltado para siempre."

Salmo 92:5-8

En verdad, conocer los misteriosos métodos que Dios usa para educar a Sus criaturas, es una de las verdades más caras de la vida. La Biblia, en el libro de Números, presenta en su capítulo 22 la singular historia de Balaam, profeta de Dios que fue seducido a usar su oficio para sacar provecho material. Él malinterpretó el obrar de Dios. Estaba por tomar una decisión equivocada y Dios le sale al encuentro para impedírselo, aunque de una manera no convencional, hablándole a través de su propio animal de carga. La sorpresa lógica de este profeta le lleva a golpear a su animal y enojarse en vez de comprender que era una señal de Dios. Es verdad. Dios obra y habla, muchas veces de maneras no convencionales. Entonces sería mucho más saludable escuchar y aceptar su obrar aún cuando no lo comprendamos. Pero la historia de este profeta continúa cuando, empecinado en su misión lucrativa, intenta maldecir al propio pueblo de Dios que él mismo sabía, existía gracias a una promesa inviolable de protección y provisión. ¡Qué necio este Balaam! Pretendía cambiar la voluntad de Dios, torcerle el puño al Creador del mundo... Es que cuando no comprendemos los caminos de Dios y Sus pensamientos, podemos cometer la necedad de acabar luchando contra Él. Del otro lado de la historia encontramos aun inexperto pueblo de Israel que pendía de un hilo, ya que huestes espirituales de maldad disputaban su integridad y un perverso rey de nombre Balac, intercedía en su contra. Pero, como dice la Biblia: **"Mayor es que el está en nosotros que el que está contra nosotros"**, 1ª Juan 4:4, y vemos la protectora mano de Dios impidiendo el mal de Su pueblo y cambiándolo en bendición, a tal punto que el mismo rey se enoja con el profeta asalariado y le dice en el 24:10: " **Entonces se encendió la ira de Balac contra Balaam, y batiendo sus manos le dijo: Para maldecir a mis enemigos te he llamado, y he aquí los has bendecido ya tres veces"**. No seas como Balaam que era más burro que su misma burra. Escucha, acepta, confía y espera, que aunque no comprendas el obrar de Dios, siempre Él obra para el bien de los que le aman; SIEMPRE...

Cuando no comprendemos los caminos de Dios y Sus pensamientos, podemos cometer la necedad de acabar luchando contra Él

11 de enero

SOBREVIVIENTE

Cuentan que ell único sobreviviente de un naufragio fue visto sobre una pequeña isla deshabitada. Él estaba orando fervientemente, pidiendo a Dios que lo rescatara, y todos los días miraba al horizonte buscando ayuda, pero esta nunca llegaba. Cansado de esperar en vano, eventualmente empezó a construir una pequeña caba-

> "Ante Él expongo mis quejas; ante Él expreso mis angustias y cuando ya no me queda aliento, tú me muestras el camino."
>
> **Salmo 142:2-3**

ñita para protegerse, y proteger sus pocas posesiones. Pero entonces, un día, después de andar buscando comida, regresó y encontró la pequeña choza en llamas; el humo subía hacia el cielo. Lo peor es que había perdido todas sus cosas. Estaba confundido y enojado con Dios, y llorando le decía: ¿Cómo pudiste hacerme esto? De tanto llorar se quedó dormido sobre la arena. Al día siguiente, muy temprano en la mañana, escuchó asombrado el sonido de un barco que se acercaba a la isla. Venía a rescatarlo. Ya en el barco, les preguntó: "¿Cómo supieron que yo estaba aquí?" Y sus rescatadores le contestaron: "Vimos las señales de humo que nos hiciste..."

Es fácil enojarse cuando las cosas salen mal, pero no debemos perder la confianza en Dios, porque Dios está trabajando en nuestras vidas, aun en medio de las penas y el sufrimiento. Aun en medio de tu peor incendio, Dios sigue obrando y actuando. Él no se olvida de tus necesidades. Él sabe qué es lo que te hace falta, y siempre llega el barco de la respuesta a tu playa. No dejes que el humo te nuble la vista, ni que las lágrimas te opaquen la fe. Dios sigue sentado en Su trono, y tiene el control. La próxima vez que tu pequeña choza se queme, recuerda que puede ser simplemente una señal de humo que surge de la GRACIA de Dios y se eleve hacia el trono del socorro oportuno.

Ante las cosas aparentemente negativas que nos pasan, podemos decirnos: DIOS TIENE UNA RESPUESTA POSITIVA A ESTO. ESTA ES UNA SEÑAL DE LA GRACIA DE DIOS QUE ME ACERCA A ÉL.

Recuerda que la verdadera fe se cimienta no en el hecho de si tú ves o no ves a Dios en alguna circunstancia, sino en la promesa de que Él siempre te ve a ti. Aunque tú no le veas.

Dios está obrando en ti aunque no lo sientas ni lo veas

AUTORRETRATO DE REMBRANDT

> "Ciertamente él cargó con nuestras enfermedades y soportó nuestros dolores... Él fue traspasado por nuestras rebeliones, y molido por nuestras iniquidades; sobre él recayó el castigo, precio de nuestra paz, y gracias a sus heridas fuimos sanados... pero el SEÑOR hizo recaer sobre él la iniquidad de todos nosotros." Isaías 53:4-6

Rembrandt, el famoso artista holandés, pintó un cuadro de la crucifixión. Captó de manera vívida la agonía del Salvador y Su sufrimiento en la cruz. Las expresiones de los que contemplaban a Cristo en aquel Gólgota reflejaban la crueldad y el dolor de la crucifixión. Una de las cosas más significativas del cuadro, aparte de la figura del Cristo agonizante, es el autorretrato de Rembrandt que figura entre los observadores en la penumbra. Esta fue la manera de decir de Rembrandt: "¡Yo también estaba allí, yo ayudé a crucificar a Cristo!".

Nosotros también, tú y yo, apreciado amigo, estábamos allí entre la penumbra aquella tarde en aquel monte. Porque **Dios cargó sobre él el pecado de todos nosotros,** dice el profeta Isaías en 53:6. Claro que fue en otro tiempo, otra cultura, otras personas pero exactamente el mismo corazón pecaminoso que caracteriza al hombre y la mujer en estos tiempos. El mismo problema y la misma solución: La muerte sustitutoria de Aquel que fue semejante a nosotros en todo pero sin pecado. Aquel Dios hecho carne, colgado entre el cielo y la tierra ante la mirada impávida de los allí presentes, devolviéndoles una mirada de amor y compasión y aun hoy sigue ofreciéndonos Su perdón.

Y no olvides, tú también estuviste allí; para ti también es esa mirada de amor y el perdón. ¿Qué harás? Si tan solo tuviésemos la humildad de aquel artista holandés, en la cúspide de su carrera, con fama internacional pero reconociendo en su interior que era tan culpable de sus pecados como cualquier otro mortal y miráramos con fe aquella cruz y aceptáramos los brazos abiertos del Señor que, a pesar de ser enemigos suyos, y hacer malas obras, nos quiso reconciliar, podríamos encontrar la verdadera luz que emerge de la penumbra de la vida y aquel cuadro oscuro y gris que hoy pinta tu existencia, sería transformado en un presente de luz y color de la mano de Aquel que murió por ti y por mí.

**Que la contemplación de la Cruz de Cristo
sea para ti tu óptica de vida**

En una de las convenciones de científicos a nivel mundial, los presentes se jactaban acerca de los aparatos de tecnología avanzada que allí se estaban exponiendo. Y realmente nos deslumbra el hombre con sus logros a nivel científico. Vivimos en el siglo de las mega computadoras, programas de almacenaje de archivos cada vez mayores, en microchips cada vez más pequeños. Pero... ¿qué máquina puede compararse, por ejemplo, al corazón humano que bombea 100 mil veces en un día la sangre de todo el cuerpo durante un promedio de vida de 70 años sin interrupciones? ¿Quién enseñó a las abejas a regular la temperatura interior de la colmena en 44 grados a pesar de que la temperatura exterior sea considerablemente más alta o más baja? El cerebro humano es mucho más complicado y sofisticado que cualquier computadora de última generación. Contiene más líneas nerviosas que todas las líneas telefónicas del mundo entero. Utiliza señales eléctricas de doscientas mil células vivas que miden el calor; medio millón de células con sensaciones de presión; 3 ó 4 millones de células que sienten el dolor. El cerebro clasifica y da órdenes al cuerpo sobre la base de esta miríada de señales procesadas. ¿Hay acaso un programa así? Sin intención de desestimar los logros humanos, me pregunto ¿Por qué ignorar la sabiduría divina? Dice el apóstol Pablo en 1ª Corintios 1:20 y 25: **"¿Dónde está el sabio, dónde está el escriba, dónde el disputador de este siglo? ¿No ha enloquecido Dios la sabiduría de este mundo?, Porque lo insensato de Dios es más sabio que los hombres y lo débil de Dios es más fuerte que los hombres."** ¿Sabes algo? Si la ciencia y sabiduría humana no me acercan más a Dios y a Su omnipotencia, ya no es sabiduría ni es ciencia sino necedad y filosofía vana. Déjate vencer por Su poder, déjate educar por Su sabiduría, déjate cautivar por Su amor y vivirás. Vivirás descubriendo a un ser superior que existe en forma inteligente desde siempre y que es tan grande en Su sabiduría como lo es en Su amor; y tú eres el objeto de ese gran amor. Te lo demostró en la cruz del calvario entregando a Su Hijo para morir en tu lugar y te ofrece hoy Su perdón y vida eterna.

> "Él realiza maravillas insondables, portentos que no pueden contarse."
>
> **Job 9:10**

Si la ciencia y sabiduría humana no me acercan más a Dios y a Su omnipotencia, ya no es sabiduría ni es ciencia sino necedad y filosofía vana

LEYES SIN CASTIGO

> "¿Cuánto mayor castigo piensan ustedes que merece el que ha pisoteado al Hijo de Dios, que ha profanado la sangre del pacto por la cual había sido santificado, y que ha insultado al Espíritu de la gracia? Pues... «El Señor juzgará a su pueblo.» ¡Terrible cosa es caer en las manos del Dios vivo!
>
> **Hebreos 10:29-31**

Sucedió en Washington, Estados Unidos. Cierta vez promulgaron una ley exigiendo un impuesto sobre la venta de gasolina, pero los legisladores cometieron un grave error al olvidar las sanciones que se aplicarían en los casos en que hubiera infracción de ley. Al comienzo, algunos vendedores se tomaban el trabajo de cobrar el impuesto y enviarlo al departamento de hacienda pero al ver que otros no lo hacían y no recibían ninguna sanción por no estar estipulada la pena, pronto todos dejaron de cobrar ese impuesto.

Para hacer la ley efectiva, fue necesario realizar una reunión extraordinaria donde los legisladores se reunieron para reglamentar la pena correspondiente. De la misma manera, los hombres no harían ningún caso de las leyes de Dios si Él no hubiese estipulado los castigos consecuentes por violar sus preceptos.

Enfermedades como el SIDA, la sífilis, la cirrosis o el cáncer de piel no son más que el cumplimiento de disposiciones divinas sobre los que no guardan Sus consejos, aunque el hombre se lo atribuya a causas naturales. Así mismo, desastres naturales como inundaciones, contaminación ambiental o incendios, denotan los claros juicios de Dios que caen sobre la humanidad como consecuencia de no acatar Sus leyes. Dios es el autor de las leyes de la naturaleza y de su función en este mundo. El hombre y la mujer que continúa en su loca carrera de vivir su vida ignorando que Dios le ve y pensando que no habrá castigo al traspasar Sus leyes, va camino a la muerte, desestima el amor y la justicia de Dios y se prepara para un horrendo final **"recibiendo en sí mismos el castigo que merecía su perversión"**, como lo expresa el apóstol Pablo en el primer capítulo de Romanos. Dice también Hebreos 10:31: **"Horrenda cosa es caer en manos del Dios vivo"**.

Mira al cielo. Allí, en lo alto, muy alto, hay un Dios soberano sentado en Su trono que te ve y un día será tu juez. Hoy advierte y espera que todos se arrepientan pero habrá un tiempo en que ya todo será tarde. ¡Vive en miras a ese gran día!

**Violar las leyes de Dios es subestimarle
como juez soberano**

15 de enero
Juicio Justo

El día siguiente de la batalla de Austerlitz en la que Napoleón se hizo casi soberano de toda Europa, un ayudante del emperador entró en la tienda imperial con precipitación. "¿Qué sucede?" Preguntó el emperador. "Señor", respondió el oficial, "uno de los soldados que más se distinguieron ayer, ha matado a uno de sus jefes", "Y ¿no le

> "El SEÑOR es nuestro Dios, sus juicios rigen en toda la tierra."
>
> 1° Crónicas 16:14

han fusilado todavía?", "es que el homicida estaba ebrio", explicó. "¡Dejadle que se le pase su borrachera y traédmelo mañana!" Respondió Napoleón. Napoleón volvió a sus asuntos pero al día siguiente estaba en pie más temprano que el resto para definir aquel problema. "¡A ver, que conduzcan ante mi presencia al soldado que ayer mató a un jefe!" Exclamó el emperador. Cuando el joven se presentó cayó llorando a sus pies mostrando aún las huellas de la batalla. "¡De pie soldado! Dicen que ayer diste muerte a nuestro alférez", prosiguió Bonaparte, a lo cual el joven intentó balbucear algunas excusas. "Dicen que estabas ebrio." "Así es, señor". "¿De qué vino bebisteis?", "del de 6 sueldos", "y ¿Cuánto tragasteis?", "cuatro cuartillos". Napoleón se volvió a uno de sus soldados y dijo: "Traigan 5 cuartillos del vino de seis sueldos". Cuando trajeron el líquido, el emperador obligó al soldado que bebiese toda aquella cantidad y esperó que produjera efecto. Cuando el joven mostraba signos de estar alcoholizado el emperador le dijo: "¡Firme!" Con gran esfuerzo el joven se mantuvo en pie. A su derecha había un precipicio a escasos diez pasos. Dijo Napoleón: "Doce pasos a su derecha." El soldado lo miró y comenzó a caminar deteniéndose en el paso diez. "¡Dije doce pasos, soldado!" gritó Napoleón! "Señor", exclamó el joven, "si doy un paso más me despeño". "De modo que", replicó el emperador con ironía, "os dais cuenta de un peligro para vos habiendo bebido 5 cuartillos de vino y ¿no os la disteis ayer cuando matasteis a un superior habiendo bebido sólo cuatro cuartillos? ¡Que lo fusilen en el acto!" Si esta es la justicia de un hombre corrupto, ¡Qué será la justicia de un Dios tres veces santo ante el cual muchos no podrán presentar excusas cuando se hallen frente a Su presencia! ¿Verdad? Dice la Biblia: **"No os engañéis, Dios no puede ser burlado, pues todo lo que el hombre sembrare, eso también segará."**

Las excusas del hombre para justificar su pecado son incongruentes ante la mirada divina

A Otros Salvó

> "Cercano está el que me justifica;
> ¿quién entonces contenderá conmigo? ¡Comparezcamos juntos!
> ¿Quién es mi acusador? ¡Que se me enfrente! ¡El SEÑOR omnipotente es quien me ayuda! ¿Quién me condenará?"
>
> **Isaías 50:8-9**

Cerca del final de la primera guerra mundial, un destacamento de soldados ingleses estaba entrenando en la aldea de Reims, Francia, cuando de repente un soldado salió corriendo y dando voces de alerta para llamar la atención. Al instante se oyeron numerosos disparos de fusil y aquel soldado cayó inerte en el suelo. Pero la muerte del soldado había sirvió para dar la alarma a la compañía y evitó que esta cayera en una emboscada. Los soldados ingleses se pusieron a salvo y luego consiguieron identificar el escondite de sus enemigos y capturarlos. Más tarde se enteraron de la historia de aquel que les había salvado la vida. Era un soldado de la guardia real irlandesa que había sido capturado por los alemanes. Estando prisionero oyó de la emboscada que preparaban para los ingleses y en un descuido de sus captores salió corriendo para denunciar el plan y así murió. Lo sepultaron los ingleses con la sepultura más digna que pudieron y en su lápida escribieron: A otros salvó, a sí mismo no se pudo salvar.

El mismo epitafio pusieron los judíos y romanos ante la cruz del calvario el día que Cristo murió: A otros salvó, a sí mismo no se pudo salvar. Lo interesante es que Cristo no se pudo salvar a sí mismo, no porque no tuviera el poder de hacerlo sino porque era la única manera de salvar al mundo. Él mismo le dijo a Pedro que intentaba defenderlo: **"¿Acaso no piensas que puedo ahora mismo orar a mi padre, y que él no me enviaría más de doce legiones de ángeles a que me defiendan? Pero ¿Cómo entonces se cumplirían las escrituras?"** (Mateo 26:53).

Sí. Él renunció a la posibilidad de salvarse a sí mismo para que tú y yo hoy tengamos la posibilidad de ser salvos de la condenación eterna. ¿Puedes entender esto mi apreciado amigo? ¿Puedes creerlo?

El mundo se divide en dos: los que ven a Jesús como un buen hombre que no pudo salvarse y los que ven a Jesús como el buen Dios que quiso y sí pudo salvarnos.

**Unos ven a Jesús como un buen hombre
que no pudo salvarse y otros como el buen Dios
que quiso y sí pudo salvarnos**

17 de enero
Yo Soy La Puerta

Cuenta la historia que cierto turista cristiano visitaba los campos llenos de ovejas en la región de Palestina. En su andar, le llamó la atención un pastor que se alistaba para pasar la noche junto a su rebaño en una ladera fértil de la región. Había llevado a sus ovejas bastante lejos de la casa para encontrar buenos pastos y las

> "Yo soy la puerta; el que entre por esta puerta, que soy yo, será salvo. Se moverá con entera libertad, y hallará pastos. El ladrón no viene más que a robar, matar y destruir; yo he venido para que tengan vida, y la tengan en abundancia. Yo soy el buen pastor. El buen pastor da su vida por las ovejas."
>
> **Juan 10:9-11**

primeras sombras del atardecer le indicaban que no sería prudente emprender el viaje de regreso ese mismo día. Lo más sabio sería pernoctar allí mismo.

Con paciencia y dedicación, este pastor beduino, había formado un muro circular de grandes piedras en la pradera pero sin unirse en ambos extremos. Casi un poco más de un metro de ese muro estaba abierto y él se disponía a entrar a sus ovejas dentro de aquel improvisado redil una por una cuando aquel turista le interrumpió: "¿Qué está haciendo?" "Un redil", respondió muy seguro el hombre. "Debo proteger a mis ovejas del ataque de algún animal nocturno. Es por eso que las reúno dentro de este corral de piedras". "Pero... debe cerrarlo, señor, está incompleto, y además no tiene puerta. ¿Qué clase de pastor es usted y qué clase de seguridad es la que le proporciona a sus ovejas?", Dijo el viajero. "Yo soy la puerta", explicó el pastor. "Cuando he metido a todo el rebaño, simplemente me echo en el suelo cerrando el círculo con mi cuerpo. En un extremo del muro apoyo mi cabeza y en el otro mis pies. Ninguna oveja puede salirse sin que yo lo sepa y cualquiera que quiera entrar para hacerles daños, primero debe pasar sobre mi cuerpo. Yo soy la puerta".

Hace 2000 años, Jesús se puso en pie y dijo estas mismas palabras: **"Yo soy la puerta. El que por mi entrare será salvo, y entrará y saldrá y hallará pastos"**. ¿Interesante, no? En un mundo con tantos ladrones de bienes materiales, morales, familiares y espirituales, ¡¡¡qué seguridad proporciona estar a salvo con Jesús!!! ¿Estás dentro o fuera? Recuerda, la única manera de estar dentro es pasar por Su persona, a través de Él, si no, estás afuera.

En un mundo de ladrones, Jesús se te ofrece como una puerta segura

JUEZ O ABOGADO

> "También Cristo fue ofrecido en sacrificio una sola vez para quitar los pecados de muchos; y aparecerá por segunda vez, ya no para cargar con pecado alguno, sino para traer salvación a quienes lo esperan."
>
> **Hebreos 9:28**

El juez Warren Chendler, había ejercido la abogacía durante varios años. Uno de sus acusados había sido inculpado de cometer un asesinato. El joven abogado entonces, hizo un esfuerzo denodado para exonerar a su cliente de toda culpa. Había circunstancias atenuantes y el abogado se valió de ellas para defenderlo. Después de escuchar la acusación y la defensa, el jurado se retiró para llegar a un veredicto. Una vez que hubieron decidido sobre la causa entraron otra vez en la sala y leyeron el veredicto: Encontramos al acusado no culpable. El joven abogado, que era cristiano, tuvo una conversación seria con su cliente después del juicio exhortándole a seguir los caminos del Señor y los consejos de sus padres, también cristianos. Pasaron muchos años y el antiguo acusado fue llevado otra vez al tribunal como autor de un nuevo asesinato. El abogado que le había defendido en el primer juicio era ahora el juez que presidía el caso. Esta vez el jurado le consideró culpable. El juez Chendler, mandó al acusado a ponerse en pie para oír su sentencia y dijo: En su primer juicio yo era su abogado defensor. Hoy soy su juez y me veo obligado a imponerle la pena de muerte. Dice la Biblia que, todos aquellos que en este tiempo acepten a Jesús como salvador personal, pueden encontrar en Él un abogado que los defiende de sus pecados pasados y presentes ante el trono de Dios, el gran Juez, por el trascendental hecho de que Jesús ya pagó el precio de nuestras transgresiones en la cruz ofreciendo Su propia vida para pagar nuestras deudas. Pero también dice la Biblia que, este mismo Jesús que hoy ofrece Su abogacía desde el cielo sobre la base de Su obra eficaz en la cruz, mañana estará sentado en el gran trono blanco como juez y estaremos ante Su presencia junto con todos aquellos que no hayan arreglado sus cuentas con Él hoy, para recibir Su condena.

"Está establecido que los seres humanos mueran una sola vez, y después venga el juicio", declara la Biblia. Conócele hoy como abogado de amor antes que sea demasiado tarde y tengas que conocerle como juez justo y santo.

Aquel que hoy intercede a tu favor como abogado, mañana te juzgará como juez por tu pecado

19 de enero
DEMASIADO PESADO

Una antigua historia árabe, cuenta de un monarca oriental que se apoderó de la heredad de una pobre viuda para ensanchar el jardín de su palacio. La mujer desamparada fue al juez supremo de aquel país rogando que se hiciera justicia. El juez la escuchó atentamente y quiso actuar con imparcialidad entendiendo a su vez, lo

> "Ustedes, en cambio, queridos hermanos, manténganse en el amor de Dios, edificándose sobre la base de su santísima fe y orando en el Espíritu Santo, mientras esperan que nuestro Señor Jesucristo, en su misericordia, les conceda vida eterna."
>
> **Judas 1:20-21**

difícil del caso por tratarse de aquel rico y poderoso príncipe que regía el país. ¿Cómo podría condenarle? El juez, sin embargo, era una persona valerosa e intransigente y se dirigió al palacio de aquel monarca con un gran saco. Ante el asombro del príncipe, el juez le pidió permiso para llenar aquel saco con tierra de su nuevo jardín. El príncipe asintió y el juez trabajó hasta llenarlo por completo. Entonces le pidió al príncipe que levantara el saco sobre sus hombros, a lo que el príncipe exclamó que era demasiado pesado para un hombre. Este saco, exclamó el juez, que es demasiado pesado para un hombre, contiene solo una pequeña parte de la tierra que tomaste de su dueña legítima, y ¿pensáis que podréis sostener el peso entero de toda la tierra robada en el día del juicio? Hay hombres y mujeres que durante su vida viven trasgrediendo las leyes divinas y actuando con injusticia con sus semejantes. De una manera insensible continúan con su estilo de vida y no se dan cuenta que van llenando su saco de injusticias con el cual se presentarán un día ante Dios, y... ¿Podrán sostenerlo ante su presencia? El apóstol Judas dice en su carta versículo 14 y 15 que un día **"el Señor vendrá para someter a juicio a todos y para reprender a todos los pecadores impíos por todas las malas obras que han cometido"**. Apreciado amigo, todo hombre y toda mujer cargan durante el paso de sus días el peso de sus pecados. Unos más otros menos, pero este saco nadie lo tiene vacío. Hoy, Dios ofrece la oportunidad de llevar ese saco ante Jesús, a Sus pies, en el Calvario, donde Él cargó hace ya más de 2000 años el peso de todo pecado y sentirse aliviado para caminar en este mundo confiado de que en aquel día del gran juicio, no habrá saco que cargar, sólo gratitud y alabanza eterna porque Jesús ya lo cargó en la cruz.

**Deja que el que cargó sobre Sus hombros
el peso del mundo, lleve tus cargas**

HUELLAS DE DIOS

> "Sin palabras, sin lenguaje, sin una voz perceptible, por toda la tierra resuena su eco, ¡Sus palabras llegan hasta los confines del mundo!"
>
> **Salmo 19:3-4**

En su biografía de aventuras el gran explorador Robinson Crusoe relata que cierto día se asustó al levantarse muy temprano y descubrir huellas de pisadas humanas en la playa de la isla en la cual se encontraba perdido. El pensaba que no vivía nadie más que él en ese lugar, pero las huellas eran claras. Eran también recientes, la marea aún no las había borrado, pero él no había visto a nadie por allí en muchos días. La conclusión fue que no estaba solo, aunque no le viera, alguien más estaba allí. Lógico, me dirías tú, ¿Verdad? Sin embargo, es tan lógico este razonamiento pero aun hoy en día millares de personas siguen empeñinados en negar la existencia de Dios solamente argumentando que no le ven, por lo tanto, dicen que, Él no existe.

Que no le veamos, te lo acepto, pero que me digas que no se ven huellas de Su andar por todo el universo... ¡Eso sí que no! Los cielos me hablan de la gloria de Dios y el firmamento declara a gritos que manos creadoras estuvieron detrás de eso, dice el salmista en 19:1-4. **"No hay lenguaje ni palabras para describirlo, pero por toda la tierra puedes oír su voz"**.

Por toda la tierra puedes ver las huellas de un Dios creador. Si la huella de un pie descalzo en la arena es prueba suficiente de la existencia de un ser humano ¿qué pensar cuando vemos huellas del pie de Dios que cubren el mundo desde un extremo a otro? El cuerpo humano y su compleja fisiología, la perfección matemática que coordina el movimiento de los astros con exactitud desde hace miles de años, las profundidades aún insondables del abismo oceánico... Huellas, huellas de un Dios inteligente y amoroso que ideó todo este universo y lo puso para el beneficio del ser humano. No hay empresa más necia que gastar la vida cuestionando la existencia de Dios. Él existe. Es un Dios personal que te ama y te busca. ¿Puedes verle aún en lo invisible? ¿Puedes oírle aún en el silencio de la noche? Te llama. Respóndele y verás tu vida cambiar sobrenaturalmente.

**No hay empresa más necia que gastar la vida
cuestionando la existencia de Dios**

21 de enero
SENTIRSE SATISFECHO

> "Porque nada trajimos a este mundo, y nada podemos llevarnos. Así que, si tenemos ropa y comida, contentémonos con eso. Los que quieren enriquecerse caen en la tentación y se vuelven esclavos de sus muchos deseos. Estos afanes insensatos y dañinos hunden a la gente en la ruina y en la destrucción."
>
> **1ª Timoteo 6:7-9**

La insatisfacción es cueva de innumerable cantidad de conflictos con uno mismo, con Dios y con los demás. La historia de Israel en el desierto nos muestra un momento de insatisfacción que les llevó a ser disciplinados hasta aprender la lección del contentamiento.

Está relatada en el capítulo 11 de Números. Este pueblo guiado por Dios estaba siendo alimentado por maná. Una sustancia sin mucho sabor pero rica en proteínas que Dios enviaba fielmente desde el cielo. Pero ellos se cansaron, murmuraron y Dios oyó su queja. Siempre la queja revela falta de fe en Dios. Dios conoce nuestras necesidades y nos provee en el momento oportuno. La fe nos hace esperar ese momento, y mientras tanto nos capacita para esperar.

El caso es que ellos provocaron la ira de Dios quien les mandó carne como ellos pedían pero junto con la provisión vino también la instrucción correctiva. Dice el capítulo 11:31-33: **"Vino un viento de Jehová, y trajo codornices del mar, y las dejó sobre el campamento, un día de camino a un lado, y un día de camino al otro, alrededor del campamento, y casi dos codos sobre la faz de la tierra. Entonces el pueblo estuvo levantado todo aquel día y toda la noche, y todo el día siguiente, y recogieron codornices; el que menos, recogió diez montones; y las tendieron para sí a lo largo alrededor del campamento. Aún estaba la carne entre los dientes de ellos, antes que fuese masticada, cuando la ira de Jehová se encendió en el pueblo, e hirió Jehová al pueblo con una plaga muy grande"**.

Siempre la impaciencia, el descontento, la codicia y la insatisfacción traen problemas. En cambio una vida de piedad, que se alegra con lo que tiene y agradece a su Dios en todo momento, crece, madura y recibe las bendiciones de Dios a su tiempo, que siempre es mejor que el nuestro.

No te quejes de las dificultades, están diseñadas por Dios para que madures.

La adversidad, necesidad y la tribulación son excelentes maestras en la escuela de tu vida

22 de enero
LA ENFERMEDAD QUE CONTAGIA

Mary Mallon vivía en Nueva York y trabajaba de cocinera para varias familias ricas. No fue hasta 1907, seis años después de su primer empleo, que los investigadores del Departamento de Salud de la ciudad de Nueva York relacionaron sus cambios de empleo con la declaración de casos de **Salmonelosis** en las casas donde trabajó. Los periódicos destacaron en sus titulares que "María Tifus" era un depósito ambulante de la mortífera enfermedad. Fue puesta bajo supervisión y tratamiento durante 3 años. Prometió no trabajar más de cocinera y someterse a un chequeo médico cada tres meses. Poco después, Mary desapareció durante 5 años. En 1915 se detectaron casos de tifus en un hospital de Nueva York. Una investigación del personal reveló a "María Tifus" entre la lista de los empleados. Esta vez fue confinada a una institución donde permaneció hasta su muerte en 1938. Nadie sabe cuántos casos de tifus y fallecimientos resultaron del contacto con "María Tifus". Algunos creen que unos 200. Este caso grafica otra realidad más alarmante aún; es la realidad del pecado alojado dentro del mismo corazón humano. Queramos reconocerlo o no, nuestra conducta dominada por los naturales instintos carnales, no sólo nos perjudica sino que enferma a los que están a nuestro derredor. Es así como el pecado, habiendo entrado al mundo por un hombre y por el pecado la muerte, así la muerte (emblema y evidencia del pecado) pasó a todos los hombres, demostrando que todos pecaron (Romanos 5:12). La corrupción de nuestra sociedad posmoderna no es otra cosa que la evidencia más alarmante de que todos los hombres están infectados con el virus del pecado. Gracias a Dios el tifus fue erradicado hacia mediados de siglo y muchos fueron sanos aceptando el remedio. Lo triste es que hoy, millones de personas siguen sufriendo el flagelo del pecado y despreciando el remedio que Dios, en Su buena voluntad, presentó ante el mundo: Su Hijo Jesucristo y Su sangre que nos limpia de todo pecado (1ª Juan 1:7). Permite que Él te limpie, acepta el regalo de Su perdón. **Serás salvo tú y tú casa,** (Hechos 16:31). Tu vida cambiará y serás de bendición a los que te rodean.

La corrupción de nuestra sociedad no es otra cosa que la evidencia de que todos los hombres están infectados con el pecado

23 de enero
EL ÁGUILA Y LAS FOCAS

> "Y llamando a la multitud con sus discípulos, les dijo: Cualquiera que quisiere venir en pos de mí, niéguese a sí mismo, y tome su cruz, y sígame. Porque el que quisiere salvar su vida, la perderá; y el que perdiere su vida por causa de mí y del evangelio, éste la salvará."
>
> **Marcos 8:34-35**

La lucha por la supervivencia en los diferentes eslabones de la cadena de depredadores y víctimas, tiene matices curiosos. Existe una especie de águilas tan atrevidas que se dedican a cazar pequeñas focas. Realizan un sobrevuelo por las aguas del mar y cuando divisan a una foca nadando sobre la superficie, cerca de la orilla, inician su vuelo en picada y clavando sus fuertes garras en los lomos del animal la arrastran hacia la orilla valiéndose de sus enormes y poderosas alas. Una vez fuera del mar, la foca indefensa y herida es elevada hasta el nido del ave en lo alto de las montañas para servir de alimento para el águila y sus polluelos. Pero algunas veces, la foca escogida es demasiado fuerte y pesada para el águila, y no puede ser arrastrada fuera del mar. Al no poder soltarla, el águila, debido a la curvatura de sus garras enterradas en la dura carne del animal, es ella la que es arrastrada mar adentro hasta que la foca se sumerge ahogando al águila que lleva clavada en su espalda. ¿Paradójico, verdad? El águila terminó siendo capturada por aquello que pretendía capturar. Lo mismo pasa con las posesiones materiales que este mundo ofrece. Alguien dijo: "Cuando lo que poseo comienza a poseerme, estoy en problemas." Con cuánta frecuencia los hombres se aferran a placeres pecaminosos, estilo de vida sensual, búsqueda ciega de bienes materiales, ignorando que, muchas veces, por querer atrapar una presa demasiado grande, terminan en el fondo de una tragedia. Embriagados de codicia, casi siempre, pierden la noción de sus propias fuerzas y se lanzan imprudentes en empresas que van más allá de sus posibilidades, sacrificando, familia, ahorros, fuerzas, salud y hasta su propia paz. La Biblia dice: **"Haz todo lo que esté al alcance de tu mano pero, según tus fuerzas."** Recuerda que: ¿De que le sirvió al águila ganar la foca si perdió su vida? Lo mismo sucede con aquel ser humano **"que ganare todo el mundo pero perdiere su alma. ¿De qué le aprovechará"**, dice Marcos 8:36?

La codicia me hace perder la noción del límite de mis propias fuerzas

24 de enero
LA GLORIA PASAJERA

> "Porque todo lo que hay en el mundo, que es concupiscencia de la carne, y concupiscencia de los ojos, y soberbia de la vida, no es del Padre, mas es del mundo. Y el mundo se pasa, y su concupiscencia; mas el que hace la voluntad de Dios, permanece para siempre.
>
> **1ª Juan 2:16-17**

La antigua ciudad de Éfeso, era una de las más famosas a comienzos del primer siglo en todo el mundo. Su templo de Diana era una de las 7 maravillas del mundo antiguo. Cuando el apóstol Pablo visitó Éfeso, la ciudad se enorgullecía. Pero estas glorias, hace mucho que se han desvanecido y sólo significan algo para los arqueólogos. El templo de la diosa Diana de los efesios muestra hoy en día las secuelas de este dramático final que acompaña a todos aquellos que en otro tiempo fueron gloriosos. Todo lo que queda hoy del templo son fragmentos pequeños de una de sus columnas. Con respecto a este templo un antiguo escritor dijo: He visto los jardines colgantes de Babilonia, el coloso de rodas, las inmensas pirámides, pero al ver el templo de Diana en Éfeso, todas las otras maravillas perdieron su esplendor. ¿Qué diría este escritor si viviera hoy y pudiera contemplar el templo de Éfeso? El apóstol Juan, en su primera carta, 2:17 exclamó: **"La gloria del mundo pasa y sus deseos, pero el que hace la voluntad de Dios permanece para siempre"**. Hoy somos impactados con los grandes imperios, los grandes avances tecnológicos, la conquista del espacio, la fusión de mega empresas que unifican capitales con cifras siderales, etc. Pero ¿algo de esto será eterno? ¿O seguirán el mismo dramático final de aquellos que, en otros tiempos se jactaban ante la tierra y el cielo de ser prácticamente indestructibles? El emperador babilónico: Nabucodonosor, tuvo que aprender esta gran lección según nos narra el profeta Daniel en su libro capítulo 4:28-37. Al cabo de su dura disciplina por parte de Dios, este rey tuvo que confesar: **"Todos los habitantes de la tierra son como nada, y Él hace según su voluntad en el ejército de los cielos, y en los habitantes de la tierra, y no hay nadie que detenga su mano y le pregunte: ¿Qué haces? Ahora yo, Nabucodonosor, alabo, engrandezco y glorifico al Rey del cielo, porque todas sus obras son verdaderas, y sus caminos justos, y Él puede humillar a los que andan con soberbia."** No te equivoques, lo único eterno es lo que cuenta en los registros del cielo.

Más aprendió Nabucodonosor entre las hierbas del campo que entre el oro de los palacios

25 de enero
EL FINAL DE ALGUNOS RICOS

> "Mas ahora manda a todos los hombres, en todas partes, que se arrepientan. Por cuanto ha establecido un día, en el cual ha de juzgar con justicia a todo el mundo por aquel varón que él ha señalado; de lo cual ha dado testimonio a todos, levantándole de los muertos."
>
> **Hechos 17:30-31**

En 1923 se reunió un grupo de los hombres de finanzas más prósperos del mundo en un hotel de Chicago. Entre ellos estaban los presidentes de la mayor compañía de acero, de la mayor compañía de servicios, el mayor especulador de trigo, el de la bolsa de Nueva York, un miembro del gobierno del país, el presidente del banco internacional de pagos y el jefe del mayor monopolio del mundo. Estos hombres controlaban entre sí más riquezas que las del tesoro nacional de los Estados Unidos. Eran hombres famosos y de renombre público, pero veamos lo que le sucedió a cada uno de ellos hacia el final de sus días. El presidente de la compañía de acero vivió de préstamos los últimos 5 años, y murió en la pobreza. El presidente de la compañía de servicios murió en la miseria después de haber llegado a la quiebra. El mayor especulador de trigo murió en el extranjero, sin dinero. Richard Whitney, el presidente de la bolsa, fue puesto en libertad tras haber pagado una condena en el penal de Sing Sing. El mayor especulador de Wall Street se suicidó, el miembro del ministerio, Albert Fall recibió el perdón en la cárcel para que pudiera morir en su casa. León Frazier, presidente del banco internacional, se quitó la vida. No hay nada más irónico que haber conquistado el mundo y haber perdido su alma y la posibilidad de disfrutar la vida, la familia, las oportunidades de ser feliz. Dice la Biblia: **"¿De qué aprovechará al hombre si ganare todo el mundo y perdiere su alma?"** [Marcos 8:36]. La reunión de estos capitalistas, continuará en el infierno si no se arrepintieron. Uno tras otro darán cuenta ante el Dueño del mundo de la manera en que han administrado sus vidas y posesiones mientras estaban en este mundo. Doblarán sus rodillas y confesarán, ante Dios y Jesucristo, Su Hijo, que de Él y para Él son todas las cosas y que todas las cosas por medio de Él subsisten. No te engañes, el verdadero tesoro está en los cielos y es allí donde se debe invertir.

No hay nada más irónico que haber conquistado el mundo y haber perdido el alma

> "Me explico: El mensaje de la cruz es una locura para los que se pierden; en cambio, para los que se salvan, es decir, para nosotros, este mensaje es el poder de Dios."
>
> **1ª Corintios 1:18**

Uno de los grandes líderes de la revolución bolchevique en Rusia fue León Trotsky. Este ateo se destacó como fiel seguidor de las enseñanzas del partido comunista ruso. Sin embargo, cuando era chico, fue invitado por un amigo americano a asistir a una clase bíblica. El maestro nunca asistió y aquella clase, nunca se realizó. Aquel líder ruso, nunca más tuvo la oportunidad de escuchar el mensaje del evangelio. José Stalin había estudiado para ser sacerdote de la Iglesia Ortodoxa Rusa, pero la hipocresía reinante en aquel entonces en la iglesia creó en Stalin un espíritu apático a la religión y se volcó, decepcionado, al comunismo y a la causa de su país. Mahatma Gandhi, líder de millones de personas en la India, estudió cristianismo en Inglaterra, pero lo abandonó porque entendió que los cristianos no vivían de acuerdo a las enseñanzas de Jesús, confesó años más tarde. Dos adolescentes de Dallas, Texas, crecieron juntos en medio de un ambiente de delincuencia y vicios. Ambos fueron a la iglesia cuando eran niños, pero solamente uno continuó. Llegó a ser, con el tiempo, pastor en Florida. En cambio el otro abandonó los principios cristianos dedicándose otra vez al pandillaje y llegó a ser el asesino del presidente Kennedy. Esto muestra a las claras la diferencia que puede hacer en la vida del ser humano la presencia de Cristo en el corazón. Definitivamente el destino del hombre radica en el grado de importancia que, en vida, le dé a Jesús y Su obra en la cruz. A diferencia de muchos existencialistas que opinan que el hombre es víctima de su propio destino, estas historias dejan ver la diferencia que hace en el ser humano el hecho trascendental de que Cristo pase a ser el centro de su ser. **"Reconócelo en todos tus caminos y Él hará derechas tus veredas"**, dice la Biblia en Proverbios 3:6. **"Porque hay caminos que al hombre le perecen derechos pero su fin es camino de muerte"**.

Así como la historia fue dividida en dos por la Cruz de Cristo tu vida también

27 de enero
DRUSILA Y FÉLIX

> "Los pecados de algunos son evidentes aun antes de ser investigados, mientras que los pecados de otros se descubren después. De igual manera son evidentes las buenas obras, y aunque estén ocultas, tarde o temprano se manifestarán."
>
> **1ª Timoteo 5:24-25**

Drusila, cuyo nombre aparece en el libro de los Hechos, en la Biblia, era hija del rey Herodes y hermana menor del rey Agripa, ambos también mencionados en las páginas bíblicas. Drusila, famosa por su hermosura, se casó con Aciz, rey de Emesa, provincia insignificante del norte de Palestina. Félix, gobernador romano, se enamoró de esta joven aunque era 40 años mayor. Esto no fue impedimento para este maniático rey que contrató a un tal Simón, el mago para que realizara algunos de sus hechizos sobre la joven a fin de conquistarla. Lo cierto es que al cabo de un tiempo, la joven princesa, abandonó a su esposo y se fue a vivir con el relajado emperador de Cesarea. Fue ante esta pareja que el gran apóstol Pablo fue invitado a exponer la fe cristiana que abrazaba ante lo cual Félix respondió: **"Ahora vete, Pablo, mas cuando tenga oportunidad te llamaré."** (Hechos 24:25). El marido legítimo de Drusila murió dejando un hijo de ambos. Cuenta la historia que madre e hijo se dieron cita en la gran ciudad de Pompeya. Por otro lado, también Félix se vio obligado a huir a aquella ciudad escapando por salvoconducto romano de una acusación judía. Allí, ambos reunidos en Pompeya fueron sepultados por la lava del volcán Vesubio que cubrió aquella ciudad en una de las mayores catástrofes de la historia. Algunos piensan que pueden vivir como se les antoje sin ser vistos, o que pueden engañar a Dios, pero Su Palabra dice en Gálatas: "No os engañéis, Dios no puede ser burlado, pues todo lo que el hombre sembrare eso también segará", y también dice en 1ª Timoteo 5:24: **"Los pecados de algunos hombres son puestos en evidencia antes de que sean examinados, pero los pecados de otros se descubren después."** Lo cierto es que, tarde o temprano, manifiestas son las obras de la carne y no hay nada oculto que no haya de ser manifestado. No le respondas a Dios con un "después te atenderé", como Félix le respondió a Pablo. Si hoy estás escuchando Su voz, respóndele antes de que sea demasiado tarde.

El que ignora la voz de Dios, está respondiendo al llamado del infierno

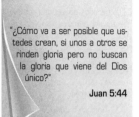

"¿Cómo va a ser posible que ustedes crean, si unos a otros se rinden gloria pero no buscan la gloria que viene del Dios único?"

Juan 5:44

Aquel es un triunfador, este un fracasado, sentenciamos a diario, emitiendo juicios estereotipados por preconceptos adquiridos. ¿Cuál es en verdad la medida del éxito? ¿En qué radica la plena realización de la vida? Amontonar riquezas, dar rienda suelta al placer, saciar mis ansias de poder, reinar sobre otros... ¿Es eso realmente lo que cotiza al ser humano en este despiadado mercado en el que le toca nacer, abrirse paso, dejar descendencia y morir? El pez solamente puede sentirse realizado desenvolviéndose en el ámbito marino al que fue confinado y haciendo aquello para lo cual fue creado: nadar. De la misma manera, el ser humano, eslabón y parte especial de esta creación inteligente, puede saberse completo, satisfecho y libre, en la medida que descubra su verdadero propósito en la vida. Así existirá en función de esa meta. Triunfar no es evitar el fracaso. Al fin y al cabo, la única manera de aprender a no equivocarse es habiéndose equivocado varias veces hasta llegar al punto de discernir cómo se hace. Nuestra humanidad está llena de individuos socialmente marginados porque, "dicen" no haber reunido los requisitos necesarios para ser aceptados como triunfadores más. Los gordos, los feos, los pobres, los de lejos, los viejos, los discapacitados... ¿Están ellos confinados a un fatídico fracaso crónico? ¿Deben resignarse a observar cómo los otros pasan y sacan beneficio de cuantas oportunidades se le presentan? Como aquel mendigo paralítico junto al estanque de Betesda, en la antigua Jerusalén, que según nos narra el apóstol Juan, llevaba 38 años implorando misericordia. Paradójico, porque justamente Betesda significa: "Casa de misericordia". Pero para este pobre hombre parece que la ayuda ya era patrimonio de otros y negada a él. Hasta que en labios del Jesús Nazareno escuchó la frase que nunca más olvidaría: "Levántate, toma tu lecho y anda". Victorioso y triunfante se levantó, y cargando sobre sus espaldas aquello que antes le cargaba a él, su cama, se dirigió hacia la vida. Porque la verdadera medida del éxito es encontrarse con Jesús y dejar que Él nos capacite para andar paso a paso.

La única manera de aprender a no equivocarse es habiéndose equivocado varias veces hasta llegar al punto de discernir cómo se hace

29 de enero
LA RANA EN EL POZO

Cierta rana, distraída en el andar del camino, cayó en un hueco muy profundo. Ante los gritos de auxilio, sus amigas acudieron de inmediato, pero al ver la profundidad de aquel pozo, dedujeron que sería imposible que saliera con vida, si es que ya no había muerto a consecuencia de la caída. Una tras otra comenzaron a echarle tierra encima para darle una sepultura digna, sin darse cuenta que cada centímetro cúbico de tierra arrojada encima, era un centímetro más que acercaba a la rana hacia la superficie, hasta que por fin, con el hueco casi lleno de tierra, la rana dio un salto y se salvó. La crítica ajena puede tener doble efecto: Te sepulta o te ayuda a superarte en tus logros para que alcances horizontes cada vez más altos. Depende de cómo la tomes. Si vives dependiendo de lo que los demás te digan, nunca podrás ser objetivo y perderás el rumbo del plan que Dios ideó para ti desde antes de la fundación del mundo. Claro que no puedes ni debes actuar sin importarte la opinión de los demás o a quién afectas en tu andar. Pero cada cosa en su lugar. Debes saber diferenciar entre crítica, opinión y consejo. Algunas tienen el ánimo de destruir y sepultar, otras de construir y ayudar. A las primeras las tienes que poner en el lugar debido, sabiendo que aunque para los hombres seas asunto acabado, en Dios siempre tendrás un nuevo chance si acudes con sinceridad. Ora por tus acusadores y detractores como Jesús oró diciendo: **"Padre perdónalos porque no saben lo que hacen"** (Lucas 23:34), y aprende el secreto de avanzar sobre las piedras aunque cueste. Las otras, las críticas constructivas, las de los amigos que te aman, las debes atesorar como valiosas joyas. Agradece al Señor por esas personas a tu lado que te animan, corrigen y alientan a continuar. ¡Cuidado, hay hombres cuyas palabras son como golpe de espada! A estos, mejor evítalos.

> "Eviten toda conversación corrompida. Por el contrario, que sus palabras contribuyan a la necesaria edificación y sean de bendición para quienes escuchan."
>
> **Efesios 4:29**

Agradece al Señor por esas personas a tu lado que te animan, corrigen y alientan a continuar

> "Las canas son una honrosa corona que se obtiene en el camino de la justicia."
>
> **Proverbios 16:31**

La edad madura o ancianidad, es motivo de preocupación para muchos. Algunos temen llegar a ella, la evitan y cuando llega, porque no hay como evitarla, les sorprende sin recursos para disfrutarla y acaban sus días con el alma reseca. Una noche fría de copiosa nevada en Ohio, un viejo predicador entró en una capilla y el auditorio murmuró un comentario acerca de sus canas, a lo que el predicador contestó: "No importa tener nieve sobre el tejado con tal que haya un buen fuego adentro." Tener muchos años es motivo de gloria para algunos pero de amargura para otros. Lo que hace triste a la ancianidad nos es que cesen en ella los goces sino la esperanza. Bud Robinson acostumbraba decir: "Voy a aplazar el final de mi vida para que sea lo último que tenga que hacer y si supiera el lugar donde moriré de cierto no iré allá." ¿Esperas la etapa final de tu vida con expectativas o con miedo? Muchos hombres han realizado sus logros mayores en la edad madura. Thomas Edison hizo su mejor trabajo entre los 60 y 70 años y cuando murió se encontraron varios proyectos en sus libros. Tintoretto, a los 74 años pintó el lienzo: El Paraíso, que mide 22 por 10 metros. Verdi compuso su obra maestra Otelo a los 74 años. Dice la Biblia, hablando del justo en el Salmo 92:14: **"Aún en la vejez fructificará, estará vigoroso y verde."** El día que un hombre cesa de hacer planes para su futuro ese mismo día comienza a ser un viejo, así tenga 40, 70 ó 90. Un conocido psicólogo, después de un extenso estudio, concluyó: "Si la curva de eficiencia en un hombre está todavía en ascenso entre los 50-55 años, se puede esperar que siga subiendo hasta la ancianidad. Pero si se halla en declive, seguirá descendiendo hasta que muera." Dice la Biblia: "Porque la senda de los justos es como la luz de la aurora que va en aumento hasta que el día es perfecto." Recuerda: No importa tener nieve sobre el tejado si hay un buen fuego adentro.

El día que un hombre cesa de hacer planes para su futuro ese mismo día comienza a envejecer

31 de enero
LA ENFERMEDAD DE FREUD

La sicología moderna debe su curso a Sigmund Freud, su precursor. Este famoso psicólogo dedicó su vida a estudiar las profundidades insondables de la mente pero desde una perspectiva puramente humanista, ignorando frontalmente en sus escritos la implicación de un Dios como ser superior, regente de dicha mente

> "Atan cargas pesadas y las ponen sobre la espalda de los demás, pero ellos mismos no están dispuestos a mover ni un dedo para levantarlas."
>
> **Mateo 23:4**

humana. Pero a pesar de su intento por arrojar luz sobre los intrincados problemas de la conducta del hombre, él mismo nunca fue capaz de disciplinarse en su vida privada. Su médico personal, a causa de sus problemas cardíacos, le aconsejó que dejara de fumar. Cosa que intentó por un tiempo, pero fue tan grande su estrés por la abstinencia que al fin y al cabo tuvo que regresar a su viejo hábito con mayor dependencia. Tuvo que someterse a 34 operaciones de paladar y finalmente lo perdió por completo a causa del cáncer provocado por el tabaco. Los médicos le advirtieron repetidas veces que moriría si no dejaba de fumar. Vencido por su adicción, sólo se resignó a morir de dicho cáncer. El doctor Freud podía identificar los problemas ajenos, pero él mismo no se pudo dominar. Freud no conocía un secreto que ha ayudado a miles de personas a escapar de los lazos del diablo y sus vicios como es el poder del Cristo resucitado viviendo dentro del ser y capacitándole. Sus adeptos y seguidores deberían escuchar la advertencia que la Biblia, la Palabra de Dios hace acerca de estos líderes incapaces de gobernarse a ellos mismos: **"Porque si un ciego guiare a otro ciego, ambos caerán al pozo."** Lucas 6:39. Es triste ver que, en su afán de negar la existencia de Dios o su derecho a inferir en los asuntos de esta raza humana, muchos hombres y mujeres gastan sus vidas detrás de personas débiles e ideales falsos que no pueden ofrecer esperanza alguna a sus seguidores. Sólo Jesús fue capaz de impartir Sus transformadoras enseñanzas respaldando Su doctrina con Sus hechos y Su vida simplemente porque Él es Dios mismo, la luz que disipa toda duda y hace andar como de día al que andaba en ceguera espiritual.

Si sigues a hombres, nunca encontrarás a Dios

AÚN NO HEMOS LLEGADO A CASA

> "Todos ellos vivieron por la fe, y murieron sin haber recibido las cosas prometidas; más bien, las reconocieron a lo lejos, y confesaron que eran extranjeros y peregrinos en la tierra. Al expresarse así, claramente dieron a entender que andaban en busca de otra patria."
>
> **Hebreos 11:13-14**

Sólo cuando recordamos que la vida es una asignación temporal, el enamoramiento de las cosas terrenales pierde el dominio sobre nosotros. Nos estamos preparando para algo mejor. **"Así que no nos fijamos en lo visible sino en lo invisible, ya que lo que se ve es pasajero, mientras que lo que no se ve es eterno"**, dice el apóstol Pablo en 2ª Corintios 4:18. Nunca te sentirás completamente satisfecho en esta tierra porque fuiste creado para algo más. Tendrás momentos felices aquí, pero nada comparado con lo que Dios tiene planeado para ti. Darte cuenta de que la vida en la tierra es tan sólo una misión temporal, debiera cambiar radicalmente tus valores. Los valores eternos, no los temporales, deben ser los factores determinantes que influyan en tus decisiones. "Todo lo que no sea eterno es eternamente inútil". Es un error trágico dar por sentado que el objetivo para tu vida es la prosperidad material o el éxito popular como el mundo lo define. La vida abundante nada tiene que ver con la abundancia en la vida. Nunca te concentres en coronas temporales. El fin de la vida no es el final. A los ojos de Dios, los grandes hombres de éxito no son los que han logrado prosperidad, y poder en esta vida, sino aquellos que la ven como una asignación temporal y sirven fielmente a causas espirituales, esperando su recompensa en la eternidad. La Biblia dice lo siguiente del Salón de la Fama de Dios en Hebreos: **"Todas esas personas murieron sin haber recibido las cosas que Dios había prometido; pero como tenían fe, las vieron de lejos, y las saludaron reconociéndose a sí mismos como extranjeros de paso por este mundo... Pero ellos deseaban una patria mejor, es decir, la patria celestial. Por eso, Dios no se avergüenza de ser llamado el Dios de ellos, pues les tiene preparada una ciudad"**. Tu vida en la tierra no es toda la historia de tu existencia. Es sólo el primer capítulo y el próximo capítulo depende del lugar que le des a las cosas eternas y a las cosas pasajeras. ¡Asegúrate!

La vida es el preámbulo de la eternidad

2 de febrero
LAS PIRÁMIDES

Sin duda alguna, de los monumentos antiguos que aún hoy deslumbran a la humanidad, las magníficas pirámides de Egipto llevan la delantera. En realidad, estas mega construcciones no sólo son exponentes de la inteligencia del antiguo imperio sino también tumbas de sus antiguos faraones y lo que tiene aun más valor arqueológico, inscripciones que cuentan al detalle la historia de aquel imperio existente hace más de cuatro milenios atrás. Se conocen como "textos de las pirámides" una colección de grabados, en su mayoría religiosos, en las paredes de tumbas que datan de la V dinastía egipcia. Las más antiguas fueron descubiertas en las pirámides de Unis, último faraón de la V dinastía. Todo este registro arqueológico deja ver la magnificencia de aquel imperio, la inteligencia de sus sabios y el poder de sus faraones. Si hoy, siglo XXI, con los avances tecnológicos que nos caracterizan, nos deslumbran e incluso dejan confundidos a científicos actuales con técnicas de astronomía y arquitectura ni siquiera conocidas o aplicadas en nuestra época, ¿cuánto más habrá deslumbrado a sus contemporáneos? Pero dice la Biblia en Isaías 31:3, seguramente aludiendo a la fama adquirida en aquel entonces en tiempos del profeta: **"Los egipcios, hombres son y no dioses."** Y pregunta también el mismo profeta algunos capítulos atrás: "¿Dónde están ahora, aquellos tus sabios? Hoy, solamente quedan recuerdos de dinastías pasadas. ¿Cuál habrá sido el motivo de su decadencia?... Seguramente el mismo que acabó con todos los demás imperios conocidos: La codicia y la enajenación del Dios verdadero. ¿Sabes? Cada individuo construye, al fin y al cabo, su propio imperio. En algunos casos llegan a la cúspide del poder y la fama, en otros, queda en el anonimato o hasta el fracaso. Pero el hombre siempre construyó sus propias pirámides como expresión de independencia de Dios y terminó en ruinas. Si quieres construir tu vida sobre una base firme y no dejar como legado las ruinas de tu existencia, fundamenta tus proyectos en Dios, utiliza material eterno y deja que el Gran Arquitecto, guíe tu vida. ¡Sólo así serás realmente eterno!

El hombre siempre construyó sus propias pirámides como expresión de independencia de Dios y terminó en ruinas

> "A la verdad, no me avergüenzo del evangelio, pues es poder de Dios para la salvación de todos los que creen: de los judíos primeramente, pero también de los gentiles."
>
> **Romanos 1:16**

Quizás, uno de los milagros más grandes de la 2ª Guerra Mundial, sea el sucedido con el general Mitsuo Fuchida, quien dirigió los aviones japoneses en la operación a Pearl Harbor dejando como saldo la destrucción casi total de la flota norteamericana. Mitsuo se encontraba en Hiroshima hasta un día antes que los americanos lanzaran la bomba atómica en venganza sobre aquel lugar. Milagrosamente viajó a otra ciudad y desde allí se enteró de la tragedia. Indignado y abrigando odio y rencor hacia Norteamérica, se propuso viajar y recopilar evidencia de abusos a reclusos japoneses capturados por los americanos, ya que él suponía que, igual que ellos torturaban a los yanquis, lo mismo harían estos con los japoneses. Fue en esa búsqueda ciega que se topó con la historia de un misionero americano capturado y torturado en Filipinas que murió orando por sus captores y alabando a Dios. Aquella historia impresa en un simple folleto que recogió en la estación de ferrocarril, dejó clavada la primera punzada que lo llevaría a Dios. Compró una Biblia en japonés y, según él mismo relata: "cuando llegué al capítulo 23 de Lucas y leí la oración de Cristo antes de morir en la cruz, mi alma se quebrantó y nací de nuevo". Mitsuo Fuchida, fue pastor en el Japón y volvió a Norteamérica para realizar una gira evangelística y fue llamado "Amigo de los EEUU". Rehusó aceptar la posición más alta en las fuerzas aéreas japonesas por dedicar más tiempo para Dios y ganó muchas personas para Cristo. ¿Sabes? No hay corazón tan duro ni conciencia tan entenebrecida, que el poder de Dios concentrado en el Evangelio de Jesús no pueda penetrar. Fuchida se salvó de la bomba atómica en Hiroshima, pero no pudo soportar la explosión de gracia y amor que emana de la cruz de Cristo. **Porque el evangelio es poder de Dios para salvación a todo aquel que cree**, dice la Biblia. ¿Sentiste Su poder en acción en tu vida? Pídele ahora mismo a Dios que destruya todo lo malo y construya en tu ser una nueva vida.

El poder más grande que ha revolucionado el mundo, es el poder del Evangelio

4 de febrero
NO ROMPAS LA REPRESA

El sabio Salomón, quien escribió esta reflexión en sus Proverbios, sabía mucho de construir represas. Su biografía bíblica menciona la habilidad que este hombre súper dotado por Dios tenía en la construcción de estanques, regadíos y contenciones de aguas con la cual le dio un impulso notable a la agricultura israelí durante

> "Iniciar una pelea es romper una represa; vale más retirarse que comenzarla."
>
> **Proverbios 17:14**

los 40 años que duró su reinado. Es muy probable que en la construcción de estas represas, este pionero de la ingeniería hidráulica, hubiera presenciado desbordamientos y rupturas de los muros de contención con consecuencias catastróficas y quizás, hasta pérdida de vidas humanas. Es en este contexto tan gráfico, que Salomón deduce su refrán al referirse a las tan comunes y a la vez drásticas contiendas entre dos personas y dice que la pelea y los comentarios destructivos se asemejan a este fatal suceso. A mediados del año 2002, un poblado en el país de México, fue literalmente arrasado por el desbordamiento de cuatro represas. Las imágenes eran desoladoras. No había manera de detener lo que ya se había iniciado. El agua arrasaba con todo lo que se interponía a su paso, lodo mezclado con muerte, casas destruidas, padres llorando por sus hijos desaparecidos, familias sin viviendas... Horror y daños irreparables. ¿Sabes? Lo mismo sucede cuando das rienda suelta a tu lengua y esparces comentarios dañinos hacia otro. Inicias una especie de reacción en cadena que, al igual que una represa rota, no sabes hasta dónde puede destruir. En una sociedad tan competitiva como la nuestra, las armas de destrucción masiva que se utilizan como mecanismos viables para la "escalada social" son a menudo implacables y crueles. Todo es lícito si sirve para mejorar mi "status" aún, al costo de destruir la imagen de mis prójimos con chismes, críticas y comentarios desleales. Nunca olvides que existe el efecto "bumerang". Lo que tú digas de tu prójimo, a la corta o a la larga se dirá de ti. Al fin y al cabo: No se puede dinamitar la casa del vecino, sin debilitar tus propios cimientos. ¿Verdad?

La vida y la muerte están en el poder de la lengua
Proverbios. 18:21

> "Dios no envió a su Hijo al mundo para condenar al mundo, sino para salvarlo por medio de Él."
>
> Juan 3:17

La palabra "Kamikaze" se volvió común en los labios de todos durante el final de la 2ª Guerra Mundial. Se utilizaba para designar al piloto japonés cargado de explosivos que dirigía su avión hacia un blanco enemigo y se estrellaba contra él en una embestida mortal. Preferiblemente, un barco de guerra. A Sakaa Kobayashi se le designó como piloto suicida. Un día, en 1945, estaba ya en la cabina de mandos de su avión en Tokio esperando la orden de despegue para emprender una misión en la que sabía que no iba a regresar. "Los motores estaban ya calentando cuando recibimos la noticia que Japón se había rendido y que debía abortar la misión", declaró Kobayashi. Regresé a mi casa desanimado. Mi casa había sido destruida e incendiada por aviones enemigos. Mi madre y mi abuela habían muerto. Solo, sin hogar y con mucho odio y rencor en mi interior caminé sin rumbo fijo. Continué mi vida oscura y sin sentido hasta que un día, me invitaron a una iglesia evangélica. Allí, el predicador habló sobre la necesidad de amar a mis enemigos así como Cristo nos amó a nosotros. Ese día recibí el perdón de Dios y comencé una nueva vida" Sakaa Kobayashi fue pastor de una iglesia y tuvo una familia hermosa. ¿Sabes? Los Kamikazes de la 2ª Guerra Mundial entregaban sus vidas con el objetivo de destruir a sus enemigos. Cristo también realizó un descenso tipo Kamikaze, dejó sus glorias magníficas para descender a este suelo ¿El blanco? Los que éramos enemigos suyos en nuestras mentes haciendo malas obras, dice el apóstol Pablo en Efesios, ¿La misión? No, no era destruirnos, sino más bien salvarnos. Apuntó directamente a nuestro corazón y lo logró. Cautivó nuestras vidas, terminó con la batalla de la muerte dándole un certero impacto a aquel que tenía el imperio de la muerte y hoy invita desde Su trono a todos aquellos que aún están endurecidos, a dejarle entrar. Su mensaje es un mensaje de amor y perdón y tú puedes aceptarle hoy mismo por la fe. Seguirás siendo su blanco hasta que dure tu vida. No te resistas.

Jesús lo dio todo por ti. ¿Qué darías tú por Él?

6 de febrero
"SEÑOR: NO TE ENTIENDO"

> "Sólo en Dios halla descanso mi alma; de él viene mi esperanza. Sólo él es mi roca y mi salvación; él es mi protector y no habré de caer. Dios es mi salvación y mi gloria; es la roca que me fortalece; ¡mi refugio está en Dios!"
>
> **Salmo 62:5-7**

Se dice que cuando los conquistadores ingleses llegaron a las costas de Australia, se asombraron al ver unos extraños animales que daban saltos increíbles. Inmediatamente llamaron a los nativos del lugar y le intentaron preguntar mediante señas qué eran esos animales, a lo que los nativos respondían, "*gangurru*". Cada vez que les preguntaban daban la misma respuesta, por lo que, al llevar a estos extraños animales a Europa, les pusieron por nombre Kangaroo, que es con el nombre que hasta hoy se conoce a los canguros. Pero tiempos después los lingüistas determinaron cuál era el significado de los vocablos *gangurru*. Lo que el indígena les quería decir era: "No le entiendo." El "No le entiendo" no sólo ocurría en el continente australiano, sino que continúa ocurriendo en nuestros tiempos. Ya en la época de Jesús eran varias las personas que no comprendían Su mensaje. Mientras Jesús hablaba del agua de vida, una samaritana hablaba del agua del pozo. Cuando los discípulos le insistían en comer Él les hablaba de otra comida que ellos no sabían. Cuando les habló de la cosecha de almas ellos entendieron de la cosecha del trigo. Un maestro en Israel no entendía lo que era nacer de nuevo. Nuestro mundo actual está lleno de canguros. Los hombres y mujeres de este siglo hablan y discuten de cosas que no entienden. Dice el libro de Romanos capítulo 3: **"No hay quién entienda, no hay quién busque a Dios.".** Los que establecen la filosofía de vida de esta generación, dice también la Biblia en 2ª Pedro capítulo 2 que hablan mal de cosas que no entienden. ¿Por qué hay tantas depresiones, ansiedades, enojos y frustraciones? Porque no aceptamos los "No entiendo" de Dios y nos enojamos con Él y con el mundo. Dios no pide que le entendamos sino que nos acerquemos por la fe, y es ahí cuando se enciende la luz y puedes ver las cosas que hoy están confusas. Acéptale por la fe en Jesús. Él es la luz de este mundo en tinieblas. Entonces verás y entenderás, pero no antes. No intentes ordenar la habitación de tu vida sin antes encender la luz.

Cuando no entiendas lo que te sucede... Pregúntale a Dios

CLAVA EL AGUIJÓN

> "Mi ardiente anhelo y esperanza es que en nada seré avergonzado, sino que con toda libertad, ya sea que yo viva o muera, ahora como siempre, Cristo será exaltado en mi cuerpo. Porque para mí el vivir es Cristo y el morir es ganancia."
>
> **Filipenses 1:20-21**

¡Qué difícil la vida de la abeja! Un animal pequeño que puede volar, pero no tiene demasiadas alternativas para defenderse. Puede huir de sus atacantes, pero no puede hacerles frente. Ella sabe que si trata de defenderse y pica a alguien; su aguijón, que es su elemento de defensa, se pierde. Queda clavado en la piel del agresor, y cuando la abeja sigue su camino se desprende el aguijón arrancando también algunos órganos vitales. La abeja vive apenas unos minutos más. Después muere. Si no se defiende, la pueden matar y si se defiende, muere seguro. ¡Qué difícil la vida de la abeja! Me pregunto si tenemos la valentía de la abeja para defender la vida por lo que es eterno. Pablo la tenía. Para él, la vida era vivirla como Cristo le pedía y la muerte era ganancia, porque iba con Su Señor. Dice en Filipenses 1:21: **"Porque para mí el vivir es Cristo y el morir es ganancia"**. Hoy vivimos un cristianismo sin compromiso, cómodo, e indiferente. Jamás clavamos el aguijón, nunca nos jugamos el todo por lo que creemos; vivimos vidas mediocres, del montón y nuestra fe se aparta de lo que Dios quiere. Estamos dispuestos a desgastar nuestra existencia detrás de cosas que aparentan éxito y buen pasar pero por dentro están huecas. Preferimos salvar nuestras vidas a expensas de renunciar a nuestras convicciones y ver cómo matan nuestra fe. Es hora de que renovemos nuestro compromiso con Dios a tal punto de alcanzar este sentir que tuvo también Cristo Jesús. Él estuvo dispuesto a despojarse de todo, aún hasta morir por lo que creía más excelente. Porque no es tonto aquel que entrega lo que no puede retener para ganar aquello que nunca podrá perder. Dijo Jesús: **"El que halla su vida la perderá y el que pierde su vida por causa de mí la hallará"**. Conservemos nuestras convicciones hasta el final sabiendo que del otro lado de la muerte nos espera el Autor de la vida, Cristo Jesús quien dio Su vida por ti para que tú y yo hoy vivamos para Él.

Porque no es tonto aquel que entrega lo que no puede retener para ganar aquello que nunca podrá perder

8 de febrero
PERDONADO QUE NO PERDONA

Nuestra generación muestra cierta conducta violenta y ambiciosa que mata las relaciones, carcome los sentimientos, separa a los hombres, familias y naciones. Esta conducta es alimentada, casi siempre por el odio y la envidia, pero en realidad ya existió desde siempre. Jesús relató la experiencia de un siervo que manifestó

> "Así también mi Padre celestial hará con vosotros si no perdonáis de todo corazón cada uno a su hermano sus ofensas."
>
> **Mateo 18:35**

este tipo de patología con un consiervo suyo y tuvo un final trágico. Sumado a las causas que mencionamos, le debemos añadir otra que es protagonista en dicho relato: El olvido. Sí. Fue un siervo olvidadizo porque no quiso perdonar a uno que le debía algunos pesos cuando a él mismo se le había perdonado una deuda millonaria que tenía con su propio amo. Lo leemos en Mateo capítulo 18. Creo que la causa principal por la que nos cuesta perdonar es porque olvidamos que hemos sido perdonados por Dios o, simplemente, porque nunca hemos aceptado Su perdón. Ese sea tal vez el germen de esta sociedad competitiva. Nuestros propios sentimientos de culpas pasadas y presentes, condicionan el reaccionar ante nuestros semejantes. En cambio, aquellos que han experimentado el perdón de Dios sobre sus vidas y fueron sanados, no pueden exigir en una actitud déspota, nada de sus semejantes, porque tienen siempre en mente lo que se les perdonó. Dijo Jesús: **"Al que se le perdonó poco, ama poco, y a aquel que se le perdonó mucho ama más"**. En realidad a todos Dios nos perdonó mucho en Jesús, en aquella cruz hace 2000 años. Pero hay quienes no lo han experimentado así y viven esclavos y esclavizando. Este siervo olvidadizo del relato bíblico metió en la cárcel a su deudor pretendiendo que allí juntara el dinero para su libertad. ¡Absurdo! Y al final fue él mismo quién terminó preso. Es que cuando no estoy dispuesto a perdonar, el esclavo soy yo mismo. ¿Te cuesta perdonar y ser amable? Quizás sea porque nunca has experimentado el perdón y el amor de Dios. Está allí a tu alcance, tómalo y sé libre.

**Perdonar es liberar a un preso
y descubrir que ese preso era yo**

"Conoce el Señor a los que son suyos."

2ª Timoteo 2:9

Es difícil sostenerse en pie ante esta "oleada cibernética". El mundo globalizado en el que nos toca sobrevivir presenta una sociedad altamente masificada y poco a poco la identidad individual se disuelve. Nos asusta observar impotentes, cómo los mecanismos de conteo de datos aún a nivel demográfico, nos rotulan bajo números o códigos y pasamos a formar parte de un archivo donde lo importante no es tanto quién eres o cómo te llames, sino lo que eres, lo que haces y cuanto tienes. Los códigos han reemplazado a los nombres y ya eres un número y no una persona. Debes dejar mensajes en contestadores telefónicos grabados, que no les interesa lo que tú digas, sino simplemente que digites el número correcto si deseas escuchar la respuesta correcta. Para las agencias de archivos de datos, no importa cómo te llames o quiénes fueran tus padres, nacionalidad o virtudes. Lo que importa es cuánto tengas en tu cuenta bancaria, a la que accedes por códigos, si tienes tu record policial limpio, al que accedes por códigos, etc.

Jesús se refirió a la relación que Él desea tener con Sus seguidores: **"Y a sus ovejas llama por su nombre y sus ovejas conocen su voz y le siguen."** La misma idea la confirma el apóstol Pablo al declarar en 2ª Timoteo 2:9: **"Conoce el Señor a los que son suyos".**

¿Te parece imposible que exista un ser superior capaz de reconocer la identidad y la voz de cada uno de los habitantes de este planeta en forma personal sin olvidarse de nadie ni equivocarse? Dios es capaz de eso y aún de seguir tus pasos desde el vientre de tu madre hasta tu último día en la tierra. Para Él no eres un código de barras. Aunque te sientas perdido en medio de esta gran aldea global, Dios te ve allí donde estás y te llama por tu nombre. Tiene un plan para ti y desea conversar contigo a solas ¿Aceptarás Su invitación? La pregunta antigua del Edén se repite hoy: "¿Adán, dónde estás tú?" Ponle tu nombre. La pregunta es la misma.

Aunque te sientas perdido en medio de esta gran aldea global... Dios te ve allí donde estás y te llama por tu nombre

10 de febrero
VERDADERA LIBERTAD

Señales en las autopistas como: "Si tomas, no manejes", dejan ver a las claras la intencionalidad reinante en este cosmos en el que vivimos, respecto a un estilo de vida libertino y sensual. En otras palabras, aquel cartel en la carretera transmite el siguiente mensaje virtual: Toma todo el alcohol que quieras, pero trata de

> "Por toda la eternidad obedeceré fielmente tu ley. Viviré con toda libertad, porque he buscado tus preceptos."
>
> **Salmo 119:44-45**

no perjudicar a otro conduciendo tu automóvil en estado de embriaguez. O sea: puedes destruirte gradualmente permitiendo que el trago queme tus intestinos y tu salario, pero no seas tan ingenuo de estrellarte contra un poste en la ruta. Un mensaje análogo es el que está bombardeando nuestras mentes desde los medios masivos de comunicación en sus campañas contra el SIDA, cuando dicen que el preservativo es uno de los medios más eficaces contra este virus. Lo que realmente están publicando a gritos es la permisividad del sexo libre, de los encuentros sexuales ocasionales, siempre y cuando lo hagas en común acuerdo con la otra persona y uses el tan preciado preservativo... ¡¡¡No!!! Justamente la causa de las enfermedades venéreas fue el uso indiscriminado del sexo fuera de los ámbitos establecidos por Dios en Su Palabra: el matrimonio. Si analizamos este tipo de mensajes publicitarios, y de hecho hay muchos más similares a estos, podemos vislumbrar la filosofía humanista y enajenada de Dios que está impregnada en el espíritu mismo del hombre y la mujer de nuestros días: Si no perjudicas a otro con lo que hagas de tu vida, vive de la manera que se antoje. Es tu vida, disfrútala y sé feliz.

Te pregunto: ¿Es eso verdadera felicidad? ¿Se disfruta la vida así? Mucho más allá de la ley de la libertad personal y el respeto a nuestros semejantes, hay una ley superior que es la ley divina. Toda trasgresión a esa ley, no sólo será juzgada, sino que acarreará un sinfín de problemas y consecuencias muchas veces trágicas. Recuerda: No eres libre para hacer lo que quieras, eres realmente libre cuando vives haciendo aquello para lo cual fuiste creado, y fuiste creado para agradar a Dios.

Libertad no es hacer lo que quiero, sino lo que debo

> "Así que, los que somos fuertes debemos soportar las flaquezas de los débiles, y no agradarnos a nosotros mismos."
>
> **Romanos 15:1**

Uno de los pastores cristianos más recordados, John Wesley, decía: "Haz todo lo bueno que puedas, con todos los medios que puedas, en todas las maneras que puedas, en todos los lugares que puedas, en todos los tiempos que puedas, a todas las personas que puedas, cada vez que puedas". Siglos antes, inspirado por el soplo divino, el gran apóstol Pablo escribía en su carta a Filipos: **"Finalmente, hermanos, piensen en todo lo que es verdadero, en todo lo que merece respeto, en todo lo que es justo y bueno; piensen en todo lo que se reconoce como una virtud, y en todo lo que es agradable y merece ser alabado. Practiquen todas las enseñanzas que les he dado; hagan todo lo que me vieron hacer y me oyeron decir. Y Dios, que nos da su paz, estará con ustedes siempre".** ¿Cómo poner en práctica hoy, en el Siglo 21, estos consejos que parecen casi místicos, de película, de otro planeta? Mi corazón y el tuyo están tan cargados de competitividad, tan heridos por el egoísmo ajeno y el rencor propio, tan endurecidos al amor por haber arriesgado una vez más y haber salido heridos... ¿Qué será? ¿Que Wesley no fue humano, o que la sociedad Filipense era menos depravada que la nuestra? ¿O será que estos hombres disfrutaron de una cualidad especial que les daba una óptica diferente al momento de ver la vida? La Biblia dice: **"Nosotros, los que sí sabemos lo que Dios quiere, no debemos pensar sólo en lo que es bueno para nosotros mismos. Más bien, debemos ayudar a los que todavía no tienen esa seguridad** [Romanos 15]. Apreciado amigo, como ves, es Dios el que capacita y es Su Palabra la que instruye sobre cómo cultivar una óptica optimista y un espíritu altruista, igual al de Cristo. Permite que Su Espíritu more en ti, y serás otro más que se sume a la lista de hombres buenos, que viven teniendo en primer lugar a Dios, en segundo lugar a los demás y en último lugar a ellos mimos. Te aseguro que el primer bendecido serás tú.

Haz todo lo bueno que puedas, con todos los medios que puedas, en todos los lugares que puedas, en todos los tiempos que puedas, a todas las personas que puedas

12 de febrero
AMAR ES DAR

En su libro: "Una vida con propósito", Rick Warren escribe: "Es posible evaluar la importancia que le asignamos a algo considerando el tiempo que estamos dispuestos a dedicarle. Cuánto más tiempo le dedicamos a algo, más evidente resulta el valor que tiene para nosotros. Si quieres conocer las prioridades de una persona simplemente fíjate en qué usa su tiempo". El tiempo es el regalo más preciado que tenemos. Cuando le dedicamos tiempo a una persona le estamos dando parte de nuestra vida, el mejor regalo que puedas darle a alguien es tu tiempo. Muchos no pueden entender a su esposa o a sus hijos argumentando que no saben por qué se quejan. "Les doy todo lo que necesitan. ¿Qué más quieren?" ¡Te quieren a ti, tu tiempo compartido con ellos, quieren tu atención y tu interés! ¡Aunque cueste! Siempre que dediques de tu tiempo estarás haciendo un sacrificio y el sacrificio es la esencia del amor. Por eso dice la Biblia: **"Traten a todos con amor, de la misma manera que Cristo nos amó y se entregó por nosotros."** Es posible dar sin amar, pero es imposible amar sin dar. **"Tanto amó Dios al mundo que dio".** Amar es entregarse y el momento para expresar tu amor genuino es ahora. La Biblia recalca: **"Siempre que tengamos oportunidad, hagamos bien a todos"**, [Gálatas 6:10], **"aprovechando bien el tiempo porque los días son malos"**. [Efesios 5:16]. **"Nunca digas a tu prójimo: Vuelve más tarde y te ayudaré, si en tu mano tienes con qué ayudarle."** ¿Por qué este es siempre el mejor momento para expresar tu amor? Porque no sabemos si mañana tendremos la misma oportunidad. Las circunstancias cambian, las personas se mueren, los hijos crecen... Si quieres expresar tu amor, más vale que lo hagas ahora mismo. Al ver tu necesidad, Dios no perdió tiempo y dio como un regalo a Su Hijo por ti en demostración de Su amor. ¿No será hora de que comiences a dedicarle un poco de tu tiempo a Él?

> "Así que, según tengamos oportunidad, hagamos bien a todos, y mayormente a los de la familia de la fe."
>
> **Gálatas 6:10**

Es posible dar sin amar pero imposible amar sin dar

> "Una sola cosa hago, prosigo a la meta, al premio del supremo llamamiento de Dios en cristo Jesús"
>
> **Filipenses 3:14**

"Quien mucho abarca, poco aprieta". Así como el haz de luz puede aumentar considerablemente su poder si se lo filtra a través de un cristal que lo concentre en un punto, de la misma manera, al concentrarte en una sola cosa aumentas tu efectividad. No es el excesivo trabajo lo que cansa sino el esfuerzo mal enfocado. Enfócate y serás una persona de impacto. En el hogar de Betania, se realizaba una amena reunión familiar. Marta, posiblemente la hermana mayor, estaba ocupada en la cocina preparando la comida, las flores, la bebida, la mesa, el mantel, los platos... ¡Marta!... ¡Marta! La voz suave del Maestro no podía superar la voz fuerte de lo apremiante. Una vez más lo urgente reemplazaba a lo realmente esencial e imprescindible. **"Marta, afanada y turbada estás por MUCHAS cosas y no te das cuenta que en realidad sólo una es necesaria, y es justamente la que escogió tu hermana María".** Ven siéntate un rato a mi lado para que descanses y aprendas a ser efectiva concentrándote en las prioridades. Si vives corriendo detrás de las urgencias de la vida cotidiana, pronto te derrumbarás y terminarás en frustración. El planeta está repleto de víctimas de las "muchas cosas" al igual que Marta. ¡Cuidado! Cuando lo urgente reemplaza a lo importante estamos al revés. Organiza tu agenda, no te creas imprescindible, delega, hazte una lista de prioridades, toma tiempo para mirar las estrellas, pasear con tu esposa, jugar a la guerra de almohadas con tus hijos, haz deporte, conversa con Dios. No olvides que una escala de valores correctamente enfocada te ayudará a correr con menos peso. Mayormente lo que nos quita el tiempo nos es lo realmente importante, sino ladrones que nos distraen de lo verdaderamente prioritario. Redimamos bien el tiempo porque los días son malos, aconseja Pablo en Efesios 5:16. No es más efectivo el que más hace sino el que mejor lo hace.

Mayormente lo que nos agota no es el excesivo trabajo sino el trabajo mal enfocado. Enfócate, y serás efectivo

14 de febrero
AMISTAD

Hablar sobre la amistad o aún meditar en ella, nos obliga a tender un manto de solemnidad, silencio, respeto y seria consideración, si no queremos dañar este legado tan preciado de Dios hacia la humanidad. Me atrevo a decir que es patrimonio exclusivo de la raza humana. Me cuesta pensar en dos perros amigos, más bien creo

> "El hombre que tiene amigos ha de mostrarse amigo y amigo hay más unido que un hermano."
>
> **Proverbios 18:24**

se guían por instinto y un grado de interés personal. Mucho menos en dos animales de diferente especie, o de un árbol amigo de otro árbol. Pero el hombre y la mujer nacen capacitados potencialmente para buscar amigos y darse a conocer amigablemente, salvo excepciones. Es una actitud del alma que se dispone a comenzar a invertir en alguien, sin ver réditos. Arriesga, a veces todo, a cambio tal vez de nada. Es una convivencia enriquecedora desde donde la mires, aunque ignorada por muchos que andan por ahí desilusionados porque, dicen haber apostado a la amistad y salieron perdiendo. El escritor de los Proverbios, en la Biblia, dice que el hombre que hoy está rodeado de amigos es aquel que ayer supo mostrar un perfil amigable. Es una actitud previa para una utilización futura. Es invertir hoy sin ver, para cobrar mañana, es sembrar con fe para cosechar con abundancia, es animarse a confiar, es amar con un amor que todo lo espera y que todo lo cree, todo lo soporta, todo lo sufre. Es aprender a convivir con los defectos ajenos mientras me esfuerzo por mejorar los propios. Es también precaución. Dios advierte en Su Palabra: "**Sobre toda cosa guardada guarda tu corazón porque de él mana la vida.**" Esto me dice que el corazón como asiento de las emociones, como matriz donde se gestan los sentimientos, debe estar a resguardo si no queremos salir demasiado heridos. Hay que guardarlo de quién no tengamos la plena certeza que lo vaya a cuidar. Y si aún así nos lastiman igual, dejamos que el Pastor del corazón, Dios, lo sane y nos capacite para amar de nuevo. Él puede hacerlo. Te lo aseguro.

**El hombre que hoy está rodeado de amigos
es aquel que ayer supo mostrar un perfil amigable**

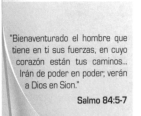

"Bienaventurado el hombre que tiene en ti sus fuerzas, en cuyo corazón están tus caminos... Irán de poder en poder; verán a Dios en Sion."

Salmo 84:5-7

Entre los desastres más recordados del Estado de Florida, está el caso de 5 muchachos que, inocentemente encendieron el motor de una aplanadora tipo "buldózer" estando ésta engranada y comenzando así una carrera loca sin otro destino que el desastre. Asustados, los muchachos saltaron de la inmensa mole de acero que avanzaba sin control. Cuatro casas, valles arrasados, postes de teléfono y de luz derribados, vehículos y un gallinero aplastado, fueron el saldo de aquella loca embestida. Los daños materiales se evaluaron en varios miles de dólares. Con un operador en el mando, la misma máquina estaba siendo de gran utilidad para los habitantes de aquel Estado. No había muchas máquinas de ese tamaño y con esa potencia, sus servicios eran requeridos a diario, pero esa misma máquina fuera de control, dejada al impulso de su propia fuerza fue causa de varios males.

El hombre y la mujer tienen en su interior un potencial inimaginable. Los impulsos que le habitan pueden ser muy útiles si son conducidos y operados por manos maestras, pero si se les da rienda suelta pueden conducirte a ti y a los que se crucen por tu camino a un final trágico. En un aspecto aquella aplanadora era por fin libre del control diario de su operador. Pero... ¿Era eso verdadera libertad o era libertinaje descontrolado? El hombre es libre sólo cuando está haciendo aquello para lo cual fue creado. Un tren no es libre y útil cuando se sale de su carril para transitar nuevos rumbos. No, eso es descontrol y tragedia. Un pez no es libre cuando salta a la superficie, cansado del confinamiento del océano, porque muere a escasos metros de la playa. Así, apreciado amigo, tú y yo no somos libres cuando hacemos lo que se nos antoja, sin obedecer la voz de nadie, sino cuando descubrimos Su voluntad para nuestras vidas y la cumplimos. ¿Quién controla tu vida? De eso depende que tus potenciales sean usados al máximo.

**Una vida enajenada de Dios es una vida
esclavizada a uno mismo**

16 de febrero
Mi Nombre En El Cielo

La noticia del descubrimiento de la lista completa de miembros del partido Nazi, que contenía unos 8 millones de nombres, no fue motivo de gozo para aquellos cuyos nombres estaban inscritos en ella. Por supuesto que días antes, había sido un honor formar parte de esa lista, porque Hitler estaba aún al mando. Pero ahora... todo lo

> "Gozaos de que vuestros nombres estén inscritos en los cielos".
>
> **Lucas 10:20:**

contrario. Era sinónimo de castigo, investigación, e incluso la muerte para algunos. Esto nos recuerda a otra lista que Dios tienen en Su poder y que registra los nombres de todas aquellas personas que en un punto de sus vidas, reconocieron la existencia de Dios y entregaron sus caminos a Su cuidado; que reconocieron sus pecados y la salvación que emana de la cruz del calvario. Sus nombres están escritos con la misma sangre del Cordero, allá en los cielos y nunca serán borrados. Jesús le dijo a Sus discípulos en Lucas 10:20: **"Gozaos de que vuestros nombres estén inscritos en los cielos".** Pero debes saber, mi querido amigo, que también Dios lleva control exhaustivo en otra lista de todos aquellos que durante su vida terrena postergaron la decisión de arreglar sus cuentas con Dios y se despidieron sin reconocerle. Esos libros, con esos nombres, dice Apocalipsis capítulo 20, en el día del juicio final, serán abiertos y denunciarán las obras impías que cometieron en vida los allí nombrados y serán arrojados al lago de fuego que arde eternamente. Los demás, los que con gozo escuchemos nuestros nombres en la lista de la vida, diremos presente y nos prepararemos para disfrutar una eternidad junto a Dios. Todos los pecadores perdonados y redimidos podemos decir: "Cuando allá se pase lista yo estaré". Y lo más maravilloso es que el destino de nuestras vidas no depende de quién tenga el control de esa lista. Podemos decir con el apóstol Pablo en 2ª Timoteo 1:12: **"Yo sé a quién he creído y que es fiel para guardar mi depósito para aquel día"**

De nada te sirve figurar en los registros del mundo y no aparecer en los registros del cielo

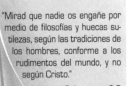

17 de febrero
LA BIBLIA SIGUE EN PIE

"Mirad que nadie os engañe por medio de filosofías y huecas sutilezas, según las tradiciones de los hombres, conforme a los rudimentos del mundo, y no según Cristo."

Colosenses 2:8

En todos los tiempos las Sagradas Escrituras, o sea la Biblia, han sido sometidas a los más violentos ataques y las más vigorosas críticas. De todos esos ataques, la Biblia siempre ha salido de pie. De modo que ha seguido siendo el libro más leído y más respetado de cada generación. En los últimos tiempos, los más duros embates a la Biblia se le hacen falsamente en nombre de la ciencia. Uno de los argumentos favoritos de sus críticos, consiste en exhibir pretendidas pruebas de que la Biblia incurre en multitud de falsedades históricas y que por consiguiente no puede ser digna de confianza como documento que hace un relato veraz de los acontecimientos. La arqueología es la fuente principal de información que tienen los historiadores para precisar los acontecimientos del pasado. Los recientes descubrimientos arqueológicos han venido a aclarar muchas dudas y a comprobar en muchos aspectos la verdad histórica de la Biblia. Contra los hechos no hay argumentos, y muchas de las más duras críticas contra la Biblia han quedado completamente sin base científica. La convicción cristiana de que la Biblia es la Palabra de Dios y que es verdad, no se basa en pruebas de simple razonamiento lógico ni en datos proporcionados por la ciencia. Sin embargo, el hecho de que la narración de las Escrituras en su parte histórica, sea tan admirablemente comprobada por la arqueología, refuerza esa convicción. Y en cuanto a los que no son cristianos, esa comprobación les hará al menos respetar y apreciar la Biblia y los invitará a estudiar, meditar y aceptar igualmente sus verdades morales y religiosas, como normas eternas y renovadoras para la vida y para esta sociedad en crisis. No en vano, Lucas 21:33 dice: **"Los cielos y la tierra pasarán, pero mis palabras no pasarán."** Apreciado amigo: lo más importante de este simple razonamiento, no es tanto que los hechos históricos y científicos de la Biblia estén siendo comprobados, sino que ella encierra un mensaje para el hombre que demanda urgente respuesta. Es la respuesta del endurecido corazón humano al llamado de amor de Dios en Cristo Jesús. Te pregunto: ¿Respondiste tú a ese llamado?

**La Biblia permanece de pie ante tantos ataques
pero el hombre sigue guiando sus pasos basado
en filosofías derrumbadas ya hace años**

18 de febrero

IDENTIFICÁNDOSE CON LOS PECADORES

Los periódicos de Chicago, informaban de la oleada de asesinatos que aumentaba en la ciudad. Los agentes de la ley, parecían incapaces de acabar con aquella violencia. Jane Byrne, la alcaldesa de Chicago, había estado afrontando el problema sin encontrar solución aparente. Entonces, anunció que, junto a su esposo y el resto de su familia, se mudaría al mismo lugar de los hechos. Obviamente esto parecía ridículo y hasta peligroso, que un funcionario del gobierno viviera en medio de gente de color y amenazada de tanta violencia ella y sus hijos. Pero ante la sorpresa de toda la nación, su estadía en aquel barrio bajo de Chicago, sirvió para que el índice de delitos descendiera considerablemente. El hecho de contar con una personalidad semejante viviendo en medio del pueblo trajo vergüenza a sus habitantes que comenzaron a reflexionar sobre su conducta. En aquella oportunidad fue un súbdito del presidente. ¡Cuánto mayor hubiera sido el impacto si el mismo presidente de los Estados Unidos de América hubiera ido a vivir allí! ¿Verdad? Sin embargo, las cosas no siempre producen el resultado que debieran producir. Una vez, hace muchos, muchos años, el mismo Dueño y Creador de este mundo vino a visitarnos, y se quedó a vivir entre nosotros, aún conociendo las partes más bajas de nuestra existencia. Caminó nuestras calles, vistió nuestras ropas, sufrió nuestras penas y aún así, le ignoramos. Eso ocurrió hace ya más de 2000 años con la venida de Cristo a esta tierra. **"Esa luz verdadera, la que alumbra a todo ser humano, venía a este mundo. El que era la luz ya estaba en el mundo, y el mundo fue creado por medio de él, pero el mundo no lo reconoció"**, dice Juan 1:9. Algunos fueron impactados por este trascendental hecho y sus vidas han cambiado radicalmente, y siguen cambiando hasta hoy. Tú, ¿eres uno de ellos? Recuerda que la tragedia más grande que haya experimentado la humanidad es haber ignorado el tiempo en que el Creador visitó a Sus Criaturas.

> "Esa luz verdadera, la que alumbra a todo ser humano, venía a este mundo. El que era la luz ya estaba en el mundo, y el mundo fue creado por medio de él, pero el mundo no lo reconoció"
>
> **Juan 1:9**

La tragedia más grande que haya experimentado la humanidad es haber ignorado el tiempo en que el Creador visitó a Sus Criaturas

> "Cantad alegres a Dios, habitantes de toda la tierra. Servid a Jehová con alegría; venid ante su presencia con regocijo. Reconoced que Jehová es Dios; Él nos hizo, y no nosotros a nosotros mismos; pueblo suyo somos, y ovejas de su prado."
>
> **Salmo 100:1-3**

El interrogante: **"Para qué estoy aquí en esta tierra"** ha intrigado a millones de personas a lo largo de la historia humana y ha perturbado a tantos que han llegado hasta el suicidio por no encontrar respuesta alguna a esta inquietante pregunta. Sucede que empezamos a buscar la respuesta desde el punto de partida errado: Nosotros mismos.

Desde niños, los adultos condicionan nuestra manera de pensar preguntándonos: ¿Qué quieres ser cuando seas grande? O más adelante: ¿Qué vas a hacer con tu vida? ¿Cuáles son tus metas y sueños?... ¿Te das cuenta? Nos inculcan que en realidad todo depende de mí, cuando la verdad es que todo depende de Dios y de Su voluntad para mi vida que es única, agradable y perfecta. Familia, carrera, sueños cumplidos y logros a nivel social, parecen ser sinónimos de una vida con sentido y de un ser humano plenamente realizado. Pero en realidad estamos comenzando totalmente al revés si planteamos la búsqueda de la felicidad partiendo desde valores preconcebidos. El verdadero propósito en la vida no depende de ti o de tus propios logros sino de algo más grande, más sublime, que lo encontrarás solamente en Dios. La razón simple es que tú no te creaste a ti mismo por lo tanto el propósito de tu existencia nunca lo encontrarás en ti mismo sino más bien en Aquel te creó y te conoce a la perfección. El Salmo 100:3 invita a reconocer que **Jehová es Dios, Él nos hizo y no nosotros a nosotros mismos** y es en ese reconocimiento que se alumbra toda tu existencia y la vida empieza a tener sentido. "**Reconoce a Dios en todos tus caminos, y Él hará derecho tu andar por este mundo**" dice Proverbios 3:6. Todas las demás cosas deben venir por añadidura de la meta principal que es buscar que Dios gobierne tu vida, dijo Jesús en el evangelio de Mateo. No confundas lo pasajero con lo eterno. Nunca olvides que eres un ser eterno y debes ocuparte en las eternidades.

La razón de tu existencia la encontrarás sólo en aquel que te permitió existir

20 de febrero
TODAS LAS COMIDAS PAGADAS

Un emigrante zarpó para norteamérica. Llevaba en su maleta bacalao salado, queso y galletas. Para desayunar comía bacalao, queso y galletas, para almorzar queso, galletas y bacalao, y para cenar galletas, queso y bacalao. El buen olor de la comida que llegaba desde el comedor llenaba todo el barco y hacía delirar a aquel

"Bajo la sombra del Deseado me senté, y su fruto fue dulce a mi paladar. Me llevó a la casa del banquete, y su bandera sobre mí fue amor".

Cantares 2:3-4

inmigrante hastiado de su aburrido menú. Miraba con envidia cómo otros pasajeros comían aquellos manjares tres veces por día. Cuando el barco estaba cerca de atracar en Nueva York, no soportó más, se acercó al encargado de la cocina y le dijo: "Amigo, ¿cuánto me costaría una buena cena?" A lo que el hombre respondió: "Déjeme ver su ticket de viaje" Cuando el inmigrante le mostró el ticket, aquel encargado le dijo: "Pero amigo, su pasaje incluye las comidas. Ya están todas pagas. Siéntese y disfrute"... ¡Y pensar que había perdido casi todas las comidas!

Muchos andan por la vida mendigando migajas, aburridos de sobrevivir un día más con dietas tan monótonas... Viven una experiencia de unido: sin sabores y no disfrutan de su existencia.

Aquel que está en Jesús aplica el Salmo 34:8: **"Gustad y ved cuán bueno es Jehová. Dichoso en hombre que en él confía"** y pueden decir junto con el apóstol Pablo: **"¡Regocijaos en el Señor siempre, otra vez os digo: Regocijaos!"**

Aquellos que intentan, vanamente encontrar disfrute y satisfacción por otros medios que no sean los estipulados por Dios en Su Palabra, sólo cosechan una amarga experiencia de rutinaria monotonía. Pero los que se saben perdonados por Dios, disfrutan de un viaje sin igual y viven agasajados por Aquel que conduce la nave. **"Su copa está rebosando y se le aderaza una mesa delante de él."** Sí. El Capitán de sus vidas les ha pagado todo lo que necesitan para estar alegres y pueden decir: **"No existe bien para mí que esté fuera de Ti."** Deja ya de vivir como hambriento, rogando algo de sabor para tu amarga vida. Un antiguo himno dice: "Sólo Cristo satisface mi transido corazón. ¡Sí! Gozoso Cristo me hace por su eterna redención."

La satisfacción sin Dios aburre

21 de febrero
DEMASIADAS ASPIRINAS

> "La paz les dejo; mi paz les doy. Yo no se la doy a ustedes como la da el mundo. No se angustien ni se acobarden."
>
> **Juan 14:27**

En una pequeña población de Atlanta, estado de Georgia, hay dos industrias que son las principales, una es una fábrica de aspirinas y la otra de abonos orgánicos. En un período de dos años, el tonelaje de la producción de aspirinas fue mayor que el de abonos. En esta población, el dolor de cabeza pasó a ser la industria principal, más que la agricultura. Muchos son hoy en día los que necesitan de sus tabletas para dormir antes de acostarse. Amanecen con tabletas estimulantes y viven gracias a sus aspirinas y tranquilizantes para llegar de pie hasta la próxima noche. La ansiedad y la tensión han llegado a ser un problema nacional en los Estados Unidos. Una encuesta hecha por la escuela de medicina de Cornell, en el centro de Manhattan, muestra que el 82 % de las 175.000 personas interrogadas manifestaron padecer ansiedad en alguna forma. Uno de cada 12 adultos toma tranquilizantes de manera regular, estos tranquilizantes son, en ese país, la 3ª droga en ventas a nivel nacional. ¿Cuáles son los causantes de la ansiedad? La prisa. Queremos meter 30 horas en un día de 24. Esfuerzo. Siempre pensamos que si me estiro un poquito más, alcanzaré lo que necesito para sentirme feliz. Crisis en los vínculos interpersonales. Relaciones dañadas de familia, pareja, trabajo. Amenaza de destrucción. Guerras, caos, devaluación, catástrofes, enfermedades...

¿Hasta dónde pretendemos llegar en esta loca carrera desenfrenada?

En medio de esta tormenta Jesús te ofrece paz. Sí, Él sigue diciendo lo que diría en Juan 14:27, **"La paz les dejo; mi paz les doy. Yo no se la doy a ustedes como la da el mundo. No se angustien ni se acobarden"**. Deja de reparar tu existencia con químicos, Cristo puede hacerte una nueva criatura, darte una nueva vida, llenarte de Su paz, no con tratamientos externos sino con una sanidad interna que te llevará a lugares de delicados pastos y te hará descansar. No dudes más.

Jesús no mejora la vida... Te da una nueva

22 de febrero
MENTALIDAD A CORTO PLAZO

Para aprovechar la vida al máximo debes mantener en mente la visión de la eternidad y el valor de la misma en tu corazón. ¡La vida es mucho más que vivir sólo el momento! El hoy es la parte visible del témpano, la eternidad es el resto que no puedes ver porque está debajo de la superficie.

> "Porque esta leve tribulación momentánea produce en nosotros un cada vez más excelente y eterno peso de gloria".
>
> **2ª Corintios 4:17**

El mundo actual vive e invita a vivir en función del hoy, y aunque es sabio planear también a corto plazo, la visión de los quehaceres terrenales, no debe sustraernos de los disfrutes celestiales.

La única ocasión en que la gente piensa en la eternidad es en los funerales, y suele ser de una manera superficial; ideas sentimentales basadas en la ignorancia. Quizás creas que sea morboso pensar en la muerte, pero en realidad es contraproducente vivir negándola y no considerar lo que es inevitable.

Debes pensar más en la eternidad, no menos. De la misma manera que estuviste nueve meses en el vientre de tu madre sin ser esto un fin en sí mismo, sino una preparación para la vida, así es esta vida, una preparación para la otra.

Si tienes una relación con Dios por medio de Jesucristo, no debes temer a la muerte, que es la puerta a la eternidad. Será la última hora de tu vida en la tierra, pero no el fin de tu ser. Cuando medimos nuestro tiempo en la tierra, comparado con la eternidad, es como un abrir y cerrar de ojos, pero las consecuencias del mismo duran para siempre. Hace años un popular slogan motivaba a la gente a vivir cada día: "Este es el primer día del resto de tu vida". En realidad, sería más sabio vivir cada día como si fuese el último. Matthew Henry acertó: "La responsabilidad de cada día debiera ser prepararnos para nuestro día final". ¡La vida es mucho más que vivir el momento! Eres un ser eterno, creado por un Dios eterno, y te espera un destino eterno que tú decidirás dónde pasar.

Experiencias que sólo buscan placer momentáneo, acarrean consecuencias eternas

EVANGELIZANDO A GARROTAZOS

> "Él mismo nos salvó; no envió un emisario ni un ángel. En su amor y misericordia nos rescató; nos levantó y nos llevó en sus brazos como en los tiempos de antaño."
>
> **Isaías 63:9**

El 12 de octubre de 1492, España puso sus pies en tierras americanas. Soldados y ministros religiosos, se dispersan. Los unos para conquistar tierras, los otros para conquistar adeptos para su religión. Cuando Francisco Pizarro llegó a la plaza de Cajamarca, el fraile Valverde se acercó al lugar donde estaba Atahualpa, el emperador de Tahuantinsuyo, para hablarle de la religión traída de España. Comenzó el diálogo y como la noche avanzaba, el fraile urgió al emperador Inca a que se sometiera al poder español y a su religión. Después de vanos intentos y viendo que los ánimos de Atahualpa se encendían, Valverde corrió a Pizarro y le dijo: "Estamos perdiendo el tiempo hablándole a este perro. Al ataque ahora mismo que yo os absuelvo de todo pecado." Sonó un disparo de mosquete y la matanza de indios al por mayor comenzó durante varios años de una manera espantosa. Atahualpa fue hecho prisionero. Si aceptaba el bautismo sería muerto a palos, en caso contrario, sería quemado vivo. El 29 de agosto de 1533 Atahualpa fue amarrado a un poste y rodeado de abundante leña. Cuando las llamas comenzaron a tocar sus pies, aceptó el rito. Luego de bautizarlo, lo apalearon hasta verlo expirar. El monarca del poderoso imperio Inca, fue entonces cristianizado a garrotazos. Años después, también a un cacique de la isla de Cuba, se pretendió hacerlo cristiano por medio de la tortura corporal para que no fuera al infierno, sino al cielo, lugar a donde irían sus torturadores, a lo cual el cacique respondió: "Si al morir voy a estar con ustedes en el cielo, prefiero ir al infierno. Qémenme de una vez ahora mismo". Muy pronto, los indios llegaron a comprender su tragedia.¡Qué distinto este evangelio de garrotazos al evangelio de amor presentado por Jesús en su visita a la tierra! ¿Verdad? El Dios de amor no obliga, persuade. Él no amenaza, advierte y su arribo a las playas de tu vida no es una tragedia sino una bendición. Él no invade, invita, y hasta hoy te está esperando. Dice Jesús en Apocalipsis 3:20: **"Yo estoy a tu puerta, y llamo; si oyes mi voz y me abres, entraré en tu casa y cenaré contigo** ¿Le dejarás entrar?

Enfréntate a Dios y Él te vencerá con el golpe de Su amor

Cierta vez, por pura broma, alguien mandó a diversos ciudadanos importantes de una ciudad, sendas cartas que decían cuatro palabras: "Todo ha sido descubierto". Las consecuencias de esta broma criminal fueron inesperadas. Dos de los destinatarios huyeron de la ciudad y nunca más se supo de ellos, y un tercero se suicidó.

> "No hay nada escondido que no esté destinado a descubrirse; tampoco hay nada oculto que no esté destinado a ser revelado. El que tenga oídos para oír, que oiga."
>
> **Marcos 4:22-23**

Los tres tenían mala conciencia respecto a su integridad de vida. Otros, que también recibieron las cartas, no hicieron caso y tiraron el anónimo a la basura. Muchos piensan engañar a otros y lo logran, aún durante toda su vida. De esa manera amontonan dinero sobre dinero, viven vidas de infidelidad conyugal o pasan de estafa en estafa arruinándole la vida a miles. Pero el colmo de la necedad es pretender engañar a Dios. A otros podrás engañar, pero Dios... todo lo ve. Dice el apóstol Pablo en la carta a los Gálatas: **"No os engañéis. Dios no puede ser burlado y todo lo que el hombre sembrare, eso también segará."** O sea que el que piensa que es capaz aún de engañar a Dios mismo comete el colmo de la necedad que es terminar engañándose a uno mismo. A la corta o a la larga, los pecados ocultos serán descubiertos, ya sea aquí en la tierra o allá en el cielo, el día que estemos todos de pie ante Dios. Ahórrate problemas y confiesa tus pecados ahora mismo. Abandona todo engaño a tus prójimos y vive en paz, atendiendo a tu conciencia, ese árbitro puesto en tu interior por Dios que te indica lo que es bueno y lo que es malo, antes que se cauterice y sea demasiado tarde. Dijo Jesús en Mateo 6, que Dios ve en lo secreto. Allí, donde nadie te ve, allí, en el rincón del corazón donde nadie puede llegar, Dios te está mirando cada segundo y recompensará la obra de cada uno en público sea bueno o sea malo. ¡Cuidado! Si recibes una carta como aquella... tal vez sea de Dios invitándote a arrepentirte.

Por más que te escondas de los hombres hoy, no podrás ocultarte de Dios mañana

> "Libra a los que son llevados a la muerte; salva a los que están en peligro de muerte".
>
> **Proverbios 24:11**

"No hay diferencia entre seguir los consejos de una religión u otra, todos los caminos conducen al cielo". Es común esta reflexión, ¿verdad? Pero lo cierto es que hay consejos que te pueden costar la vida si no provienen de una fuente segura. Un tren de pasajeros transitaba en medio de una fuerte tormenta de nieve. Una mujer con su hijito en brazos detuvo al controlador que pasaba, para que le avisara cuando llegaran a la próxima estación porque era allí donde debía bajarse. El inspector accedió con gusto y justo en ese momento un pasajero entrometido le dijo: "No se preocupe señora, yo mismo le indicaré cuando lleguemos". El tren avanzó y al cabo de algunas horas se detuvo, entonces el pasajero ayudó a la señora a bajar junto a su bebé. El tren volvió a emprender su marcha y nuevamente se detuvo en una estación. El controlador se dirigió al asiento de la mujer y lo encontró vacío. ¿Dónde esté la señora? preguntó: "Le ayudé a bajar en la estación anterior", respondió el pasajero, a lo que el inspector respondió: "pero si no era una estación, sólo paramos para reparar un desperfecto técnico". Inmediatamente, se dieron cuenta del peligro que aquellas dos vidas corrían, regresaron pero encontraron a la mujer y a su niño muertos por el frío. Hay consejos que te pueden costar la vida.

Nos aseguramos muy bien en cuestiones como salud, finanzas o planificación familiar y... ¿Dejaremos a la deriva cuestiones tan importantes como el destino eterno? Jesús dijo: "Yo soy el camino, la verdad y la vida". Si entiendes Sus palabras, verás que no hay opción. No depende de la manera de acercarte a Dios que te parezca más razonable o se ajuste mejor a tu estilo de vida, depende de Quién es el que te dice: "Ven". Es Jesús, murió por ti, te ama, es Dios hecho humano, te entiende, te llama y espera tu respuesta. Por favor, no te bajes en la estación equivocada.

Un consejo mal dado es peor que no recibir un consejo

Este texto bíblico se encarga de marcar la distancia que existe entre el orgulloso y el justo, entre la muerte y la vida entre los atajos y la fe. La distancia es exactamente igual y es tan distante como lo es el Oriente del Occidente.

> "He aquí que aquel cuya alma no es recta, se enorgullece; mas el justo por la fe vivirá".
>
> **Habacuc 2:4**

Este orgullo es muy natural en nosotros los humanos. Nacemos con él por haberlo heredado de nuestros primeros padres que, justamente por orgullo, pecaron en el Edén deseando ser como Dios al ver que el árbol era bueno para alcanzar la sabiduría.

¡Qué ironía! Aquello que prometía vida y sabiduría, produjo muerte, muerte física y espiritual y necedad, pues lo primero que intentaron fue esconderse de un Dios omnipresente... ¿Hay sabiduría en eso?

El orgullo ciega de tal manera que el hombre no puede ver su necesidad ni su necedad, y envanecido en su propia opinión, hace que se sienta demasiado grande como para necesitar de Dios y se independiza condenándose a la autodestrucción, porque Jesús dijo: **Separados de mí nada podéis hacer**.

El orgullo es como la barba del hombre: nunca deja de crecer. El orgullo endurece. Un viejo dicho reza: Los huesos duros se quiebran antes que doblarse. Así hay hombres que luchan con Dios, sienten que su vida se quiebra, pero prefieren eso a doblegarse ante el Creador y humillarse ante Sus pies.

Mas el justo por la fe vivirá. Esa fe salvadora en Aquel que murió en tu lugar en la cruz hace 2000 años, es la llave que puede abrir la puerta de la felicidad en tu vida. Sin fe estás muerto; la vida del orgulloso no es vida. Sólo reconociendo el señorío de Cristo por la fe entrarás a ser parte de la gran familia de los redimidos y dejarás de existir para comenzar a vivir.

El orgullo es como la barba del hombre: nunca deja de crecer

EL HORNO DE FUEGO

> "En lo cual vosotros os alegráis, aunque ahora por un poco de tiempo, si es necesario, tengáis que ser afligidos en diversas pruebas."
>
> **1ª Pedro 1:6**

Un visitante pasaba por una gran fábrica de cerámica, cuando notó a una chica que, con gran esmero, pintaba una fina pieza de alfarería. Se acercó para notar mejor el trabajo y pudo apreciar el fino trazo de su mano experta. Entonces le preguntó: "Este dibujo es muy fino ¿No tienes temor que el mínimo roce de tus dedeos pueda dañar el esmalte hasta que la obra se seque?" "No." Dijo la muchacha. "Este vaso, no bien es acabado aquí, se introduce en un horno muy caliente. El fuego hace que el esmalte seque rápidamente y quede adherido a la cerámica de tal manera que nunca más podrá borrarse. Una obra tan delicada necesita de mucho fuego para que no pierda su estética."

¿Sabes? Lo mismo sucede cuando Dios hace pasar tu vida por situaciones donde sientes lo abrasivo del caso, lo sofocante de la prueba. Pero es justamente ese calor lo que forja y fija en ti los más altos perfiles del carácter que Dios desea producir en tu vida. La hermosa inscripción del cielo queda estampada en nuestras personas eternas. Dice el apóstol Pedro en su primera carta, 1:7: **"Tales dificultades serán una gran prueba para su fe, y se pueden comparar con el fuego que prueba la pureza del oro. Pero su fe es más valiosa que el oro y al final, dará alabanza, gloria y honor a Jesucristo cuando Él regrese".**

La fe es más importante que el momento de la prueba en sí. El fuego es sólo una herramienta más en el proceso de acabado de las finas piezas que Dios quiere hacer. Debes saber que las dificultades no son un fin en sí, sino un medio, el fin eres tú: tu carácter, tu temperamento, tu paciencia, tu perfil eterno.

Esta vida es la antesala de la eternidad y si no sabes digerir las dificultades con esta óptica, necesitas urgentemente la asistencia divina que viene a través del conocimiento de Jesús.

Debes saber que las dificultades no son un fin en sí mismo sino un medio; el fin eres tú

28 de febrero
LA META FINAL

La meta final de Dios para tu vida no es la comodidad sino el desarrollo de tu carácter. Para lograr esta meta, Dios utilizará una serie de mecanismos que, si tú no los sabes identificar, te desgastarán y deprimirán. Él te hizo único y no está interesado en clonar seres a Su antojo. Dios nos hizo singulares y respetará esa singularidad durante toda la vida. Lo que quiere modificar es tu temperamento y para eso utiliza a menudo situaciones inesperadas. Muchos interpretan mal las promesas de Jesús de una vida abundante, como si eso quisiera decir salud perfecta, un estilo de vida rodeado de comodidades y el alivio instantáneo de los problemas. Esta perspectiva egocéntrica trata a Dios como el "Genio de la lámpara" que está a mi disposición para satisfacer todas mis expectativas cuando el mensaje central de la Biblia más bien presenta a un Dios Soberano y a un mortal sujeto a Su voluntad y encontrando en esa sujeción la realización de su vida. Dios no es tu sirviente y si pretendes que la vida debe ser siempre fácil, pronto te desilusionarás. No rechaces el sufrimiento tuyo o de alguien a quien amas. Hay bendición en el quebranto. No olvides nunca que la vida no gira en torno a ti. Existes para los propósitos de Dios y no a la inversa. Las circunstancias con las que te encuentras a diario son herramientas usadas por Dios en la tierra para lograr Su producto final en el cielo. Las experiencias en esta tierra son simplemente la antesala de tu experiencia eterna en el cielo. Cambia tu óptica, levanta tu mirada, invierte para la eternidad. Dijo el apóstol Pablo en Colosenses 3:2: **"Concentren su atención en las cosas de arriba, no en las de la tierra".** Fuiste ideado por Dios. Tu gestación se produjo en el cielo y el destino final y eterno de tu alma en el corazón de Dios, es que sea ese mismo cielo. Son los de corta visión los que regulan su ánimo por los acontecimientos terrenales. ¡Cambia tu óptica! ¡Apunta alto!

> "Concentren su atención en las cosas de arriba, no en las de la tierra".
>
> **Colosenses 3:2**

Si piensas que la vida siempre será fácil, pronto te desilusionarás

> "Hermanos míos, si alguno de ustedes se extravía de la verdad, y otro lo hace volver a ella, recuerden que quien hace volver a un pecador de su extravío, lo salvará de la muerte y cubrirá muchísimos pecados."
>
> **Santiago 5:19-20**

Durante la segunda guerra mundial, en cierta ocasión había anochecido y el general y su chofer regresaban rápidamente al cuartel. Llegaron a una bifurcación en la carretera donde estaba estacionado un policía militar para dirigir el tránsito. Le preguntaron el camino y recibieron la siguiente respuesta: "A la derecha". Después de recorrer unas cuantas millas, el conductor tuvo la impresión de que había algo raro en aquel camino, descendió del vehículo y para su sorpresa, después de caminar algunos metros, descubrió que donde debía haber un puente no había sino un gran precipicio de varios metros que, de no haberse detenido en ese instante, hubiera significado el fin de ambos. Totalmente enojado el general regresó al sitio donde estaba apostado el soldado que dio mal la orden y le increpó, pidiéndole explicaciones. Con gran asombro, aquel joven soldado respondió: "No lo entiendo, mi coronel. He estado dirigiendo el tránsito aquí toda la noche, dando la misma orden y nadie ha regresado a protestar. Usted es el primero en quejarse..."

No hace falta explicar cuál fue el destino de los infortunados que pasaron por allí antes que ellos.

Es el mismo destino que les espera a tantas personas que buscan respuesta a los interrogantes más importantes de la vida en lugares equivocados, como adivinos, horóscopo, tarot, etc.

Sin dudarlo, toman decisiones que a ellos les parecen correctas ignorando que caminan rumbo al precipicio de la muerte eterna, porque **"hay camino que al hombre le parece derecho, pero su fin es camino de muerte"**, dice la Biblia, la Palabra de Dios.

Satanás y su mundo robado es engañador, padre de mentira, se disfraza, se esconde, tuerce siempre la verdad. Sólo aquellos que hemos depositado nuestra fe en Jesús, sabemos lo que es andar por la vida confiado, porque ya estamos en el camino verdadero y su final es un final de victoria, gloria y alegría. Jesús dijo: **"Yo soy el Camino, la verdad y la vida, nadie viene al Padre, sino es por mí."** [Juan 14:6]

Pregunta en el lugar equivocado y recibirás una respuesta equivocada

Oír Lo Que Nadie Oye

En el siglo III después de Cristo, el rey Ts´ao, envió a su hijo, el príncipe T´ai, al templo a estudiar con el gran maestro Pan Ku. Debido a que el príncipe T´ai tenía que suceder a su padre como rey, este quiso que su hijo aprendiese todo lo concerniente al imperio y a la cultura China para que llegara a ser un gran gobernante.

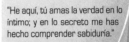

"He aquí, tú amas la verdad en lo íntimo; y en lo secreto me has hecho comprender sabiduría."

Salmos 51:6

Cuando el príncipe llegó al templo, el maestro le envió lejos al bosque y le dijo que debía estar allí escuchando los sonidos del lugar durante un año.

Al cabo del tiempo señalado, el joven príncipe regresó. "Dime: ¿Qué has escuchado príncipe T´ai en el bosque?" "Bueno", refirió el joven, "escuché el canto de los grillos, el sonido del arroyo, el ruido de las ranas en la noche"... "Y ¿qué más?" Preguntó el Maestro. "Bueno, creo que nada más." "Entonces", respondió el anciano, "debes pasar un tiempo más escuchando algo imperceptible en ese lugar."

T`ai, se alejó triste camino hacia el bosque y por algunos meses intentó escuchar aquello que Pan Ku le había indicado. No hubo respuestas.

Al cabo de un tiempo en que su oído se hizo más perceptible y delicado, comenzó a escuchar cosas y sonidos del lugar que nunca antes había escuchado.

Regresó al templo y refirió a su maestro: "Ahora escuché otras cosas. Escuché el ruido de la tierra bebiendo el rocío de la mañana, los ruidos de los pétalos de una flor mientras se abrían, la hoja seca que caía al suelo." "Muy bien hijo mío", respondió el anciano maestro. "Ahora estás listo para escuchar donde otros gobernantes no oyen y ver cosas donde para otros no existe nada."

Jesús fue un Rey que desarrolló la habilidad de ver detrás de las miradas. De comprender detrás de las palabras, de descubrir, vidas rotas disfrazadas de éxito, de sanar almas sedientas que intentaban dar de beber a otros. Quizás finjas ante los demás, pero a Jesús no le puedes engañar. Él ve donde otros no ven y oye donde otros no oyen. No te pierdas la oportunidad de sentir Su compañía.

Cuando descubres tu alma ante Dios estás capacitado para ver el alma de los demás

> "Cristo es la Piedra viva, rechazada por los seres humanos pero escogida y preciosa ante Dios. Acércate a Él".
>
> 1ª Pedro 2:4

La estatua cayó súbitamente cuando la gran piedra golpeó sus pies. Ese fue el final de un misterioso sueño del rey babilónico Nabucodonosor. En resumen, aquella estatua describía el desarrollo y fin de los mega imperios que fueron protagonistas en el escenario mundial, como fue el caso de Babilonia, Medo Persas, Griegos y Romanos. Todos ellos se caracterizaron por la dictadura y la mano fuerte. Así, se fue edificando la gran estatua de los imperios mundiales durante milenios de historia. Pero llegando a su fin, aquella imagen tenía una base frágil. Una aleación peligrosa de hierro mezclado con barro. El mismo hierro que caracterizó a la tiranía imperial de siempre, ahora estaba mezclado con el barro de las masas populares con su debilitada democracia. ¿Se está cumpliendo hoy aquella profecía bíblica? Por supuesto. De los sistemas gubernamentales contemporáneos, algunos ya han colapsado, otros se mantienen y otros padecen de una muerte lenta. El comunismo ya es historia, el imperialismo de Oriente aún se esfuerza por persistir, y la democracia de occidente, mezclada con algo de la monarquía de las súper potencias sufre el mismo fenómeno que experimentó la base de aquella estatua: se está quebrando, se cae. Las huelgas, los paros, los golpes de estado, las marchas de protesta, denuncian un sistema muy inestable que no tiene otro fin que el derrumbe mismo. El colapso final, dice la Biblia llegará cuando Aquel que fue crucificado hace 2000 años; aquella "piedra desechada", regrese por segunda vez como la Gran Piedra del sueño de Nabucodonosor, desmenuce todos estos sistemas incapaces de gobernarse a sí mismos, menos aún el mundo, y establezca Su reinado de paz y justicia por 1000 años. Hasta que Aquel Día llegue, apreciado amigo, ¿por qué no permites que Cristo reine en tu corazón rindiéndote ante Su amor demostrado en la cruz y entregándole tu vida? Dice 1ª Pedro 2:4, **"Cristo es la Piedra viva, rechazada por los seres humanos pero escogida y preciosa ante Dios. Acércate a Él".**

**Si Cristo es el cimiento de tu vida,
no habrá piedra capaz de derrumbarte**

3 de marzo

ES EXTRAÑO

¿No te parece extraño cómo un billete de $10 parece tan grande cuando lo llevas a la iglesia y tan pequeño cuando lo gastas en la tienda? ¿No te parece extraño qué larga se hace una hora para dedicar a Dios y qué corto se hacen los 90 minutos viendo a tu equipo en un partido de fútbol? ¿No te parece extraño qué largas parecen dos horas sentado en una iglesia pero que cortas viendo una película? ¿No te parece extraño que no tengas nada que decirle a Dios cuando oras pero no te alcanzan los minutos platicando con un amigo? ¿No te parece extraño que te cueste leer una página de la Biblia pero eres capaz de leerte 100 páginas de Internet? ¿No te parece extraño cómo nos gusta sentarnos en los primeros asientos para ver un recital pero nos esforzamos en buscar los asientos de atrás al entrar en una iglesia? ¿No te parece extraño cómo creemos lo que dicen los periódicos y cuestionamos lo que dice la Biblia? ¿No te parece extraño cómo se reenvían los correos electrónicos que contienen chistes subidos de tono y cómo cuesta leer y, mucho más, reenviar aquellos mensajes que te motivan a pensar en Dios? Nuestras mentes atestadas de las cosas pasajeras de esta vida, nuestras agendas repletas de las urgencias cotidianas, nuestra óptica distorsionada de la vida nos impelen a descuidar lo esencial y eterno por lo que es pasajero y reemplazable. ¿Por qué será? La respuesta a esta realidad de la enajenación del hombre hacia Dios, Su Palabra y Su plan para su vida no es otra que el orgullo. Nos cuesta relacionarnos con Dios porque tememos que en ese encuentro se nos presente un ajuste de cuentas del que no sabemos cómo saldremos. ¿Verdad? Sin embargo, la sabiduría de la vida se halla en estas palabras: **"Porque todo lo que hay en el mundo, los deseos de la carne, los deseos de los ojos, y la vanagloria de la vida, no proviene del Padre, sino del mundo. Y el mundo pasa, y sus deseos; pero el que hace la voluntad de Dios permanece para siempre"**.

> "Así que no nos fijamos en lo visible sino en lo invisible, ya que lo que se ve es pasajero, mientras que lo que no se ve es eterno."
>
> 2ª Corintios 4:18

**Si no puedes dedicar cinco minutos de tu día
a las cosas del cielo, dedicarás toda tu eternidad
a las cosas del infierno**

MANTÉN TU ÁNIMO BIEN ALTO

> "Y volverán los rescatados por el SEÑOR, y entrarán en Sión con cantos de alegría, coronados de una alegría eterna. Los alcanzarán la alegría y el regocijo, y se alejarán la tristeza y el gemido."
>
> **Isaías 35:10**

Otras de las patologías que acosan la humanidad desgastada y cansada de nuestros días es la pérdida del gozo. Te quiero hacer una pregunta y quiero que seas bien sincero contigo mismo: ¿Eres realmente feliz?... No te estoy preguntando si te diviertes, sino si eres feliz. No te digo si tienes todos tus fines de semana ocupados en eventos sociales, sino si eres feliz. Tampoco te pregunto si te ríes, también los payasos se ríen y se suicidan luego de la función. El gozo que Dios te ofrece, es un talante independiente de nuestras circunstancias inmediatas. Si dependiese de nuestros alrededores, entonces sería tan incierto como una vela ardiendo sin protección en medio de ráfagas de viento. En un momento, la vela arde clara y firme, al siguiente la llama salta al mismo borde de la mecha. Pero el gozo de Dios no tiene relación alguna con el efímero contexto de la vida, y por ello no es víctima de un día fugaz. Un día estoy en las bodas de Caná y otro frente a la tumba de Lázaro. Un día las personas me valoran y al otro no veo nadie a mi lado. Sí, los días son tan cambiantes como el tiempo, pero el gozo cristiano puede ser persistente. ¿Dónde reside el secreto? El secreto está en contar y confiar con la compañía de Dios en todo momento. En cada día, triste o alegre. Él lo prometió al decir: **"He aquí, yo estoy con vosotros todos los días hasta el fin del mundo"**. ¿Cuentas con Su compañía? Es por eso que en Filipenses 4:4 leemos: **"Alégrense en el Señor siempre"**. ¿Cuentas con la presencia del Señor en tu vida? Sólo así obtendrás la firmeza para soportar los embates de la vida sin perder tu ánimo, sabiendo quién está a tu lado. Él está dispuesto a acompañarte y tomarte de la mano hasta la eternidad, pero la decisión es solamente tuya. Pídele que entre a tu corazón ahora mismo y nunca más se irá de ti. Millones de personas en todo el mundo y en toda época han encontrado en Él gozo permanente a pesar de las circunstancias. Tú puedes ser el próximo.

¿Eres realmente feliz? Los payasos también ríen y se suicidan después de la función

5 de marzo
La Moda

¿Vives a la moda? Antes de poner un pie en la calle, tanto la alumna de colegio, el profesor de universidad como la secretaria, echan una mirada al espejo para asegurarse que no van a salir vestidos fuera de moda. Las vidrieras de los comercios de ropa y calzado, que son los que más abundan, cambian cada temporada. Comienza en Paris, Milán, Londres, las capitales de la moda y tardan aproximadamente entre 7-10 meses en llegar a Norteamérica y se calcula que en un año más, ya ha llegado a Latinoamérica. Estilos, telas y peinados que ayer hubiesen causado risas, hoy pasan a nuestro lado y llaman poco la atención, simplemente porque "es lo que se usa". Y lo más irónico de esta tendencia crónica es que está comprobado que, en un aspecto, la moda es cíclica. Se vuelven a repetir estilos ya en desuso por décadas. La hija se sorprende cuando al llegar con sus nuevos zapatos de plataforma, la madre le dice: "Esos mismos usaba yo cuando tenía tu edad", o cuando el adolescente entra a la casa con su pelo engominado en gel y su padre le muestra la foto de hace 20 ó 30 años atrás, junto a sus compañeros bailando un tango en el mismo peinado. Alguien dijo con acierto: "Toda moda es un fracaso, porque pasa de moda." Lo que vemos en las pasarelas de los grandes diseñadores y estilistas como Jean Cartier, Ives Saint Laurent, Giordano y otros, no es ni más ni menos que una exposición de novedades condenadas a muerte. Sí, toda moda es un fracaso. Y tú... ¿Te desesperas al pensar que te has quedado en la historia, que estás fuera de moda, que no consigues reunir el dinero para comprarte lo último en pantalones, carteras o zapatos? ¿Gastas horas y dinero en recorrer vidrieras y centros comerciales? ¿Eres adicto a los ídolos de moda, comprando sus CD's y vistiendo como ellos? ¿Sabes? No seas un fracasado. Imita a Cristo. Ya van dos milenios y todavía Su estilo de vida sigue vigente.

**Toda moda es un fracaso porque está
condenada a pasar de moda**

> "Aquella luz verdadera, que alumbra a todo hombre, venía a este mundo. En el mundo estaba, y el mundo por él fue hecho; pero el mundo no le conoció".
>
> **San Juan 1:9-10:**

Con el título: "El brillo de una estrella fugaz" apareció el artículo de Horacio Estol al día siguiente de haber fallecido la conocida actriz Marilyn Monroe. Marilyn estuvo presente en la gran cruzada evangélica celebrada en el Madisson Square Garden. Allí escuchó el mensaje del evangelio por el doctor Billy Graham pero salió de aquella conferencia con el mismo corazón con el que entró, cargado de fama, sensualidad y placeres pasajeros. Todo el mundo se conmovió al enterarse que la habían encontrado desplomada en su cama, víctima de una sobredosis de barbitúricos. El brillo de aquella estrella fugaz se desvaneció tan rápido como rápida fue su vida y como fugaz su fama. Ella tuvo la oportunidad de brillar como las estrellas a eterna perpetuidad, como le dijera el ángel a Daniel 12:3. Pero no. Prefirió el brillo artificial que este mundo ofrece a muy bajo precio inicial pero con una cuota final de muerte. Muchos anhelan llegar a la cima que Marylin y estrellas del rock, del fútbol, o de la moda conquistaron. Estrellas fugaces que se desvanecen. Son las luces de este mundo. Hablando del Hijo de Dios, el evangelista Juan dice: "**Aquella luz verdadera que alumbra a todo hombre venía a este mundo**". Apreciado amigo, si tu vida está en oscuras tinieblas, si no ves con claridad el presente y mucho menos el futuro, si intentas alumbrar tu camino con simples fuegos artificiales que primero deslumbran y luego te sumergen en la misma o peor oscuridad, permite que la luz del cielo te alumbre. Esa luz divina vino con el propósito firme de enfocarte a ti. Sí, tal vez no quieras que se alumbre tus pecados, pero es mejor dejar que sean expuestos y erradicarlos que ocultarlos y morir con ellos. ¿Verdad? Sólo así podrás brillar para siempre aquí, en este mundo, pero mucho más allá en el cielo con Jesús.

Las luces del mundo te deslumbran tanto que te dejan ciego. La luz de Jesús, como una antorcha cálida, te guía en la noche

7 de marzo
ESLABÓN PERDIDO

Los científicos evolucionistas, están en busca del eslabón perdido que une dos cadenas o dos reinos, el animal y el humano.

"¡Es tan sólo un eslabón!", dicen, "y tendremos la evolución ya no como teoría sino como ciencia." Pero: ¿de dónde vino el espacio para el universo? ¿De dónde vino la materia? ¿De dónde vinieron las leyes del universo? ¿De dónde vino la energía para hacer que todo esté tan perfectamente organizado?...

> "Porque hay un solo Dios y un solo mediador entre Dios y los hombres, Jesucristo hombre, quien dio su vida como rescate por todos".
>
> **1ª Timoteo 2:5-6**

Ante estos interrogantes, el evolucionismo no tiene ninguna respuesta racional. La educación moderna sacó a Dios de sus programas escolares en los países más "avanzados" y, como dijera Lloyd George: "La educación sin Dios hace diablos inteligentes".

Sacar a Dios es sacar la moralidad, las cosas fundamentales; es romper el matrimonio, acabar con la familia; es llamar a lo bueno malo y a lo malo bueno.

El gran problema no está en el eslabón que falta entre el mono y el hombre, sino el que falta entre el hombre y Dios. El pecado lo ha roto y hoy la comunión se ha perdido.

Cuando el hombre rompe su conexión con Dios, se halla sin propósito en la vida, sin identidad y comienza a buscar un eslabón para atarse a algo, y en su misma necedad, ha escogido la brillante idea de atarse a un mono antes que a su Hacedor.

El eslabón que el hombre ha perdido no lo encontrará en excavaciones arqueológicas. Podrá extraer montañas de escombros y no lo hallará. Más bien debe escarbar en su propio corazón y reconocer que sí se ha perdido algo: SU COMUNIÓN CON DIOS. Aunque el hombre es el responsable, Dios tomó la iniciativa. Hace 2000 años lo demostró en la Cruz al dar a Su Hijo en pago por la deuda de los pecados del hombre. Ahora es tu turno de extender tu mano a Dios y dejar que Él te saque de la postración y la ignorancia espiritual. No te olvides que es el necio el que dice en su corazón: "No hay Dios".

La educación sin Dios hace diablos inteligentes

> "He aquí que yo les traeré sanidad y medicina; y los curaré, y les revelaré abundancia de paz y de verdad."
>
> **Jeremías 33:6**

Cierto día, un pastor cristiano y un doctor amigo, caminaban juntos debatiendo sobre temas cotidianos. "No puede ser que exista un Dios y sin embargo permita que se vivan semejantes experiencias y que haya personas viviendo en condiciones semejantes en este mundo." Aquel pastor escuchó la queja de su amigo y al pasar por un callejón y observar a un pordiosero sucio y muy enfermo le dijo a su amigo: "Fíjese usted en este hombre. Hace días que está postrado y su enfermedad empeora cada día, ¿Cómo puede permitir usted, siendo el doctor del vecindario, que este hombre ande en semejantes condiciones?" El amigo, bastante molesto le replicó: "No es mi culpa. ¿Qué puedo hacer yo si este hombre ni siquiera se acerca a mí para que le sane y le deje en óptimas condiciones?"

"Eso es lo que pasa con Dios", le explicó el pastor a su amigo. Muchas personas ven cómo se degradan sus vidas y sus conductas se desvían, afectan su existencia y la de las personas que les rodean y encima le echan la culpa a Dios por la realidad nefasta que les toca vivir. Ellos mismos son conscientes de que nunca han dirigido su mirada a Dios, ni le permiten a Él que trabaje en sus vidas y les transforme poco a poco". Oye, si en lugar de quejarte con Dios y levantar tu puño al cielo te acercaras a Él y le dijeras que estás sucio por el pecado, maltratado por la vida y que ves cómo tu apariencia se va desgarrando, Él te sanaría, te daría una nueva vida y te explicaría muchas cosas que hoy no entiendes.

Cuando preguntes otra vez: ¿Dónde está Dios? Míralo, está allí, afuera, donde le pusimos con nuestro obstinado corazón, bien afuera, pero esperando para entrar y conversar con nosotros.

Dice Apocalipsis 3:20: **"He aquí yo estoy a la puerta y llamo. Si alguno oye mi voz y abre la puerta, entraré a él, y cenaré con él y él conmigo."**

Dios está tan lejos como le hayamos alejado

9 de marzo
PESO FALSO

El panadero de un pueblo cerca de Québec, compraba su mantequilla a un granjero vecino.

Cierto día, comenzó a sospechar que aquel vecino no era honesto al pesarle la mantequilla que le vendía. Cada día pedía la misma cantidad y la pesaba en su casa. El tiempo confirmó sus sospechas, cada vez, el granjero le vendía algunos gramos menos de lo que pedía, pero le cobraba lo mismo.

> "No juzguen a los demás, para que Dios no los juzgue a ustedes. Porque Dios los juzgará de la misma manera que ustedes juzguen a los demás".
>
> **Mateo 7:1-2**

Indignado, el panadero increpó al vecino y llevó el caso a la justicia.

"Supongo que usted usará una balanza para vender su mantequilla, ¿verdad?" Preguntó el juez al acusado. "Sí". Respondió aquel hombre. "Y supongo que usa la misma balanza y las mismas pesas cada vez". Continuó el juez. "Por supuesto", respondió el acusado. "Entonces ¿Cómo es posible que cada vez entregue menos mantequilla al panadero?..." La respuesta de aquel hombre arrojó luz al problema. "Verá mi Señoría. Cuando mi vecino, el panadero, comenzó a comprarme la mantequilla yo decidí comprarle a él su pan. Sospeché que no era honesto al pesarme el kilo de pan que le pedía por lo tanto utilicé el mismo supuesto kilo de pan que me vendía como pesa de mi balanza para la mantequilla. Así que, si yo le vendo menos de un kilo de mantequilla no es mi culpa sino de él".

Dice Dios en Mateo 7:1-2, **"No juzguen a los demás, para que Dios no los juzgue a ustedes. Porque Dios los juzgará de la misma manera que ustedes juzguen a los demás".**

¿Cuántas veces pretendemos que los demás nos traten a nosotros de una manera cuando nosotros no usamos la misma medida para pesar las actitudes? En los otros es una ofensa, en mi fue un descuido. En el otro fue un agravio, en mi caso es sólo una broma de mal gusto. En el otro es digno de castigo, en mi caso: "Así soy yo, ese es mi carácter." Sé honesto y trata a los demás como quisieras que te traten a ti.

Negocios transparentes conservan amistades limpias

> "Miren, el Señor viene con millares de ángeles para someter a juicio a todos por todas las malas obras que han cometido".
>
> **Judas 1:14-15**

La empresa Barcos del Mar Báltico utiliza un sistema de contrapeso muy ingenioso para mantener la línea de flote durante la navegación. Llena las cisternas interiores de las embarcaciones con el agua del mar para nivelar las naves y simplemente la liberan al llegar a la otra orilla al descargar sus containeres para mantener la misma línea de flote con la carga útil. Lo que estos ingenieros hidráulicos no consideraron, es que junto con esas toneladas de agua encerradas en sus cisternas, encerraban también miles de ciertos tipos de medusas propias de ese lado del mar. Allí, esos invertebrados, eran depredadores naturales de algunos microorganismos y regulaban su población manteniendo el equilibrio en el plancton. Pero al ser transportadas en esas cisternas y liberadas a varios miles de kilómetros de su lugar, en las costas de enfrente, no tenían su alimento y atacaban otros microorganismos que formaban la base para la alimentación de las orcas que vivían en esa costa. La costa Este, sufrió una alteración de su plancton y miles de ballenas enfermaron y murieron, y la costa Norte dio origen a cierto virus producto de la visita de estas medusas que mataron a miles de tortugas marinas. Cuando descubrieron las causas, ya era demasiado tarde.

¿Cuándo comprenderá, el humano que no puede meter sus narices en cosas divinamente coordinadas y que es incapaz de administrar este mundo y aún la vida misma sin la dirección y el permiso de Su Creador? Arbitrariamente actuamos pensando que somos dueños absolutos de todo lo que está a nuestro alrededor, partiendo de la propia vida; nuestro tiempo y dinero; personas y sus almas; los hijos; el planeta. Muchos hombres se creen Dios y deciden sobre sus actos con una actitud déspota, pero la Biblia dice que todos estaremos de pie ante Él dando cuentas de nuestros actos.

Cada decisión que tomes, cada paso que des, está siendo registrado en los libros del cielo y de ellos darás cuenta, sea bueno o sea malo. Piensa en la eternidad al decidir tus acciones en esta vida.

¿Cuándo comprenderá, el humano que no puede meter sus narices en cosas divinamente coordinadas?

El Tábano Del Orgullo

El tábano es una mosca grande y persistente que se agarra a las narices de las ovejas causándoles molestia y dolor. Para evitar su ataque, las ovejas al notar su presencia, bajan su nariz cerca del suelo o la entierran en tierra seca. Esta posición incómoda, es una eficaz arma contra el ataque del insecto.

> "Angustiado él, y afligido, no abrió su boca; como cordero fue llevado al matadero; y como oveja delante de sus trasquiladores, enmudeció, y no abrió su boca."
>
> **Isaías 53:7**

Perfectamente podemos representar al orgullo con el tábano. Este mal endémico ha afectado, y seguirá haciéndolo, a las personas que, con una actitud altanera, no reconocen sus errores, se creen dueños siempre de la verdad y no se dan cuenta que ofrecen a su molesto enemigo –el orgullo– el flanco descubierto para que se agarre con todas sus fuerzas amargando así su carácter; alejándoles de las personas, y llevándoles a diario a situaciones de las que no saben cómo salir.

Lo peor del orgullo es que es especialista en pasar inadvertido. Rara vez el orgulloso está dispuesto a reconocerse a sí mismo como orgulloso, ignorando que, cuando la humildad se ve en el espejo y dice: "Allí estoy", deja de ser humildad y se transforma en arrogancia.

Es sabio bajar la cabeza hasta el polvo, igual que la oveja, cuando escuchamos la voz sutil del orgullo que manifiesta su presencia. Te aseguro que te librará de muchas molestias.

Aquel que pudo levantar su cabeza en señal de justificada defensa, se cubrió de humildad por amor a ti y a mí. Su nombre es Jesús. Dice el profeta Isaías que: **"Como cordero que es llevado al matadero, enmudeció y no abrió su boca"**. ¿Por qué será que nosotros los humanos, somos tan prontos a defender nuestros derechos y gritarle al mundo nuestras razones?

Si comprendes el mensaje de la Cruz levantada en las afueras de Jerusalén hace ya más de 2000 años, podrás aprender de la oveja a bajar tus narices cuando hay olor a orgullo y aplicar el versículo de 1ª Pedro 5:6, **"Humíllense, pues, bajo la poderosa mano de Dios, para que Él los exalte a su debido tiempo."**

Cuando la humildad se ve en el espejo y dice: "Allí estoy", Deja de ser humildad y se transforma en arrogancia

> "Porque sí lo conocen, sólo que se niegan a reconocerlo como Dios y a estarle agradecidos. Además se enredan en inútiles razonamientos que no traen a su necia mente más que oscuridad y confusión."
>
> **Romanos 1:21**

Es común, hoy en día, escuchar las voces de algunos que confunden a los que están comenzando a transitar los caminos de la fe cristiana advirtiéndoles que se cuiden, diciendo que: "Esas sectas te lavan el cerebro y te manipulean para creer en Dios." Es interesante notar que estas personas, en su mayoría ateas declaradas, no sostenían esos mismos argumentos cuando eran más jóvenes o hasta niños. A lo que quiero llegar es que nadie nace siendo ateo. Llega a serlo. No conozco ningún niño o adolescente que se declare enfáticamente ateo. El ateísmo es una filosofía adquirida durante la vida por influencia de enseñanzas agnósticas o por circunstancias adversas, difíciles de entender, y el que las padece atribuye culpabilidad a Dios y cierra su disposición de creer. Pero todos nacemos con una predisposición natural a creer en Dios, sin que nadie nos obligue o nos instruya. Entonces pregunto: ¿A quién le lavaron el cerebro a los que creen en Dios o a los que no creen? La respuesta está a la vista, ¿verdad? El hombre y la mujer que, voluntariamente cierran los oídos de su corazón para no escuchar las evidentes manifestaciones de Dios a lo largo de la historia humana, luchan inútilmente contra otra voz interior, natural e indiscutible que les dice a gritos que Dios existe. No hay tarea más necia que ocupar la vida en negar lo innegable, en no querer ver lo que es evidente a los ojos de cualquier niño o ser inteligente. En lugar de argumentar que el cristianismo te lava el cerebro, permite que Cristo te lave el corazón. Él derramó Su sangre por ti porque te ama, quiere entrar en tu vida, hacerte de nuevo y que vivas para glorificarle. No olvides que es un necio el que dice en su corazón: "No hay Dios". Escúchale a Él, no te dejes engañar.

Negar la existencia de Dios es tan inútil como negar la existencia de mi conciencia, porque ella misma me habla de Dios

13 de marzo

RESPIRA PROFUNDO

En la ciudad de México, con una de las concentraciones demográficas más altas del mundo y afectada seriamente por la consecuente saturación de gases nocivos, se ha implementado un sistema de desintoxicación y saneamiento de los pulmones instalando, en puntos estratégicos de la ciudad, sitios de descanso equipados con máquinas expendedoras de oxígeno. Sí. Tal como lo acabas de leer, en algunos lugares de este congestionado y agonizante planeta tierra se ha llegado al extremo de verse necesitados de vender oxígeno. La oxigenoterapia es la última moda en sitios SPA y en lugares de relax. Consiste en ofrecer la posibilidad de inhalar, aunque sea por unos minutos, aire puro envasado en recipientes especiales que desintoxican tus pulmones. A esto le agregan ciertas hierbas medicinales para dar mayor variedad al producto, y el transeúnte sigue su camino con sus pulmones más limpios hasta la próxima intoxicación. También se ofrece este servicio en algunos paseos turísticos de montaña, en sitios, donde el oxígeno escasea. Este problema de la saturación de gases en la atmósfera y la oferta de oxígeno por el abundante *smog* se presenta también en ciudades súper pobladas como Santiago de Chile, New York y otras.

Pregunto: ¿No será que nuestro sistema respiratorio del alma y del espíritu necesita también una terapia, aire puro, oxígeno nuevo? El síntoma más evidente del que vive en una atmósfera saturada es el cansancio. ¿Te sientes cansado? Como en una ciudad contaminada, la atmósfera de nuestras vidas se va llenando de estrés, rencor, pecados y envidia que te restan fuerzas y te sientes agotado, agitado. Cristo ofrece un momento, un lugar y una dosis de aire puro, aire del cielo para continuar, y no para volver al próximo día, sino para siempre. ¿Qué tal? El lugar es la cruz, el momento es ahora. Detén tu andar y permite que Dios llene tu vida de aire nuevo.

> "Dijo Jesús: todo el que beba de esta agua volverá a tener sed, pero el que beba del agua que yo le daré, no volverá a tener sed jamás".
>
> **Juan. 4:13**

No es tan contaminante la atmósfera exterior de este mundo, cuando respiras aire del cielo en tu interior

> "Con sabiduría se edificará la casa, y con prudencia se afirmará."
>
> **Proverbios 24:3**

Uno de los más controversiales líderes mundiales ha terminado sus días colgado en una horca común. Remembrando las glorias babilónicas bajo el reinado de Nabucodonosor, cuando su imperio gobernó todo el mundo habitado de aquel entonces, Sadamm Huseim, reedificaba la antigua capital Asiria con esperanzas de dominio mundial. Él llevó a un sector del mundo al colapso y durante su reinado, Bagdad se convirtió en un polvorín con olor a sangre. Admirado por muchos, odiado por otros, se paró firme ante las advertencias de las mega potencias mundiales y gritó al mundo su mensaje. En su ciega ambición de conquista atacó aún a sus mismos congéneres y quiso instalar un régimen bajo su espada de mando. Al igual que él, otros tantos han dejado su huella en nuestra historia con un claro mensaje de protesta, mezclado con altruismo y egoísmo, con un sentido patriota y a la vez déspota. Algunos en pro de la paz, otros esgrimiendo la guerra; algunos por defensa de los pobres otros por querer ser más ricos. Lo cierto es que todos aquellos que han intentado alcanzar sus metas sin tener en cuenta el amor a Dios, han sucumbido bajo el peso del imperio que ellos mismos construyeron. Sus conquistas les conquistaron. Así fue con Alejandro Magno, Nerón, Hitler, y otros cuyos nombres se cubren de polvo en sus lápidas y de su gloria sólo quedan vagos recuerdos.

La Biblia dice: **"Si Jehová no edificare la casa, en vano trabajan los que la edifican."**

Jesús fue un líder que conquistó y sigue conquistando millones de vidas con Su amor y Su paz. Ninguna lápida sella la entrada a Su sepulcro vacío, sus puertas están abiertas para todo turista que quiera visitarlo y respirar el aire fresco de la victoria sobre el pecado, el mundo, Satanás y la muerte. Hoy, Él quiere hacer tuya Su victoria si te rindes a Sus pies y te humillas. Serás otro conquistado más por Su poder y otro súbdito más de Su Reino eterno.

Si construyes sin tener en cuenta a Dios...
Destruyes

15 de marzo

ALCOHOLISMO

El mismo día que el presidente Lincoln fue asesinado, decía en su discurso: "Ya no existe la esclavitud, hemos emancipado a cada ciudadano estadounidense. La próxima labor será tan grande como esta o aún mayor: Suprimir la elaboración y venta de bebidas alcohólicas en Norte América". Pero a algunos comerciantes y fabricantes esta noticia no les cayó muy bien. Esa misma noche, Mr. Booth, paró en una taberna para tomar unos tragos y envalentonarse para la cruel misión que estaba a punto de cometer; aquel famoso asesinato. Esa misma noche, el guarda-espaldas del presidente Lincoln, pidió sólo un minuto para ausentarse. ¿El motivo? Tomarse una copa. Sin saberlo, entraba en aquella taberna al mismo instante que Booth el asesino salía. Cuando llegó era demasiado tarde. La misma taberna, la misma copa, el mismo trago. Un final fatídico. ¿El cómplice?... El alcohol.

Estadísticas del famoso toxicólogo Irwin Sunshine, dicen que la mitad de las víctimas de accidentes de tránsito tienen alcohol en su sangre, y el 60 % de los accidentes que ocurren en casa tienen como causante el alcohol. En los accidentes industriales, el alcohol está presente en el 15% de los casos. Dice Proverbios 23: 29-35, "**¿De quién son los lamentos? ¿De quién los pesares? ¿De quién los pleitos? ... ¿De quién los ojos morados? ¡Del que no suelta la botella de vino ni deja de probar licores! No te fijes en lo rojo que es el vino, ni en cómo brilla en la copa, ni en la suavidad con que se desliza; porque acaba mordiendo como serpiente y envenenando como víbora. Tus ojos verán alucinaciones, y tu mente imaginará estupideces. Te parecerá estar durmiendo en alta mar, acostado sobre el mástil mayor. Y dirás: Me han herido, pero no me duele. Me han golpeado, pero no lo siento. ¿Cuándo despertaré de este sueño para ir a buscar otro trago?**" Sólo Cristo tiene el poder que ha liberado a miles del flagelo del alcoholismo. ¿No querrás tú también conocerle?

> "Estad, pues, firmes en la libertad con que Cristo nos hizo libres, y no estéis otra vez sujetos al yugo de esclavitud".
>
> **Gálatas 5:1**

El que busca llenar su vacío interior con otra cosa que no sea Dios, pierde el tiempo

Optimismo O Pesimismo

> "Y después que le hayan azotado, le matarán; mas al tercer día resucitará."
>
> **Lucas 18:33**

Un vendedor de zapatos fue enviado a una zona que tenía muy poco desarrollo económico. Cuando llegó quedó desalentado viendo que allí todos vivían descalzos. Así que mandó este mensaje a la oficina de su empresa: "Perspectivas de ventas: nulas, la gente aquí: descalza."

Más tarde, otro vendedor fue enviado a la misma zona, pero el reporte que envió a la empresa era muy diferente: "Grandes posibilidades de venta, aquí la gente vive descalza."

El pesimismo que caracteriza a muchas personas, frecuentemente tiene su origen en un bajo concepto de sí mismo, que es propio de los caracteres apocados, introvertidos y miedosos.

En cada desafío que les presenta la vida, siempre ven el lado negativo antes que el positivo; buscan el defecto antes que la virtud; ven el peligro antes que la conquista.

En el libro de Números, en la Biblia, tenemos el caso de 12 espías que fueron a investigar la tierra de Canaán. Dos de ellos dieron un informe optimista. Los otros diez volvieron aterrorizados, porque el bajo concepto que ellos mismos se tenían, (se sentían como langostas), fue motivo para entrar en pánico y huir; atemorizando también al pueblo, porque el pesimismo se contagia y muy rápido.

Es indispensable aprender a enfrentar cada horizonte de crisis con las promesas de Dios bajo el brazo. Así hizo el mismo Jesús que caminó hacia la Cruz sabiendo que Su Padre no le abandonaría.

¿Tienes, querido amigo, esa confianza? Probablemente ese sea el motivo por el cual eres un pesimista, porque mides los desafíos según tus fuerzas y no las de Dios.

Hay dos clases de personas, los que se la pasan diciéndole a Dios que tienen un gran problema y los que les dicen a sus problemas que tienen un gran Dios.

Si pones tu mirada en las cosas de arriba, no en las de la tierra, tu ánimo debe estar siempre alto, tan alto como tu mirada.

Hay dos clases de personas, los que se la pasan diciéndole a Dios que tienen un gran problema y los que le dicen a sus problemas que tienen un gran Dios

> "Alcen los ojos y miren a los cielos: ¿Quién ha creado todo esto? El que ordena la multitud de estrellas una por una, y llama a cada una por su nombre. ¡Es tan grande su poder, y tan poderosa su fuerza, que no falta ninguna de ellas!"
>
> **Isaías 40:26**

¿Quién determinó las dimensiones exactas de la tierra? Isaías hace una pregunta. **"¿Quién midió las aguas con el hueco de su mano y los cielos con su palmo, con tres dedos juntó el polvo de la tierra, y pesó los montes con balanza, y con pesas los collados?"** (Isaías.40:12). Dios le hizo a Job una pregunta similar: **"Quién ordenó sus medidas, si lo sabes? ¿O quién extendió sobre ella cordel?"** (Job.38:5). Dios creó los cielos y la tierra. Él determinó las medidas del universo. La tierra misma está girando a una velocidad de 1000 millas por hora en el ecuador (alrededor de 1600 kilómetros). Si girase a 100 millas por hora, la noche y el día se prolongarían diez veces, las plantas se asarían de día y los sembrados se destruirían por las heladas de las noches... Si la luna sólo estuviera a 50.000 millas (algo mas de 80.000 Kilómetros) de distancia de la tierra, las mareas inundarían todas las tierras, incluyendo las montañas... Si los océanos fueran más profundos, el anhídrido carbónico y el oxígeno serían absorbidos del todo, y no podrían existir las plantas. Si la atmósfera fuera más liviana que la actual, millones de meteoritos que son quemados en el aire caerían en la tierra y provocarían terribles incendios. Apreciado amigo, la exactitud de las medidas en el espacio exterior nos da la garantía de vida necesaria como para pronosticar algunos años más de existencia. Pero... ¿Quién calculó y ubicó con tánta exactitud el sol y sus satélites en el sistema para que todo se mueva armoniosamente? ¿ Quién sustenta todo este mecanismo de tal manera que no sea alterado por nada ni nadie? La respuesta la encuentras en las palabras introductorias de este artículo. Y si quieres más, escucha: **"Por medio de él, (de Cristo), Dios creó todo lo que hay en el cielo y en la tierra, lo que puede verse y lo que no se puede ver... Dios creó todo por medio de Cristo y para Cristo y Él existía antes de todas las cosas. Por medio de él, todo se mantiene en orden."** Colosenses 1. Pero lo más importante es que ese Dios te creó también a ti. ¿Vives dándole gloria, o sólo vives para ti?

Mira a tu alrededor, allí está Dios. Mira hacia arriba, allí está Dios, mira lo profundo, y le encontrarás; mira a tu interior... ¿está?

> "A pesar de todo, el fundamento de Dios es sólido y se mantiene firme, pues está sellado con esta inscripción: El Señor conoce a los suyos".
>
> **2ª Timoteo 2:19**

En la gran cueva de murciélagos de México, la más grande colonia en el mundo, conviven aproximadamente unos 40 millones. En la época de nacimientos en la colonia, casi simultáneamente 20 millones de estos mamíferos nacen y trepan sobre el cuerpo colgante de sus madres en un intento desesperado de no caerse. Una vez aferrados cuentan con una hora para fortalecer lo más posible los vínculos vitales. En esa hora, la mamá murciélago recuerda el lugar donde cuelga su cría y la abandona en busca de alimento. Pero lo más asombroso sucede cuando la hembra regresa con la presa. Ella debe ubicar a su recién nacido entre un enjambre de 20 millones de crías idénticas colgando de las paredes oscuras de la cueva y todas chillando al unísono clamando por alimento. ¡Y la encuentra! Durante la ausencia, en ocasiones las crías caen al suelo producto de tantos empujones de sus pares y a veces consiguen sobrevivir, pero al trepar por las paredes de la cueva y conseguir colgarse otra vez del techo en espera de sus madres, pierden la ubicación inicial y se arriesgan a que sus madres no les ubiquen. Pero ¿sabes qué? Sus madres les hallan igual, rastreándoles por sus chillidos y su olor. Si un simple animal es capaz de reconocer a sus hijos ¿Cuánto más Dios? Él también tiene un registro exacto de Sus hijos. No intentes esconderte entre las multitudes apelando a un supuesto amor masivo de Dios que aceptará a todos como algunos argumentan. Sólo aquellos que llevan la marca de Jesús en sus corazones y han depositado en Él su fe son los que Él registra como Sus hijos legítimos, los demás son sólo Sus criaturas, que es muy diferente. Por eso Jesús advirtió que en el día final, Él mismo dirá a muchos: **"Apartaos de mí, hacedores de maldad, nunca os conocí."** No confíes en tu propia opinión. Entrega tu alma en las manos del Pastor que a cada una de Sus ovejas, conoce por su nombre.

**Jesús murió por toda la humanidad,
pero te llama y quiere salvarte a ti**

19 de marzo
Usando Bien El Tiempo

Cada uno de nosotros decide qué hará con su tiempo y cómo lo distribuirá. Tenemos 24 horas por cada día, disponemos de 7 días semanales, 30 días mensuales y aproximadamente un promedio de 70 años de vida física. Resulta curioso analizar cómo usamos ese tiempo en una vida promedio. ¿Te animas? Promedio de

> "Enséñanos a contar bien nuestros días, para que nuestro corazón adquiera sabiduría."
>
> **Salmo 90:12**

tiempo durmiendo: 24 años. En tu puesto de trabajo: 14 años; diversiones y entretenimientos: 8 años. Sentado a la mesa, comiendo: 6 años; movilizándose de un lugar a otro: 5 años. Conversando: 4 años; educándose: 3 años; estudiando y leyendo: 2 años. Esto suma un total de 66 años y los 4 restantes se van en cosas varias. Si de ese tiempo tan solo destináramos 5 minutos diarios para las cosas de Dios, sumarían 5 meses de los 70 años de tu vida. Y si recordamos que pasas 6 años sentado a la mesa comiendo, ¿No te parece que tienes los valores invertidos? Dice Dios en Efesios 5: **"Así que tengan cuidado de su manera de vivir. No vivan como necios sino como sabios, aprovechando al máximo cada momento oportuno, porque los días son malos"**. ¡Sólo cinco minutos diarios! Te pregunto: ¿Dedicas más de eso para Dios?... -Soy muy joven-, dirás, y cuando seas grande: -Estoy muy ocupado-, será tu argumento. Cuando ni seas joven ni estés tan ocupado: -ya soy muy viejo,- te excusarás, hasta que Dios te diga el día de tu muerte: "Ya es demasiado tarde". ¿Por qué relegar lo indispensable distrayéndome con lo pasajero de la vida? Cuenta la historia que el afamado filósofo Diógenes, examinaba una colección de esqueletos humanos apilados uno encima de otro, a lo que el gran Alejandro preguntó: "¿Qué haces aquí con esto?", y Diógenes respondió: "Busco el esqueleto de tu padre, pero no puedo distinguirlo entre estos de los esclavos." Alejandro Magno entendió inmediatamente el mensaje: "A la hora de la muerte todos somos iguales." Por eso dice el predicador en Eclesiastés: **"No hay quien tenga poder sobre la vida, como para retenerla, ni hay tampoco quien tenga poder sobre la muerte. No hay quien escape de esta batalla."** Y tú: ¿Piensas que escaparás al día del juicio?

Quien invierte para la eternidad, disfruta de su corta estadía en esta tierra

> "¿Dónde está el sabio? ¿Dónde está el escriba? ¿Dónde está el disputador de este siglo? ¿No ha enloquecido Dios la sabiduría del mundo?"
>
> **1ª Corintios 1:20**

La teoría de la evolución, seguirá siendo teoría mientras le pertenezca al campo de la filosofía, ya que no halla cabida en el terreno de la ciencia. Una vez que la filosofía la rotuló como: "Teoría de la evolución", la ciencia tomó la posta para investigar dicha teoría. Hasta ahora, los científicos han rastreado los cielos y la tierra en busca de una demostración realmente científica. La investigación científica de los últimos años ha fracasado en demostrar la evolución y ha producido un sinfín de comprobaciones que demuestran que dicha teoría es insostenible. Se debería hablar más bien de desarrollo. Algo más evolucionado es algo que ha sufrido mejoras importantes en su constitución hasta llegar a ser un producto más refinado sin intervención de agente externo alguno. Que el hombre desarrolló y sigue desarrollándose sí, pero que ha evolucionado a formas diferentes de su especie inicial... Absurdo. Decir que somos producto de la mutación es otro error. ¿Sabes lo que significa mutación? Simplemente es un cambio producido en una especie viva que modifica su estructura externa o interna pero sin de dejar de pertenecer a dicha especie. Hay rosas, por ejemplo, que por mutación genética han cambiado de color: blancas, rojas, amarillas, pero siempre seguirán siendo rosas, nunca podrán mutar tan lejos que lleguen a ser un roble. En ese caso habría que hablar de transmutación, o cambiar de una especie a otra. Los evolucionistas argumentan que toda vida actual surgió de organismos unicelulares como la ameba. Pero ¿Por qué no encontramos amebas transmutando hoy, y por qué hay registro fósil de millones de amebas descubiertas en estratos de suelo sin mutar? ¿Por qué mutaron algunas y otras no? ¿Quién decidió que la evolución se detuviera en el hombre y no siguiéramos transmutando en la actualidad si esto fuera verdad? Preguntas como estas y otras muchas descartan la teoría de la evolución. La misma ciencia demuestra a gritos que no hay evolución. Sólo creación, creación de un Dios que te ama y te pedirá cuentas algún día.

Cada molécula de polvo, cada gota de rocío, cada célula, cada átomo, declara a gritos que Dios existe

21 de marzo
CORRIE TEN BOOM

> "Porque yo sé muy bien los planes que tengo para ustedes —afirma el SEÑOR—, planes de bienestar y no de calamidad, a fin de darles un futuro y una esperanza. Entonces ustedes me invocarán, y vendrán a suplicarme, y yo los escucharé. Me buscarán y me encontrarán, cuando me busquen de todo corazón."
>
> **Jeremías 29:11-13**

Corrie ten Boom, cristiana holandesa torturada en los campos de concentración Nazi, logró sobrevivir para contar su historia al mundo en su libro: **"El refugio secreto"**. Su óptica de ver aquella circunstancia apremiante fue la clave para la sobre vivencia. Ella dijo en su libro: **"Si miras al mundo te afligirás, si miras tu interior te deprimirás, pero si miras a Dios reposarás."** Tu enfoque determina tus sentimientos, no las circunstancias. El secreto de la paciencia es recordar que tu dolor es temporal cuando tienes la certeza de que tu recompensa es eterna. Si logras conservar la paz interior aún cuando afuera ruja la tormenta, al final estarás de pie. ¡Qué triste es la realidad de muchos en esta vida que regulan su estado de ánimo y aún sus conductas por las circunstancias exteriores adversas o favorables y carecen de esa estabilidad interior y firmeza que les permite atravesar los capítulos negros de la experiencia humana! Cuando llegas a concentrarte en el plan de Dios para tu vida más que en tu problema has alcanzado un peldaño superior de tu carácter. Moisés soportó una vida llena de problemas porque tenía la mirada puesta en la recompensa. El gran apóstol Pablo padeció cárceles, torturas y desprecio, pero dijo: **"Lo que sufrimos en esta vida es cosa ligera, que pronto pasa; pero nos trae como resultado una gloria eterna mucho más grande y abundante"**. También José entendió esta verdad cuando le dijo a sus hermanos que lo habían vendido como esclavo: **"Ustedes pensaron dañarme, pero Dios lo encaminó para mi propio bien."** En el mismo contexto, Dios le dijo a Jeremías **"los planes que tengo para ti son planes para prosperarte y no para dañarte, planes que te darán esperanza y un futuro."** Si aún no posees esta asistencia para aceptar y enfrentar lo adverso, si vives sucumbiendo bajo el peso de las circunstancias y te cuesta remontar vuelo sobre ellas, es porque no tienes ese poder de lo alto que solamente encuentras a los pies de la cruz de Jesús. Entrega tu vida a Él y aprenderás a disfrutar de la vida paso a paso.

> **"Si miras al mundo te afligirás; si miras tu interior te deprimirás, pero si miras a Dios reposarés"**

22 de marzo
SU AMOR... NO EL MÍO

> "Para mostrar en los tiempos venideros la incomparable riqueza de su gracia, que por su bondad derramó sobre nosotros en Cristo Jesús. Porque por gracia ustedes han sido salvados mediante la fe; esto no procede de ustedes, sino que es el regalo de Dios, no por obras, para que nadie se jacte." Efesios 2:7-9

El enfermo yacía en su lecho de muerte. La plegaria de sus amigos íntimos y familiares se basaba en el hecho de la vida intachable que este hombre llevaba. "Señor", decían, "tú sabes cuánto te ama Carlos, cuántas cosas hizo por tu causa y cómo ayudó a muchos." ¿Pero sabes?. La base del amor de Dios no radica en la conducta, santidad o buen obrar de Sus seguidores. Todo lo contrario, se basa en Su amor hacia mí, más que mi amor hacia Él. Cuando el hermano menor de la aldea de Betania, Lázaro, enfermó sus hermanas enviaron un micro mensaje a Jesús, y si tú lees en el capítulo 11:3, de San Juan, el mensaje decía literalmente: **"Señor, el que amas está enfermo"**. Fíjate que no dijeron el que te ama está enfermo, sino más bien el que tú amas, está enfermo. La atención y cuidados urgentes que Lázaro necesitaba serían atendidos por Jesús sobre la base de Su amor hacia Lázaro, más bien que el amor de Lázaro hacia Jesús. ¿Sobre qué base te relacionas tú con Dios? ¿Sobre tu inestable conducta y tu devoción superficial, o sobre el amor incondicional y perenne que Él tiene por ti? Felipe Bliss, compuso un bello himno: "!Oh, cuánto amo yo a Cristo!" Después de algunos años dijo: "Estas palabras son ciertas, pero me siento culpable por haber cantado tantos años del amor que le tengo a Dios y tan poco del amor que Dios me tiene a mí". Años más tarde escribió otro bello himno: "Cosas hermosas hay en la Biblia, la mejor de todas es que Dios me ama a mi." No hay mensaje más sublime que este, que el Dios eterno, ofendido por el pecado de Su criatura, igual haya decidido amarle con un amor incondicional a pesar de su maldad. **"En esto consiste el amor: no en que nosotros hayamos amado a Dios, sino en que él nos amó y envió a su Hijo para que fuera ofrecido como sacrificio por el perdón de nuestros pecados".** 1ª Juan 4:10

El amor de Dios hacia Sus criaturas, no radica en la conducta, santidad o buen obrar de Sus seguidores

23 de marzo
CLONACIÓN VS. CREACIÓN

El 27 de diciembre del año 2002 los raelianos, una supuesta secta religiosa que estudia los ovnis y su corporación privada, Clonaid, anunciaron el nacimiento de una niña clonada. Sin embargo hasta el momento, sus declaraciones no han sido probadas. El mundo se sintió cautivado por la historia. ¿Por qué? Porque el sistema general de creencias estaba listo; prácticamente esperaba la noticia. La clonación no es otra cosa más que la última expresión de la doctrina humanista de la evolución. La teoría Darwiniana de la generación espontánea y la evolución de las especies, ya es cosa del pasado. En el siglo XXI los humanistas tienen una nueva explicación para el origen de la especie humana. De acuerdo con su última forma de pensamiento, "los humanos somos el producto de los experimentos de extraterrestres que visitaron nuestro planeta hace milenios, implantaron sus seres clonados en el sistema terráqueo y de vez en cuando nos visitan para ver cómo evolucionan sus experimentos. En estos últimos días, lo hacen para traer los elementos finales del desarrollo humano". Es así que esta secta, en íntima comunicación intergaláctica, ha presentado al mundo a Eva, la supuesta bebé clonada, como evidencia de esta teoría. Satanás está preparando la mente de los humanos para que rechacen la verdad de Las Escrituras, que declaran que hace milenios apareció la presencia de un Dios creador de todo lo que respira. Es verdad que un día habrá una visita de seres extraterrestres al mundo, pero será la Segunda Venida de Cristo, pues Aquel que fue crucificado hace 2000 años, regresará a reinar junto con sus ángeles y Su Iglesia glorificada. Entonces habrá juicios y los que escogieron creer las baratas historias de OVNIS antes que la eterna verdad revelada en la Biblia, tendrán que dar cuentas, de pie, ante el Rey. Dice Apocalipsis 20:12: **"Luego vi un gran trono blanco y a alguien que estaba sentado en él. Vi también a los muertos, grandes y pequeños, de pie delante del trono. Y fueron juzgados según lo que habían hecho."** ¿Estás listo para ese gran evento?

> "Así dice Dios, el SEÑOR, el que creó y desplegó los cielos; el que expandió la tierra y todo lo que ella produce; el que da aliento al pueblo que la habita, y vida a los que en ella se mueven: «Yo, el SEÑOR ... Yo te formé, yo te constituí... Yo soy el SEÑOR; ¡ése es mi nombre! No entrego a otros mi gloria, ni mi alabanza a los ídolos... **Isaías 42:5-6**

Todo argumento que intente adjudicar el origen de la vida a otra cosa que no sea Dios está condenado a su autodestrucción, tarde o temprano

TODO LISTO; FALTABA EL SER HUMANO

> "Y dijo: «Hagamos al ser humano a nuestra imagen y semejanza. Que tenga dominio... Y Dios creó al ser humano a su imagen; lo creó a imagen de Dios. Hombre y mujer los creó, y los bendijo con estas palabras: «Sean fructíferos y multiplíquense; llenen la tierra y sométanla."
>
> **Génesis 1:26-28**

¡Aquel cuarto de bebé había quedado increíble! Colores vivos por todos lados, no muy agresivos, como para no alterar a aquella criaturita. Móviles colgaban del techo, una luz tenue alumbraría toda la noche la cuna donde dormiría el primogénito de la flamante pareja que pronto sería familia. Los regalos de los parientes ya habían comenzado a llegar, el piso alfombrado, por supuesto para suavizar más el andar de los primeros pasos y no hacer ruido en la noche al dormir. Y su cuna... ¡Cosa de cuentos! Toda bordada a mano. Nueva, recién pintada en tonos que combinaban con las cortinas. Pero faltaba algo, lo principal, lo más importante. Sin eso nada tendría sentido. Claro, acertaste. ¡El bebé! Es que no nació aún, la fecha no había llegado!. Y cuando llegó el ansiado día, aquella habitación tomó un color especial y todo tuvo sentido.

En un aspecto, este relato se repitió en Edén en la eternidad pasada, cuando Dios creaba este hermoso y colorido planeta en el que tú y yo vivimos que goza de un perfecto equilibrio que lamentablemente el mismo huésped y motivo de dicha creación, el hombre, está deteriorando día a día. Todo estaba listo, dice Génesis 1:1-2. El desorden reinante en aquel espacio sin forma había comenzado a tomar color por la mano creadora de un Dios inteligente. Primero separó las tinieblas y las aguas, luego las aguas de lo seco, luego hizo las lumbreras, las especies, los animales; cada día que pasaba se completaba el cuadro. La obra de arte estaba por terminar, y cuando todo estuvo listo, igual que los padres decorando aquella sala para la llegada de su recién nacido, Dios creó al hombre y a la mujer y les dijo: **"Esto es para ustedes, cuídenlo, disfrútenlo, llénenlo.** ¿Por qué? Simplemente porque los amo." El mismo razonamiento sencillo es el que hace cada obrar de Dios para con Sus criaturas, los humanos. Ese es el Dios que presenta la Biblia, y es el Dios que tú debes conocer. Un Dios de amor que te busca, se interesa por tu bienestar y te comprende. Encuéntralo en Jesús, y serás salvo.

**Cuando el amor de Dios te cautive,
entenderás tantas cosas que hoy te abaten**

25 de marzo
Teorías De Freud

> "...Dios pasó por alto aquellos tiempos de tal ignorancia, pero ahora manda a todos, en todas partes, que se arrepientan. Él ha fijado un día en que juzgará al mundo con justicia, por medio del hombre... al levantarlo de entre los muertos."
>
> **Hechos 17:30-31**

El doctor Sigmund Freud tenía en su mesa un jarrón de cristal lleno de «antigüedades» que le encantaba coleccionar: escarabajos egipcios, hachas del paleolítico y figurillas. ¿Qué relación guardaban esas curiosidades con el psicoanálisis? Freud trataba de investigar cómo los acontecimientos de la infancia de sus pacientes habían configurado sus personalidades. Para él, "los comportamientos antisociales de los individuos, tenían su explicación en ésta. De alguna manera eran víctimas de su pasado. Sus malas conductas, traumas y desviaciones de carácter, eran simplemente consecuencias de su crianza e influencia del medio exterior que les afectó. Lo que hoy somos no es sino el resultado de lo que fuimos, y no hay escape para este destino fatal, a no ser que se retroceda mentalmente, se intente localizar las situaciones que nos modificaron y allí, en el pasado, se justifiquen los desórdenes de nuestro presente". En un aspecto, es cierto que las experiencias vividas influencian nuestro presente. Un padre alcohólico, un hermanastro abusador, la pobreza o excesiva riqueza, la ausencia de familia, malos y buenos ejemplos... Pero justificar los desórdenes de nuestra rebelde personalidad atribuyéndole la culpabilidad al pasado es muy peligroso. Esta concepción de la vida quita del ser humano la responsabilidad de sus actos evadiendo a Dios que los juzgará, argumentando que, por no tener nosotros la culpa, simplemente estamos justificados. ¿Sabes? La intención de Dios es que todo pecador sea justificado, pero no echándole la culpa a su pasado, sino descargando sus pecados y la pena correspondiente sobre Jesús. Dice Isaías 53:6, **"Todos nosotros nos descarriamos como ovejas, cada cual se apartó por su camino; mas Jehová cargó en él el pecado de todos nosotros"**. El único hecho trascendental del pasado que tiene la capacidad de modificar tu presente, sucedió hace más de 2000 años, en las afueras de Jerusalén. Allí el Dios hecho hombre, cargó tus pecados y los míos y los clavó, junto con Su cuerpo en la cruz, simplemente porque te amaba. Y te ama, y te invita a encontrar en Él hoy la paz para tu alma. ¿Qué esperas?

Justificar los desórdenes de nuestra rebelde personalidad atribuyéndole la culpabilidad al pasado, es muy peligroso

"Cuiden de obedecer todos los preceptos y las normas que hoy les mando."

Deuteronomio 11:32

¡Rodeamos nuestra existencia de tantas cosas que en realidad no son necesarias! ¡Atesoramos para nuestra descendencia tantas cosas innecesarias! Dejamos herencias materiales, intelectuales, morales... ¿Qué de la mejor adquisición y la mejor herencia que podemos y debemos dejar para los que nos sucedan?... Dice el consejo de Dios en Deuteronomio capítulo 11: **"Grábense estas palabras en el corazón y en la mente; átenlas en sus manos como un signo, y llévenlas en su frente como una marca. Enséñenselas a sus hijos y repítanselas cuando estén en su casa y cuando anden por el camino, cuando se acuesten y cuando se levanten; escríbanlas en los postes de su casa y en los portones de sus ciudades. Así, mientras existan los cielos sobre la tierra, ustedes y sus descendientes prolongarán su vida sobre la tierra."** Esta promesa final de una vida amplia y estable para los hombres y sus descendientes, está basada en la pauta eterna de permanecer en Su palabra, y fíjate que esta actitud debe afectar cada área de la vida. Debe estar en el corazón, la base de tus emociones y planificaciones. En tu mente, el lugar secreto de tus pensamientos. En tu frente, es decir lo que los demás ven, la conducta. Deben estar en mis hijos, producto de una correcta instrucción diaria acerca de las verdades divinas. En el altar familiar o culto familiar. Deben repetirse en mi casa, el clima hogareño debe estar impregnado de estos valores y preceptos eternos, desde el día, dice Dios hasta la noche. En los postes de la casa, lo que sostiene al hogar debe ser la Biblia; de lo contrario será como la casa; edificada sobre la arena, que cayó ante la tormenta y fue grande su ruina. Hay familias edificadas sobre el dinero, los hijos, las posesiones. Nada de eso es cimiento estable. Y culmina diciendo, en los portones de la ciudad", aún la misma sociedad puede y debe ser fundada sobre valores eternos de Dios. Así, mientras existan los cielos sobre la tierra, ustedes y sus descendientes prolongarán su vida sobre la tierra. **¡Qué linda promesa!** Pero ¡qué gran responsabilidad como individuos, como padres y como ciudadanos de defender y esparcir las eternas verdades de Dios en Su Palabra!

¡Rodeamos nuestra existencia de tantas cosas que en realidad no son necesarias!

27 de marzo
MEZCLA DE PALABRAS

Ocurrió que había que hacer un trabajo importante y TODOS sabían que ALGUIEN lo haría. CUALQUIERA podría haberlo hecho pero lo cierto es que NADIE lo hizo. ALGUIEN se enojó cuando se enteró, porque en realidad era responsabilidad de TODOS. El resultado fue que TODOS pensaron que CUALQUIERA lo haría y NADIE se dio

"He aquí vengo, en el rollo del libro está escrito de mí: El hacer tu voluntad, Dios mío, me ha agradado".

Salmo 40:8

cuenta que ese ALGUIEN nunca lo hizo. ¿Cómo terminó la historia? ALGUIEN reprochó a TODOS porque en realidad NADIE hizo lo que podría haber hecho CUALQUIERA.

Esta difícil mezcla de palabras deja ver una gran lección: Si vas a pensar que otros van a hacer lo que tú tienes la oportunidad de hacer, probablemente lamentarás al ver que el trabajo no fue realizado, y tú habrás perdido la recompensa.

La pereza, los prejuicios, el egoísmo y la falta de iniciativa personal, atentan contra un espíritu ejecutivo.

Desde su cielo Jesús observó nuestra tierra y vio que todos estábamos condenados bajo el mismo mal caminando hacia el mismo destino. Él comprendió que nadie podría salvarse a sí mismo y que cualquiera que lo intentara, aún muriendo por sus enemigos, estaba bajo la misma condena y su esfuerzo no habría sido más que un acto de heroísmo sin impacto eterno.

¡Qué bueno que hubo alguien, Alguien con mayúscula, de nombre Jesús que vino y realizó la obra que nadie podría haber hecho! Él, que estaba libre de la maldición del pecado, tomó tu pecado y el mío, lo clavó en Su cruz, nos perdonó y hoy vive para hacer al hombre libre.

Sí. Él no esperó que otro lo hiciera; Él no pensó que cualquiera lo haría; Él no bajó los brazos diciendo nadie puede hacerlo; Él dijo: **"He aquí vengo, en el rollo del libro está escrito de mí: El hacer tu voluntad, Dios mío, me ha agradado"**. Salmo 40:8

Y de buena voluntad, ALGUIEN hizo lo que NADIE podía, que TODOS conocieran a Dios y que CUALQUIERA que en Él cree, no se pierda más tenga vida eterna. ¿Serás tú uno de ellos?

**El que ve pasar de largo una oportunidad,
ve pasar de largo su vida**

28 de marzo
EL CABALLO DE TROYA

> "Examinadlo todo; retened lo bueno. Absteneos de toda especie de mal."
>
> **1ª Tesalonicenses 5:21-22**

Un subcomité del senado norteamericano, reveló unos datos sorprendentes: *"La delincuencia es el producto complejo de muchos factores sociales, psicológicos y económicos. Está claro que la televisión tiene un efecto en el público igual o mayor que cualquier otro medio masivo de comunicación y es un factor que da forma al carácter, las actitudes y las faltas de comportamiento en la juventud".* El comité descubrió que la violencia televisiva tiende a reforzar e incrementar las actitudes y deseos agresivos. Estos efectos no quedan atenuados después de presentar un final feliz en el programa televisivo donde siempre el bueno triunfa sobre el malo, pues las escenas de violencia y agresividad vistas durante el programa, quedan grabadas en la mente y producen, a la larga, efectos nocivos en el televidente. Los padres no podemos permanecer inmóviles ante esta realidad pensando que nuestros hijos están inmunes o son impermeables a los daños en la formación del carácter que pueden sufrir bajo el efecto de la televisión. Claro que también están los programas educativos que dejan un mensaje claro en pro de la moralidad, la paz y la exaltación de la raza humana, pero el filtro lo ponen los padres.

Todo este cosmos en el que vivimos, dice la Biblia, está gobernado, con el permiso de Dios, por Satanás, y su empecinada tarea consiste en degradar, por todos los medios posibles, esta raza corrompida por el pecado voluntario del hombre y la mujer. Sólo Dios, tu Creador, tiene el poder de regenerar tu ser, capacitarte para vivir una vida que le glorifique y librarte de estas influencias nocivas que degradan tu ser. Sólo debes acordarte de Él antes de que sea demasiado tarde. Recuerda que tu cabeza es receptora de toda clase de información. El Espíritu Santo de Dios te ayuda a observarlo todo y retener lo bueno, y aún más, te ayuda a escoger de entre lo bueno... lo mejor. ¿Cuentas con esa asistencia? ¡Encuéntrala hoy mismo en Dios!

La TV es el caballo de troya en los hogares modernos

29 de marzo

DEUDAS SALDADAS

En un pueblo escocés vivía un médico famoso por su piedad. Después de que hubo fallecido, se descubrió que en su libro de cuentas, muchos de los que tenían deudas estaban tachados y con tinta roja una frase escrita que decía: "demasiado pobre para pagar". Su viuda fue de otro parecer y presentó demanda contra estos deudores.

> "Perdonaré sus maldades, y nunca más me acordaré de sus pecados."
>
> **Hebreos 8:12**

Ya en la corte el juez le preguntó: "¿Es esta letra escrita en rojo, de su marido?" Ella admitió que sí lo era, con lo cual el juez declaró: "Ningún tribunal podría fallar a favor de su petición cuando su marido ha escrito: Perdonado, sobre estas cuentas." Lo mismo sucede con el perdón que Cristo ofrece, una vez concedido nunca más se puede sentenciar. El hombre perdona pero puede volver a aflorar su antiguo rencor y echar en cara una vez más la culpa. Un tribunal humano puede absolver al acusado pero sus leyes son tan cambiantes como el clima. Dios, en cambio, perdona sobre la base de Su misma fidelidad, sobre la base de Su misma Palabra: **"Los cielos y la tierra pasarán pero mis palabras no pasarán."**

Dios dijo: **"Consumado es"** y toda la obra de la redención quedó sellada sobre esa promesa. El ser humano que entrega el destino de su alma y confiesa sus pecados a Dios, cuenta con la garantía absoluta de que nada ni nadie, dice el apóstol Pablo, le podrá separar jamás de la relación de amor en Cristo. Un antiguo coro dice así: "Jamás, jamás, mis pecados contará. Perdonado por siempre y ante mi mente, nunca más los ha de mencionar. Jamás oiré de los días de mi maldad, Cristo me ha redimido y ha dado al olvido mi pecar."

Si vives perseguido por la culpabilidad de tus actos y no quieres confesar a Dios, porque dudas de Su perdón efectivo, recuerda que, con la tinta roja de la sangre de Su Hijo, Él escribió sobre la deuda de tu pecado: "Demasiado pobre para pagar, yo pagué por él." Vive feliz, disfrutando de Su perdón.

Perdonado por Cristo, nadie podrá reprochar tus faltas

> "El necio da rienda suelta a toda su ira, mas el sabio al fin la sosiega".
>
> **Proverbios 29:11**

Cierto día de campo con mis amigos de colegio, fuimos a cabalgar a la hacienda de uno de ellos. Monté su caballo y salí a galopar. No había montura ni estribos, sólo ganas de correr y un excelente caballo. A los pocos minutos, el animal comenzó a correr muy rápido y yo, un jinete inexperto, pronto me ví colgando cabeza abajo trabado con mis piernas. La camioneta de mi amigo aceleraba para socorrerme y sólo lograba que aquel caballo, asustado, corriera más rápido. Finalmente, me colgué del cuello y el animal se detuvo.

La cólera es como un corcel muy fuerte. Si te montas a ella y no sabes conducirla, es muy probable que tengas un final trágico llegando a lugares a los cuales nunca pensaste.

El Dr. Walter Cannon, uno de los primeros investigadores en la medicina psicosomática de la universidad de Harvard, describe los síntomas de la ira de una manera precisa: La respiración se hace profunda, la tensión arterial sube, la sangre se traslada de los intestinos y el estómago, al corazón y al sistema nervioso central y los músculos, el diafragma se contrae y se segrega adrenalina.

De acuerdo con los síntomas arriba descritos, podemos ver que los resultados de la ira pueden ser trágicos. Y en verdad lo son.

En los Estados Unidos se cometen cada año, más de dos millones de crímenes violentos, y la pérdida del control emocional se evidencia en medio millón de divorcios anuales, cien mil muertos en accidentes y un millón y medio de niños y adolescentes delincuentes llevados ante los tribunales.

Nuestra sociedad violenta necesita un cambio urgente, pero la Biblia presenta un llamado personal, a cada individuo, a cada ciudadano a permitir que el perdón, la paz y la conciencia limpia que otorga el evangelio de Jesús llenen Su ser y sea sobrenaturalmente transformado por Su Espíritu. Sólo así podrá vivir en paz, porque tendrá "La Paz". Recuerda, si pierdes los estribos, puedes perder la vida.

No te subas al caballo de la ira si no lo sabes controlar

31 de marzo

Respeto Al Sistema

La mesa examinadora estaba rodeando a aquel empresario latino. La propuesta de ensamblar los minicomponentes de fabricación japonesa en el mismo país de consumo: Argentina, era una brillante idea. Se estudió el proyecto y todos los funcionarios de aquella empresa japonesa estaban de acuerdo. Pero faltaba la palabra fi

> "Ya que Dios, en su sabio designio, dispuso que el mundo no lo conociera mediante la sabiduría humana, tuvo a bien salvar, mediante la locura de la predicación, a los que creen."
>
> **1ª Corintios 1:21**

nal del gerente. Llegó, tomó la carpeta, la leyó y estudió por algunos minutos y la cerró. Silencio en la sala. Al final, Mitsuo Saito dijo: "No se aprueba. Los equipos se seguirán ensamblando en el país de origen". Cada uno cerró su carpeta y se retiró quedando solo, frustrado y resentido el joven empresario argentino. De regreso al aeropuerto de Tokio le preguntó al que lo conducía en su auto y que era uno de los que estaba presente en la reunión: "¿Por qué nadie dijo nada, si todos estábamos de acuerdo que la idea era excelente? ¡Ni siquiera tú defendiste mi idea!". Su amigo japonés respondió: "Desde el momento que el señor Mitsuo dijo que no se acepta, su idea es mi idea". ¿Sabes cómo se llama eso, apreciado amigo? Se llama: Respeto al sistema, se llama sujeción, obediencia y conciencia de estructura empresarial. Creo que nuestras debilitadas democracias occidentales necesitan aprender mucho de estas lecciones orientales. Hemos hecho de las protestas una cultura, de las huelgas una costumbre y de los levantamientos políticos un arma de destrucción masiva que derroca gobiernos, destituye senados y condena a los países a un naufragio de anarquía crónica. ¿Por qué? ¿Por qué cuesta tanto al corazón humano la sujeción y la obediencia debidas? Prácticamente en todas las esferas a nivel mundial se da esta patología alarmante. Pero la peor catástrofe de la vida es pretender que mi idea sea mejor que la de Dios. Discutir con el Autor de la vida, denunciar que Su idea: El evangelio, es inapropiada y vivir empecinado en negarla. No dudes, Cristo es la expresión ideal de la divinidad, es la mejor idea de Dios y debe ser también la tuya. Porque **"el mensaje de la cruz es una idea loca para los que se pierden; pero para nosotros, que creemos, es poder de Dios."**

Cuando aceptes la gran idea de Dios, comenzarás una vida ideal

VESTIGIOS BÍBLICOS EN AMÉRICA PRECOLOMBINA

> "No harán ningún daño ni estrago en todo mi monte santo, porque rebosará la tierra con el conocimiento del SEÑOR como rebosa el mar con las aguas. En aquel día se alzará la raíz de Isaí como estandarte de los pueblos; hacia él correrán las naciones, y glorioso será el lugar donde repose."
>
> **Isaías 11:9-10**

A la llegada de los europeos, al finalizar el siglo XV, se calcula que había 13.000.000 de habitantes en América. Los españoles fueron sorprendidos por relatos históricos, tradiciones, manifestaciones y prácticas religiosas muy afines al cristianismo que ellos conocían. Los *cañaris*, por ejemplo, tribu situada al sur de Ecuador, referían que en tiempos muy remotos hubo un gran diluvio, con el cual todos los hombres y todas las mujeres perecieron a excepción de dos varones dentro de una cueva. Uno de ellos, decían, se casó con una guacamaya, ave con rostro de mujer, que les alimentó por un tiempo y de esa unión se pobló nuevamente la tierra. Los indios que vivían en el sector de Manabí, relataron a los conquistadores que en los antiguos tiempos vivían unos gigantes que cavaron pozos muy profundos para extraer agua. Los aztecas creían en la inmortalidad del alma y en la resurrección de los muertos. Una cruz era el símbolo religioso del dios de la lluvia, llamado Thaloc. En algunos lugares del incario se encontraron cruces con inscripciones. Hubo tribus que practicaban cierta forma de bautismo al ponerle nombre a sus hijos. Ayunaban en determinados días del año. El emperador Pachacutec dijo una vez a los sacerdotes del sol, que debía haber un ser más excelso que éste, a quien adoraban diariamente y le llamaron Viracocha, por los indios que llevan el mismo nombre. Los indios *abipones* del Paraguay, se hacían un corte en forma de cruz como rito sagrado. ¿De dónde, cómo y por medio de quién llegó este tipo de tradición oral a estas tierras desde lugares tan remotos como Palestina? No sabemos. Lo que sí sabemos es que la verdad más grande del mundo, la verdad del Evangelio, no es detenida por mares, fronteras, culturas o estructuras humanas, porque dijo Dios: **"Así será mi palabra que sale de mi boca, no volverá a mí vacía sin haber realizado lo que deseo, y logrado *el propósito* para el cual la envié."** Isaías 55:11. Dios está llenando y llenará aún toda la tierra, del conocimiento de la gloria de Jehová, así como las aguas cubren el mar. Te pregunto: ¿Ha llenado también tu corazón?

En cada nuevo horizonte que los hombres descubran, encontrarán siempre la misma huella divina que lo antecedió

2 de abril
DON QUIJOTE Y SUS MOLINOS DE VIENTO

Para muchos la historia es conocida. Eran dos aventureros de ficción: Don Quijote y Sancho Panza. Entre las penurias que compartieron está la célebre aventura de los molinos de viento. Unos 40 molinos estaban en el campo y Don Quijote se los imaginó como gigantes a los cuales debía derrotar y a pesar de las advertencias

> "Por último, fortalézcanse con el gran poder del Señor. Pónganse toda la armadura de Dios para que puedan hacer frente a las artimañas del diablo."
>
> **Efesios 6:10-11**

de Sancho, arremetió contra uno de ellos. Su lanza se rompió entre las aspas del molino; su armadura de hierro quedó trabada y aquel gallardo caballero voló por los aires como marioneta de metal, junto a su caballo Rocinante. Mientras su escudero Sancho Panza le brindaba primeros auxilios, este gracioso y medio loco caballero terminó por decir que, seguramente algún mago poderoso había hecho un conjuro y transformado a aquellos gigantes en molinos de viento al ver que serían derrotados tan magníficamente por el Quijote de la Mancha. ¡Cabeza dura este personaje! Pero no menos cabeza dura que aquellos que neciamente luchan contra gigantes ante los cuales son derrotados vez tras vez y en lugar de recapacitar, reconocer que no pueden vencerlos y buscar urgente asistencia, se sacuden el polvo, se involucran nuevamente en una loca arremetida, sólo para cosechar el mismo final de siempre: Derrota. Derrotados ante el materialismo, la moral, la familia o la paz, muchos han bajado sus brazos, se encuentran a un costado del camino con su guardia baja, sus rodillas paralizadas y sus manos caídas. Dice la Biblia en Ef.6:12: **"Porque nuestra lucha no es contra seres humanos, sino contra poderes, contra autoridades, contra potestades que dominan este mundo de tinieblas, contra fuerzas espirituales malignas en las regiones celestiales. Por lo tanto, pónganse toda la armadura de Dios, para que cuando llegue el día malo puedan resistir hasta el fin con firmeza." ¿Tienes puesta la armadura de Dios o la de don Quijote?** Sólo con la verdadera armadura obtendrás una verdadera defensa. Jesús peleó por ti en la cruz contra el mayor de los gigantes y sus secuaces: el diablo, el pecado y su aguijón, la muerte, y los derrotó a los tres y hoy quiere hacer tuya Su victoria. (Escoge bien.)

Sólo con la verdadera armadura obtendrás una verdadera defensa

LA CRUZ Y SU CRUELDAD

> "la sangre de Cristo, que por medio del Espíritu eterno se ofreció sin mancha a Dios, purificará nuestra conciencia de las obras que conducen a la muerte, a fin de que sirvamos al Dios viviente".
>
> **Hebreos 9:14**

Cuando Bob Ziemer y su esposa Marie llegaron a Vietnam como misioneros evangélicos, quedaron impresionados por lo que vieron una noche. Era una ceremonia sagrada para aplacar la ira de los espíritus. Un bovino era conducido a una explanada y atado a un poste. Allí, comenzaba su martirio. Primero cortaban uno por uno sus tendones obligando al animal a moverse apoyado en sus mutiladas piernas. Pero esto recién comenzaba. Luego, cada hombre de la tribu clavaba su lanza en el cuerpo del animal hasta que éste se derrumbaba. Con el animal ya en el suelo, agonizando aún, introducían una caña de bambú por una de las heridas de su vientre y la empujaban hasta su corazón clavándola en él. En el otro extremo de la caña, unos cuencos de arcilla recogían la sangre directamente del corazón y con ella salpicaban a sus enfermos, supuestamente acosados por algún mal espíritu, sus casas, los animales, la cosecha, y los niños. Este ritual primitivo e ineficaz lo repetían vez tras vez.

La Biblia nos habla de otro ritual análogo y quizás más doloroso que aquel. Fue un ritual sagrado, un pacto entre Dios y Su Hijo Jesús; pero esta vez, ofrenda voluntaria teñida también con sangre. Aquel día, en el monte Calvario, a las afueras de Jerusalén, el Hijo de Dios se entregaba voluntariamente para ser sacrificado. Su sangre presentada ante la demanda de justicia de un Padre amoroso, pero ofendido por Sus criaturas, efectuó la obra definitiva, eterna y perfecta, sobre cuya base hoy todo ser humano sí puede conseguir la paz. Sólo basta con creer en esta ofrenda voluntaria y recibir con corazón humilde y sincero sus beneficios. Dice la Biblia que: **"la sangre de Cristo, que por medio del Espíritu eterno se ofreció sin mancha a Dios, purificará nuestra conciencia de las obras que conducen a la muerte, a fin de que sirvamos al Dios viviente".** Hebreos 9:14. Búscale a Él, es el único que pagó el precio de tu paz con Su sangre.

**La muerte de Cristo fue tan cruel
Como grande fue Su amor por ti**

4 de abril

VERDAD A MEDIAS

Una exageración o una declaración insuficiente, pueden llevar a conclusiones completamente falsas. Una media verdad, poniendo aparte los hechos esenciales, puede tener consecuencias más desastrosas que una completa mentira.

El primer oficial de un barco se emborrachó un día. El capitán escribió en el

> "Mantenme alejado de caminos torcidos; concédeme las bondades de tu ley. He optado por el camino de la fidelidad, he escogido tus juicios."
>
> **Salmo 119:29-30**

registro de conducta de la tripulación: "Primer oficial borracho hoy." El oficial rogó al capitán: "Esta ha sido mi primera infracción, nunca antes me había emborrachado. Esta denuncia es injusta y me costará el puesto." Pero el capitán se mostró inflexible y no quiso cambiar la nota.

Unos días más tarde, el registro de conducta estaba a cargo de aquel primer oficial, y para vengarse del capitán inflexible, el oficial anotó ese día: "El capitán, no está borracho hoy." Inmediatamente el capitán montó en cólera y le increpó al oficial el porqué había escrito semejante cosa. El joven respondió: "Bueno, no he escrito ninguna mentira, sólo anoté que usted no estuvo borracho hoy y eso es totalmente cierto". "Sí", replicó el capitán, "Pero da la idea de que yo vivo borracho y que sólo hoy no estuve bebiendo"... El dueño del barco leyó aquel reporte y dejó cesante de sus funciones al capitán que pagó caro su inclemencia.

Aunque una declaración no tenga error o falsedad, si no da una representación precisa y adecuada de lo sucedido, es de hecho una mentira.

Con cuánta frecuencia acomodamos las versiones, cambiamos las palabras, malinterpretamos las acusaciones y herimos casi a diario. Nuestra sociedad está repleta de este tipo de artimañas. Se han construido castillos sobre completas mentiras o verdades a medias. La única manera de ser leales en nuestras palabras, genuinos en nuestras apreciaciones y sinceros en intenciones y conducta, es conociendo "La Verdad". Jesucristo, el Hijo de Dios, es la Verdad. Conocerle a Él te hará libre del engaño propio y a otros, porque el mismo Jesús dijo: **"Y conoceréis la verdad y la verdad os hará libres."**

Una media verdad, poniendo aparte los hechos esenciales, puede tener consecuencias más desastrosas que una completa mentira

> "Mas tenga la paciencia su obra completa, para que seáis perfectos y cabales, sin que os falte cosa alguna."
>
> **Santiago 1:4**

Las abejas y sus colmenas no dejan de sorprendernos con sus lecciones. Estos diminutos insectos viven en enjambres de miles de abejas obreras que trabajan arduamente para mantener aquel lugar limpio, fresco y, especialmente para alimentar con suficiente miel a las abejas que, en su estado larvario, se desarrollan dentro de las celdas hasta el día en que eclosionan.

Estas larvas de obreras se crían en diminutas celdas hexagonales repletas de cera y tapadas en su parte posterior por lo que se llama opérculo. Una tapita de cera más dura. Cuando la provisión de miel en el interior de la celda se acaba, aquella larva ya adulta transformada en abeja, comprende que es hora de salir al mundo exterior para sumarse a la vida de la colmena.

Un apicultor poco experimentado, observó que aquellas abejas jóvenes, en el momento de salir de su celda realizaban un esfuerzo extremo para pasar su cuerpo por el pequeño opérculo ya destapado por la presión. Intentó aliviarles el trabajo abriéndoles él mismo la celda para que salieran libremente. Notó, entonces, que las abejas que salían a la vida sin realizar esfuerzo mayor, eran inútiles. No podían volar, sus compañeras la picaban hasta que morían, para no tener que atender un inválido en la colmena. La razón era que esos insectos tienen una fina membrana que une sus dos alas antes de nacer. En la lucha por salir, esa membrana se rompe dejando las alas listas para el vuelo inicial. De lo contrario, no pueden elevarse más que unos pocos centímetros del suelo.

Cuántas veces te has quejado de obstáculos en tu camino, de situaciones de lucha y esfuerzo casi sobrehumano. Te has quejado, has levantado tu puño al cielo en protesta ignorando que Dios permite que pasemos por esas situaciones para que nuestro próximo vuelo sea más alto.

Aquellos que evitan las pruebas nunca madurarán y su incapacidad se hará manifiesta a cada paso. Si quieres conquistar las cumbres, primero debes caminar los valles.

Aquellos que han aprendido a no rehuir al sacrificio en pro de su desarrollo, son los que llegarán más alto en la vida

> "Que Dios estaba en Cristo reconciliando consigo al mundo, no tomándoles en cuenta a los hombres sus pecados, y nos encargó a nosotros la palabra de la reconciliación."
>
> **2ª Corintios 5:19**

Cuenta la historia, que en un hogar feliz, uno de los hijos decidió irse lejos y vivir su propia vida, abandonando injustamente su lugar e hiriendo el corazón de su padre quien le amaba. Allá vivió por algunos años hasta que el inesperado fracaso llegó. La enfermedad no deseada, las decisiones tomadas sin consejo, el orgullo, la vergüenza, la soledad... Escribió una carta, nada extensa pero clara y se la envió a su padre. La carta decía así: "Papá, estoy arrepentido y quiero volver a casa. El domingo tomaré el tren de la tarde que pasa por detrás de la casa. Desde la estación puedo ver el gran árbol de nueces que plantaste en el jardín. Si me aceptas sólo cuelga un pañuelo blanco en el árbol. Al verlo desde el tren, sabré que me has perdonado y que puedo volver a casa. De lo contrario, simplemente seguiré de largo sin bajar. Tu hijo."

El domingo llegó. Aquel muchacho dudó en tomar el tren. Tanta vergüenza, tantas dudas... pero subió. El corazón le latía cada vez más fuerte mientras se acercaba; aún no había llegado al andén cuando a lo lejos buscó aquel árbol. Su sorpresa fue grande cuando advirtió que no había un pañuelo colgado de aquel nogal, sino miles. ¡Sí! Todo el gran árbol estaba cubierto de pañuelos blancos como para que no le quedara duda alguna de que ya había sido perdonado. Con el rostro bañado en lágrimas, no pudo esperar a que el tren se detuviera y bajó apresuradamente las escaleras; corrió por el andén hasta encontrarse con su padre y se fundió en un abrazo de reconciliación.

¿Sabes? La gran noticia del Evangelio de Jesús es que Dios ya nos ha reconciliado en la Persona de Cristo y Su obra en la Cruz. Lo que le corresponde ahora al hombre es aceptar esa reconciliación. Dios te está esperando, bájate del tren en el que viajas por la vida y corre a Su encuentro. No te arrepentirás.

Siempre puedes regresar a Dios, Él te está esperando

PIDE LO QUE QUIERAS

> "Pedid todo lo que queréis y os será hecho. En esto es glorificado mi Padre, en que llevéis mucho fruto."
>
> **Juan 15:7-8**

Entre los clásicos infantiles destaca uno que cautivó a millones de niños con fantasías de grandeza y prosperidad, con tan solo frotar una lámpara. ¡Acertaste! Muy bien, es: "La lámpara de Aladino."

Y... ¿Si ese cuento se hiciera realidad? ¿Quién no lo pensó? ¿Quién no lo deseó alguna vez alguien que se le presente y le diga: "Pide lo que quieras y yo te lo daré"?

Veamos al menos cuatro personas que tuvieron esta oportunidad en sus vidas y qué fue lo que pidieron.

El primero lo encontramos en 1° Reyes capítulo 3. Fue Salomón, hijo del gran rey David de Israel. Dios le dijo: "Pide lo que quieras y yo te lo daré". ¿Qué pidió? Sabiduría para gobernar.

El segundo está en 2° Reyes 2: 9, es el caso de Eliseo, discípulo de Elías, tuvo la misma oportunidad. ¿Qué pidió? Una doble porción de la capacidad espiritual que tuvo su maestro.

El tercero lo encuentras en Marcos 6:22, es el caso de una muchacha bailarina haciendo esa petición a su tío Herodes quien le había dicho: "Pide lo que quieras, hasta la mitad de mi reino te daré". Y la cabeza de Juan el Bautista, en una bandeja de plata, fue el menú de la venganza.

El cuarto fue Jesús. Él dijo en Juan 15:7-8 **"Pedid todo lo que queréis y os será hecho. En esto es glorificado mi Padre, en que llevéis mucho fruto."** ¿Sabes? Cuando tus peticiones están de acuerdo con el deseo del corazón de Dios, de que Sus criaturas fructifiquen gloria para Él, todas las peticiones se cumplen. Pero cuando pedimos, como dice Santiago 4:3 para gastar en nuestros deleites, la promesa no se cumple.

No hay hechizos, ni genios, ni alfombras voladoras; sólo hay un Dios que quiere responderte cuando le honras con el primer lugar en tu vida: **"Deléitate asimismo en Jehová y Él te concederá las peticiones de tu corazón"**, o dicho en otras palabras: cuando Él es mi deleite, mis peticiones son Su deleite.

Cuando Dios es mi deleite, mis peticiones son Su deleite

8 de abril
Bajo El Peso De La Ley

Muchas personas creen que una vida justa y acorde con el cumplimiento de las leyes morales y civiles, es más que suficiente para alcanzar la aprobación divina. *"Yo soy una buena persona"*, argumentan y, de esa manera, acallan sus conciencias e intentan forzar lo que dice Dios al respecto.

> *"Porque el fin de la ley es Cristo, para justicia a todo aquel que cree."*
>
> **Romanos 10:4**

Permíteme expresar lo que la Biblia, la Palabra de Dios, dice claramente sobre el propósito de la ley como ente regulador de la conducta humana. Lo encontramos en la carta del apóstol San Pablo a los Gálatas. Allí, el capítulo tres en adelante, expone, de manera clara, la ineficacia de reglamentos para lograr cambios de conducta en el ser humano. Lo único que logra la ley en sí misma es denunciar o evidenciar la falta, ya que donde no hay ley, no se puede acusar de infracción, ¿verdad? De alguna manera, la ley es como el médico que te diagnostica pero no te cura. Como un espejo, que te muestra cuán sucio estás pero no te limpia. Sirve para mostrarte la falta. Es como una nodriza, te toma de la mano y te conduce a Aquel que puede sanarte y limpiarte. Es por eso que en esta epístola, capítulo tres, versículo once, leemos: "Y que por la ley ninguno se justifica para con Dios, es evidente, porque: El justo por la fe vivirá." Como ves, la ley es un ministerio de muerte y el que confía en la ley está condenado si no acude a Cristo.

Tú me dirás: "¡Pero Dios puso las leyes en nuestros corazones, en nuestro sistema solar, leyes morales y físicas!... Por supuesto, pero nunca fue el deseo de Dios que Sus criaturas, debilitadas por la presencia del pecado, vivieran vidas justas sólo por el cumplimiento de esas leyes, porque Él sabe que eso es casi imposible. Más bien, Dios quiere que, arrepentidos por nuestros pecados, que son ni más ni menos que infracciones a sus leyes, acudamos a la Cruz de Su Hijo Cristo en busca de perdón.

¿Puedes comprenderlo? Recurre a Cristo. Sólo Su sangre derramada en tu favor, te limpia de TODO PECADO.

**"La ley es como un médico,
que te diagnóstica, pero no te cura"**

EL CAMINANTE EN EL DESIERTO

> "Es, pues, la fe la certeza de lo que se espera, la convicción de lo que no se ve."
>
> **Hebreos 11:1**

El calor del desierto era abrasador. Ya hacía 3 días que avanzaba exhausto por esas arenas y sus reservas de agua se agotaban. Los minutos se hacían horas y las horas días. Cuando de repente, la silueta de una vieja vivienda en medio de aquel desierto trajo un haz de esperanza. Acosado aún por la ansiedad llegó hasta la entrada de la casa. No había absolutamente nadie. Rodeó la casa y lo que vio hizo que su corazón diese un salto. Allí, frente a él, había una antigua bomba de agua instalada en un aparente pozo. Cuando se acercó un poco más encontró una botella llena de agua al lado de la bomba. Sin dudarlo, la tomó, la abrió y se disponía a beber, cuando observó una vieja nota pegada en el envase. Decía algo así: "Amigo: debes vaciar el contenido de esta botella dentro del cilindro de la bomba para que ésta funcione con la presión necesaria. Sólo entonces podrás extraer agua del pozo hasta saciarte, y no olvides, antes de retirarte, vuelve a llenar la botella. La duda se apoderó del caminante: "Tal vez sea cierto"... "Pero... ¿Y si gasto el agua de la botella y la bomba no funciona?"... Dio un paso de fe, cerró los ojos y vació el agua dentro de la bomba. Inmediatamente, se aferró de la palanca y comenzó a bombear, bombear y bombear hasta que un débil chorro de agua sucia salió por la llave, y luego más, y más y más limpia... ¿El final? Bueno, tú ya lo puedes imaginar. Muchas personas, vagan por el desierto de este mundo, sedientos de paz, amor y seguridad. Vanamente intentan satisfacer su sed con momentos de placer pasajero, pero la sed continúa. Cristo y su pozo de agua de vida eterna están allí, frente a ti, y necesitas sólo un paso de fe para quedar satisfecho. Es un intercambio donde tú quedas vacío, como aquella botella y entonces eres bendecido con ríos de agua de vida eterna. Miles lo han hecho y hoy dan testimonio de que sí funciona. Cree y verás. (Cuando el caminante se retiraba satisfecho, tomó aquella nota y agregó: "No dudes, vacía toda la botella que sí funciona". Y la firmó).

Fe, es vaciarte a ti mismo para dejarte llenar por Dios

> "En esta nueva naturaleza no hay griego ni judío, circunciso ni incircunciso, culto ni inculto, esclavo ni libre, sino que Cristo es todo y está en todos".
>
> **Colosense 3:12**

En sus lecciones de historia, Hill y Aristi Durant, declaran: "Mientras siga habiendo pobreza, seguirán habiendo dioses". De aquí inferimos que en los pueblos donde faltan bienes materiales, los humanos tratan de consolarse buscando satisfacción espiritual. Pero también lo opuesto es verdad. En los países escandinavos de perfil pseudo socialista, el estado se hace cargo de sus ciudadanos desde la cuna hasta la muerte. No tienen ningún tipo de apremio económico porque tienen todas sus necesidades cubiertas. En este caso se presenta otra patología: Aquí, las riquezas materiales llevan a la pobreza espiritual. Es por eso que la asistencia a las iglesias ha bajado de manera alarmante en esos lugares. Esta condición en que la riqueza y la abundancia implican una falta de inquietudes espirituales, explica el sociólogo Peter Berger, puede ser la causa del punto de vista ateo de los jóvenes ricos americanos. En la conferencia, "La sociedad incrédula", el mismo profesional explica que: "los jóvenes con medios abundantes, que no han conocido la necesidad, no buscan el consuelo de una religión de tipo convencional, ni mucho menos la de tipo espiritual, todavía menos atractiva para la carne".

Como vemos, ni lo uno ni lo otro es garantía de realización espiritual. Ni la pobreza te acerca a Dios, ni la riqueza te hace agradecerle. No está allí la clave, en lo material, sino en ver la realidad de tu necesidad espiritual; necesidad que tienen, tanto ricos como pobres; tanto sabios como ignorantes, tanto esclavos como libres. Dice la Biblia en **Colosenses 3:12: "En esta nueva naturaleza no hay griego ni judío, circunciso ni incircunciso, culto ni inculto, esclavo ni libre, sino que Cristo es todo y está en todos."** Esa es la clave, mi amigo, comprender que Cristo es todo, que no existe bien para ti que se encuentre fuera de Él; que en Él hay verdadera satisfacción sin importar quién eres o cuánto tengas. Sólo debes tener una cosa: Un corazón humillado que le busque, le confiese en arrepentimiento y se disponga a experimentar una vida nueva.

No es más rico el que más tiene sino el que menos necesita. ¡Encuentra tu satisfacción en Jesús! (San Agustín)

DEJA QUE DIOS CONDUZCA TU VIDA

> "Él es la imagen del Dios invisible, el primogénito de toda creación, porque por medio de Él fueron creadas todas las cosas en el cielo y en la tierra, visibles e invisibles, sean tronos, poderes, principados o autoridades: Todo ha sido creado por medio de Él y para Él.
>
> **Colosenses 1:15-16**

Las diversas, y a veces indeseables o incomprensibles, circunstancias que la vida nos propone, muchas veces forman en nuestro carácter una actitud quejumbrosa. Así, las personas se comparan con otras que aparentemente viven sin problemas. Le reclaman a la vida que no son como desearían ser o que no tienen lo que otros tienen y este sentimiento de inferioridad les persigue, les alcanza vez tras vez y les aplasta. Dios no te hizo para que soportes tu vida sino para que la disfrutes. Él no quiere que cargues con el peso de tu existencia sino más bien que te dejes llevar tiernamente por tu Creador y que simplemente te dispongas a disfrutar del viaje. La mayor decisión de la vida es aquel momento en el cual, el ser humano, cansado de viajar sin rumbo, se topa con el Dios de amor, le invita a subir a su vehículo, pero no para llevarle a pasear sino que le entrega las llaves y le permite que Él conduzca, disponiéndose simplemente a disfrutar del paseo. Debes saber que, en el momento en que tú naciste, Dios estaba allí como un testigo oculto, sonriendo porque llegaste al mundo. Él lo planeó así. En realidad, cada niño que nace es la expresión del deseo de Dios de que este mundo debe continuar. Dios, en un sentido no necesitaba crearte pero lo hizo para Su deleite y el tuyo. Existes por Dios y para Dios. Eso es lo que dice el apóstol Pablo en su carta a los Colosenses 1:16: **"porque en Él fueron creadas todas las cosas... todo ha sido creado por medio de Él y para Él"**, y también podemos parafrasear Apocalipsis 4:11: **"Porque tú creaste todas las cosas, y por tu voluntad existen y fueron creadas."** Es por eso, mi apreciado amigo, que el primer propósito de tu vida debería ser agradar a Dios y vivir para complacerlo. Claro que es un asunto de fe. Fe en que Él puede conducir tu vida mejor que tú. Cuando comprendas este secreto, dejarás de existir quejumbrosamente y comenzarás a vivir. ¡Y vivir a lo grande! Porque Jesús dijo: **"Yo he venido para que tengan vida pero una vida abundante"**.

Dios no te hizo para que soportes tu vida sino para que la disfrutes

12 de abril

PRÉSTAMO

Cierto día, un grupo de jóvenes marchaba al compás de una canción, rumbo al bosque. ¿La consigna? cortar madera, tallar cada uno una viga y regresar a su campamento base para hacerle ampliaciones. Llegados al lugar, cada uno escogió su árbol, se subió rápidamente y, hacha en mano, comenzaron la tarea. Desde lejos se podían oír las risas de estos muchachos mezcladas con el sonido seco del golpe del hacha. Uno de ellos, repentinamente abandonó su trabajo y se sentó triste y silencioso al pie de aquel árbol. "¿Qué es lo que sucede?", le preguntó Eliseo, su líder. "¡Hay señor mío! Se me cayó el hacha en lo profundo del río, y se hundió en el lodo y lo peor es que no era mía, era prestada", respondió aquel frustrado muchacho. ¿Quieres saber el final de esta historia? Puedes encontrarlo en el capítulo 6 del 2° libro de Reyes. Muchos hoy en día utilizan y hasta juegan con cosas ajenas, hasta que llega el momento de la pérdida y sólo les queda frustración y desánimo. ¿Te has puesto a pensar cuántas cosas administras que no son tuyas en realidad? La vida, es un préstamo. Al fin y al cabo, tú no decidiste vivir. Otros decidieron por ti y no tuviste elección alguna ni sobre tu nombre, ubicación social, fecha de nacimiento o rasgos genéticos. Tu tiempo. ¿Puedes acaso detenerlo, atrasarlo o adelantarlo? No. Pasa ante ti indiferente y si lo aprovechaste, bien, y si no, ya se fue. No te esperó. Es que no es tuyo. Los hijos también son prestados, le pertenecen a Dios y a la vida y un día, como saetas, serán lanzados fuera de tu aljaba y ya no estarán más. ¿Lo ves? Reconsidera y sé consciente que de cada cosa que tienes, Dios te pedirá cuentas en la eternidad sobre cómo hayas administrado. Y si algo ya se hundió y se perdió en un pasado de malas decisiones, acude a Dios, sólo Él puede hacer el milagro que hizo con el muchacho de la historia y que tú necesitas.

Tu vida es prestada, ¡sé prudente!

ABRAHAM LINCOLN

> "Por eso mantenemos siempre la confianza, aunque sabemos que mientras vivamos en este cuerpo estaremos alejados del Señor. Vivimos por fe, no por vista.
>
> **2ª Corintios 5:6-10**

"Hago lo mejor que sé, lo mejor que puedo y seguiré haciéndolo". La vida de Abraham Lincoln es un buen ejemplo para representar las palabras arriba citadas. Veamos: 1831, fracasa en su negocio. 1832, es derrotado como candidato a senador. 1833, fracasa en otro negocio. 1834, elegido diputado. 1835, su novia muere y él elige a una esposa que es una pesadilla toda su vida. 1836, tiene una crisis nerviosa prolongada. 1838, derrotado como portavoz del congreso. 1840, derrotado como diputado. 1843, derrotado como senador. 1846, elegido al congreso. 1848, derrotado como candidato al congreso. 1855, derrotado como candidato al senado. 1856, derrotado como candidato a vicepresidente. 1858, derrotado como candidato al senado. 1860, elegido presidente, liberta a los esclavos del sur y se convierte en símbolo nacional de la justicia y la libertad democrática en USA y en el mundo. Este gran hombre fue asesinado por el extremista sudista Juan Wuilkes Booth, el 14 de abril de 1865, pero su vida nos deja un desafío de perseverancia y fe: continuar aunque todo parezca en contra, aunque para los demás seas un derrotado, un fracasado. Nunca olvides que aquellos que luchan por una causa digna y encomiendan sus acciones e intenciones a Dios, siempre serán recompensados, en esta vida o en la venidera. Dice 2ª Corintios 5:6-10: **"Por eso mantenemos siempre la confianza, aunque sabemos que mientras vivamos en este cuerpo estaremos alejados del Señor. Vivimos por fe, no por vista. Así que nos mantenemos confiados, y preferiríamos ausentarnos de este cuerpo y vivir junto al Señor. Por eso nos empeñamos en agradarle, ya sea que vivamos en nuestro cuerpo o que lo hayamos dejado. Porque es necesario que todos comparezcamos ante el tribunal de Cristo, para que cada uno reciba lo que le corresponda, según lo bueno o malo que haya hecho mientras vivió en el cuerpo."** El hecho de que hayas fracasado no significa que tú seas un fracaso. Al fin de cuentas, "experiencia es el nombre que le damos a nuestras sucesivas derrotas", decía Oscar Wilde. Persiste, sé valiente. Confía en Dios.

Haz lo mejor que sepas, lo mejor que puedas, siempre

14 de abril
Os Es Necesario Nacer De Nuevo

Un sabio intelectual pero ignorante espiritual se encuentra de pie frente al gran Maestro de la vida. Su nombre, Nicodemo y su conversación con Jesús está narrada en el capítulo tres del evangelio de San Juan. Este hombre debía entender que, así como el nacimiento es la puerta por la cual entramos a la vida, de la misma manera,

> "No te sorprendas de que te haya dicho: "Tienes que nacer de nuevo." El viento sopla por donde quiere, y lo oyes silbar, aunque ignoras de dónde viene y a dónde va. Lo mismo pasa con todo el que nace del Espíritu."
>
> **Juan 3:7-8**

la única puerta por la cual entramos a esta nueva experiencia de vida: el cristianismo, es por un nuevo nacimiento o nuevo comienzo espiritual generado por la influencia renovadora del Espíritu Santo. Claro que esto sonaba muy extraño a la mente de este fariseo pues estaba saturado del concepto erróneo de que debía cumplir con cierto estilo de vida intachable, según las leyes divinas, para ser aceptado por Dios. De ahí que sus preguntas revelaban su curiosidad pero a la vez su ignorancia. Pero Jesús le atendió, le escuchó, le entendió. Lo que le pasaba a Nicodemo es lo que le pasa a muchos en la actualidad. Les cuesta creer aquello que es imposible de probar ¿verdad? Bien, pues... mira el viento, explícame cómo se origina, dónde comienza y dónde termina; adivina qué rumbo tomará mañana o el mes entrante, no puedes ¿cierto? Pero...sí crees que el viento existe ¿no es así? Bueno, algo parecido sucede con Dios y Su Espíritu, nos dice Jesús en el versículo ocho. No logras explicar todo acerca de Él, pero así como sentiste el aire fresco en tus mejillas esta mañana y sabes que el viento existe porque lo sientes y sientes su influencia a tu alrededor, de la misma manera puedo saber que Dios existe porque lo siento en mi ser, porque transformó mi vida y la de muchas otras personas a mi alrededor. Si deseas, puedes seguir escondido en las sombras de tu forma de creer en Dios, preguntando y cuestionando, tratando de entender todo para luego quizás creer; o aceptar Su nueva propuesta de vida. No dudes más. Hubo alguien que vino del cielo para decirnos que Dios nos ama y nos quiere dar la verdadera vida. ¡Su vida!

**Los que hemos nacido de arriba,
miramos las cosas de arriba y allí vamos**

> "Aunque ande en valle de sombra de muerte, no temeré mal alguno, porque tú estarás conmigo."
>
> **Salmo 23:4**

Nuestro mundo está repleto de víctimas. Hay víctimas de la radiación nuclear, víctimas de abuso sexual, víctimas de atentados terroristas y víctimas del aborto. Pero de entre todos estos seres desdichados, tal vez los que sobreviven, víctimas de la soledad, son los que más sufren. Los ignorados e ignoradas. Los solos y solas.

Aquellos de los que nadie nota su ausencia y tampoco su presencia. Los que se han cansado de apostar por la amistad. Los defraudados y traicionados. Los que viven marginados de la sociedad aún siendo ciudadanos "aparentemente" normales. Aquellos que pasan gran parte del día rodeados de gente pero solos.

Cuando llega el ocaso del día, cuando las luces se apagan, escuchas ese silencio frío que penetra tu ser para recordarte que una noche más te dormirás sin pensar en nadie y todo el mundo se dormirá sin pensar en ti. Te abraza la noche, te acaricia una lágrima, y te quedas mirando el teléfono mudo que nunca suena. ¿Dónde está Dios? ¿Tampoco a Él le importas?

Jesús te comprende porque Él sintió lo que tú hoy sientes: El desamparo y la soledad. Míralo, colgado de Su cruz dirigiendo Su rostro al cielo y preguntándole a Su Dios: "Dios mío, Dios mío: ¿Por qué me has desamparado?"... Silencio... Oscuridad... Las lágrimas le abrían un surco limpio al ensangrentado rostro. Ni siquiera había fuerzas para secárselas, y si las hubiera, no habría podido porque sus manos estaban inmovilizadas por dos clavos a la cruz. Pero aún allí, aquel Jesús declaró a gritos y lo repitió dos veces que ese Dios seguía siendo su Dios. Y así, entregado a la muchas veces incomprensible pero siempre perfecta voluntad de Dios, enfrentó la muerte y salió triunfante. Querido amigo, amiga si no has aprendido el secreto de sentirte amparado por Dios aún cuando nadie te abraza, es porque nunca has conocido personalmente a Aquel que se compadece de tus debilidades porque ya las pasó primero. Sólo entonces aprenderás a sentirte custodiado por Dios, aún sin verle.

**Cristo se sintió solo hace 2000 años,
para que tú hoy te sientas acompañado**

16 de abril
La Horca Del Hijo

Aquel muchacho vivía plácidamente en la lujosa hacienda de su padre. No le faltaba nada. Dinero, prestigio, diversión y por supuesto amigos, muchos amigos. Su padre le advertía a diario del peligro de malgastar el tiempo y los bienes y sobre los amigos que le rodeaban por conveniencia, pero el joven no atendía los consejos. Apesadumbrado, aquel padre, cansado de no ser oído, se encaminó hacia el granero y construyó una horca. Al terminarla, llamó a su joven hijo y le dijo: "Hijo, tu sabes cuáles han sido hasta este día mis palabras. Yo ya estoy viejo y a punto de morir. Sé que después de mi partida, encargarás la administración de esta hacienda a los empleados y tú te dedicarás a divertirte con tus amigos malgastando y vendiendo todo hasta quedarte en la ruina. Sé que entonces tus amigos y tu prestigio te abandonarán y desearás acabar con tu vida. Cuando llegues a ese punto, cuando sientas que ya no tienes más oportunidades en la vida, prométeme usar esta horca que construí con mis propias manos. No uses otro método"... Aquel joven se rió pensando que era una broma, pero las palabras de aquel padre se cumplieron. El padre murió, el dinero se acabó y con ello se acabaron sus amigos. Desahuciado y deprimido, aquel muchacho, ya más viejo y en bancarrota, recordó el pedido de su padre y con la intención de obedecerlo aunque sea esta última vez, caminó hacia el granero con la mirada perdida en el suelo. Subió a la horca, se amarró fuertemente al cabo y saltó. Sintió cómo su cuello era apretado hasta impedirle respirar. "Ya todo terminó", pensó, cuando de repente, el soporte que sujetaba aquella horca, se desprendió del travesaño, y del interior de aquel hueco cayeron una cantidad de monedas de oro, joyas, mucho dinero y una nota de su padre que decía: "Esta es tu segunda oportunidad, no la desaproveches". ¿Sabes? cuando piensas que ya todo está perdido dirige tu mirada a Dios. Él te sorprenderá con una segunda oportunidad y vuelve a empezar. Sólo debes arrepentirte y buscarle. Siempre le hallarás, te lo aseguro.

Si existe una frase que resuma la experiencia de la vida es esta: "volver a empezar"

LAS OBRAS DE LA FE

> Pero si le entregas tu corazón y hacia Él extiendes las manos... Ciertamente olvidarás tus pesares, o los recordarás como el agua que pasó. Tu vida será más radiante que el sol de mediodía, y la oscuridad será como el amanecer. Vivirás tranquilo, porque hay esperanza; estarás protegido y dormirás confiado. **Job 11:13-18**

"El Señor ha entregado todo el país en nuestras manos". Estas palabras fueron dichas por un par de jóvenes valientes que tuvieron el encargo de inspeccionar secretamente un territorio desconocido, para conquistarlo. Sus nombres, no los sabemos. Josué, el entonces líder de pueblo hebreo, era quien los había enviado con esta misión. Es interesante recordar que 40 años atrás, también el mismo Josué había realizado una misión similar, pero no con 2 sino con 12 hombres. De esos doce, solamente él y su amigo Caleb habían tenido fe en Dios y dieron un informe optimista; los otros 10 se desanimaron y contagiaron su desánimo al pueblo de Israel que, desmoralizado, regresó al desierto. Ahora era su segunda oportunidad para entrar a la tierra prometida; todavía conservaba su optimismo a pesar de sus 80 años de edad y logró contagiar ese ánimo a aquellos dos jóvenes.

Es evidente que resultó, porque las palabras arriba mencionadas están cargadas de fe. Es interesante ver que el país al que hacen referencia estaba todavía en posesión de sus originales habitantes. Todavía no habían tenido batallas ni victorias, no había enfrentamientos, pero ellos ya daban por segura la victoria a tal punto que hablaban en tiempo pasado como si ya hubiese ocurrido. ¡Y de verdad que ocurrió! Todo el libro de Josué es una crónica de estas victorias. Es que **"la fe es la certeza de lo que se espera, la convicción de lo que no se ve"**, dice Hebreos 11:1. No te imaginas qué saludable es enfrentar esos horizontes de incertidumbre y desafío extremo con la certeza de que Dios estará a tu lado y te ayudará a atravesarlos en victoria. Dijo el apóstol Pablo que Dios nos lleva siempre de triunfo en triunfo. Así como se contagia el desánimo también se contagia el ánimo y estos dos jóvenes fueron entusiasmados por Josué y a su vez animaron al pueblo que se animó entre ellos. El final de la historia es que entraron y tomaron aquello que Dios ya les había prometido. ¿Sabes? Hay promesas de Dios hechas para ti listas para ser tomadas, nuevos horizontes listos para ser conquistados, el triunfo es tuyo. ¿Avanzarás por la fe?

El que puede ver lo invisible, puede hacer lo imposible

18 de abril
LA PENDIENTE DE LAS PIRÁMIDES

Está registrado el gran inconveniente que debieron enfrentar los egipcios para encontrar la pendiente ideal que sostuviera los 4 lados de sus pirámides para conformar una estructura estable. Hasta llegar a la colosal pirámide de Keops, los arquitectos egipcios construyeron varias pirámides que denotan cambios de planes y diferentes criterios empleados. Por ejemplo el rey Esnofru, necesitó hacer 3 pirámides para llegar a su pirámide definitiva. La 1ª, levantada en Meidum, tiene una elevada pendiente de 51 grados que provocó un posterior hundimiento parcial. La 2ª en Dashur, de 54 grados, fue demasiado vertical ocasionando que el volumen de piedra combara su estructura interna. Finalmente, la 3ª se levantó en la llanura de Dashur con la misma pendiente con que debió terminar la 2ª y con esas medidas se conserva en buen estado hasta nuestros días, además de proporcionar la experiencia necesaria para que su hijo, Keops, pudiera construir su gran pirámide. No en vano se dice que un inteligente es un fracasado con mucha experiencia. La parte triste de la historia de este gran imperio es que habiendo aprendido tanto, no avanzaron en sus conocimientos de teología, a pesar de que Dios les concedió el privilegio de hospedar dentro de sus fronteras a Israel, Su pueblo, durante varios años. Grandes patriarcas como Jacob, José, Moisés y Aarón habitaron sus llanuras dando testimonio de la grandeza de Dios. Pero de nada les sirvió. El relato bíblico dice que cuanto más la mano de Dios les demostraba Su poder, más se endurecía el corazón de sus faraones y súbditos. Esta triste realidad se repite hoy. Los fracasos de tu vida, deberían dirigir tu mirada hacia Dios en busca de socorro en lugar de empecinarte más y más en tu errónea perspectiva de vida que sólo logra endurecerte paulatinamente hacia Dios. Él te mira desde el cielo y te dice, no intentes más. **"Yo soy el camino y la verdad y la vida. Nadie viene al padre si no es por mí."** Para Dios no existen fracasados, sino pecadores arrepentidos que le buscan con sinceridad y que le entregan el total control de sus vidas.

> "Jesús le dijo: Yo soy el camino, y la verdad, y la vida; nadie viene al Padre, sino por mí."
>
> **Juan 14:6**

No en vano se dice que un inteligente es un fracasado con mucha experiencia

EL TURISTA Y EL CAMPESINO

> "Porque raíz de todos los males es el amor al dinero, el cual codiciando algunos, se extraviaron de la fe, y fueron traspasados de muchos dolores".
>
> **1ª Timoteo 6:10**

Cuenta una cómica historia que cierto día, un turista americano paseaba por un puerto de Venezuela fotografiando escenas típicas del lugar.

Le llamó la atención un humilde pescador que amarraba su bote al muelle con varios peces dorados de excelente talla. "¡Qué buena mercadería. ¡Lo felicito!", le dijo el turista al pescador mientras sacaba más fotos. "Y... ¿hay más peces de esos para sacar?" "Por supuesto", respondió aquel hombre. "Y ¿por qué no entra nuevamente y sigue pescando?", preguntó intrigado el turista. "No, suficiente con esto. Aquí tengo para la comida del día". "Bueno, si usted pesca un poco más, podría salir a vender por las calles su mercadería y no sólo podrían comer hoy sino también ganar algo de dinero, explicó aquel americano".

"¿Usted cree?", dijo el pescador, "por supuesto, y con la ganancia obtenida podría comprar un bote más grande y mejorar su empresa, contratando otros pescadores que pesquen para usted en varios botes. De esa manera, sus negocios crecerían".

"Y... ¿cuánto tiempo me demandaría todo este proceso?", preguntó asombrado aquel humilde latino, "bueno", dijo el turista, "tal vez unos 10 ó 15 años. Pero al cabo de ellos usted ya no necesitaría trabajar. Se compraría una casa en la playa, solamente pescaría algunas horas como distracción, viviría muy tranquilo con su mujer y sus hijos y aún le quedaría tiempo para dormir una siesta por las tardes".

A lo que el pescador respondió sonriendo: "Pero si eso es lo que vengo haciendo desde hace tiempo"... Irónico, ¿verdad? Los humanos siempre estamos buscando la felicidad en conquistas lejanas y ambiciosas ignorando que la felicidad ya está en nuestras manos. En verdad, la felicidad no es una estación a la cual llegar sino un vehículo en el cual viajar. Cuando el Espíritu de contentamiento, agradecimiento y humildad que Dios provee a través de la fe en Su Hijo Jesucristo ocupa tu ser, serás feliz con lo que tengas, con quién lo tengas, cómo y cuándo lo tengas. Porque tu satisfacción viene de Dios y no de las cosas. Mira al cielo, el gozo verdadero, sólo se encuentra allí.

Los humanos siempre estamos buscando la felicidad en conquistas lejanas y ambiciosas ignorando que ya está en nuestras manos

20 de abril
UN SIMPLE PEDAZO DE MÁRMOL

El escultor Agostino di Duccio, de Florencia (Italia), trabajó durante días un trozo de mármol duro sin poder extraer de él la escultura que deseaba. Cansado ya de intentar varias veces, se dio por vencido y arrojó a la basura aquella piedra sin valor. Dando un paseo un día, el gran Miguel Ángel vio el mármol, y después de analizarlo pidió

> "Por tanto, nosotros... somos transformados de gloria en gloria en la misma imagen, como por el Espíritu del Señor."
>
> **2ª Corintios 3:18**

que lo llevaran a su taller. Comenzó a trabajar en él y al poco tiempo también se percató de lo difícil que sería sacar de esa piedra algo de valor, pero, en cambio no se rindió. Lo observó desde todos sus ángulos y buscaba diligentemente dónde asestar el golpe y con cuánta intensidad. Día tras día, aquel mármol iba tomando forma. Hasta que al final, cuando el trabajo estuvo acabado, vio la luz, una de las más bellas obras de Miguel Ángel: "El David". De alguna manera también David, el pastorcito de los relatos bíblicos fue tomado del anonimato, sin valor aparente ni siquiera para su propio padre, ya que por ser el hijo menor de la familia no lo veía apto para reinar sobre Israel. Sin embargo, Dios vio en él lo que nadie veía. Y poco a poco aquel pastor se fue transformando en rey y llevó a su nación durante 40 años a los umbrales más elevados de estabilidad política, económica y espiritual. Y de alguna manera también, todos aquellos que hemos sido tocados por el certero cincel del Maestro, hemos sido y estamos siendo transformados en Sus manos de día en día a Su imagen, y Él va cumpliendo en nosotros lo que es agradable delante de Él. Tú también puedes ser levantado del montón de desperdicios donde tal vez la gente te ha puesto, sin valor aparente y ser transformado por Su mano, en algo glorioso, si dejas que Dios obre en ti. Entrégate a Él hoy mismo y serás otro pedazo de piedra transformado en ángel, como tantos otros. Dijo el apóstol Pablo: **"Estoy persuadido de esto: que el que comenzó en vosotros la buena obra la perfeccionará hasta el día en que venga Jesucristo."**

Todos aquellos que hemos sido tocados por el certero cincel del Maestro, estamos siendo transformados a Su imagen en Sus manos

LO INSTANTÁNEO

> "El hombre, como la hierba son sus días; florece como la flor del campo,... Mas la misericordia de Jehová es desde la eternidad y hasta la eternidad sobre los que le temen, y su justicia sobre los hijos de los hijos."
>
> **Salmo 103:15-17**

Vivimos en la era de lo instantáneo: café en minutos; dinero en el acto; baje kilogramos por día, obtenga su casa hoy mismo. Se habla de la teoría de la generación espontánea y se ofrecen damas de compañía para viajes con tan sólo una llamada telefónica y un número de tarjeta de crédito. Todo está al alcance de tu mano con un simple "clic". ¡Qué logros de la humanidad! Pero... ¿Es esto sinónimo de progreso realmente? Las cosas de Dios parecen no interesarle al hombre posmoderno. Los "dioses" de este siglo son aquellos "salvadores" que prometen pronta liberación de la miseria, éxito y fama instantánea como es la moda hoy.

El valor de la eternidad o de la vida eterna aparece como un "sinsentido" en esta era de lo instantáneo. ¿Eternidad? "Es un concepto vetusto", confiesa el hombre posmoderno. Hablar de pecado parecería no "encajar" cuando las barreras de lo bueno y lo malo suben o bajan condicionadas por lo que cada uno cree acerca de lo que es bueno y lo que es malo. La fe se desvanece en medio de la imposición del "consumismo" y de valores dados por lo que se ve o se puede mostrar. Si no veo, no toco, o no tengo... no creo.

Pero el sabio en su libro de la desesperanza, el Eclesiastés dice: **"... Todo lo hizo hermoso en su tiempo; y ha puesto eternidad en el corazón de ellos, sin que alcance el hombre a entender la obra que ha hecho Dios desde el principio hasta el fin".**

Qué mejor día que este para comenzar a pensar en términos eternos y a reordenar tu escala de valores. Dirígete a Jesús. Él no mejorará tu vida, Él te dará una nueva vida y, poco a poco, sin promesas de soluciones instantáneas, pero con promesas de cambios definitivos; te enseñará el verdadero camino a la vida.

Que la etapa que hoy comenzamos sea diferente a lo convencional

Los esquimales tienen un ingenioso sistema para cazar lobos. Estos caninos vagan por las planicies blancas buscando presas fáciles como las focas, pero en su afán de encontrar rastros de sangre el ingenio humano les toma ventaja.

"¿De qué le sirve a uno ganar el mundo entero si se pierde o se destruye a sí mismo?

Lucas 9:25

Los esquimales toman una estaca o un puñal muy afilado y lo mojan con sangre de foca, lo entierran en el hielo unos minutos hasta que la sangre se congela, vuelven a mojarlo en más sangre de foca y a congelarlo nuevamente. Así hacen repetidas veces y entonces, ese puñal cubierto de sangre de foca congelada, es hundido en el hielo, dejando sólo al descubierto la afilada hoja.

El lobo, enseguida huele esa sangre a varios metros de distancia y, seducido, llega al puñal. En su curiosidad comienza a lamerlo identificando así el tan conocido sabor a sangre de foca. Continúa y continúa lamiéndolo cortándose aún su propia lengua que, adormecida por el hielo, no siente dolor. Ignorando que está bebiendo su misma sangre, ahora tibia, sigue lacerándose la lengua hasta que exhausto, muere allí mismo desangrado o se retira dejando un rojo rastro de sangre en la blanca nieve, siendo así presa fácil de seguir por los cazadores. Sí... Hay placeres que matan.

Lo mismo sucede a toda aquella persona que, ciegamente abocada hacia un estilo de vida sensual, busca placer momentáneo y muere poco a poco. Un artista argentino canta: "Por un minuto de amor, por un segundo de calma, por un ratito de sol, te entrego toda mi alma".

Jesús, refiriéndose a este frenesí egoísta que caracteriza la vida que el mundo propone, dijo en Lucas 9:25: "**¿De qué le sirve a uno ganar el mundo entero si se pierde o se destruye a sí mismo?**

Busca satisfacción en Jesús. Él te ofrece vida plena sin que derrames una sola gota de sangre, porque Él ya la derramó toda por ti en la cruz.

No olvides que **"hay caminos que al hombre le parecen derechos, pero su fin, es camino de muerte".** Proverbios 14:12

El pecado enceguece tanto que no te das cuenta que te estás autodestruyendo

"Procura con diligencia presentarte a Dios aprobado."

2ª Timoteo 2:15

Existen recuerdos muy profundos que vienen desde la niñez y pueden producir vacío, soledad interior y una sensación de desazón. Para rectificar estos sentimientos, algunas personas tratan de vincularse con gente que consideran importante. Otros hacen alarde de su poder económico, de sus conocimientos, o de las propiedades que adquirieron. Si no estás seguro de lo que quieres, cómo y cuándo lo quieres y de quién eres, cuánto vales y qué puedes hacer por los demás y por ti mismo, los golpes de la vida pueden hacerte daño, mucho daño. Las personas necesitan entender que son especiales, únicas e importantes, no por lo que hagan o logren en el futuro, sino por lo que Dios dice que son. Cuando estás bien enfocado, eres capaz de disfrutar y aprovechar las oportunidades que te presenta la vida. La manera en que un individuo piensa y habla de sí mismo refleja el concepto que tiene de sí, y afecta sus logros futuros. Debemos mostrarnos tal cual somos. No ser dobles ni mentirosos y enseñar esto a los niños. Decirles que cuando se finge, a quien más se afecta es a uno mismo. En otras palabras, decirles que la persona vale por lo que es, que aunque cometa errores, siempre hay oportunidad para enmendarse; que las cosas hay que pensarlas antes de ejecutarlas y sobre todo, valorar esas dos potencias que todos tenemos que son la inteligencia y la voluntad. Cuando esa inteligencia está basada en el principio de la sabiduría, que es el temor de Jehová, y esa voluntad está rendida a la voluntad superior de Dios, esa persona puede ser capaz de hacer todo lo que se ponga por delante y decir junto con el apóstol Pablo: **"Todo lo puedo en Cristo que me fortalece."** Todos tenemos la necesidad de ser "reconocidos". Todos deseamos ser aprobados, amados y hasta admirados por quienes nos rodean. Buscar la aprobación de los demás es riesgoso y fútil, sentirse aprobado por Dios es seguro y eterno. Procura presentarte a Dios aprobado. Lo demás es secundario.

Buscar la aprobación de los demás es riesgoso y fútil; sentirse aprobado por Dios es seguro y eterno

24 de abril
Amor En Una Lata De Leche

Dos hermanitos en puros harapos, deambulaban por las laderas de una colina, en un arrabal construido allí. Uno tenía 5 años y el otro 10. Iban pidiendo un poco de comida por las calles que rodeaban la colina. Estaban hambrientos. "Vayan a trabajar y no molesten", se oía detrás de las puertas a las que llamaban. "Aquí no

"De gracia recibisteis, dad de gracia"

Mateo 10:8

hay nada, pordioseros", decía otro. Por fin, una señora muy amable les dijo, "veré si tengo algo para ustedes", y regresó en unos minutos con una gran lata de leche. Estos niños no lo podían creer. ¡Qué fiesta! Ambos se sentaron en la acera. El más pequeño le dijo al de 10 años: "Tú eres el mayor, toma tu primero". El mayor, miraba de reojo al pequeñito, se llevaba el vaso a su boca y, apretaba sus labios, hacía como que tomaba y decía: "¡Uy qué rico! Ahora toma tú". El pequeño tomaba un gran sorbo y volvía a darle a su hermano quien repetía el mismo truco haciendo que tomaba y regresaba el vaso a su hermanito. Al cabo de unos segundos, el vaso se había acabado, el mayor no había tomado nada y el menor, quien más lo necesitaba, todo. Con la lata de leche vacía el mayor dio un salto a la calle y comenzó a jugar alegremente con su hermanito, feliz de haber hecho una noble acción.

Estaba radiante, con el estómago vacío pero con el corazón lleno de alegría. Brincaba con la naturalidad de quién no hace nada extraordinario, o aún mejor, con la simpleza de quién está acostumbrado a hacer cosas extraordinarias con la mayor naturalidad.

De aquel muchacho podemos aprender una gran lección: "Quien da, es más feliz que quien recibe." Es así como se ama, sacrificándose con naturalidad, con tal elegancia, con tal discreción, que los demás ni siquiera puedan agradecernos el servicio que dispensamos.

Esto no es nuevo, dice la Biblia que **"Mejor es dar que recibir"** (Hechos 20:35) y Jesús dijo: **"De gracia recibisteis, dad de gracia"** (Mateo 10:8).

Recuerda: primero Dios; segundo los demás y tercero, tú

"Cantaré a Jehová, porque me ha hecho bien."

Salmo 13:6

Muchas veces creemos que el éxito en la vida es alcanzar las metas propuestas. Desde chicos, consciente o inconscientemente, nos estimulan a ponernos metas y nos insinúan que, en la conquista de esos ideales, está encerrado el secreto para la victoria y la plena realización en la vida. Por consiguiente, la ausencia de metas o la dificultad de concretarlas, es sinónimo de fracaso personal, con todo el bagaje de frustraciones y traumas que esto conlleva. Así, desde muy pequeños, hemos escuchado la típica pregunta de nuestros mayores: "¿Qué vas a ser cuando seas grande?"...

Detrás de este interrogante, está escondida la propuesta de vida que nuestra sociedad impone respecto a la independencia del ser humano que no tiene en cuenta a Dios en sus planes a corto, mediano ni, mucho menos, largo plazo. ¿Has escuchado a algún niño responder ante este interrogante: "No sé, mi futuro está en las manos de Dios, a Él pregúntenle"? Yo tampoco. Pero hay otra variante del tema: "Metas en la vida". Es la posición de aquel que dice: "Yo sé que mi vida depende de Dios y me esforzaré por cumplir metas que le agraden y conquistar logros para conseguir una mejor aceptación de Él". Así, nos fijamos el rumbo, planificamos la vida y pretendemos ponerle un rótulo de santidad a aquellos emprendimientos que, aunque con buenas intenciones y fines altruistas, no cuentan, quizá con el aval de Dios. Tampoco aquí hay sabiduría ni es este el resumen de una vida piadosa según Dios. Hasta que casi llegando a la etapa adulta y madura aprendemos que el verdadero éxito en la vida no consiste en alcanzar las metas que tengo para Dios, sino en alcanzar las metas que Él tiene para mí. Dice Efesios, capítulo dos, que **Dios tiene buenas obras preparadas para que andemos en ellas desde antes de que creara el mundo**. En el descubrimiento y conquista de Sus metas para mí, se encierra el secreto de una vida piadosa.

El verdadero éxito en la vida no consiste en alcanzar las metas que tengo para Dios, sino en alcanzar las metas que Él tiene para mí

26 de abril

ICEBERG

¡Cuidado con el iceberg! Fue la voz de alerta aquella trágica noche en el Atlántico a bordo del gran Ttitánic. Aquella sería la última noche para el trasatlántico más grande del mundo en su viaje inaugural. Pero era tarde, demasiado tarde. A la vez que el capitán y su timonel hacían esfuerzos sobrehumanos para virar el curso

> "Porque nada hay oculto, que no haya de ser manifestado; ni escondido, que no haya de ser conocido, y de salir a luz"
>
> **Lucas 8:17**

de la nave, por debajo de la superficie, donde nadie lo veía, la base de un iceberg laceraba el lateral derecho de la quilla inundando 5 de las 6 recámaras que hacían flotar la nave. El proceso lento pero certero del hundimiento comenzó y dos horas más tarde, sólo dos horas después, aquel Titánic, para muchos invencible, se hundía en las heladas aguas del mar para pasar a ser historia. ¿Una historia de imprudencia, de jactancia, arrogancia o desafío? Un poco de todo. Es sabido que los icebergs, esas pirámides de hielo flotante, forman en su base una cantidad de hielo mucho mayor a la que emerge en la superficie. Lo que tú ves es en realidad sólo el vértice, pero debajo está el 80% del iceberg. Quisieron esquivarlo pero ya era tarde. Iban rápido, es verdad. Llegar más temprano de lo previsto le hubiera concedido más prestigio a la proeza. Igual estuvieron en los titulares aquella mañana, pero no por lo rápido del viaje sino por lo trágico. ¿Sabes? Lo importante no es llegar rápido, sino llegar. En la vida, hay muchos icebergs que pueden causar el mismo daño al matrimonio o a tu iglesia. Cosas que asoman como un pequeño problema pueden esconder una gran tragedia bajo la superficie y si no la identificas a tiempo, te pueden hundir. 26 años de experiencia a aquel capitán, le hicieron subestimar la situación y pecar de imprudente. Alcanzar la meta máxima en la vida no se logra con experiencia ni velocidad, sino con la guía sabia de Aquel que conoce todas las cosas y te puede llevar a puerto, sano y salvo. Pon en las manos de Dios tu vida y no habrá iceberg capaz de hundirte.

Lo importante no es llegar rápido, sino llegar

¿Cómo Llamamos Al Pecado?

"Si afirmamos que no tenemos pecado, nos engañamos a nosotros mismos y no tenemos la verdad. Si confesamos nuestros pecados, Dios, que es fiel y justo, nos los perdonará y nos limpiará de toda maldad".

1ª Juan 1:9

De acuerdo a la óptica con que se mire el pecado recibe diferentes nombres. Dios lo llama de una manera, obvio la manera correcta, pero el hombre de otra. El hombre lo llama un accidente, Dios lo llama una abominación. El hombre lo llama un paso en falso, Dios lo llama ceguera. El hombre lo llama un defecto, Dios lo llama una enfermedad. El hombre lo llama el azar, Dios dice que es una decisión personal. El hombre lo llama un error, Dios una enemistad. Para el hombre es algo fascinante, para Dios es algo fatal. El hombre lo llama una debilidad, Dios lo llama iniquidad. El hombre lo llama un lujo, Dios lo llama una lepra. El hombre lo llama libertad, Dios lo llama libertinaje. El hombre lo llama equivocación, Dios lo considera una locura. Lo que para el hombre es una flaqueza, para Dios es un acto deliberado en contra de Su autoridad. No hay necedad más grande que la de aquel enfermo que llama a su cáncer "una dolencia" sólo porque no quiere afrontar la realidad, temiendo al futuro, sin darse cuenta que el futuro es más funesto cuanto más se demore él en llamar y tratar a su enfermedad por su nombre. ¿Verdad?

Muchos seres humanos creen en Dios, pero evitan la realidad de que viven en pecado para dejar en paz sus mismas conciencias que les dictan que habrá un juicio futuro del que piensan salir limpios. Otros, a la inversa, niegan la existencia de Dios para erradicar de sus mentes el juicio futuro que les condenaría sin remedio. Ni lo uno, ni lo otro es sabio. Ni negar la existencia de Dios, ni negar la existencia de mis pecados. Llamemos las cosas por su nombre sin temor a Dios, que es amplio en perdonar y está hecho en esencia, de amor.

Negar mi enfermedad, es peor que la enfermedad en sí misma

28 de abril
EXPERIENCIA EN BATALLAS

Es interesante notar que a Dios no le preocupa que Su pueblo enfrente batallas; ni siquiera les pone a resguardo de atravesar pruebas y adversidades. Dios nunca dice: "PARE DE SUFRIR", más bien alienta y hasta prepara las circunstancias para ponernos bajo presión y desarrollar así nuestras aptitudes, al igual que en un

> "Las siguientes naciones son las que el Señor dejó a salvo para poner a prueba a todos los israelitas."
>
> **Jueces 3:1-2.**

gimnasio donde cada vez recibimos más y más entrenamiento con mayor peso para el desarrollo de la masa muscular o al igual que un padre que desafía a su hijo con retos cada vez más difíciles y le anima a lograrlos. Son pruebas de la vida. No hay que culpar a Dios ni huir de ellas. Dios permitió que algunos pueblos vecinos a Israel quedasen allí para que Su joven pueblo adquiriera experiencia en batallas y comprobaran, por ellos mismos, el poder y la intervención divina en cada conflicto. Claro que no los dejaba solos. Como tampoco te deja solo a ti -amigo, amiga- en tus conflictos. Te sostiene, te fortalece y entonces, junto con el apóstol Pablo puedes decir: **"Todo lo puedo en Cristo que me fortalece"** (Filipenses 4:13).

Si deseas un carácter estable ante las variadas y reiteradas adversidades de la vida, no escapes al conflicto. Enfréntalo con la asistencia divina. Adquiere experiencia en medio de la batalla. Eso logra en ti un carácter probado, un espíritu infranqueable y salir más equipado para el siguiente conflicto. Dice el apóstol Pedro en su primera carta, capítulo 1 versículo 7: **"El oro, aunque perecedero, se acrisola al fuego. Así también la fe de ustedes, que vale mucho más que el oro, al ser acrisolada por las pruebas demostrará que es digna de aprobación, gloria y honor cuando Jesucristo se revele"**. ¿Sabes? No hay capital más preciado que el desarrollar un temperamento moldeado por la adversidad que me sirva para permanecer de pie y sostener a otros. **"Por lo tanto, pónganse toda la armadura de Dios, para que cuando llegue el día malo puedan resistir hasta el fin con firmeza"**. Efesios 6:13.

No hay capital más preciado que desarrollar un temperamento moldeado por la adversidad que me sirva para sostenerme y sostener a otros

> "Al orgullo le sigue la destrucción; a la altanería, el fracaso".
>
> **Proverbios 16:18**

El orgullo es una mala hierba que crece en el jardín más cuidado. Quizás, de las desviaciones más comunes del carácter, el orgullo sea la constante mayor. El orgullo envenena, el orgullo contagia, el orgullo contamina. La Biblia, la Palabra de Dios, habla mucho acerca de este mal tan acariciado. Dice, por ejemplo, que es la antesala del abatimiento, la caída y la humillación. Así que si estás actuando orgullosamente y las motivaciones de tus actos están alimentadas por esta tendencia, debes saber que estás a un paso de tu caída. También dice la Palabra de Dios que te cuesta avanzar porque el mismo Dios te ofrece resistencia. Sí, dice el apóstol Santiago que **"Dios resiste a los soberbios y da gracia a los humildes"**, Santiago 4:6. Pero tal vez el mayor peligro que acarrea es lo que leemos en el Salmo 36:2 acerca del orgulloso: **"Cree que merece alabanzas y no halla aborrecible su pecado."** Sí, el orgulloso no ve su pecado. El orgullo es como una venda que te impide ver el pecado y no te dirige a Dios. Vivimos en una época de altanería y presunción. Vivimos en una sociedad competitiva y egoísta. Cuando estos factores se funden, producen en nuestro interior, un sentimiento de lucha y de conquista que, si es alimentado por el orgullo, nos puede llevar a límites inimaginables. ¿Cómo erradicarlo cuando está tan implantado casi en la genética del ser? ¿Cómo solucionar este mal endémico de la humanidad? Por el hecho de estar asociado con la naturaleza misma del hombre y la mujer, la única manera es a través de una intervención sobrenatural, un milagro, una revolución de vida que la Biblia –que denuncia el orgullo–, llama nuevo nacimiento. Dios, no sólo denuncia la problemática humana, sino que ofrece Su remedio. A través de la fe en Jesús, el Espíritu Santo de Dios imparte una nueva naturaleza capaz de amar en vez de odiar, capaz de hacerte humilde antes que orgulloso. Te libra del veneno amargo del orgullo y del rencor, te sana y te da una nueva vida.

El peldaño del orgullo puede ser el último antes de la caída

30 de abril
DIOS TE ACEPTA TAL CUAL ERES

Dicen que Charles Phillips se hallaba con su esposa en una lancha, la cual explotó en medio del mar dejando un tendal de víctimas como resultado. Charles, fue uno de los sobrevivientes y varios días más tarde despertó en la sala de un hospital. Recuperado, preguntó por su esposa de quien nadie daba razón alguna. Su vida continuó. Nunca se volvió a casar. Prosperó en sus negocios y jamás abandonó la esperanza de encontrar con vida a su mujer. Destinó varios miles de dólares en su búsqueda. Finalmente contrató a una empresa de detectives para tal fin. Indagando, viajando de una ciudad a otra, llegó a dar con una enfermera que recordaba haber atendido en aquella época a una mujer con su rostro muy deteriorado por las quemaduras del accidente de una lancha. Dedujeron que, si esa mujer seguía viva, debería vivir muy cerca de la residencia de su esposo para poder verle sin ser vista por él, escondiendo lo desfigurado de su rostro. Definitivamente dieron con el paradero de la señora Phillips a poca distancia del trabajo de Charles, quien estaba empleada en una fábrica. –Usted es la señora Phillips-, le dijeron, lo cual ella negó rotundamente mencionando el nombre con el que se la conocía durante los últimos años. -No, usted es la señora Phillips, y su esposo la busca desde hace 20 años; él la ama y desea que vuelva con él-. La mujer rompió en llanto y así se reencontró con el amor de su vida terminando con 20 años de innecesaria soledad.

¿Sabes? Muchas personas no dirigen sus rostros a Dios porque piensan que Él no les va a aceptar. Las cicatrices del maltrato que las injusticias de la vida y los pecados del corazón le han infligido, causan vergüenza y le mantienen en soledad. Sin embargo el Dios de la Biblia es un Dios de amor y perdón. Por más desfigurada que esté la vida de cualquier mortal, será siempre Su criatura y Él la seguirá amando, llamando a la puerta de su corazón esperando para perdonarle.

> "Pero yo te restauraré y sanaré tus heridas, afirma el Señor; porque te han llamado la desechada, la pobre, la que a nadie le importa".
>
> **Jeremías 30:17**

**Estás hecho a imagen de Dios
y sólo Él puede devolvértela**

> "El amor sea sin fingimiento, aborreced lo malo, seguid lo bueno".
>
> **Romanos 12:9**

El Camaleón es un reptil que tiene unos 30 cm. de largo y se parece a un lagarto. Su color cambia dependiendo del medio y de las circunstancias. Varias veces habrás escuchado que fulano o mengano es como el camaleón que cambia de colores según las circunstancias, pero en realidad este reptil no cambia de color su piel sino que su cuerpo está recubierto por miles de escamas de colores rojos, azules, negros y amarillos. Cuando presiente el peligro, simplemente ordena o acomoda las escamas que necesita para lograr el color deseado. O sea que muestra lo que le conviene para salvarse de esa situación. Al cubrir o descubrir las escamas de distintos colores, es capaz de producir cualquiera de los colores que encontramos en la naturaleza. Esta es su mejor arma de defensa. Entonces el color que nosotros vemos en el camaleón es el que él permite que veamos. En esto, los seres humanos nos parecemos mucho. ¡Cuántos matices de nuestra personalidad cubrimos o dejamos en evidencia dependiendo con quién estamos!... Hay quienes en el templo son santos, en la oficina, soberbios, en la casa tiranos y ante Dios, herejes.

¿Te has visto retratado? ¿Hay marcas de camuflaje en ti? ¿Finges acomodando lo malo y mostrando lo bueno? El principal peligro de ocultar la maldad es que a la larga la terminamos confundiendo con bondad. Así somos, nos acostumbramos a convivir con nuestra falsedad, nos auto convencemos. ¿Cómo ser sincero en un mundo donde las ocasiones de peligro a mi integridad se presentan amenazantes a diario?...

Siendo genuino con la asistencia del Espíritu Santo morando en tu interior y descansando en Aquel que vela por ti y te guarda en cada momento y en toda situación.

Tal vez hoy podrías tener un tiempo especial de confesión con Dios. Deja de lado todas las artimañas que usas para sacar provecho personal de cada situación. Muéstrate tal cual eres, te acepten o no. Dios te ama, y en comunión con Él, forjarás tu carácter a Su imagen y descubrirás un plan multicolor que Él tiene preparado para ti.

Si vives mostrando a los demás sólo lo que te conviene, nadie confiará en ti. Sé genuino

2 de mayo
MAO TSÉ-TUNG

> "De cierto, de cierto os digo: El que oye mi palabra, y cree al que me envió, tiene vida eterna; y no vendrá a condenación, mas ha pasado de muerte a vida."
>
> **Juan 5:24**

Cuando el dictador chino Mao Tsé-tung murió en 1976, a su médico, el Dr. Li Zhisui, se le encomendó una tarea: "El cuerpo del jefe, debe preservarse para siempre", le dijeron. Sabía que era una tarea imposible. El cuerpo sin vida estaba condenado a podrirse, pero había que cumplir la orden. Con una bomba le introdujeron 22 litros de formaldehído al cadáver. El resultado fue horrible: la cara de Mao se hinchó como una pelota, y su cuello quedó del mismo grosor que su cabeza. Sus orejas sobresalían en ángulo recto y el líquido químico supuraba por los poros. Un equipo de embalsamadores trabajó por cinco horas, hasta que la cara parecía normal. Pero, el pecho estaba tan hinchado que tuvieron que cortar su chaqueta por la espalda y cubrir su cuerpo con la bandera del partido comunista. Fue suficiente para el funeral pero no para las autoridades. Ellos querían que el cuerpo se preservara para siempre en un mausoleo en la plaza Tiananmen. Por un año, el doctor Zhisui trabajó en un hospital subterráneo tratando de mantener los restos, pero la corrupción de la muerte le ganaba terreno. Al final, tomó la decisión de hacer una réplica exacta de Mao en cera. El cuerpo que la gente homenajeó, desfilando frente a miles en aquel ataúd de cristal, era solo un muñeco de cera. El hombre que gobernó a la China durante 27 años, era presa, en lo oculto, de las inevitables consecuencias de la muerte. ¿No hacemos nosotros lo mismo muchas veces? Intentamos disimular la muerte que llevamos dentro inyectando dosis de placer pasajero y una máscara de piedad que a veces se cae. Engañamos a la gente que pasa a nuestro lado que ni sabemos si ve el cadáver o la figura de cera que vendemos. No somos genuinos. Es que si lo fuéramos publicaríamos nuestra corrupción. Aunque a veces algo de nuestra muerte queda en evidencia, ¿verdad? No intentes más esconder la realidad. Más bien, dirige tu rostro a Aquel que quiere darte de Su vida y hacerte una nueva criatura, y disfruta la vida abundante en Jesús mediante el nuevo nacimiento por la fe.

No somos genuinos. Es que, si lo fuéramos, publicaríamos nuestra corrupción

LOS PERJUICIOS DE LOS PREJUICIOS

"Y acercándose, vendó sus heridas, echándoles aceite y vino; y poniéndole en su cabalgadura, lo llevó al mesón, y cuidó de él".

Lucas 10:34

Un campesino adulto y su hijo, caminaban juntos en un día de verano, cuando el padre dijo al muchacho: "Mira, recoge esta herradura que está tirada a orilla del camino. "¡Bah!", respondió el chico. "Ni tiene sentido agacharse, no vale sino dos pesetas". El padre la levantó y se la echó al bolsillo. En la primera aldea la vendió por 5 pesetas las que luego gastó en cerezas. Se alejaron de aquel poblado y siguieron su largo camino. El clima era seco y el calor insoportable. El muchacho abría la boca para aspirar aire que aliviara la sequedad de su garganta. El padre, entonces, dejó caer descuidadamente una cereza. El muchacho la recogió y se la llevó con ansias a su boca. Después el padre fue dejando caer otra y otra que el muchacho recogía con interés. Cuando se acabaron todas, se volvió el padre a su hijo y le dijo: "Si te hubieras agachado una sola vez para recoger la herradura, no te hubiera hecho agachar más de veinte veces para recoger las cerezas". Bien dice el cuarteto: "Muchas veces la pereza, el orgullo o el capricho, privan a los hombres de beneficios seguros".

Juzgamos por las apariencias y restamos valor a cosas que pueden sernos útiles quizás en el futuro. A veces son personas las que quedan en el camino víctimas de mis prejuicios. Así le ocurrió al sacerdote y al levita que, viendo al pobre hombre que bajaba de Jerusalén a Jericó tendido en el camino medio muerto, pasaron de largo, dominados por sus prejuicios o urgidos por sus compromisos. Sólo el buen Samaritano pasó a la historia con su noble gesto. De igual manera nosotros ignoramos señales, oportunidades y beneficios talvez futuros que Dios nos pone a nuestro lado, por no querer detenernos un poco de tiempo. Al fin y al cabo Jesús no estimó el ser igual a Dios como cosa a que aferrarse o excusa para bajar a nuestro mundo a redimirnos. Pero nosotros no hacemos lo mismo ¿Sabes? Muchas veces los milagros de Dios vienen envueltos en papel periódico y no los valoramos. No juzgues por las apariencias. Haz bien a todos, abre tu puerta a quien la necesite. Algunos, sin saberlo, hospedaron ángeles.

La pregunta no es ¿quién es mi prójimo? Sino, ¿de quién puedo ser prójimo?

4 de mayo
SÓLO POR GRACIA

"¡Destilen, cielos, desde lo alto! ¡Nubes, hagan llover justicia! ¡Que se abra la tierra de par en par! ¡Qué brote la salvación! ¡Que crezca con ella la justicia! Yo, el Señor, lo he creado."

Isaías 45:8.

Respecto al hecho de que el hombre ha realizado y sigue realizando en vano esfuerzos infructuosos por alcanzar su salvación, la Biblia se encarga de decir que no conduce a nada. El ser humano ha inflado una y otra vez con aire caliente su globo y no ha conseguido aún salir de su propia atmósfera. Nuestras excusas de desconocimiento son inexcusables, (Romanos 1:20). Nuestras comparaciones con otros no son permisibles, (Romanos 2:1). Nuestros méritos religiosos son inaceptables. (Romanos 2.29) La conclusión es inevitable: Salvarnos a nosotros mismos no resulta. Pero gloria a Dios que donde el hombre falla, Dios sobresale. La salvación viene del cielo a la tierra, no de abajo hacia arriba. Dice Lucas 1:77-79 que Cristo vino: **"para dar conocimiento de salvación a su pueblo, para perdón de sus pecados, por la entrañable misericordia de nuestro Dios, con que nos visitó desde lo alto la aurora, para dar luz a los que habitan en tinieblas y en sombra de muerte; para encaminar nuestros pies por camino de paz"**. ¿Ves? Fue la aurora la que nos visitó, no nosotros los que la bajamos. También leemos en Santiago 1:16-18: **"Amados hermanos míos, no erréis. Toda buena dádiva y todo don perfecto descienden de lo alto, del Padre de las luces, en el cual no hay mudanza, ni sombra de variación. Él, de su voluntad, nos hizo nacer por la palabra de verdad, para que seamos primicias de sus criaturas."** ¿Lo notaste? "Descienden de lo alto". Es su iniciativa, no la nuestra. Por favor toma nota de esto: **"En esto consiste el amor: no en que nosotros hayamos amado a Dios, sino en que Él nos amó a nosotros, y envió a su Hijo en propiciación por nuestros pecados"**. Dice la gracia y la da al hombre. Por eso creo que existen sólo dos religiones en el mundo. Dos, y no hay más: La que pretende llegar a Dios y la que comprende que Dios ya ha llegado al hombre. ¿Cuál de las dos practicas?

Existen sólo dos religiones en el mundo, y no hay más; la que pretende llegar a Dios y la que comprende que Dios ya ha llegado al hombre

ELEFANTE Y RATÓN

> "Ni lo alto, ni lo profundo, ni ninguna otra cosa creada nos podrá separar del amor de Dios, que es en Cristo Jesús Señor nuestro".
>
> **Romanos 8:39**

Se cree que los elefantes le tienen miedo a los ratones. ¿Nunca te has preguntado cómo uno de los mamíferos más enormes del mundo puede entrar en pánico y llegar hasta la histeria al ver al más pequeño de los roedores cruzar debajo de sus pies? Con un solo dedo el paquidermo puede aplastar al diminuto ratón. Sin embargo, comienza a girar en círculos, a agitar su pesada trompa en dirección al ratón con amenazantes movimientos o simplemente entra en una huída desenfrenada. Hay quienes dicen que la razón es muy simple. En las planicies africanas es muy común encontrar elefantes de enormes orejas pero sordos. Sí. Estos ratones hambrientos, una vez que consiguen treparse al cuerpo del elefante, corren por su gruesa piel, llegan a sus orejas, se meten en el interior del oído medio del animal y le comen el tímpano en cuestión de minutos. El elefante, desde el comienzo intenta deshacerse del ratón, pero sus torpes movimientos son en vano. En el mejor de los casos la herida cicatriza y el elefante pierde su oído, en el caso peor, la herida se infecta y el elefante muere. No en vano este enorme mamífero sale corriendo cuando ve a un ratón, ¿verdad? Sin embargo, en muchas personas sus temores son infundados. Son fácil presa del pánico ante la mínima situación desconocida. Son vulnerables y retraídos, nunca construyen una relación seria porque piensan siempre que el mundo está contra ellos. Piensan que las personas tratarán de abusar de ellos, que no se puede confiar en nada ni en nadie y de esa manera se encierran en su propio mundo repleto de temores y nunca experimentan el gozo. ¿Qué hacer con el temor descontrolado? ¿Sabes? La frase que más repitió Jesús fue: **"No temáis"**, porque sólo Él es capaz de defenderte cualquiera sea la situación en que te encuentres, cualquiera sea el enemigo que enfrentes. Confía en Él, no saldrás defraudado. Alguien dijo que temer es confiar en uno mismo. Con Jesús y Su Espíritu en tu interior aprenderás a confiar menos en tus fuerzas y más en la sobrenatural fuerza de Dios. ¡No temas!

Temer es confiar en uno mismo

6 de mayo
LOS DEFECTOS

Si la vida quiso que nacieras con alguna malformación, discapacidad o simplemente, en algún aspecto, alejado del "estándar" que esta sociedad perfeccionista exige para los aceptados, estás en serios problemas mi amigo. La nuestra, es una sociedad déspota, cruel, insensible. Desde muy pequeños, los seres humanos, comenzamos a mostrar este perfil discriminatorio. Los apodos están a la orden del día entre los pequeños, ¿verdad? El gordo, la narigona, el petizo, la flaca, el cabezón, el rengo, el sordito, la mudita... Debemos sumarle a esto, los mal llamados defectos de carácter: El tímido, el retraído, la abusiva o extrovertida, el solitario... ¿Cómo encuadran en este asunto de la providencia divina y de un Dios de amor todos estos casos y muchos otros más que se podrían añadir a la lista de hombres y mujeres, niños y viejos, que han entrado en este mundo con un perfil especial o diferente a los generalmente aceptados por la sociedad? Porque la respuesta inmediata a esta pregunta es simplemente otra pregunta: "Y ahora... ¿Dónde está Dios? ¿Por qué Dios permitió esto?"

La misma pregunta le hicieron los discípulos a Jesús al ver a aquel hombre ciego de nacimiento: **"Señor ¿Quién pecó, éste o sus padres?"** Buscar culpables de los defectos no conduce a ningún lado; ni culpar a Dios, ni a los padres, ni a uno mismo. Más bien aceptarlos como parte del plan de Dios para mi vida y buscar en Él Su asistencia y dirección no sólo para aceptarlos sino también para ponerlos a Su servicio y ser de utilidad a otros. De alguna manera, todo ser humano es defectuoso. Dice Romanos 3:23: **"Que todos pecaron y están destituidos de la gloria de Dios."** En otras palabras están discapacitados para reflejar Su gloria, así que nadie puede jactarse. Pero Aquel que fue sin mancha, sin defecto alguno, se hizo la persona más defectuosa del mundo y de la historia, cargó con tus discapacidades y las mías y nos capacitó para reflejar de nuevo la gloria de Dios. Nuestra imperfección se hizo de Él para que Su perfección sea nuestra, hoy. ¡Recámala!

> "Ante todo, deben saber que en los últimos días vendrá gente burlona."
>
> 2ª Pedro 3:3

**La verdadera discapacidad del ser humano
es sentirse capaz lejos de Dios**

7 de mayo
LO QUE QUEDA ES BUENO

> "Por tanto, no nos desanimamos. Al contrario, aunque por fuera nos vamos desgastando, por dentro nos vamos renovando día tras día".
>
> 2° Corintios 4:16

El 18 de Noviembre de 1994, Itzhak Perlman, entró al escenario para dar un concierto en el "Avery Fisher Hall", de Lincoln Center de Nueva York. La polio contraída desde chico, dejó terribles huellas en ambas piernas que cuelgan inertes de su cuerpo. Verlo cruzar el escenario dando un paso a la vez, trabajosa y lentamente es un cuadro conmovedor. Se sienta lentamente, pone sus muletas en el suelo, se inclina y levanta su violín, lo pone bajo su mejilla, hace una señal al director y comienza a ejecutar su música. La mejor música. Pero esta vez algo salió mal. Justo cuando terminaba sus primeras estrofas, una de las cuerdas de su violín se rompió. Todos guardaron silencio esperando que el señor Perlman, comenzara otra vez aquel ritual de incorporarse lentamente para salir del escenario a buscar otro violín u otra cuerda, pero no. Esperó un momento, cerró sus ojos y luego hizo la señal al director para comenzar otra vez. La orquesta comenzó, y él tocó. Y tocó con tanta pasión, tanto poder y tanta pureza como nunca lo habían escuchado. Aquel violinista sacaba nuevos sonidos de aquellas tres únicas cuerdas reemplazando los sonidos de la cuerda faltante. Cuando terminó, hubo un silencio impresionante en la sala y entonces la gente se levantó y lo aclamó como nunca antes. Él sonrió, se secó el sudor de sus cejas y luego dijo con tono reverente: **"Ustedes saben... algunas veces... la tarea del artista es descubrir cuánta música uno puede hacer con lo que aún le queda".** Tal vez sea esta la definición de la vida. Aquí hay un hombre que se ha preparado toda la vida para hacer música con un violín de 4 cuerdas y de repente, sin previo aviso, tiene que hacer lo mismo pero sólo con tres... Así que quizás, nuestra tarea en este mundo que vivimos, confuso, inestable y que cambia velozmente, sea hacer música, al principio con todo lo que tenemos y luego, seguir tocando con todo lo que nos quede. Si Dios permite que "alguna cuerda de tu vida se corte", no te retires del escenario. Ora como nunca antes a Dios. Esas oraciones traspasan el cielo porque son lanzadas de un arco totalmente doblado que parece quebrarse, y prepárate para seguir tocando. La función, aún no ha terminado.

**No te quedes mirando lo que se rompió;
mira lo que aún te queda y sigue adelante**

8 de mayo
La Ansiedad

La ansiedad es el fruto de la preocupación descontrolada. Es la consecuencia inmediata de una vida que corre tras la conquista de metas, algunas reales y otras ficticias; algunas, producto de convicciones propias y otras por imposición de esta sociedad altamente consumista y competitiva. Es esa búsqueda, esa carrera loca por alcanzar lo que yo no tengo y otros sí, por creerle a la máquina propagandista que me dice que si no tengo esto a o aquello, soy menos. Y así, este ser humano posmoderno, se deshidrata el alma y la vida consumido por el estrés, la ansiedad y la insatisfacción. Creemos que seremos felices cuando alcancemos esto o aquello que producirá realización. Error, la felicidad no se encuentra en la búsqueda de la satisfacción y placer propio, sino en una vida de servicio a los demás. Los seres humanos corremos buscando cosas que "pensamos" que nos satisfarán, y al alcanzarlas, y ver que sólo llenan una parte de nuestro "tanque" emocional y sensitivo, nos desplomamos por la desilusión, y aprendemos a convivir con ese sabor amargo de la oquedad, producto de apostar por cosas que no sacian. Es ese producto lo que denominamos ansiedad y puede ser la antesala de un estado de inconformismo y descontento que conduce al estrés y el mal genio, que acaba con tu sonrisa, tu paz, y daña las relaciones interpersonales, como matrimonio, familia, sociedad. Dios sabe que es difícil mantener una postura impermeable ante esta ola de presión que nuestro sistema imprime.

¿Quién cuida de tu vida? La ansiedad aparece cuando pienso que yo puedo ocuparme de mis asuntos y mi vida mucho mejor de lo que Dios pueda ocuparse. Créeme, nadie está más interesado en tu bienestar que tu Creador. Abandona esa crisis de fe y deja que Él te cuide.

> "Echando toda vuestra ansiedad sobre Él, porque Él tiene cuidado de vosotros."
>
> 1ª Pedro 5:7

La ansiedad aparece cuando pienso que yo puedo ocuparme de mis asuntos y mi vida mucho mejor de lo que Dios pueda ocuparse

> "Aquel que está en Cristo es una nueva creación, las cosas viejas pasaron, las de ahora son todas nuevas".
>
> **2ª Corintios 5:17**

De todas las curiosidades de la naturaleza, la increíble metamorfosis que sufre la mariposa dentro de su crisálida, quizás sea la más asombrosa. Aquel gusano común e insignificante que vive en la superficie del suelo, comiendo hojas y existiendo en un mundo reducido, con su óptica del mundo limitada por vivir arrastrándose, tiene que morir literalmente a todo lo que es, encerrarse por un tiempo dentro de su capullo, dejar de intentar vivir en las alturas y entregarse a un proceso de metamorfosis interior que le transformará en un nuevo ser. Al salir de su crisálida, aquel gusano reaparece como una bella mariposa. Sus alas de colores, su vuelo nupcial, su gracia al volar. ¡Una vida nueva! Quedan atrás los días de arrastrarse, esforzándose vanamente por hacerse ver. Hoy disfruta de las consecuencias de dejarse morir, de entregarse a un proceso de renovación milagrosa en el cual no tuvo nada que hacer más que ceder. Así sucede con la vida del ser humano. Creado a imagen de Dios pero arrastrándose por las consecuencias del pecado que ha escogido como estilo de vida, esforzándose por alcanzar las alturas y fracasando vez tras vez en su intento, sólo entregándose al milagro transformador y renovador de Dios puede ver su vida cambiada en una nueva experiencia producto del nuevo nacimiento. Esta palabra "metamorfosis" es la palabra que usó el Espíritu Santo en Romanos 12: 2 al decir: **"No os conforméis a este siglo sino transformaos, *"metamorpheo"*, por la renovación de vuestro entendimiento"** ¿Ves? Esta transformación es producto de una renovación interior que proviene de lo alto, no de esfuerzos personales e inútiles. Si quieres dejar de vivir arrastrándote, si quieres volar y tener una óptica diferente de la vida, debes permitir que se produzca en ti el nuevo nacimiento. La renovación que viene de Dios, hace de ti una nueva criatura. Cualquier otra cosa no sirve.

Si quieres volar y tener una óptica diferente de la vida, debes permitir que se produzca en ti el nuevo nacimiento

La Ley

> "La sangre del Señor Jesucristo, su Hijo, nos limpia de todo pecado".
>
> 1ª Juan. 1:7

Más del 50% de las páginas bíblicas se dedican a exponer la ley de Dios. Aquella forma de vida exigida por Dios hacia Sus criaturas que muestra por un lado, las altas normas de santidad que caracterizan a Dios y por el otro, lo ineficaz de los esfuerzos humanos en tratar de cumplirlas.

Dios nos exige que cumplamos algo que Él mismo sabe que no podemos cumplir porque nos hizo débiles para lograrlo. ¿Cómo se entiende esto?...

En verdad, la ley no es el objetivo de Dios, mucho menos el cumplimiento de la misma. Él sabe que no podemos vivir a Su manera a no ser por influencia sobrenatural, por el simple hecho de que ese estilo de vida que Él exige es sobrenatural.

En un sentido la ley es como un espejo que Dios nos regaló, para que en ella podamos ver reflejado nuestro pecado.

Pero la función de la ley, al igual que la de un espejo, es mostrar lo sucio pero no limpiarlo. No existe ningún espejo que pueda limpiar lo sucio, su función es limitada, llega hasta un punto en el que debes levantarte, tomar agua y jabón y lavar lo sucio que el espejo denunció en ti.

Cuando tú te enfrentas con todas aquellas cosas que sabes que están mal, debes acudir a Aquel que puede limpiarte, y "La sangre del Señor Jesucristo te limpia de todo pecado", dice 1ª Juan 1:7. Así como es de necios, llegar al punto de ver lo sucio, manchado, dañado y no hacer nada por corregirlo teniendo gratuitamente a disposición lo necesario, así es de necios dar la espalda a Dios y a Su ofrecimiento de perdón y limpieza de pecados.

Fue muy alto el precio pagado por tu salvación y la mía: La sangre derramada de Jesús en la cruz. Si la desestimas, habrás sentenciado el destino eterno de tu alma, porque **"el que cree, es salvo, pero el que no cree ya ha sido condenado"**[Juan 3:18]. Recuerda, sólo la sangre del Señor Jesucristo, te limpia de todo pecado.

**La ley es un espejo que te muestra
el pecado pero no te lo limpia**

HUYE DE LA MURMURACIÓN

> "Por lo demás, todo cuanto hay de verdadero, de noble, de justo, de puro, de amable, de honorable, todo cuanto sea virtud y cosa digna de elogio, todo eso tenedlo en cuenta".
>
> **Filipenses 4:8**

Un joven discípulo dijo a un sabio filósofo: "Maestro, un amigo tuyo estuvo hablando mal de ti". "Espera", le interrumpió el filósofo. "¿Ya hiciste pasar lo que vas a contarme por las tres puertas?" El joven preguntó: "¿Tres puertas?, ¿cuáles tres puertas?" "Sí, las tres puertas: La primera es la verdad. ¿Estás seguro que es totalmente cierto lo que vas a decirme?" El discípulo respondió: "No, lo oí comentar a unos vecinos". "Al menos lo habrás hecho pasar por la segunda puerta: La bondad. Lo que quieres decirme ¿Es bueno para alguien?". El joven contestó: "No, al contrario." "Y la última puerta es la necesidad, ¿Es necesario que yo sepa lo que quieres contarme?". El discípulo aseveró: "No, no es estrictamente necesario". "Entonces", dijo el sabio sonriendo: "Si no es verdadero, ni bueno, ni necesario, mejor será olvidarlo para siempre".

¡Cuánto tiempo perdemos y cuánto daño hacemos con nuestros comentarios! ¿Verdad? **"Hermanos míos, no pretendan muchos de ustedes ser maestros, pues, como saben, seremos juzgados con más severidad. Todos fallamos mucho. Si alguien nunca falla en lo que dice, es una persona perfecta, capaz también de controlar todo su cuerpo. Cuando ponemos freno en la boca de los caballos para que nos obedezcan, podemos controlar todo el animal. Fíjense también en los barcos. A pesar de ser tan grandes y de ser impulsados por fuertes vientos, se gobiernan por un pequeño timón a voluntad del piloto. Así también la lengua es un miembro muy pequeño del cuerpo, pero hace alarde de grandes hazañas ¡Imagínense qué gran bosque se in cendia con tan pequeña chispa! También la lengua es un fuego, un mundo de maldad. Siendo uno de nuestros órganos, contamina todo el cuerpo y, encendida por el infierno, prende a su vez fuego a todo el curso de la vida".** Santiago 3:1-6. Líbrate de la murmuración ahora mismo, pon el control de Dios y Su amor por tus semejantes.

Hablar mal del ausente es la evidencia del cobarde

12 de mayo
ESTATUS DE SER HUMANO

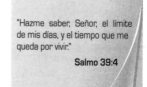

"Hazme saber, Señor, el límite de mis días, y el tiempo que me queda por vivir."

Salmo 39:4

Los propios partidarios de la eutanasia alegan que, si podemos matar a niños no nacidos, podemos también matar a otros seres humanos. En la revista *Atlantic Monthly* de abril de 1968, Joseph Fletcher (profesor de Ética Social de la Escuela Teológica Episcopal de Cambridge, Massachusetts), alegaba que, si la vida de un individuo con retraso mental, por ejemplo, puede ser interrumpida antes del nacimiento, ¿por qué no terminar con ella en el momento del nacimiento? (O sea inmediatamente después)... Según palabras del Dr. Fletcher, un niño con retraso mental no es un bebé sino simplemente un fracaso reproductivo. Pero el infanticidio no sólo se encuentra en las opiniones de pensadores y profesores universitarios, sino también en el ámbito de propuestas de legalización por parte de autoridades del mundo de la ciencia.

En mayo de 1973, sólo unos pocos meses después de la legalización del aborto por el Tribunal Supremo de los Estados Unidos, el Dr. James Watson, científico ganador del premio Nobel, afirmaba que se debería tomar en consideración la idea de privar de status legal al recién nacido hasta tres días después de su nacimiento. Los padres que sospecharan anormalidades fetales podrían abortar legalmente, señaló, porque la mayor parte de los defectos en niños no son descubiertos sino hasta el momento mismo del nacimiento. El asunto es que, como muchos defectos genéticos no se hacen evidentes hasta algunos meses o incluso años después, la actitud "compasiva" del Dr. Watson obligaría a tener también en cuenta la posibilidad de abstenerse de otorgar legalmente el status de 'ser humano' a una persona, por tiempo indefinido.

¿Adónde podemos llegar si continuamos con estas locas conclusiones? Cuando la mente del hombre comienza a apartarse de los designios de vida ideados por Dios, se mete en un laberinto cuyo final puede ser más trágico que su mismo comienzo. La medida de los años de vida de un ser humano lo estipula Dios, no el hombre y a Él hay que preguntarle cuándo acaba.

Cuando la mente del hombre comienza a apartarse de los designios ideados por Dios, se mete en un laberinto cuyo final puede ser más trágico que su mismo comienzo

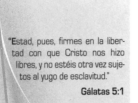

13 de mayo
LA MEMORIA DEL ELEFANTE

"Estad, pues, firmes en la libertad con que Cristo nos hizo libres, y no estéis otra vez sujetos al yugo de esclavitud."

Gálatas 5:1

En el ámbito circense es bien conocida la cuestión acerca de los elefantes nacidos en cautiverio. Aún en las sabanas africanas, también se conoce este asunto en el caso de elefantes nacidos en las fincas de dueños que les domestican para usos múltiples. La admirable memoria que caracteriza a los paquidermos les juega una mala pasada. Desde que nacen son amarrados con cadenas para evitar que huyan, pues, son muy traviesos. Así, sujetos a esa cadena atada a un árbol, crecen hasta que se hacen adultos. Lo interesante es que al crecer, sus dueños desatan las cadenas del árbol y el animal, que cansado de jalar y jalar durante su crianza, aprende que no puede soltarse, sigue junto al árbol obedientemente cada vez que su amo le deja allí. Nunca escapa porque su memoria le dice que es imposible intentarlo ignorando que ya es libre pues su cadena no está amarrada a nada.

Muchas veces los humanos, archivamos en nuestro banco de memoria, eventos ante los cuales hemos sucumbido vez tras vez. Hábitos que nos esclavizan, situaciones que nos han controlado... pensamos que nunca podremos cambiar. Las aceptamos, nos sometemos, canjeando nuestra libertad y así seguimos el resto de nuestras vidas en resignada actitud de dependencia.

La Biblia dice: **"Si el Hijo os libertare, seréis verdaderamente libres"**. Juan 8:36.

No vivas atado a prejuicios o estereotipos que tus antepasados, la sociedad o tu misma mente crean, impidiéndote mover con libertad. Cristo no sólo te desamarra del árbol de la muerte sino que también rompe las cadenas del pecado.

Él mismo un día dejó que le ataran a un madero, se hizo esclavo de los hombres para que tú y yo pudiéramos ser libres.

Si pones tu confianza en Dios y en Su obra de amor en la cruz al entregar a Su Hijo, verás tus cadenas caer al instante, tu memoria será sanada, tu libertad restaurada y vivirás eternamente para agradecer a tu nuevo Amo a quién ahora te sujetas por amor y le sirves.

Cuando tu memoria te diga que ya no puedes, intenta con Cristo

14 de mayo
EL QUE NUNCA TE SUELTA

En un día caluroso de verano en el sur de Florida, un niño decidió ir a nadar en la laguna detrás de su casa. Su mamá lo miraba por la ventana. De repente vio con horror algo que sucedía... ¡Un enorme lagarto se acercaba a espaldas de su hijo! Corrió hacia él gritándole lo más fuerte que podía.

> "Con amor eterno te he amado. Con amor inagotable te acerqué a mí."
>
> Jeremías 31:3

Oyéndole, el niño se alarmó, miró hacia atrás y empezó a nadar rápidamente hacia su mamá. Desde el muelle la mamá tomó al niño por sus brazos justo cuando el lagarto atrapaba con sus afilados dientes sus pequeñas piernas. El cocodrilo era más fuerte, pero la mamá era mucho más decidida y su amor le dio toda la fuerza para sostenerlo. Un señor que pasaba por el lugar, escuchó los gritos, se apresuró hacia el muelle con una pistola y mató al cocodrilo. El niño sobrevivió y, aunque sus piernas sufrieron bastante, con el tiempo pudo llegar a caminar. Cuando salió del trauma, un periodista le preguntó al niño si le quería enseñar las cicatrices de sus piernas. El niño levantó las frazadas y se las mostró. Pero entonces, con gran orgullo se levantó las mangas y dijo: "Pero las que usted debe ver son estas", eran las marcas en sus brazos de las uñas de su mamá que habían presionado con fuerza... "Las tengo porque mamá no me soltó y me salvó la vida".

Nosotros también tenemos cicatrices de un pasado doloroso. Algunas son causadas por nuestros pecados, fracasos y maltratos que circunstancias, personas o la vida misma nos infligen. Pero algunos tenemos otras marcas y son las de Dios que, con Su poder nos ha rescatado de las garras del diablo y aún nos sigue sosteniendo con amor sublime. De éstas estamos orgullosos pues son más profundas que las otras. Puedes vivir mirando con horror las huellas que el pecado te dejó y vivir avergonzado o puedes vivir contemplando con gozo las huellas de Sus manos que jamás te soltarán. Dice Jeremías 31:3: **"Con amor eterno te he amado. Con amor inagotable te acerqué a mí."**

La mano de Su gracia levanta al caído

OBEDIENTE POR FUERA, ORGULLOSO POR DENTRO

> "La necedad está ligada al corazón del muchacho; mas la vara de la corrección la alejará de él."
>
> **Proverbios 22:15**

Aquel día Enrique, un niño de 7 años, se había portado muy mal. Había algo que le impulsaba a rebelarse. Esa actitud venía desde el momento que le habían hecho levantar temprano en la mañana, y empujado para que se marchara a la escuela, luego se sintió acosado por los compañeros y regañado por la maestra. Por fin, después de la cena, por alguna nueva infracción del orden o falta de respeto, su madre le había mandado a un rincón de la cocina para que se estuviera allí, sentado en su sillita, hasta que le dieran permiso para levantarse. El niño se sentó y se quedó quieto durante un momento. Pero luego, en actitud de desafío, se levantó y miró a su madre a ver qué hacía. En ese momento entró su padre y poniendo su pesada mano sobre su hombro, le obligó a sentarse nuevamente. Los ojos del niño se llenaron de lágrimas al ver lastimado su orgullo, y sin opción alguna más que quedarse sentado, mirando a su padre con ira, exclamó: "¡Muy bien, estoy sentado por fuera, pero por dentro estoy de pie!" **"Tal es el orgullo ligado al corazón del muchacho"**, dice Proverbios 22:15. Aún hoy en día, muchas personas ya adultas siguen prisioneras de su propio orgullo. A veces disimulándolo detrás de una fachada de aparente humildad para conseguir sus propios logros y otras veces publicando su propia necedad a cada paso. Sólo Cristo rompe las cadenas del orgullo más avanzado de cualquier mortal haciéndole libre. De qué sirve esta actitud infantil, que al igual que Enrique, se mantiene en su puesto por fuera, pero por dentro levanta su puño al cielo pretendiendo desafiar a Dios. Al fin y al cabo, dice la Biblia que un día, toda rodilla se doblará y toda lengua confesará que Jesucristo es el Señor. Tarde o temprano, te humillarás ante Él. Hazlo ahora, antes que sea demasiado tarde.

Aquel que aprenda a doblegar su orgullo, permanecerá de pie siempre

16 de mayo
LA ESCUELA DE LA ANGUSTIA

> "El Señor te guiará siempre; te saciará en tierras resecas, y fortalecerá tus huesos. Serás como jardín bien regado, como manantial cuyas aguas no se agotan."
>
> **Isaías 58:11**

El diccionario de la Real Academia Española, define a la angustia como : "un estado del alma donde se experimenta la sensación de dolor por la pérdida o ausencia de un bien preciado, el temor a lo desconocido o el trauma provocado por la agresión". Pero aquel que vive en angustias o recuera tramos amargos de su vida, sabe que es mucho más que eso. Si miramos la angustia del alma como el resultado natural de alguna de las experiencias traumáticas que mencionamos recién, puede que nos perdamos la oportunidad de sacar todo el provecho que el dolor, la prueba y la aflicción en sí encierran. Cabe señalar que esa alma dolida y herida fue creada por Dios. Él la puso allí, en tu interior, y está muy interesado en que sane y se mantenga a resguardo. Sin embargo, también es cierto que Dios permite el sufrimiento, pero no para nuestra destrucción, sino para nuestra instrucción y desarrollo de carácter.

El saber que Dios está detrás de cada experiencia amarga o valle de muerte que te toca pasar, es una garantía más que eficiente para sobrellevar la carga. Escucha lo que el mismo Dios le dijo a su angustiado pueblo de Israel en Deuteronomio 4:30-31: **"Y al cabo del tiempo, cuando hayas vivido en medio de todas esas angustias y dolores, volverás al Señor tu Dios y escucharás su voz. Porque el Señor tu Dios es un Dios compasivo, que no te abandonará ni te destruirá..."** Compasión es su normativa de acción ante uno de Sus hijos en problemas. Amor ante el dolor, paz en la tormenta.

Generar rencor hacia Dios culpándole por cada situación adversa, sólo agrega más amargura a tu estado de angustia. Deja que el pastor de tu corazón sane cada llaga. Para eso sufrió la peor de las angustias, para entenderte y ayudarte. Recuerda que por Su herida fuimos sanados y por Su llaga curados, y que Él cargó todas tus dolencias. Confía y de las tinieblas nacerá tu luz.

Generar rencor hacia Dios culpándole por cada situación adversa, sólo agrega más amargura a tu angustia

> "Bendeciré al Señor, que me aconseja; aun de noche me reprende mi conciencia. Siempre le tengo presente; con Él a mi derecha, nada me hará caer."
>
> **Salmo 16:7-8**

Dios creó al ser humano, tripartito: cuerpo, alma y espíritu. El cuerpo es la herramienta para relacionarnos con el medio ambiente que nos rodea. Con el cuerpo percibimos los colores, aromas, palpamos, vemos y oímos. Tenemos conciencia del medio ambiente exterior y nos relacionamos, en especial, con otros humanos que también utilizan sus sentidos y cuerpos para comunicarse. Por medio del cuerpo, sentimos que los demás existen. En cambio el alma, nos sirve para relacionarnos con nosotros mismos. Por ella tenemos conciencia de que existimos, que somos seres pensantes y sensibles. Con el alma amamos, odiamos, deseamos o envidiamos. Es el asiento de nuestras emociones, donde se gestan los afectos y los sueños. Con el alma nos relacionamos con nuestro interior, con nuestro yo. Pero la parte más importante del ser humano y que es su patrimonio exclusivo es el espíritu. Esa herramienta puesta por Dios en nuestro ser para relacionarnos con Él, es esa línea telefónica que te comunica con la eternidad. Dice la Biblia: "**Dios ha puesto eternidad en el corazón de ellos**" **(Eclesiastés 3:11)**. Es la única parte eterna del hombre. Tendrá su eternidad en el cielo o en el infierno. Los animales no tienen espíritu, aunque tienen cuerpo y emociones. Los vegetales no tienen ni emociones ni espíritu aunque tienen cuerpo. Los minerales no tienen ni alma, ni fisiología corporal ni un espíritu eterno. Pero los humanos somos creación especial, hecha a imagen del Creador. Cada parte de tu ser fue creada por Dios con cualidades únicas y con un propósito definido. En encontrarlo se resume la plenitud de la vida. Pero esa búsqueda de plenitud debe ser hecha con sumo cuidado y manteniendo al resguardo tu ser integral. Por eso dice Dios en 1ª Tesalonicenses 5:23: "**Que Dios mismo, el Dios de paz, los santifique por completo, y conserve todo su ser, espíritu, alma y cuerpo irreprochable para la venida de nuestro Señor Jesucristo.**" Si quieres vivir una vida plena, permite que el que te creó, te dirija y llegarás a salvo hacia el final de tus días y hacia el comienzo de tu eternidad.

El hombre dice: cuerpo, alma, espíritu.
Dios dice: espíritu, alma, y cuerpo

ENERGÍA

> "Supongamos que alguno de ustedes quiere construir una torre. ¿Acaso no se sienta primero a calcular el costo, para ver si tiene suficiente dinero para terminarla?"
>
> **Lucas 14:28**

En todos los actos cotidianos se desempeña algo de fuerza. Al levantarnos, peinarnos, caminar, correr, jugar, trabajar, etc., siempre necesitamos fuerza para poder desenvolvernos con facilidad, según las exigencias del medio que nos rodee. La capacidad que tiene alguna persona o un objeto para ejercer fuerza y realizar cualquier trabajo, se denomina energía. Existe la energía eléctrica que se produce por la atracción y repulsión de los campos magnéticos de los átomos de los cuerpos; la energía cinética que posee todo cuerpo en movimiento; la solar, energía radiante producida por el sol y otras de menos uso. La demanda de energía es mayor cuanto mayor sea el trabajo. De ahí que los laboratorios de fármacos lancen al mercado cada vez más potenciadores de la salud, píldoras vitalizantes y energizantes. Es que el hombre y la mujer viven en constante exigencia: La casa, el trabajo, las cuentas, los hijos, los viajes, los compromisos... Todo es fuente constante de desgaste y tensión hasta el punto del agotamiento, el decaimiento, la falta de fuerzas y la pérdida del ánimo para continuar; a no ser por las píldoras que ayudan a luchar un poco más. ¿Es eso el ideal de vida? Dios no quiere que Sus criaturas sean máquinas activistas, adictas al trabajo, desgastando hasta la última carga de energía. Él quiere que disfrutemos, que racionalicemos nuestras fuerzas, que evaluemos. Todo trabajo, para poder calcularlo y acabarlo necesita de la asistencia divina. Jesús advirtió del peligro de aquel que comenzó a construir su torre y se dio cuenta de que no tenía lo necesario para terminarla y fue de burla para los que observaban. Cuántas empresas inconclusas, cuántos proyectos frustrados, o cuántos conquistados, pero al costo extremo de ver nuestra energía agotarse al máximo y necesitar de estímulos artificiales para volver a levantarse, y ver nuestras prioridades tergiversadas porque una vez más lo urgente reemplazó a lo realmente importante. Tal vez sea hora de entregar la planeación de la vida, del tiempo y de los bienes a la guía de Dios y usar nuestras fuerzas sólo en glorificarle a Él. No en vano el principal mandamiento fue y seguirá siendo: **"Amarás al Señor tu Dios con todas tus fuerzas."** ¿Lo estás haciendo?

Todo trabajo, para poder proyectarlo y acabarlo necesita de la asistencia divina

¡Tranquilo, Dios Nunca Llega Tarde!

> "Puesto que no son ocultos los tiempos al Todopoderoso, ¿Por qué los que le conocen no ven sus días?"
>
> **Job 24:1**

El capítulo 11 del Evangelio de Juan narra el último milagro realizado por Jesús. El relato comienza con la descripción cruda y urgente de la situación que se vivía, uno de los mejores amigos de Jesús estaba gravemente enfermo con una enfermedad mortal. Tragedia, enfermedad, pobreza, catástrofes naturales, etc., etc., etc., son palabras que no queremos ver ni de lejos ¿Verdad? En los momentos que menos imaginamos nos llega una inesperada noticia y otra vez la adversidad, la prueba, el conflicto, los problemas golpean a nuestra puerta. Aquí nos encontramos con una situación análoga. "**El que amas está enfermo**", le dicen al Señor los enviados por María y Marta desde la aldea de Betania según el versículo tres. Pero encontramos a Jesús calmado; es como si para Él, lo urgente se tornara en un desafío para mostrar a Dios. Cuántas oportunidades de servirle pasan ante nuestros ojos a diario y nos sumimos en la desesperación de la crisis en vez de ver en esa crisis una oportunidad para glorificar a Dios. Pero la situación era muy crítica. Justamente el hombre de la casa. El que traía el sustento, el que podía defender a sus hermanas, el líder, enferma, y de una enfermedad mortal. Jesús manifiesta una pasividad alarmante ante el pedido de socorro proveniente desde Betania. Dice el v. 6 que "**cuando oyó, pues, que estaba enfermo, se quedó dos días más en el lugar donde estaba.**" Sí, oíste bien. ¡Dos días más! Cualquiera se da cuenta que en dos días sin atención necesaria cualquier enfermo puede empeorar hasta llegar a un estado crítico. ¡Tranquilo! dice el Señor. El reloj de Dios nunca se atrasa y además Él conoce todas las cosas. Él conoce el futuro. ¿Por qué temerle al futuro si Dios ya estuvo allí? Él es especialista en tornar la tormenta en calma, la noche en día, la prueba en bendición, la muerte en vida y la tristeza en canción. Es por esa magistral y exclusiva cualidad de nuestro Señor que Él puede conjugar en dos versículos la muerte y la alegría. Dice el v. 14: "**Lázaro ha muerto**" y continúa el 15: "**y me alegro por vosotros de no haber estado allí para que creáis**".

Dios no quería sanar un enfermo, sino resucitar un muerto. ¿Dónde hay más gloria?

20 de mayo
La Motivación

Ralph Waldo Emerson dijo: "Nunca nada grande fue concebido sin entusiasmo". Es que en realidad, la motivación es madre de hijos prominentes y adelantados. Nada se logra desde el lecho del conformismo, el desgano y la ley del mínimo esfuerzo. El desánimo lleva a brazos caídos y falta de visión. La pereza está siempre asocia-

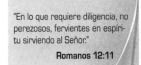

"En lo que requiere diligencia, no perezosos, fervientes en espíritu sirviendo al Señor."

Romanos 12:11

da al desánimo. La motivación es algo natural al ser humano. Ese instinto de supervivencia y de progreso que se evidencia en la rápida escalada en tecnología que este mundo está experimentando en las últimas décadas. Claro que los obstáculos y desencantos de la vida tienen cierto poder frustrante y en la mayoría de los casos, apaga esa chispa creadora, ese ánimo de continuar, y deja al hombre y a la mujer tendidos sin fuerzas en el callejón del agotamiento y la pérdida de sabor en lo que se hace. Si te encuentras en esa situación, mi apreciado amigo, debes saber que nada de lo que hagas tendrá un final de excelencia ni tendrá valor eterno, porque sólo con el sello del entusiasmo, es que se realizan las grandes cosas. La convicción de que lo que estoy haciendo es mi vocación, mi llamado, es tal vez el primer ingrediente para una vida de entusiasmo. Pedro, aquel pescador hecho pastor de almas por el llamado de Jesús, vivió entusiasmado con su nuevo oficio. Más tarde, advertido sobre el final que le esperaba a su vida, declaró con entusiasmo que estaba dispuesto a vivir consagrado a la misma causa, aunque le costara su misma vida, y en las playas del mar de Galilea, recibió de los labios del mismo Jesús que le llamó, la vital pregunta: "**¿Me amas?**" Es que también los afectos, son otro ingrediente indispensable para poner el corazón en lo que hacemos. ¿Eres un entusiasmado de la vida?... Si no, deposita tu futuro en las manos de Dios y ámale con todas tus fuerzas. Sólo así dejarás tu huella en esta tierra.

"Nunca nada grande fue concebido sin entusiasmo".

Raíz Amarga

> "No dejen que nadie se aleje del amor de Dios. Tampoco permitan que nadie cause problemas en el grupo, porque eso les haría daño; ¡sería como una planta amarga que los envenenaría!"
>
> **Hebreos 12:15**

Esta frase extraída de la carta a los Hebreos en la Biblia, dice dos verdades fundamentales acerca del peligro de vivir envenenado por la amargura o el resentimiento. Por un lado que el resentimiento o rencor te aleja de Dios y por el otro, que te aleja de las personas que conforman tu grupo. "Te envenenas y contagias", sería una paráfrasis resumida. Lo que sucede es que, según acabamos de ver, es como una planta no deseada pero que apareció allí. ¡La tan indeseada maleza en el jardín de la vida! Nadie la planta, nadie la riega ni la fertiliza, no se venden sus semillas en el mercado, pero allí está, saludable y creciendo, absorbe nutrientes del suelo que le pertenecen a la planta buena; le roba el sol tan necesario y proyecta su sombra maléfica. Y no te descuides en atacarla a tiempo, pues si no, verás con dolor cómo pronto las semillas que esparció, brotan por todo tu terreno invadiéndolo.

A veces el resentimiento es con personas y otras veces con Dios. Es posible que necesites confesar un enojo oculto o algún remordimiento contra aquel Dios que, en algunas secciones de tu vida, sientes que no te trató con justicia o te decepcionó: La apariencia física, la crianza, la familia, traumas del pasado y tantas otras cosas que nos gustaría cambiar si pudiéramos. La meta es madurar hasta llegar a entender que todo lo que pasa, obra para nuestro bien como parte de la inmensa bondad y sabiduría de Dios.

No olvides; el rencor es el mayor impedimento para acercarse a Dios y a las personas y el antídoto es darse cuenta de que Dios siempre actúa defendiendo nuestros intereses. Sal de tu amargo aislamiento y cuéntale a Dios cómo te sientes, será el primer paso para vivir una vida abundante. Deja de envenenarte y de envenenar a otros. La vida es dulce, Dios es dulce. ¡Deléitate en Su dulzura y Él endulzará tu vida!

Una sola gota del veneno del rencor, es suficiente para amargar la dulzura de toda una vida

Había algunos personajes interesantes en esta casa de Betania, en
la cena narrada en el capítulo 12 de
Juan desde el v. 1-11. Estaban Jesús,
el invitado de honor; Lázaro, que como
ya imaginarás, se había hecho famoso
después de pasar cuatro días en el sepulcro y haber sido resucitado; Marta,
ejercitando su don de servicio como

> "Dios es Espíritu; y los que le ado-
> ran, en espíritu y en verdad es
> necesario que adoren."
>
> **Juan 4:24**

siempre; María la fiel admiradora y adoradora del Maestro; Judas y
otros. Yo le puse como título a este párrafo: "El amor arriesgado", y te
voy a decir por qué. ¿No te parece algo extraño que Simón se animara
a invitar a Jesús y a Su grupo a una cena en su casa y lo anunciara
públicamente? La fama de Jesús ya era notoria y toda Jerusalén sabía que le buscaban para matarle. Claro que la experiencia que este
ex leproso había tenido con Jesús había transformado su vida. Este
hombre antes de conocer a Jesús vivía aislado de la sociedad por su
enfermedad y ahora le vemos con su casa llena de gente. Cómo no iba
a correr riesgos si, al fin y al cabo, también el Señor se arriesgó al tocar su cuerpo leproso. También Lázaro estaba allí. ¡Lázaro escóndete,
huye! Sería el consejo más prudente ante lo riesgoso de la situación.
¡No le cuentes más a nadie tu testimonio! ¡No digas que estabas muerto y que Jesús te dio la vida, cállate, no hables! Te van a arrestar y quizás a matar. Pero, estando con Jesús al lado ¿Podía temerle otra vez a
la muerte este hombre? Pero los arriesgados siguen apareciendo en
escena y ahora era el turno de María que se lleva el papel protagónico
en este relato. Sólo los hombres hablaban y participaban de la comida
a la mesa; las mujeres en silencio, comían en un rincón de la sala hablando en voz muy baja. Casi fue abrupta su entrada, más de uno se
habrá levantado de su puesto, otros quizás taparon sus narices por
el fuerte aroma del perfume mezclado con el olor de la comida. ¡Qué
atrevida! ¿Quién? ¿Esta mujer? ... Otra vez el amor arriesgado que
actúa movido más por impulso de un corazón que ama a Dios, que por
una mente que evalúa los costos. Alguno te dirá que eres impulsivo
pero permíteme decirte que cuando tus impulsos son gobernados por
el amor a Dios, puedes ser todo lo impulsivo que quieras.

El amor verdadero corre riesgos

"Mejor es confiar en Jehová que confiar en el hombre".

Salmo 118:8

Cuenta una simpática historia, que en cierto pueblo, un hombre iba todos los días a trabajar a su fábrica, pero antes de ingresar pasaba por una tienda grande del pueblo y se paraba algunos segundos mirando hacia su interior para luego continuar su camino al trabajo. Esto lo hacía cada mañana, cada día, todos los días del año. Intrigado, el dueño de aquella tienda, no pudo soportar más la curiosidad y le esperó en la puerta un día. "Disculpe usted", le dijo, "¿podría decirme por qué motivo se detiene cada día mirando hacia el interior de mi tienda?" "Bueno", explicó aquel hombre, "es que yo soy el encargado de hacer sonar la bocina de entrada en la fábrica cada día y como usted tiene un gran reloj en su tienda, ajusto la hora de mi reloj con el suyo para estar seguro de que es la hora exacta. Si está mi reloj atrasado o adelantado simplemente lo corrijo y sigo mi camino. No se molestará usted, ¿verdad?" "Claro que no", exclamó el comerciante. "Pero mire cómo son las cosas, yo ajusto la hora de mi reloj de pared con la sirena de su fábrica. Cada vez que suena observo mi gran reloj en la tienda para ver si necesita corregirse".

Hay muchas personas en la vida que ajustan el reloj de su existencia según la hora que marcan los demás, acomodándose a las opiniones, a las modas y a los prejuicios de los otros, sin ser capaces de ser auténticos. No tienen hora propia y sólo se conforman si se comparan con sus semejantes.

La imitación absoluta de los demás puede ser un gran error. Y vivir condicionado por el "qué dirán" no te conduce a nada. Claro que debemos imitar las virtudes de los otros y esforzarnos por superarnos cada día, pero vivir vidas prestadas, imitadas y carentes de estilo propio, va en contra del diseño de Dios para tu vida. Nuestro punto de referencia es Jesús y sólo con la mirada puesta en Él acabarás tu carrera con gozo.

**"Puestos los ojos en Jesús el autor
y consumador de la fe"**

Tu corazón es la fuente de todas tus motivaciones. La Biblia usa el término corazón para referirse a los deseos, esperanzas, intereses, sueños y afectos que posees. Exteriorizas lo que tienes dentro, o en otras palabras, eres lo que sientes. De la abundancia del corazón habla la boca. Es que de alguna manera, tu corazón es tu timón.

> "En el agua se refleja el rostro, y en el corazón se refleja la persona"
>
> **Proverbios 27:19**

Esto puede ser peligroso si no hay un buen capitán que sepa cómo maniobrarlo. ¿Me entiendes? La vida plena no se consigue con corazonadas sino con dirección divina. Pero ni aún Dios mismo es indiferente a los impulsos de tu corazón. De alguna manera, Él quiso que dentro de ti se mueva involuntariamente ese órgano vital que late con cierto ritmo distintivo y único en cada ser humano. Sí, los avances médicos en el área de cardiología han demostrado que cada corazón late diferente. Allí está Dios. Él te dio, no sólo ese ritmo especial sino esos afectos, emociones, gustos y pasiones únicas. Lo que te apasiona a ti, puede que no despierte ningún interés en otro, y puedes pasar horas soñando con alcanzar una meta que para otra persona ni siquiera vale la pena considerar. Instintivamente ponemos más atención en ciertas cosas que en otras. Algunas experiencias captan tu atención, mientras que otras pasan inadvertidas o te aburren. Eso revela la naturaleza de tu corazón. Ese es tu latido emocional único. ¿De dónde proceden esos apegos, inclinaciones e intereses? De Dios, Él te hizo afectivo y cuando se entrega cada emoción bajo su cuidado, tus sueños son cumplidos a su tiempo y manera. No en vano la Biblia declara: "Amarás al Señor tu Dios con todo tu corazón." Es que no hay otra manera de honrarle que no sea sometiendo tus emociones a su aprobación y cuidado. Es por eso que, en una actitud paternal, Dios te pide permiso para cuidar tu corazón, prometiéndote que Él lo guardará mejor que nadie: **"Dame hijo mío tu corazón."** Proverbios 23:26. Deja que Él lo cuide, porque de él mana la vida.

La vida plena no se consigue con corazonadas sino con dirección divina

> "Pues donde tengan ustedes su tesoro, allí estará también su corazón".
>
> **Lucas 12: 34**

Se cuenta la historia de un hombre que decía haber convertido su corazón a Jesús. Un viejo compañero suyo que conocía su pasado oyó la noticia y le llamó por teléfono:

-Pepe, me dicen que te has metido en religión.-

-Sí, es cierto- fue la réplica. Su amigo continuó.

-Entonces supongo que vas a la iglesia cada domingo.-

-Así es-, le dijo Pepe. *-Empecé a ir hace 5 semanas y no he perdido ni un solo servicio religioso-*

-Y supongo que vas a dejar de fumar y de beber.-

-Ya lo he dejado,- contestó Pepe. *-De hecho no he probado licor ni cigarrillos desde entonces.-*

Su amigo se detuvo por un momento y, acordándose del mucho dinero que le debía desde hace tiempo le dijo: -Supongo que ahora que te has metido en religión vas a pagar también tus antiguas deudas, ¿no es cierto?-

En aquel momento Pepe olvidó que había profesado su fe y respondió:

- ¡Un momento amigo, ya no me estás hablando de religión sino de negocios!-

Aunque se trata de una historia simple me habla de una gran verdad. Muchos usan ciertas tijeras para cortar y separar lo que no se puede separar. La verdadera religión que Cristo vino a enseñar involucra todo tu ser: espíritu, alma y cuerpo. Algunos religiosos profesantes restringen su pretendida religión a ciertas áreas de la vida y la separan de otras. Cuando una persona realmente nace de nuevo, reacciona de otra manera. Pablo dice que **"las cosas viejas pasaron, he aquí TODAS son hechas nuevas"**, TODAS. La presencia de Cristo morando en tu interior es una revolución de vida que transforma todo. No te engañes. Cristo no mejora la vida, te da una vida nueva que es muy diferente. El infierno estará repleto de hombres buenos, que hicieron cosas buenas con buenas intenciones convencidos, pero nunca convertidos. No experimentaron la verdadera revolución del nuevo nacimiento. ¿Y tú, eres religioso o cristiano? Si dejas tus finanzas fuera de tu devoción, muy pronto tu devoción quedará afuera por culpa de tus finanzas.

**Si dejas tus finanzas fuera de tu religión,
muy pronto tú también estarás fuera.
Porque donde está vuestro tesoro...**

26 de mayo
Todos Tenemos Un Judas Adentro

"Traición. Es un arma que se encuentra solamente en las manos de aquel a quien amamos. Nuestro enemigo no tiene esa arma, porque sólo un amigo puede traicionar. La traición es un motín. Es una violación de la confianza, un crimen cometido por uno allegado a la víctima. Usted ha sido la víctima de un amigo. Le dan un beso que araña. Usted mira a sus amigos y estos no le devuelven la mirada. Usted se vuelve al sistema judicial para pedir justicia... y éste lo considera el chivo expiatorio. Usted es traicionado. Mordido por el beso de una víbora. Es más que el rechazo. El rechazo abre una herida, la traición le echa sal. Es más que la soledad; la soledad lo deja a usted frío, la traición cierra la puerta. Es más que la burla; la burla clava el puñal, la traición lo revuelve. Traición... cuando nuestro mundo se vuelve contra nosotros. Traición... donde hay oportunidad para amar, hay oportunidad para herir ¿Verdad? Cuando llega la traición, ¿qué haces tú? ¿Escapas? ¿Te indignas? ¿Te vengas? Tienes que tratar con ella de alguna forma. Veamos cómo actúa Jesús. Empecemos por observar cómo trató a Judas: "Y Jesús le dijo: Amigo, ¿a qué vienes?" De todos los apelativos entre los cuales yo hubiese podido escoger para calificar a Judas, nunca hubiera escogido "amigo". Lo que Judas le hizo a Jesús fue groseramente injusto. Y el método de Judas... de nuevo, ¿por qué tuvo que ser un beso? ¿Y por qué tuvo que llamarlo "Maestro"? Ese es un tratamiento de respeto. La incongruencia de sus palabras, obras y actos... yo no hubiese llamado a Judas "amigo". Pero eso es exactamente lo que hizo Jesús. Es que Él puede ver algo que nosotros no podemos. Él pudo ver lo que podría llegar a ser si se hubiera puesto en Sus manos. Él no miró la ofensa que le estaba haciendo sino más bien la restauración que recibiría si se arrepentía. Aún estaba a tiempo". (Max Lucado[1]).

> "Vanidad y palabra mentirosa aparta de mí; no me des pobreza ni riquezas; mantenme del pan necesario; no sea que me sacie, y te niegue, y diga: ¿Quién es Jehová? O que siendo pobre, hurte, y blasfeme el nombre de mi Dios."
>
> **Proverbios 30:8-9**

Cuando aprendamos a mirar al que nos traiciona como Jesús lo hizo, habremos comprendido cómo nos miró Jesús cuando nosotros le traicionamos a Él.

Hay un Judas dentro de cada uno de nosotros

DEFINE TU VIDA

> "No os amoldéis al mundo actual, sino sed transformados mediante la renovación de vuestra mente."
>
> **Romanos 12:2**

En el año 1982 un anuncio en el periódico nacional de Argentina informó que mi número de documento estaba en lista del sorteo para prestar el servicio militar por lo que debía presentarme ante el ejército en la fecha señalada.

Asistí a esa convocatoria y el examen médico duraba dos días. El primer día se nos practicó un test psicológico y el profesional nos dio un papel y un lápiz donde cada uno de los presentes debía dibujar algo simple, que de alguna manera representara nuestra vida.

Algunos sentados en el suelo, otros en grandes mesas, uno tras otro fuimos esbozando formas, signos, dibujos o simples garabatos que, según nosotros, resumían nuestra vida hasta el presente.

Fueron tantas las formas y dibujos surgidos como personas había en aquel cuartel. Para unos su vida era una cosa, para otros, otra. Cada uno de nosotros tenía una perspectiva distinta de acuerdo a las experiencias.

Para algunos la vida es una carrera, entonces para ellos llegar primero es importante y andarán siempre deprisa. Para otros la vida es un juego, entonces para ellos, pasarla bien, es la prioridad. Para otros es una maratón y lo que importa es conquistar metas que le hagan sentir seguros. Para otros es un carrusel, hoy se sienten bien y están en las alturas, mañana las cosas les salen mal y no los puedes levantar de su depresión.

¿Cuál es tu visión de la vida?... Es muy posible que tengas informaciones erróneas al momento de definir tu vida o te hayas impregnado de la sabiduría popular.

Si quieres ser objetivo en este punto crucial, debes despojarte de todo eso con la ayuda de Dios y concentrarte en el enfoque bíblico. El tema central del evangelio de Jesús es que Dios se encarnó para transmitirnos Su vida. La nuestra, desgastada y devaluada, quedó en Su cruz y la que hoy Él te ofrece es sobrenatural, plena y eterna. Sólo con una mente renovada por Dios podrás vivir a la manera de Dios que es la única manera valedera.

No vemos las cosas como son, las vemos de acuerdo con nuestro modo de ser

RESUCITADO PARA TU COMPAÑÍA

La resurrección de Jesús dio el último ajuste a los suyos. El último golpe del cincel, la última pincelada. Son innumerables las pruebas testimoniales que tenemos de Su resurrección. En el capítulo 20 de Juan tenemos una de esas apariciones, y hay algunas palabras que son temas esenciales: **Llanto**, en María, **miedo** en los discípulos, **duda** en Tomás. Hablemos de Tomás. Algunos le juzgan apresuradamente y le llaman Tomás, el incrédulo. Son esos asesinos de la gracia que también llaman a Felipe el matemático, porque sacó cuentas en la alimentación de los 5000, como si nunca calculáramos nosotros también los costos antes de emprender algo. A Pedro le llaman el cobarde, porque saltó de la barca y se hundió, como si nosotros no hubiéramos pedido socorro alguna vez y a la mujer del capítulo ocho, adúltera, como si se destacaran más sus pecados pasados que su perdón presente y su restauración futura. Tomás no estaba cuando Jesús apareció por primera vez al grupo. Supongo que estaría encerrado en su dolor, en su desesperanza... Ocho días pasaron y ahora Tomás estaba con ellos. Seguramente se dio cuenta de que lo peor que podía hacer era aislarse y aguantar la angustia encerrado en su cuarto. Cuando de repente, el Señor en persona aparece en medio. Y se dirige directamente hacia él. "Tomás: No seas incrédulo. Aquí estoy. ¿Quieres tocarme?" "No Señor; ya no hace falta. La comunión con mis hermanos y tu preocupación por mí ya me han animado. Gracias Señor. Ahora creo, perdóname Señor." Es como si el Señor le hubiera dicho, "Claro Tomás. Por eso vine otra vez, para ayudarte y darte el empujoncito que te faltaba para que comiences a caminar por fe y no por vista"... Y ¿tú qué? ¿Seguirás llorando también encerrado en tu dolor, en tus debilidades? Espera en Él; si es necesario se te aparecerá personalmente a ti en alguna de tus devociones. Entonces, muéstrale tu fe enferma que Él te mostrará Sus manos heridas por ti y te dirá: "No te preocupes, yo también sufrí, yo también lloré". Secará tus lágrimas, te tomará de la mano, te ayudará a levantarte, soplará en ti un aliento nuevo y te usará para Su gloria.

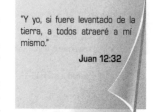

"Y yo, si fuere levantado de la tierra, a todos atraeré a mí mismo."

Juan 12:32

Ante la amenaza, la peor estrategia es aislarse

> "He aceptado tu corrección. Hazme volver; y seré restaurado; porque tú, mi Dios, eres el Señor. Yo me aparté, pero me arrepentí."
>
> **Jeremías 31:18-19**

Herodes Antipas, idumeo por parte de padre y samaritano por parte de madre, se metió en un buen lío de familia que al final terminaría con su exitosa carrera política. Era tetrarca de Galilea y Perea y estaba casado con la hija de Aretas, un vecino rey árabe. La región oriental de su tetrarquía y el reino de su suegro, tenían una extensa frontera común. El matrimonio se destruyó cuando Herodes repudió a su mujer para reemplazarla por Herodías, que era a la vez su cuñada y sobrina. Juan el Bautista, el mensajero precursor del ministerio del Mesías, había confrontado al tetrarca con la ley de Dios. Como lo hizo el profeta Natán con el rey David, el Bautista le señaló claramente el pecado a Herodes. Sin embargo éste, no reaccionó como David. Su corazón distaba mucho de ser conforme al de Dios. Herodes, edomita y por lo tanto vengativo, no interpretó la amonestación como una visitación de la gracia de Dios que podía llevarle al arrepentimiento. Así fue que perdió la gran oportunidad de su vida y se hundió en su propio cieno. Hizo detener a Juan y lo envió a la cárcel instigado por su propia esposa. Días más tarde, la cabeza del Bautista, rodaba por el piso sucio de una celda fría en la fortaleza de Maqueronte.

¡Cuántas veces las amonestaciones de Dios son una oportunidad para el arrepentimiento y nosotros nos enojamos o escondemos en vez de verlas como una visitación de Su gracia! Dios se vale de variados métodos para hacernos ver nuestro pecado, pero no porque sea un policía buscando al próximo para encarcelar. Más bien debes verlo como aquel médico que, desesperado, advierte y ofrece remedio a su paciente después de haber diagnosticado una enfermedad terminal. No te enojarías con él, ¿verdad?

Sin embargo, esa es la actitud herodiana que toma el ser humano hoy en día y siempre. Le da la espalda a Dios ignorando que Su reprensión no es ni más ni menos que un llamado al ajuste de cuentas. No huyas o intentes esconder lo evidente. Agradécele por ofrecerte Su ayuda y entrégate a Él.

¡Cuántas veces las amonestaciones de Dios son una oportunidad para el arrepentimiento!

30 de mayo
LA TORRE DE PISA

Desde su construcción, hace ya más de 800 años, la Torre de Pisa ha venido inclinándose una fracción de pulgada cada año sin caerse. Se cree que comenzó a construirse en 1173 por el famoso arquitecto Bonano Pisano. Noventa años más tarde, otro arquitecto retomó la obra añadiendo tres pisos y medio más. La torre em-

"Edificados sobre el fundamento de los apóstoles y profetas, siendo la principal piedra del ángulo Jesucristo mismo".

Efesios 2:20

pezó a inclinarse en aquel entonces y este arquitecto decidió corregir la vertical con los pisos superiores en vez de hacerlo corrigiendo el fundamento. Pasaron 80 años más y otro arquitecto puso la cúpula del octavo piso. La torre estaba condenada a seguir inclinándose. La única explicación coherente de este hecho es que se ha construido sobre terreno flojo y lodoso. Por ello se hunde en la tierra que no es firme. Algunos propusieron la idea de sujetar la torre con grandes globos para detener su inclinación pero lo ideal es fortalecer sus cimientos mientras se sostiene esta mole de 14.500 toneladas. Lo cierto es que si no se toma una medida urgente, la torre caerá inevitablemente en algún próximo siglo. ¡Cuánta similitud tiene la torre de Pisa con la trayectoria de la vida de muchas personas! Éstas, neciamente construyen piso tras piso de su existencia, sin poner atención a sus cimientos, pensando que al final tendrán felicidad. No quieren reconocer que el rumbo de sus vidas está tomando un curso fatal y que la caída es inminente. Continúan acumulando riquezas tras riquezas, logros tras logros, años tras años de su vida y no hacen una pausa para medir las consecuencias que esto implica. El progreso tiene un costo, y si no se invierte lo necesario en las bases, puede ser una inversión perdida. Para una vida de crecimiento vertical, hay una sola Roca firme sobre quién construir: Efesios 2:20: **"Edificados sobre el fundamento de los apóstoles y profetas, siendo la principal piedra del ángulo: Jesucristo mismo."** Jesucristo, la principal piedra del ángulo. Todo lo demás son flojas propuestas que terminarán en inevitable tragedia. ¡No te equivoques!

El progreso tiene un costo, y si no se invierte lo necesario en las bases, puede ser una inversión perdida

ESCUCHANDO

> "Porque a mí ha inclinado su oído; por tanto le invocaré mientras viva."
>
> **Salmo 116:2**

Esta oración, fue hecha por el gran rey de Israel, David y quedó impresa en sus Salmos. Se refería a Dios; a su Dios. Es una declaración de agradecimiento simplemente porque le escuchó, porque en el día en que necesitó hablar con alguien allí estuvo Dios dispuesto a escucharle. Ni siquiera dice que le alaba porque le haya respondido, no, simplemente porque se dignó a escucharle.

¿Sabes? Hay mucha gente por ahí simplemente rogando ser escuchados. Mendigando algo de tiempo de alguien para que escuche sus penas, sus soledades. ¿Es que nadie necesita ser oído? Se necesita sanar enfermedades, arbitrar entre dos litigantes, y atender empresas, claro, pero también hay un gran sector de la sociedad que vive marginado y enfermo porque no hay quién le escuche. Para la mayoría de las personas hoy en día, pararse a escuchar a alguien en medio del trabajo es perder el tiempo. No lo fue así con Jesús. Él dejaba todo lo que estaba haciendo sólo por escuchar a aquel que venía cargado de sus penas y dudas, fuera pobre o rico, amigo o enemigo, adulto o niño; siempre encontraban un oído dispuesto. Tal vez, no has tenido en tu vida a aquel que debe oírte cuando más necesitas. Tal vez tu papá no tuvo tiempo para ti, tu esposo te ignora, tus hijos no paran para conversar un momento, todos viven apurados y ocupados. Pero hay alguien, allí arriba, muy alto, pero con la virtud de inclinarse a escuchar cada vez que lo necesites. Es Dios; no está tan alto, simplemente llámalo y compruébalo por ti mismo. Ten por cierto que te responderá. Deja de intentar ser escuchado por los que están ocupados; son sordos, no pueden oírte; tienen otras prioridades. Para Dios, escucharte no es perder el tiempo, y tú eres prioridad para Él.

Dios, nunca está tan ocupado como para no atenderte

1 de junio
DESVENTAJAS DEL TIEMPO MODERNO

Con los modernos medios de transporte, donde puedes viajar en cuestión de horas a cualquier parte del mundo, las epidemias y contagios a escala mundial se aceleran a pasos agigantados.

"Sécase la hierba, marchítase la flor; mas la palabra del Dios nuestro permanece para siempre".

Isaías 40:8

En décadas pasadas, era prácticamente imposible que una enfermedad llegara a otro continente debido a la distancia que debía recorrer para instalarse lejos de su zona de influencia. El factor tiempo, las variaciones climáticas, y los huéspedes portadores de dicho germen hacían imposible que la epidemia se trasladara a escasos kilómetros de su zona de aparición.

Esto fue planeado así por Dios cuando aconsejó al hombre en Génesis 1:28: **"llenad la tierra"**. Fue la orden divina, espárzanse, aléjense, no se agolpen en puntos centrales formando mega ciudades con la posibilidad de conectarse en cuestión de minutos con un simple vuelo de avión. Hoy puedes contraer un virus extraño y nocivo en África, subir a un avión y bajar el mismo día en Europa, y contagiar desde ahí al resto del mundo.

El pánico vivido hace poco con la gripe aviar es un claro ejemplo de lo que quiero decir.

Ya en la antigua Babel, los hombres mostraron esa temprana tendencia a instalarse en un solo punto geográfico y allí, en esas selvas de cemento, intentaron sobrevivir apiñados uno encima de otro.

Pero hay un virus de contagio masivo que afecta a todo hombre, esté cerca o lejos de su vecino. No viaja en avión ni se contagia por estornudos. Está radicado en el corazón de todo hombre desde el mismo momento de nacer, es el virus del pecado y sólo la sangre de Jesucristo, el Hijo de Dios, limpia de ese pecado.

Si aún no le has aceptado, debes urgentemente, hoy mismo, dirigir tu mente a Dios y, con humildad, pedirle perdón y dejar que Él te sane.

Un día viviremos todos en una gran ciudad de 2200 Kilómetros de alto, de ancho y de profundidad, redimidos, glorificados, ya sin presencia del pecado y alabando por la eternidad a Aquel que nos redimió.

Las mega ciudades y los campos deshabitados, son una evidencia de la desobediencia del hombre hacia Dios y Su Palabra

ÓRDENES QUE NO FUERON ATENDIDAS

> "**Esfuércense** por cumplir fielmente el mandamiento y la ley que les ordenó Moisés... **obedezcan** sus mandamientos, **manténganse** unidos firmemente a Él y **sírvanle** de todo corazón y con todo su ser."
>
> **Josué 22:5**

Una de las historias didácticas que nos deja el libro de Josué, es aquella sobre la experiencia de dos tribus y media de las doce que debían haber entrado a tomar posesión de la tierra prometida por Dios a Su pueblo Israel. Me estoy refiriendo a la tribu de Rubén, la de Gad y la media tribu de Manasés. Estos se conformaron con parte de la promesa, no se animaron a vivir en medio de países peligrosos y prefirieron vivir cómodamente sin cruzar el río Jordán. Cómodos, miedosos y especuladores con Dios.

Pero debían ayudar a sus hermanos mientras durara la conquista. Ese fue el pacto que Moisés hizo con ellos. Lo cumplieron, y Josué, el nuevo líder, les dejó regresar a su tierra con sus familias y les dio consejos para que no desarrollaran una devoción tibia. Están en el capítulo 22:5 de Josué:

Esfuércense: habla de sacrificio. Nada que valga la pena se consigue sin esfuerzo. La salvación de nuestras almas es sin esfuerzo humano, pero le costó a Jesús un alto precio y nosotros debemos evidenciar, por las obras, esa fe que un día abrazamos. Sacrificarnos por mantener la comunión, orar, ayudar y servir fielmente.

Amen: El sacrificio sin amor, dice Corintios 13, no es nada. Debe haber amor genuino a Dios, si no es religión.

Condúzcanse: Al tomar decisiones consulta a Dios y en cada paso que des; ten presente que hay un Dios que te está viendo.

Obedezcan: Fue algo que estos hombres no hicieron, y sus consecuencias fueron funestas, si no observa su final en la historia del endemoniado Gadareno. Sucedió en Gad, muchos años después, en tiempos de Jesús el cual era un lugar habitado por demonios. Triste fin, ¿Verdad?

Manténganse: Es fácil comenzar. Lo difícil es persistir sin abandonar, es tener constancia y permanencia en Dios.

Sírvanle: Nunca pierdas el perfil de siervo. Cuando nos olvidamos de la historia de nuestra redención, caemos en un error fatal.

La obediencia a medias es una total desobediencia

3 de junio
LOS DOS MARES

En Palestina hay dos mares formados y alimentados por el mismo río, el Jordán. Uno de esos mares es de agua dulce. El mar de Galilea. Es rico en peces, sus orillas están repletas de toda clase de árboles, flores y familias que subsisten gracias a su fertilidad. El mismo río Jordán abastece a otro mar cercano al de Galilea cuyas características son muy diferentes. Allí el agua es de una concentración salina muy elevada que hace imposible cualquier tipo de vida marina. Ni peces, ni siquiera algas, mucho menos bosques y flores en sus orillas. Todo es estéril, todo está muerto, tan muerto como su nombre: Mar Muerto.

> "El que beba del agua que yo le daré, no volverá a tener sed jamás, sino que dentro de él esa agua se convertirá en un manantial del que brotará vida eterna".
>
> **Juan 4:14**

¿Qué diferencia hay entre el mar de Galilea y el mar Muerto si ambos tienen su origen en las aguas del mismo río Jordán y si ambos tienen el mismo lecho marino y son calentados por el mismo sol? La diferencia la hace un detalle. El primero, así como recibe el agua, la da, formando más ríos, el segundo recibe, recibe y recibe y no da. Sus aguas están confinadas a una gran laguna sin salida natural y al ser evaporadas por el sol aumentan su concentración salina matando toda forma de vida.

De igual manera, los seres humanos fuimos creados para recibir y para dar. Y en la medida en que nos enfrasquemos más en nuestros asuntos, mataremos lentamente todo lo que entre en contacto con nuestro estilo de vida egoísta.

Erróneamente pensamos que la felicidad se alcanza consiguiendo más, conquistando más, ganando más, sintiéndome cada vez más satisfecho, cuando en realidad ese estilo de vida no produce otra cosa que no sea insatisfacción y esterilidad.

Jesús es el agua dulce que entra al mar muerto de tu vida y lo transforma en manantiales de agua viva. Él dijo: **"El que cree en mí, de su interior correrán ríos de agua viva."** Juan 4:14

Sal de tu estancamiento espiritual y asómbrate con el milagro del agua de vida eterna.

Mejor es dar que recibir

"El Señor está cerca de los quebrantados de corazón, y salva a los de espíritu abatido".

Salmos 34:18

La vida es una serie de conflictos. Cada vez que logramos solucionar uno, hay otro esperando para ocupar su lugar. Es interesante observar cómo esas circunstancias adversas son herramientas que moldean nuestro carácter y forjan nuestro destino. Muchas veces, inconscientemente, intentamos esquivarlas pensando que una vida libre de conflictos redundará en un mejor pasar, cuando en realidad es al revés.

Podemos imaginar cuán difícil se le haría a un atleta, en el momento de su carrera, competir habiendo obviado su entrenamiento o habiendo entrenado livianamente sin obstáculos. De cierto que no será él el vencedor. Probablemente ni siquiera acabe la carrera y quede exhausto tendido en el suelo antes de la meta.

Lo mismo sucede con todos aquellos que ignoran esta gran lección de la utilidad de las dificultades y desafíos en la vida. La vida es una carrera de obstáculos. Desde el día en que nacemos nos encontramos con el primero: ubicar con nuestra boca el seno de mamá.

Así, Dios usa los problemas para acercarte a él. De alguna manera, esos mismos inconvenientes que tú atribuyes a la lejanía de Dios en tu vida, son como Su campanita que te llama al acercamiento. Son Su llamada de atención a la comunión.

En esos días oscuros, cuando tu corazón esté destrozado, cuando te sientas abandonado, cuando ya no tengas opciones, cuando el dolor sea enorme y sólo te quede recurrir a Dios, intenta ver con los ojos de la fe a Dios agitando Su campanita para tener un encuentro con Él. Los problemas nos obligan a mirarle y a confiar en Él más que en nosotros mismos.

Recuerda que hay dos tipos de personas, los que ven en los conflictos a un Dios que se ha alejado y es indiferente a lo que sucede, y los que ven en los conflictos a Dios diciendo: **"Ven a mí, deja que sane tu herida; no te alejes más."**

**Tus días más oscuros pueden ser la antesala
de la brillante gloria de Dios**

5 de junio
EL CIEGO Y EL PUBLICISTA

Había un ciego sentado en un andén en París con una gorra a sus pies y un pedazo de madera que tenía escrito con tiza blanca: SOY CIEGO, POR FAVOR AYÚDEME. Un publicista del área recreativa que pasaba frente a él, se detuvo y vio unas pocas monedas en la gorra. Inmediatamente tomó aquel letrero, lo volteó, con la misma tiza

"Yo he venido para que tengan vida y para que la tengan en abundancia."

Juan 10:10

blanca escribió un nuevo mensaje en la tabla colocándola a sus pies y se fue. Al caer la tarde aquel agente de publicidad pasó nuevamente frente al mendigo y notó que ahora su gorra estaba repleta de monedas. El ciego reconoció los pasos del hombre y le preguntó qué era lo que había escrito, a lo cual el hombre respondió: "Nada que no esté relacionado con lo que decía antes", y se fue. El ciego nunca supo lo que decía aquella nueva escritura pero las monedas seguían llenando su gorra. Aquel letrero decía: "Hoy es primavera en París y yo no puedo verla".

¿Sabes? Siempre es bueno cambiar de estrategia cuando algo no sucede. El hombre y la mujer intentan siempre construir su mundo aprendiendo sobre sus propios errores. Han cambiado de estrategia vez tras vez, pero aún no han dado en el blanco respecto a los problemas existenciales de esta raza. La estrategia de Dios sigue siendo la misma: **"Dame hijo mío tu corazón y vivirás"**. Pero el hombre no quiere. Prefiere seguir mendigando, postrado en las plazas de este mundo, en vez de dejar que Dios escriba un nuevo letrero en su vida para que salga de la pobreza espiritual a la abundancia de vida, del pesimismo al optimismo.

Dijo Jesús en Juan 10:10, **"Yo he venido para que tengan vida y para que la tengan en abundancia"**. El hombre busca mejores métodos, esto puede resultar, pero Dios busca nuevos hombres, a esto debemos aspirar; ese milagro sólo es posible con Jesús en el corazón. ¿Qué mensaje está transmitiendo tu vida? Sólo Jesús puede cambiarlo.

El hombre busca hacer nuevos métodos, pero Dios busca hacer nuevos hombres; a esto debemos aspirar

> "He aquí, herencia de Jehová son los hijos; cosa de estima el fruto del vientre"
>
> **Salmo 127:3**

Entre varios de los personajes de la Biblia se destaca el justo Job, quien se levantaba cada día por las mañanas para interceder por sus hijos, pensando que quizás ellos habían deshonrado a Dios con pensamientos, actitudes o palabras. Cada día, todos los días. Su legado a sus hijos era más espiritual que material. Invirtió tiempo, energías y dinero en el desarrollo físico, mental, espiritual y material de sus hijos, y cuando vino el tiempo de crisis pudo decir: **"Jehová dio, Jehová quitó, sea el nombre de Jehová bendito"** ¡Qué templanza de carácter ante la crisis! ¿Verdad?

Otra madre para considerar es Susana. Madre de 19 hijos. Para ella, cada uno de sus hijos era un regalo de Dios. Por lo que todos los días ponía un delantal sobre su cabeza y oraba por cada uno de ellos. Durante el día, hablaba con cada uno de ellos unos minutos a solas para desarrollar sus aptitudes espirituales. Una madre o un padre de hoy en día me dirá: "Pero ¿Para qué tanto sacrificio? ¿vale la pena? Para eso están los tutores, encargados y niñeras"...

El nombre completo de esta mujer era Susana Wesley, vivió en el siglo XVIII. Entre sus hijos estaban Juan y Carlos, personas que impactaron Gran Bretaña y el mundo llevando un mensaje renovador basado en la fe en Jesucristo y enarbolando la bandera de la santidad. Juan Wesley predicó 40.000 sermones, escribió más de 200 libros y 5.000 artículos, mientras su hermano Carlos, compuso la letra y música de, por lo menos, 5.000 himnos.

En una oportunidad les preguntaron qué persona había ejercido más influencia en sus vidas, ¿sabes lo que respondieron? que el sacrificio espiritual de Susana Wesley, había dejado una marca en sus mentes y corazones.

Los padres de hoy piensan que es suficiente acumular tesoros materiales y ofrecer una educación elevada para prepararlos para el futuro. ¡Qué grave error! Lamentarán, después, no haber consultado a Dios sobre cómo fundar la familia. No olvides que todo lo que el hombre sembrare, eso también segará.

**Dedica tiempo a tus hijos.
Es el mejor regalo que puedas hacerles**

7 de junio
EL FIN JUSTIFICA LOS MEDIOS

El sistema del mundo, siempre ha sido y seguirá siendo, pernicioso y ofensivo a los ojos santos de Dios. Es un insolente desacato a su inmaculada justicia. Permanentemente se procura justificar el proceder impío, argumentando que sus fines resultarán provechosos para el desarrollo de la ciencia, la economía y el bienestar general de los todos pueblos. Que "el fin justifica los medios," es una filosofía que el mundo propugna, que sirve muy bien para avalar la inmoralidad más extrema, como el crimen, el falso testimonio, la mentira, el robo, el aborto, el amor libre, etc. Hitler, que acariciaba el sueño de crear una raza aria superior, convenció a sus seguidores de esto y comenzó el exterminio masivo de todos cuántos se oponían a su régimen. Seis millones de judíos en los campos de concentración, además de todos los rebeldes, sufrieron su régimen de terror, miseria muerte y cremación. Un precio elevadísimo para satisfacer la locura delirante de un amante de gloria y poder. En el mundo religioso también esta filosofía ha traído sus consecuencias funestas. La muerte de Jesucristo realizada por manos inicuas; Pedro la atribuye a los judíos a quienes calificó de matadores (Hechos 2:23). Pensaron que no les convenía que este hombre arrastrara tras de sí tanta gente, por temor a los romanos que podrían venir y destruir el templo y la nación toda. El fin que se proponían parecía razonable pero la verdad es que por envidia lo entregaron.

Jesús advirtió de esta filosofía diabólica cuando dijo: **"Os expulsarán de las sinagogas pensando que rinden culto a Dios"** (Juan. 16:1-3). Amigo, si tu filosofía también es que el fin justifica los medios, debes saber que en lo que respecta a Dios y la salvación que Él ofrece, hay un solo camino y un solo mediador entre Dios y los hombres: Jesucristo hombre. Él es el medio, no hay dos y si pretendes acceder a Dios por otro medio, el fin será condenación eterna.

> "Porque hay un solo Dios, y un solo mediador entre Dios y los hombres, Jesucristo hombre".
>
> **1ª Timoteo 2:5**

**El fin no justifica los medios, pero
El Mediador sí te justifica al fin**

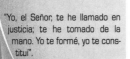

"Yo, el Señor, te he llamado en justicia; te he tomado de la mano. Yo te formé, yo te constituí".

Isaías 42:45-48

Harlow Shapley dijo: "Algunos religiosos dicen: "En el principio Dios", pero yo digo: en el principio Hidrógeno". Su discípulo Carl Sagán declara en mayúsculas: "El cosmos es todo lo que hay, hubo y habrá. Nosotros los humanos somos el producto de una larga serie de accidentes biológicos."

Y como si esto fuera poco los científicos dicen que se ha encontrado en el cerebro, el lugar donde se produce la experiencia religiosa. Y aún hay más, se está tratando de descifrar el gen de la moralidad. Cuando alguien diga: ¡Lo encontré!, entonces los asesinos, violadores, perversos y ladrones, tendrán una fuerte excusa para justificar sus actos amparándose en la ciencia. A esto nos dirige la ciencia moderna; a parecernos a los animales y a disimular nuestro pecado.

¿Sabes? Cuando el hombre saca a Dios del principio, saca los principios del hombre. Podemos entender mejor las anteriores teorías científicas si dijéramos que hubo una gran explosión en una fábrica de ladrillos, una maderera, una ferretería y una pinturería. Todas al mismo tiempo estallaron y sus componentes, hechos pedazos, volaron por el aire. Casualmente cayeron en el mismo sitio, un lugar donde estaba funcionando una gran máquina mezcladora que recibió los pedazos de cada material y luego los lanzó de manera ordenada hacia un lote cercano formando un hermoso edificio perfectamente habitable como resultado de ese amontonamiento de pedazos... Podría continuar con una serie de relatos iguales y sólo lograría hacer el ridículo. Así como para obtener un hermoso cuadro hace falta un pintor; para construir un edificio un arquitecto y para un lindo auto un fabricante, para diseñar este bello mundo hace falta un Creador y ese es Dios. Él es Espíritu y no puede ser estudiado en un laboratorio y descifrado con fórmulas científicas; se debe aceptar por la fe, esa fe que ha cambiado millones de vidas. Ese Dios es el mismo que un día te juzgará por tu indiferencia pero hoy te invita con amor a rendirte a Sus pies.

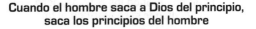

**Cuando el hombre saca a Dios del principio,
saca los principios del hombre**

9 de junio
O.K.

Una de las formas en que podemos decir: "Todo está bien" es con la abreviatura "O.K." Conocer el origen de esta sigla nos puede dar la dimensión de su significado. Durante la guerra de secesión en Estados Unidos, al regresar las tropas a sus cuarteles sin tener ninguna baja, escribían en una gran pizarra: "O killed" (cero muertos), lo cual luego se abrevió como "O.K." Por lo que el significado del "OK" es, "todo bien, ningún muerto". Pero en la vida el sentir del OK es mucho más allá de eso, es decir: "todo está bien a pesar de..."

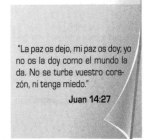

"La paz os dejo, mi paz os doy; yo no os la doy como el mundo la da. No se turbe vuestro corazón, ni tenga miedo."

Juan 14:27

El abogado Horacio Spafford estaba por realizar un viaje junto a su familia. Había perdido a su único hijo varón hacía meses y se disponía a viajar junto a su esposa y sus 4 hijas a Europa para colaborar en una campaña evangelística. Por razones de trabajo debió postergar su pasaje para unos días enviando al resto de su familia por barco. Aquella embarcación naufragó esa misma noche. Días más tarde, Spafford se encontraba con su mujer. Sus 4 hijas habían perecido en el accidente. Avistaron el sitio en el océano donde los cuerpos de sus hijas se habían hundido y allí, en ese mismo barco escribió las estrofas de un himno:

>"Sí, paz cual un río es aquí mi porción,
>sí, es como las olas del mar,
>cualquiera sea mi suerte será mi canción.
>Estoy bien, estoy bien con mi Dios.
>Está bien, está bien, está bien con mi alma está bien."

¿Puedes levantar tu pulgar en señal de "OK" apreciado amigo, cualquiera sea tu suerte? Job lo hizo, Pablo lo hizo, Jesús lo hizo, y todos aquellos que disfrutamos de Su Paz en medio de las tormentas de la vida lo hacemos por el poder de Dios. Únete a Jesús. Tu vida será siempre un "OK" aunque sufras, aunque haya muerte, traición o dolor, aunque el sol llegara a oscurecer sabrás que Él, nunca te va a fallar.

Únete a Jesús. Tu vida será siempre un "OK"

"Si ustedes tuvieran una fe tan pequeña como un grano de mostaza, podrían decirle a este árbol: 'Desarráigate y plántate en el mar', y les obedecería"

Lucas 17:6

Dios creó al ser humano con la capacidad de soñar. Característica exclusiva de esta especie. Las plantas no tienen sueños, los animales no se ponen metas para el próximo año. Buscan la manera de sobrevivir instintivamente, pero no sueñan con ideas de progreso. Nosotros sí porque fuimos creados a imagen de Dios, con vidas con propósitos fijados por un Dios que también planea y se pone metas y tiene grandes sueños para Sus criaturas. Somos seres creados; no un producto de la evolución. Los sueños no evolucionan ni mutan genéticamente a partir de animales privados de esta facultad. Son implantados por la mano creadora de un Dios que es grande, pues las cosas que emprende son grandes, y quiere que Sus criaturas piensen en grande. Aunque no desestima los pequeños detalles; también Él es un Dios de detalles, pero muchas veces hacemos pequeños nuestros sueños, acortamos nuestras posibilidades de logros por nuestra falta de visión. Es bueno tener grandes sueños. Tan grandes que no los pierdas de vista mientras se van cumpliendo o esperas a que se cumplan. Nuestras expectativas de vida, muchas veces se desvanecen en la utopía, simplemente porque depositamos esas expectativas en nuestras propias fuerzas, capacidades o medios, o en los sueños mismos, pero nunca en el Dios de esos sueños.

Jesús dijo en Lucas 17:6, **"Si ustedes tuvieran una fe tan pequeña como un grano de mostaza, podrían decirle a este árbol: 'Desarráigate y plántate en el mar', y les obedecería".**

¿Ves? Piensa en grande. Dios es un Dios grande y ha obrado grandemente desde siempre. No hay motivo para vivir en la mediocridad cuando conoces la grandeza del amor de Dios. Si estás perdiendo de vista tus sueños a diario, quizás sea porque son tan pequeños que cuando se alejan un poco ya no los ves más y sientes que se han esfumado. Pero están ahí, no los has perdido, sólo necesitas la ayuda de Dios para volver a encontrarlos.

Es bueno tener sueños grandes. Tan grandes que no los pierdas de vista mientras se van cumpliendo, o esperas a que se cumplan

11 de junio
HALLANDO MÁS DE LO QUE SE BUSCA

Un 1° de abril se editó en Barcelona la carta que Cristóbal Colón dirigió a la reina Isabel de España al volver de su primer viaje a América. En esta carta, Colón afirmaba que había llegado a las Indias. Él no dudaba que había llegado cerca de la China. Su gran deseo era alcanzar el Oriente para llegar hasta Asia, pero la gran verdad

"Y ahora, Señor, ¿qué esperanza me queda? ¡Mi esperanza he puesto en ti!"

Salmo 39:7

fue que llegó hasta Occidente y descubrió América. Colón murió sin saber que había llegado a un nuevo continente. Cuántas historias se podrían narrar de personas que salieron en la búsqueda de una cosa y terminaron encontrando otra. El Saúl de la Biblia estaba buscando unas asnas perdidas de su padre y encontró a Samuel quien le ungió como rey. José salió a buscar a sus hermanos en Dotán y terminó siendo 1er ministro en Egipto. David fue a llevar unos quesos a sus hermanos y terminó siendo héroe nacional en Israel al derrotar a Goliat. Las mujeres devotas salieron aquel domingo en busca de un cadáver y encontraron al Señor resucitado.

Es muy normal que estas situaciones se repitan a diario. Este es el motivo por el cual en los grandes supermercados distribuyen los artículos de primera necesidad en distintos puntos porque es una estrategia de marketing comprobada. La gente ingresa con una lista de cosas que piensa comprar y al recorrer todas las góndolas, termina llevando varios artículos que no pensaba.

Se pone difícil la cosa cuando no encuentro en la vida lo que busco o, lo que es peor, encuentro lo que no buscaba; cuando lo esperado resulta indeseable, por supuesto. Cuando lo que encuentro es mayor o mejor de lo que buscaba no hay problema. ¿Sabes? Con Dios sucede eso a diario. Le pides cosas que tú piensas que necesitas y muchas veces recibes más de eso u otra cosa que con el tiempo comprendes que era lo mejor para ti. Quizás David estaba pensando en eso cuando exclamó en su Salmo 23: "**Mi copa está rebosando**".

Las demoras de Dios pueden ser la antesala de un milagro mayor

" ... Y MURIÓ."

> "Para todos hay un mismo final...
> y su fin está entre los muertos."
>
> **(Eclesiastés 9:2-3)**

En la famosa tira cómica "Mafalda", Susanita le hace un comentario a su amiga referente a la escuela: "Si dicen que la vida es una escuela, ¿para qué entonces ir a la otra escuela? Yo no quiero dos. ¿Qué tiene de malo la escuela de la vida?" A lo que Mafalda responde: "Lo malo de la escuela de la vida, Susanita, es que las fiestas de egresados siempre son un velorio". Sin lugar a dudas, nadie quiere egresar de esta escuela. La muerte es el tema que nadie desea enfrentar; sin embargo es tan real como la vida misma.

El sabio Salomón describió su universalidad al declarar: **"Para todos hay un mismo final: para el justo y el injusto, para el bueno y el malo... para el que hace juramentos y para el que no los hace, todos tienen un mismo final... y su fin está entre los muertos."**

En una estación de trenes en Alemania, un graffiti rezaba así: "Dios ha muerto", firmado por Nietzsche, haciendo alusión a lo expresado por este filósofo ateo. Pero se podía leer otra frase al pie de la anterior:

> "Nietzsche ha muerto,
>
> Dios."

El emperador Augusto dijo antes de morir: "Amigos, se acabó la comedia". Enrique VI de Inglaterra: "Ahora lo pierdo todo, mi vida, mi corona, mi alma." El filósofo inglés Thomás Hobess: "Voy a dar un salto a las tinieblas". Pero ¡Qué diferente es la actitud del justo frente a la muerte! Agustín de Hipona en su lecho exclamó: "Déjame morir, oh Dios, para que viva". Juan Huss, mientras era quemado exclamó: "Señor Jesús, entrego mi alma en tus manos porque me redimiste". Esteban, muriendo lapidado decía: **"Señor, recibe mi espíritu".**

Sí. Para los que han sido perdonados de sus pecados por la fe en Jesús, la graduación en la escuela de la vida nunca será un velorio, será una fiesta allá en el cielo.

La muerte es el tema que nadie desea enfrentar; sin embargo, es tan real como la vida misma

13 de junio
El Buitre Tira Piedras

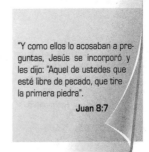

En Egipto, hay una especie de buitres a los que les gusta comer huevo de avestruz. Pero como no pueden romper la dura cáscara con su pico, toman piedras de hasta 1Kg de peso y la arrojan desde la altura, a veces hasta de 30 metros, una y otra vez en dirección al huevo hasta que una de esas piedras da en el blanco y la cáscara se rompe. Los biólogos afirman que este comportamiento no es genético sino adquirido, ya que esos buitres en condiciones de cautiverio no lo hacen.

Las piedras que tiramos a nuestros semejantes, piedras de crítica y murmuración, también son un comportamiento que aprendemos de nuestros padres. En esta sociedad altamente competitiva, la crítica y la degradación verbal son un arma de destrucción masiva muy usada para escalar posiciones. Se usa en empresas, política, iglesias y cuanto grupo humano o ambiente de convivencia exista. En la Biblia tenemos el relato de un tal Simei que persiguió al rey David en un momento muy triste, en el que tuvo que huir de su propio hijo a causa de una revolución interna, arrojándole piedras desde los cerros y saltando de furia de un lado a otro maldiciéndolo. Todos tenemos un Simei adentro que está dispuesto a tirar piedras al que pasa a nuestro lado por rencor, envidia o celos. Tal vez tengamos que escuchar otra vez de labios del Señor Jesús: **"El que de vosotros esté sin pecado arroje la primera piedra".** Cuando nuestra vida se carga de rencores antiguos, celos y envidias; de ese espíritu de competencia y esa sed de prestigio que no respeta ni siquiera a familiares, amigos de años y hasta autoridades, el alma se envenena, el rostro se endurece y la vida se amarga por completo. Sólo Jesús, aquel que soportó las piedras, puede capacitarte para soportar y transformar para que no te asemejes a aquellos cuervos. Debes saber que no puedes dinamitar la casa de tu vecino sin que se debiliten los cimientos de tu propia casa.

Debo saber que no puedo dinamitar la casa de mi vecino sin que se debiliten los cimientos de mi propia casa

> "Porque la paga del pecado es muerte, mas la dádiva de Dios es vida eterna en Cristo Jesús Señor nuestro".
>
> **Romanos 6:23**

Una de las ciencias más escalofriante pero tremendamente necesaria es la de los médicos forenses. La Biblia presenta una autopsia en el libro de Romanos capítulo 3. El médico forense se llama Pablo. El cadáver en examen es el pecador. Empecemos introduciendo el bisturí en su garganta, dice el forense en el versículo 13 que, por el olor nauseabundo que proviene del interior, se asemeja a un sepulcro abierto. Sí. Las palabras del hombre sin Dios huelen a podrido. Ahora la lengua, está hinchadísima. ¿Será por intoxicación? El tóxico hallado es tan fuerte como el de serpientes venenosas y ha ingerido tanto que no sólo se impregna su lengua sino también debajo de sus labios hasta llenar toda su boca, dice el versículo 14. ¿Qué comió este pobre pecador? Jesús dice que lo que intoxica al pecador no es tanto lo que entra por su boca sino lo que sale de ella y lo que sale de ella en realidad sale de su propio corazón porque: **"de la abundancia del corazón habla la boca."** Así que por el examen de la boca de este cadáver, podemos también ver su corazón. El mismo veneno y la misma serpiente que viene mordiendo desde el Edén. El diablo y su mordida: el pecado. Pero sigamos con el forense y con el muerto. Es el turno de sus pies, están totalmente manchados de sangre, dice el versículo 15, pero el análisis hematológico dice que no es su propia sangre sino ajena y parece que corrió sobre ella. Sí, el pecador corre hacia la violencia y en su maratón despiadada y competencia cruel derrama mucha sangre inocente a su paso. Es la autopsia de aquel que camina sin Dios.

¿Estás allí, en la morgue del pecado? Cristo quiere resucitarte a una nueva vida si le extiendes tu mano ahora mismo. Nunca olvides que **"la paga del pecado es muerte, pero la dádiva de Dios es vida eterna en Cristo Jesús, Señor nuestro"**. (Romanos 6:23)

No son muertos los que en dulce calma, la paz disfrutan de una tumba fría; muertos son los que teniendo muerta el alma, viven todavía

15 de junio
Suelta Los Controles

"Aquel joven piloto realizaba esa mañana su vuelo nupcial. Era un aparato muy moderno pero los nervios,
lógicos de aquel momento, se hacían
presentes a cada minuto. Todo iba
bien hasta que en un segundo el avión
entró en una zona de turbulencia y comenzó una caída en picada que le heló
la sangre del rostro. Pálido y aterra-

> "Porque así dice el SEÑOR omni-
> potente, el Santo de Israel: «En
> el arrepentimiento y la calma
> está su salvación, en la sere-
> nidad y la confianza está su
> fuerza."
>
> **Isaías 30:15**

do, el joven se aferró a los comandos lo más fuerte que podía pero
nada sucedió, el avión seguía perdiendo velocidad. En un momento
recordó lo que el instructor le había dicho que debía hacer en esas
circunstancias: "Quita las manos de los controles".
Debía negar sus impulsos naturales de aferrase a los controles y
dejar que el estabilizador automático de la nave, que se activa cuando
pierde la vertical, entrara en funcionamiento. Por un momento dudó,
luego, cerró sus ojos, soltó los controles y vio cómo aquel avión se
estabilizaba suavemente".
Una situación análoga vivieron hace varios siglos atrás los apóstoles
de Jesús al encontrase en una travesía en el mar, con riesgo de sus
vidas y con su líder durmiendo. Lo despertaron casi sacudiéndole:
"**¿No tienes cuidado que perecemos?**..." Jesús reprendió al mar, al
viento y luego a ellos por no haberle dejado los controles a tiempo.
¿Te encuentras hoy en el avión de la desesperación o en el barco
de la duda? Si tienes a Jesús como Capitán de tu vida, podrás dar
un paso al costado y prepararte para contemplar cómo Él toma el
control de lo aparentemente descontrolado, para hacer Su milagro.
Si hasta ahora eres tú quien dirige tu vida y tus decisiones, puedes
acabar con tu existencia y destruirte junto con tus sueños en vez
de dejarle a Él, obrar. El Señor es soberano y hoy te dice: "**Bueno es
Jehová a los que en Él esperan, al alma que le busca. Bueno es esperar en silencio la salvación de Jehová**" Lamentaciones 3:25-26.
Quita tus manos del volante, deja que Él conduzca y prepárate para
disfrutar del viaje.

¡Súbete, siéntate, cállate y agárrate!

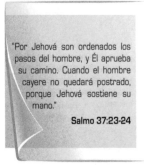

"Por Jehová son ordenados los pasos del hombre, y Él aprueba su camino. Cuando el hombre cayere no quedará postrado, porque Jehová sostiene su mano."

Salmo 37:23-24

El 28 de septiembre de 1066 el duque Guillermo de Normandía desembarcaba en las costas de Pevensey, Inglaterra. Era el primero en desembarcar y al pisar con su pie en tierra resbaló y cayó pesadamente en el lodo fresco de la costa. Esta situación fue muy difícil, ya que el acto de desembarcar simbolizaba para ellos la manera como se enfrentaría la batalla y habiendo resbalado y caído ante todos sus soldados el duque, fue para su ejército supersticioso, una señal de mal augurio.

Pero el duque supo transformar esa caída en una ventaja. Poniéndose en pie y mostrando a su ejército sus manos embarradas dijo: "Por el favor de Dios, tengo hoy el suelo de Inglaterra en mis manos." Esta fue una osada manera de levantar la moral de su gente; y por cierto lo hizo ya que dos semanas más tarde conquistaba Inglaterra, luchando contra el ejército local liderado por el rey Harold.

Cuando nos enfrentamos a retos nuevos en nuestra vida, muchas veces sucede lo mismo. Al comenzar un nuevo proyecto, lo inesperado, el traspié inicial y entonces... Todo parece acabarse justo al inicio. ¡Desembarcamos y resbalamos!

Los primeros días en el trabajo y el jefe te pone mala cara. Concretas un noviazgo y la primera pelea arruina todo. ¿No te ha pasado? ¡Transforma ese traspié en una conquista!

Saca provecho del barro en tus manos. No estás solo si vives con Jesús. Dice la Biblia: **"Por Jehová son ordenados los pasos del hombre, y Él aprueba su camino. Cuando el hombre cayere no quedará postrado, porque Jehová sostiene su mano."**

"Hay del solo que cuando cayere no tiene quien lo levante". Pero no estarás solo si acudes a Jesús. Él murió por ti en la cruz, experimentó la soledad y el desamparo para que tú y yo hoy podamos acudir a Él en nuestros traspiés transformándolos en victoria.

El traspié de hoy puede ser el primer paso de tu conquista de mañana

17 de junio
DIRIGIENDO CON EL BASTÓN EN VEZ DE LA BATUTA

Jean Baptiste Lully, el gran músico, compositor y director de orquesta, dirigía a sus músicos en la interpretación de su obra maestra: "Te Deum". Era su costumbre no usar una batuta al momento de indicar los compases a su orquesta sino un bastón, el cual golpeaba fuertemente en el piso marcándoles el ritmo. Su actitud era

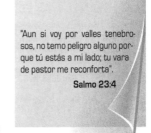

"Aun si voy por valles tenebrosos, no temo peligro alguno porque tú estás a mi lado; tu vara de pastor me reconforta".

Salmo 23:4

enérgica y dura, aun en las piezas musicales más dulces. Transmitía a su grupo miedo y un afán por la concentración, golpeando muy fuerte el piso cuando la orquesta se salía del compás. Grande fue su desgracia cuando en la mitad del "Te Deum", el bastón no golpeó en el piso sino en uno de sus dedos del pie. La herida, con el tiempo se volvió gangrena y murió. ¿Qué hubiese pasado si en lugar de dirigir la orquesta con el bastón, lo hubiera hecho con la batuta?... Probablemente el final hubiese sido otro. La historia está repleta de hombres y mujeres que ocultaron miedos y traumas personales detrás de una fachada de hierro, aplastando con su bastón cuanto obstáculo se interpusiera en su camino y le estorbara en la meta de conquistar y crecer. No sabían que la gangrena del orgullo y la vanagloria, poco a poco les estaba matando hasta que sucumbieron bajo el peso de sus propias conquistas y su bastón de mando.

Aquel que tenía el derecho de aplastar a la humanidad entera por su rebeldía de alma, no cargó un bastón de mando para golpear, sino una vara de pastor para reconfortar. Dice el Salmo 23:4, **"Aun si voy por valles tenebrosos, no temo peligro alguno porque tú estás a mi lado; tu vara de pastor me reconforta".** Si escondes tus miedos más secretos detrás de una imagen de dureza, pronto te derrumbarás. Deja que el amor de Dios te sane. Sólo así llevarás el ritmo de la vida y podrás dirigir a otros con el ritmo de Aquel que, siendo fuerte, vino con mansedumbre para que tú y yo seamos fortalecidos.

Si escondes tus miedos más secretos detrás de una imagen de dureza, pronto te derrumbarás

CAMPOS MINADOS

> "En el mundo tendréis aflicción, pero confiad. Yo he vencido al mundo".
>
> **San Juan 16:33**

Max Lucado cuenta acerca de un tal Charles Hall que se dedica a hacer explotar bombas. Hace parte de un equipo al que le pagan 1.500 dólares por semana, simplemente por caminar por terrenos minados que han quedado abandonados después de cada batalla. Se hizo famoso caminando en las arenas de Kuwait en busca de minas activas, o granadas abandonadas. Lo mismo sucede con Richard Lowter, experto en demolición que es un cazador de minas submarinas. Ha pasado años volando miles de ellas que han quedado sumergidas después de la primera y segunda guerra mundial. Muchas veces la vida misma, nuestra vida, la vida de todos, se asemeja a la tarea de estos hombres. Debemos lidiar a diario con senderos traicioneros, problemas que permanecen ocultos por un tiempo para estallar en el momento menos esperado, mutilando nuestra alma o matando relaciones. Muchas veces, esas bombas, como en el caso de Charles y Richard, no fueron creadas nosotros. No las pusimos ahí, pero están, hacen parte de nuestro mundo, de nuestra sociedad y debemos aprender a convivir con ellas sin que nos lastimen. El alcoholismo, la drogadicción, la delincuencia juvenil, la infidelidad, el acoso sexual, el fraude, el soborno, la mentira, etc. ¿Cómo avanzar por esta vida cuando, teniendo aun las mejores intenciones de no perjudicarme ni de perjudicar a nadie, veo rastros de sangre a cada paso y aun cuento en mi propio haber cicatrices profundas? Todos somos víctimas potenciales de este mundo entenebrecido por el pecado. Jesús lo advirtió en el evangelio según San Juan 16:33 al decir: **"En el mundo tendréis aflicción, pero confiad. Yo he vencido al mundo"**. Sólo quienes tienen la protección de Jesús pueden atravesar las dificultades y estallidos inesperados de esta vida con la garantía de victoria. Habrá heridas, habrá cicatrices y muchas veces sufrimiento, pero al final estaremos de pie aquel día cuando Él venga a buscarnos para llevarnos al lugar donde ya no habrá más lágrimas.

Aunque ande en valles de sombra de muerte, no temeré mal alguno porque tú estarás conmigo

19 de junio
LOS ESPEJOS

Los hermanos Grimm imaginaron un espejo capaz de decir la verdad. Uno el cual le mostraba a la reina que Blanca Nieves era en verdad la más bella. Es sabido que las mujeres tienen una estrecha relación con los espejos de sus baños, pasando horas frente a ellos examinando y corrigiendo hasta el más mínimo detalle,

> "El que escucha la Palabra pero no la pone en práctica es como el que se mira el rostro en un espejo y, después de mirarse, se va y se olvida enseguida de cómo es."
>
> **Santiago 1:22-24**

a diferencia de los hombres, por lo menos la mayoría. Los espejos han llegado a ser indispensables para la vida humana, no sólo para la cosmetología, sino también para dar seguridad al momento de conducir tu vehículo. Al girar, debes ver por el espejo retrovisor. Aun para la ciencia es una herramienta de primera necesidad, en oftalmología, laboratorios, aeronáutica, etc. En síntesis, es un parámetro seguro que usamos para reflejar una imagen y corregir lo que sea necesario, ya sea el curso de tu automóvil, el peinado de tu cabeza o el maquillaje de tus labios. Y, si no deseas salir a la calle haciendo el ridículo, te aconsejo que gastes algunos minutos frente a un espejo y corrijas lo que sea necesario en tu casa. Dice la palabra de Dios en Santiago 1:22-24: **"El que escucha la palabra pero no la pone en práctica es como el que se mira el rostro en un espejo y, después de mirarse, se va y se olvida enseguida de cómo es. Pero quien se fija atentamente en la ley perfecta que da libertad, y persevera en ella, no olvidando lo que ha oído sino haciéndolo, recibirá bendición al practicarla"**.

Más allá de toda imaginación, la Palabra de Dios es el espejo perfecto. Dice la estricta verdad. ¿Cuántas veces has escuchado en la Palabra de Dios la voz que te muestra aquello que debes cambiar en tu vida, pero has pasado de largo como quien se ve feo ante un espejo y no hace nada por mejorarse? Tú puedes seguir tu camino pero la Palabra de Dios, seguirá ahí, tan fiel como un espejo esperando a que te sientes humildemente y dejes que Dios cámbie tu vida y tu conducta.

Más allá de toda imaginación, la Palabra de Dios es el espejo perfecto. Dice la estricta verdad

> "Acuérdate de tu Creador en los días de tu juventud, antes que vengan los días malos".
>
> **Eclesiastés 12:1**

La mayoría de las veces, ni nos damos cuenta de que a corto, mediano, o largo plazo, somos víctimas de las acciones que hacemos a diario. De alguna manera, los hábitos que formamos, nos forman a nosotros. Somos lo que hacemos. Nuestras actividades diarias, aquellas cosas que mayoritariamente consumen nuestro tiempo y energías, denuncian nuestras prioridades. Sí. Si deseas saber cuáles son tus prioridades, simplemente fíjate a qué actividades dedicas más tiempo, ellas son tus prioridades, te guste o no. Los hábitos, las cosas que practicas a diario, aquellas experiencias que marcan tu estilo de vida, moldean tu conducta, definen tu carácter y forjan tu destino final. Así que vamos siendo lo que estamos haciendo. Es imperceptible, es sutil, es un proceso lento pero efectivo que, en el mejor de los casos, traerá como consecuencia una persona madura emocionalmente y con una vida sana. De lo contrario, la imagen que Dios tuvo en mente al crearte, se irá desdibujando gradualmente a medida que te entregues a un estilo de vida sensual, con hábitos nocivos que, aunque creas tener controlados, a la larga te controlarán a ti y será demasiado tarde. No juegues con tu vida. **"Acuérdate de tu Creador en los días de tu juventud, antes que lleguen los días malos y vengan los años en los cuales digas: No encuentro en ellos placer alguno"**.

Hay dos tipos de personas, los que deciden, planifican y escogen sus actividades sin tener en cuenta a Dios, y los que someten todos sus asuntos a su Creador como fieles mayordomos. Los primeros acabarán siendo esclavos de aquello que escogieron: materialismo, sensualismo, moralismo, humanismo, intelectualismo, etc. Los segundos son los que llegarán alto, los que se sentirán libres, los que serán felices, porque han entregado sus vidas en las manos de Aquel que les guarda, guía y recibe en el más allá. Dijo el salmista: **"Me has tomado de la mano derecha, me has guiado según tu consejo, y después me recibirás en gloria"** [Salmos 73:23-24].

De alguna manera, los hábitos que formamos, nos forman a nosotros

21 de junio
CARRETA VACÍA

El muchacho caminaba de la mano de su padre cuando este se detuvo en una curva del camino y, después de un corto silencio le preguntó: "¿Puedes sentir ese ruido, hijo mío?" Algunos segundos más tarde, el muchacho respondió: "Puedo escuchar el sonido de las aves, el agua del río que corre hacia abajo y las hojas movidas

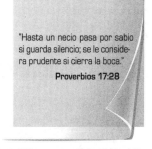

> "Hasta un necio pasa por sabio si guarda silencio; se le considera prudente si cierra la boca."
>
> **Proverbios 17:28**

por el viento". "Pero, ¿puedes oír algo más? Presta atención." Repitió el papá... Otra pausa y entonces el niño dijo: "Sí, también puedo oír una carreta que se acerca". "Sí", le respondió el padre. "Es el ruido de una carreta vacía". "Papá, ¿cómo sabes que está vacía si aún no la hemos visto?" "Por el ruido que hace", respondió. "Cuanto más vacía está la carreta, más ruido hace."

El niño se convirtió en adulto y cuando veía alguien hablando demasiado, interrumpiendo la conversación de todos, siendo inoportuno o violento, presumiendo de lo que tenía, sintiéndose prepotente y menospreciando a la gente, recordaba las palabras de su padre: "Cuanto más vacía está la carreta, más ruido hace."

La humildad consiste en callar nuestras virtudes para que los demás las descubran y comenten. Nadie está más vacío que aquel que está lleno de egoísmo y arrogancia. Todo hombre nace vacío, vacío de Dios. Si continúa el camino de su vida con ese vacío, irá por la vida haciendo ruido. Nada más que ruido. En cambio, si permite que Dios llene ese hueco dentro de su ser, su vida será de peso y los que le rodeen, oirán de él una suave melodía que aliente y contagie optimismo. Deja que Dios llene y satisfaga tu vida y deja de andar por el mundo haciendo ruido como carreta vacía.

Nadie está más vacío que aquel que está lleno de egoísmo y arrogancia

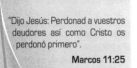

"Dijo Jesús: Perdonad a vuestros deudores así como Cristo os perdonó primero".

Marcos 11:25

La madre oyó gritos de dolor que salían del interior de la habitación de los niños. Corrió para ver lo que sucedía y encontró al bebé colgando de la rubia cabellera de su hermana Juanita. Con gran dificultad, la madre consiguió abrir los deditos del niño entre los gritos de dolor de su hermana. Cuando por fin consiguió desprenderle, la madre dijo: "Perdónale Juanita, él no sabe que eso duele". Unos minutos más tarde volvieron a escucharse gritos de dolor pero esta vez provenían del bebé. La madre corrió a toda prisa al cuarto para ver qué sucedía ahora. Encontró a Juanita quien salía muy tranquila diciendo: "Ahora el bebé sabe que duele." Es una travesura que contiene un chiste infantil pero que nos deja una seria enseñanza sobre la realidad del pecado aun desde la infancia. Juanita no admitía que su hermanito, bebé de meses, no supiera lo que hacía y quiso vengarse dándole el conocimiento del dolor. Así es el corazón humano desde su mismo principio. Perdonar es contrario a los hábitos de nuestro yo y cuando aumenta el conocimiento de las consecuencias que acarrea una ofensa, se considera que más culpabilidad tiene el ofensor si persiste en su ofensa. A la vez, se supone que al crecer, madurar y saber cuánto somos capaces de lastimar los humanos, a nuestros semejantes, deberíamos evitar herirnos. Pero lo más increíble de todo este razonamiento es que un día, hace mucho, mucho tiempo, Aquél que tenía el derecho de negar el perdón a sus ofensores, colgaba de un madero y ante una multitud supuestamente madura que le crucificaba, exclamaba al cielo: **"Padre, perdónalos porque no saben lo que hacen"**. Lucas 23:24. Cuántas veces nosotros hacemos lo mismo que Juanita, pagando a nuestros enemigos con la misma moneda, olvidando que también nosotros necesitamos el perdón de nuestros pecados y despreciando el amor de Dios. Jesús dijo: **"Perdonad a vuestros deudores así como Cristo os perdonó primero"**. Marcos 11:25. Si quizás te cuesta perdonar y vives envenenado por viejos rencores... ¿No será que aún no has experimentado el perdón de Dios?

Perdona y serás libre. "La conciencia tranquila alarga la vida"

23 de junio
CUIDADO CON QUIÉN TE JUNTAS

"Ustedes, por su parte, no harán ningún pacto con la gente de esta tierra, sino que derribarán sus altares. ¡Pero me han desobedecido! ¿Por qué han actuado así? Pues quiero que sepan que no expulsaré de la presencia de ustedes a esa gente; ellos les harán la vida imposible, y sus dioses les serán una

> "Dichoso el hombre que no sigue el consejo de los malvados, ni se detiene en la senda de los pecadores ni cultiva la amistad de los blasfemos, sino que en la ley del Señor se deleita, y día y noche medita en ella."
>
> **Salmo 1:1-2**

trampa (...) Cuando el ángel del Señor les habló así a todos los israelitas, el pueblo lloró a gritos." [Jueces 2:2-4]. Sí, lloró a gritos pero ya era demasiado tarde. Las alianzas que habían hecho con sus vecinos impíos les serían de estorbo constante el resto de sus vidas. Lo que le sucedió al desobediente pueblo de Israel es lo mismo que sucede con nosotros. Nos descuidamos respecto a nuestros contactos y amistades y nos dejamos influenciar por sus malos hábitos. Esos consejos dañinos son los que, poco a poco, nos contaminan y pervierten. Ni cuenta nos damos hasta que ya es demasiado tarde para abandonarlos. Empezamos a disfrutarlos y tenemos que hacer un gran sacrificio para retomar la senda perdida. ¡Ojo que es un proceso! Primero pasas y consideras, luego te detienes y examinas, después entras en relación y acabas comprometido. Ese mismo proceso gradual se describe en el Salmo 1:1-3. Los verbos que allí se utilizan marcan este proceso gradual: andar, estar, sentarse.

"Ninguno que milita se enreda en los negocios de la vida", le advirtió Pablo a Timoteo. Este enredo en el que te metes, es semejante a lo que la araña hace con la mosca envolviéndola en su tela. Poco a poco, casi sin que se dé cuenta. Cuando se da cuenta ya es tarde.

Cosas que permitimos pueden llevarnos al fracaso. Primero es un pensamiento, luego un deseo, sigue con una acción, una práctica, un hábito y termina marcando tu carácter y tu destino final.

¡Cuidado! Sólo Jesús puede advertirte del peligro y ayudarte a escapar. Entrégate a Él.

Si andas con necios... necio serás

> "El que es bueno, de la bondad que atesora en el corazón produce el bien; pero el que es malo, de su maldad produce el mal, porque de lo que abunda en el corazón habla la boca."
>
> **Lucas 6:45**

Los dos enfermos compartían la misma sala del hospital. Uno de ellos, tenía la orden médica de sentarse cada hora para drenar líquido de sus pulmones. Aprovechaba y miraba por la ventana situada al lado de su cama. El otro no. No podía moverse debido a sus costillas fracturadas y permanecía todo el tiempo boca arriba. Cada vez que su compañero se incorporaba, le describía lo que veía: "Un bello parque alfombrado por la hierba, un niño jugando con su madre, la alegre banda musical que rodeaba la plaza de la ciudad, dos enamorados tomados de la mano, ajenos a la existencia del reloj..." Su compañero, el que no se movía, sólo cerraba los ojos mientras oía el relato e imaginaba lo que escuchaba. Así pasaron los días, aquellos dos internos, casi sin darse cuenta. Una mañana descubrieron el cuerpo inerte del enfermo junto a la ventana. Murió en silencio, mientras dormía. Cambiaron a su vecino a la otra cama y cuando todos se retiraron, el de las costillas rotas, trató de incorporarse con mucho esfuerzo y dolor para poder ver ese paisaje a través del cristal. Fue grande su asombro cuando sólo vio una gran pared blanca frente a él. Intrigado, le preguntó a la enfermera cómo se explicaban los detallados relatos, a lo que la enfermera respondió que el hombre que acababa de morir era ciego y que, sólo imaginaba un mundo ideal para animar con sus relatos a su amigo y ayudarle a soportar su pesar. Es maravilloso el hacer feliz a los demás, sea cual sea tu situación, ¡te hace rico! El dolor compartido hace doble la pena, son dos los que sufren; pero cuando se comparte la felicidad se multiplica, son dos los que gozan. Dice la Biblia en Lucas 6:45 que **"de la abundancia del corazón, habla la boca"**. ¿Vives quejándote? Analiza tu corazón. Tal vez esté saturado de pesimismo, rencor, ansiedad, desilusiones y fracasos. Deja que Jesús lo sane y dedícate a animar con optimismo al que sufre a tu lado.

**Es maravilloso hacer felices a los demás;
sí, a Dios le agrada**

25 de junio
UNA TEORÍA FOSILIZADA

En una conferencia dictada en el Museo de Historia natural de Londres, expertos en fósiles concluyeron ante un público asombrado que: "(...) en realidad, no tenemos evidencias de fosilización intermedia. No hemos encontrado aún ningún registro fósil de evolución en proceso. Lo que siempre encontramos son estados maduros

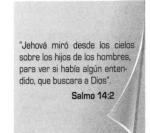

"Jehová miró desde los cielos sobre los hijos de los hombres, para ver si había algún entendido, que buscara a Dios".

Salmo 14:2

de especies que pueden estar cambiando de una forma a otra pero no tenemos hasta ahora pruebas contundentes de evolución en proceso, de una especie mutando hacia otra especie." llama la atención ver al tan famoso pez fosilizado "Celecanth" bajo vidriera y compararlo con los miles de Celecanth que a diario pescan los pescadores de la costa de Madagascar y ver que son exactamente iguales. Según el dato que figura en el registro de la etiqueta del pez en la vidriera del museo, data de 60 millones de años, sin embargo es igual al Celecanth de nuestros días. ¿Qué pasó? Parece que a estos peces de Madagascar se les olvidó evolucionar, o tal vez nadie les dijo que tenían que hacerlo y, por eso, se quedaron iguales... Cada etiqueta que rotula con código a los fósiles en exposición es una evidencia más de lo débil que es la teoría de la evolución. Todo ha sido siempre igual desde el día en que comenzó a existir. Aun el intento humano por ridiculizar las historias bíblicas y las verdades de Dios en sus páginas. Apreciado amigo, debes creer en un Dios eterno que puso su dedo creador sobre un punto de la nada y formó todo esto que hoy ven nuestros ojos. Ese mismo Dios estaba presente cuando eras formado, permitiendo que existieras, dándote aliento de vida desde que eras un embrión. Ese mismo Dios te sigue observando y te llama a Él. Un día, te encontrarás ante Su presencia para rendir cuentas. Sólo el reconocimiento de la obra de Cristo en la cruz a tu favor te garantiza la entrada al cielo. Negarle y atribuir a una débil teoría infundada la existencia de la vida es de necios.

Junto a las vidrieras de los museos y sus fósiles quedarán, como otro fósil, la teoría de la evolución y sus ciegos seguidores

Dios Nunca Está Ocupado

> "Y me hizo sacar del pozo de la desesperación, del lodo cenagoso; puso mis pies sobre peña, y enderezó mis pasos."
>
> **Salmo 40:2**

La hija le cuenta a la madre los problemas típicos de un día en la escuela. La madre la escucha con los ojos fijos en el sartén porque prepara el almuerzo. Durante la comida le cuenta de las travesuras de cada uno de sus compañeros de clases. La madre la escucha sin mirarle porque está alimentando al hijo menor. Por la tarde persigue a su madre por la casa buscando ayuda en sus tareas. A ratos recibe una lección apresurada mientras la mamá pasa su escoba por la sala. Ya de noche, la niña llama a su madre desde la cama reclamando su beso de despedida. La voz se apaga, la niña se duerme, la madre está muy ocupada porque llegó el esposo y hay que atenderlo. ¿Sabes? Dios nunca está tan ocupado como para no atenderte. Siempre tiene tiempo para ti. Dijo el salmista: **"Pacientemente esperé en Jehová, se inclinó a mí y escuchó mi clamor"** [Salmo 40:1]. En esta sociedad hiperocupada, de agendas repletas, de días de 25 horas, de activismo desenfrenado, necesitamos alguien que nos escuche, que nos atienda. Hay muchos y muchas por ahí, deambulando en busca de algo de atención. Mendigos de afecto, consideración y de alguien que los escuche. Creo que una de las necesidades mayores de nuestra sociedad es ser escuchado. No es tanto escuchar consejos. Tal vez no tengas la capacidad para aconsejar pero sólo con disponerte a escuchar encontrarás en tu camino una multitud sedienta de ser escuchada. Y si estás tan ignorado que crees que a nadie le importas, dirige tu rostro al cielo. Allí encontrarás a un Dios siempre atento que quiere oírte y hablarte palabras de vida eterna. Nunca más te sentirás solo y sabrás que allá, muy alto, alguien se interesó desde siempre y se interesa hoy por ti. Dios se inclina. Eso es lo lindo. No te mira sobre su hombro con aires de superioridad. Se inclina, te entiende, te ve de cerca y tiene lo que necesitas para cada una de tus necesidades. Sólo debes humillarte y hablarle directamente. Sabrás al instante que te está escuchando.

27 de junio
INTELIGENCIA EN EL MÁS ALLÁ

Los científicos se desvelan tratando de comprender el espacio exterior y de encontrar vida inteligente en las galaxias. Construyen potentes telescopios que les permiten sondear el firmamento en busca de... ¿algo? Ni siquiera saben qué. De algo que les dé indicios de que alguien nos está escuchando del otro lado, o nos está mirando. Hasta ahora no ha

> "A lo suyo vino y los suyos no le recibieron. Más a todos los que le recibieron, a los que creen en su Nombre, les dio potestad de ser hechos hijos de Dios".
>
> **Juan 1:11-12**

habido respuesta alguna; sólo silencio. Uno de los aparatos de última tecnología que, científicos de la NASA han puesto en circulación, envía ondas inteligentes al espacio intentando recibir respuesta. Son ondas con frecuencias múltiples que podrían ser comprendidas y oídas por cualquier ser o aparato capaz de procesar y enviar respuesta. Pero hasta ahora... nada. Sólo silencio. Es justamente ese silencio el que proclama a gritos la existencia de Dios. Un Dios que hizo a Su criatura única y que quiere comunicarse con ella. Pero ella le esquiva gastando millones de dólares en busca de vida extra terrestre, pero no en busca de Él. ¿Por qué no intentamos, mejor, comunicarnos con Él? Él ya intentó comunicarse contigo hace 2000 años en la persona de Su Hijo Jesucristo cuando vino a este mundo. La mayor tragedia de la humanidad fue ignorar la visita de Su Creador. ¡Qué triste experiencia! Vino a cumplir Su misión dirigida al corazón de Sus criaturas y éstas le ignoraron. ¿Por qué insistir en comunicarnos con otros en el más allá cuando el Creador está tan cerca y no le vemos? Aquel que creó el universo, las galaxias, el espacio exterior, los astros, te dice: Búscame a mí y vivirás. Sería lamentable que al final de tus días seas sorprendido habiendo invertido tus fuerzas y tu tiempo buscando en lugares equivocados a la persona errónea, cuando estuvo tan cerca de ti. ¿Sabes? Para comunicarte con Dios no necesitas grandes telescopios sino un corazón humilde que le busque en silencio y con una actitud de reflexión. Hazlo ahora.

La mayor tragedia de la humanidad ha sido ignorar la visita de Su Creador

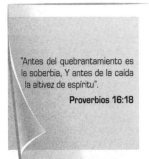

> "Antes del quebrantamiento es la soberbia, Y antes de la caída la altivez de espíritu".
>
> **Proverbios 16:18**

Muchas veces pensamos que el objetivo del diablo es simplemente tumbarnos ignoramos que esa es sólo la primera etapa de su artimaña. Claro que nos derriba por nuestro orgullo pero luego viene la segunda etapa donde, por vergüenza, no deja que nos levantemos. Mira, el orgullo te aleja de Dios, la vergüenza te mantiene lejos. El orgullo alejó al hijo pródigo de la casa de su padre, la vergüenza le hizo comer con los cerdos. Orgullo y ambición llenaron el corazón de Judas, moviéndolo a la traición. La vergüenza le impidió ir a Jesús y, equivocándose de madero, fue a un árbol antes que a la cruz y se ahorcó. Así como la Biblia habla acerca del amor de Dios, sus estrategias para alcanzar a la raza caída de Adán y cautivarla por su amor, así también sabemos que el diablo tiene maquinaciones y no las ignoramos. Orgullo y Vergüenza. Mira, hay dos mentiras estratégicamente usadas por el diablo, pero las usa tan bien... Algunas veces te susurra al oído: "tú puedes lograrlo solo, no necesitas tanto a Dios. Tú eres capaz" ¿Lo notaste? Orgullo. El mismo razonamiento que, en el Edén, la serpiente usó con Eva: Apeló a su orgullo. ¿La otra mentira?... Sí. Adivinaste. Es la que apela a la vergüenza. Si la primera te dijo: "tú puedes lograrlo solo", esta segunda te grita: "Tú nunca podrás lograrlo. Tú no eres capaz para esto, abandona. Dedícate a otra cosa." Igual que al principio. ¿Qué le hizo comer del fruto prohibido a Eva? Su orgullo: el deseo de ser igual a Dios. Y, ¿qué es lo que la mantuvo a ella y a Adán lejos y escondidos en el bosque? Su vergüenza, porque se dieron cuenta de que estaban desnudos. Siempre juntas las dos hermanitas, ¿eh? Los problemas del corazón humano siguen siendo los mismos. La solución también. Para el orgullo, reconoce la grandeza de Dios, tu pequeñez y no discutas con Él. Para la vergüenza, ten en cuenta que Jesús la pasó antes y en mayor escala en Su cruz, y por eso te comprende.

Antes del quebrantamiento viene la soberbia, y antes de la caída, la altivez de espíritu

Hombres ilustres por su lucha contra la esclavitud, pasaron a la historia por sus logros y su labor altruista en bien de la libertad del prójimo. Abraham Lincoln, como su mayor exponente; Martin Luther King, Mahatmha Gandhi, Teresa de Calcuta y otros anónimos quienes, convencidos de que la libertad es un derecho absoluto de

"Viviré con toda libertad, porque he buscado tus preceptos."

Salmo 119:45

todo ser humano, dieron sus vidas por esta causa. Produce horror el recuerdo de naciones esclavizadoras, pueblos esclavizados, décadas de opresión y siglos de oscurantismo moral y social que marcaron nuestro mundo. Nuestra cultura mestiza hispanoamericana se forjó bajo la sombra de la esclavitud de los indígenas, dueños absolutos de estas tierras vírgenes y de africanos que, capturados en su África natal, fueron llevados a Inglaterra primero, Norteamérica después para llegar por último a nuestras tierras. Caudillos, como el general San Martín, Simón Bolívar y otros hombres y mujeres valientes, dieron todo por la libertad de sus semejantes. Hubo otro hombre, otro héroe, otro emancipador de la raza humana en general, otro libertador: Jesús. Muchos no lo ven como libertador. Los que no le ven así es porque no se ven a ellos mismos esclavos de un poder subyugador: El pecado. Pero el hombre está encadenado a sus pecados, sean grandes o pequeños. Su amo es el diablo y las cadenas son su natural tendencia a lo prohibido; lo que la Biblia llama naturaleza pecaminosa. Jesús también libró Su batalla, la peleó y la ganó. Derrotó al que tenía el imperio de la muerte, esto es al diablo. Rompió las cadenas de la esclavitud, y ofrece libertad a aquel que se la pida. No en vano Él mismo exclamó: **"Si el hijo os libertare seréis verdaderamente libres"**. ¿Sabes?, la libertad no se conoce fuera de Dios. Tampoco libertad es ausencia de leyes, o hacer lo que se me antoje. Libertad es cumplir con el propósito para el cual fui creado y eso lo descubres sólo en comunión con Aquel que se jugó todo por ti en aquella cruz. Siente Su perdón y sabrás lo que es vivir libre de verdad.

**Libertad es cumplir con el propósito
para el cual fui creado**

LO IMPORTANTE ES EL BANCO

> "El Señor no se deleita en los bríos del caballo, ni se complace en la agilidad del hombre, sino que se complace en los que le temen, en los que confían en su gran amor."
>
> **Salmo 147:10-11**

Miles de personas depositaban su dinero en las cuentas de uno de los bancos más sólidos de Suramérica. No había qué temer. Años de responsabilidad financiera avalaban la trayectoria de la institución. Las esperanzas de muchos accionistas y ahorradores estaban puestas en sus cuentas. Había pequeños y medianos inversores y estaban los otros, los que tenían un trato preferencial debido a sus abultadas cifras, con varios ceros a la derecha. Los intereses seducían a los clientes corrientes pero beneficiaban más a los que tenían más, eso siempre fue igual. La catástrofe llegó. Como en otros tantos países con economías enfermas, el gobierno tomó la decisión drástica de congelar los fondos arbitrariamente para frenar la inflación que estaba carcomiendo la estabilidad económica del estado. Entonces, de un momento a otro, personas que habían amanecido sonrientes por la seguridad que su abultada cuenta bancaria les proporcionaba, que hacían cálculos sumando cuánto dinero más aumentaría hoy su depósito gracias a los intereses, que planeaban su próxima inversión, escucharon la noticia de la radio que comunicaba el quiebre del banco, la retención de sus fondos y, como si esto fuera poco, la devaluación de la moneda. Ese mismo inversionista que amaneció seguro, acabó su día con una pistola en la cabeza y decidió quitarse la vida porque su banco había fracasado y junto con él, las inversiones de toda su vida. Lo realmente importante no es tanto la cantidad que tengas para invertir sino el banco en el que la inviertas. Lo mismo pasa con la fe. Muchos dicen que para ser salvo hay que tener una gran fe; por el contrario, la Biblia dice que lo que importa no es el tamaño de tu fe, o la cantidad de cosas que puedas ofrecerle a Dios, sino que creas en la grandeza y seguridad de Aquel en quien la depositas, pues en Él entregas el destino eterno de tu alma. Porque si tienes fe como un grano de mostaza, dijo Jesús, puedes alcanzar grandes metas. Recuerda: la grandeza de tus logros descansa en la grandeza de tu Dios, no en la de tu fe.

La grandeza de tus logros descansa en la grandeza de tu Dios, no en la de tu fe

1 de julio
GLORIFICANDO A DIOS CON TODO EL SER

Durante el siglo IV, varios religiosos fanáticos pregonaron el castigo corporal como método eficaz para reducir las tentaciones del cuerpo y lograr más "pureza espiritual". Fue así como surgieron los Ascetas, secta religiosa cuyos miembros se apartaban de la vida en sociedad para recluirse en las montañas y vivir como ermitaños,

> "Y el mismo Dios de paz os santifique por completo; y todo vuestro ser, espíritu, alma y cuerpo, sea guardado irreprensible para la venida de nuestro Señor Jesucristo".
>
> **1° Tesalonicenses 5:23**

imponiéndose terribles flagelos para sus cuerpos. Cuenta la historia que, por ejemplo, San Ascepsimas, llevaba tantas cadenas en su cuello que debía caminar a gatas. Besarión el monje, cedió hasta la idea de no descansar en una cama. Macario se sentó desnudo en una ciénaga durante 6 meses hasta que las picaduras de mosquitos cubrieron su cuerpo. San Simeón Estilita pasó 30 años parado sobre una columna de 60 pies. San Marón estuvo 30 años escondido en el tronco hueco de un árbol. Otros vivían en cuevas, pozos y hasta en tumbas. Pero, ¿es necesario esto? ¿Es esta la victoria sobre los apetitos carnales que Jesús predicó? Porque no vemos en los evangelios que Jesucristo haya seguido este tipo de disciplinas flagelantes en su cuerpo... Más bien, lo cuidó y usó sabiamente. Hoy, nuestra sociedad se ha pasado al otro extremo y vivimos en una cultura del cuerpo como nunca antes. Cremas antiarrugas, estiramiento de piel, cirugía plástica facial, estética dental, sitios SPA, etc. Un estilo de vida sensual donde el placer es la única meta. Entonces... ¿Flagelo o sensualidad? ¿Ascetismo o libertinaje? ¿Negación del placer o vida a mi antojo? El ser humano es: cuerpo, alma y espíritu. Cada parte creada por Dios. Cada una de ellas debe darle gloria a su Creador, vivir disfrutando la vida abundante que Cristo ofrece y nunca olvidar que somos en esencia espíritus y podemos decidir en esta vida el destino eterno de nuestras almas. Ni un extremo ni el otro. El equilibrio te lo da Cristo y su meta para el hombre es "Que el Dios de paz, los santifique por completo, y conserve todo su ser: espíritu, alma y cuerpo, irreprochable para la venida de nuestro Señor Jesucristo".

El único castigo corporal aceptado por Dios ya se efectuó hace 2000 años

DEBILITADO POR CEDER

> "Entonces Sansón oró al Señor: "Oh soberano Señor, acuérdate de mí. Oh Dios, te ruego que me fortalezcas sólo una vez más, y déjame de una vez por todas vengarme de los filisteos por haberme sacado los ojos."
>
> **Jueces 16:28**

Esta es la oración final de un joven que irrumpe en las biografías bíblicas con un futuro promisorio, en el libro de los Jueces de Israel. Anunciado por Dios, predestinado para ser héroe nacional, apartado para una causa sagrada, capacitado con una fuerza sobrenatural, pero con un estilo de vida sensual que le llevó a terminar sus días con el suicidio, solo, triste, con deseos de venganza, separado de su familia y amigos, debilitado, ciego y esclavo.

Claro que al comienzo no era así. Por supuesto que no. Todo le salía bien. Tenía las mujeres más bonitas, salía airoso de cada enfrentamiento, nadie le podía decir qué hacer, ni sus propios padres.

Pero poco a poco su corazón se fue debilitando antes que su fuerza física. Fue justamente una astuta mujer la que consiguió sacarle el secreto de su fuerza, y cuando Dalila le dijo, en el capítulo 16: "¡Sansón, los filisteos se lanzan sobre ti!", Sansón despertó de su sueño y pensó: "Me escaparé como las otras veces, y me los quitaré de encima." Pero no sabía que el Señor lo había abandonado. Entonces los filisteos lo capturaron, le arrancaron los ojos y lo llevaron a Gaza. Lo sujetaron con cadenas de bronce, y lo pusieron a moler en la cárcel. "Me escaparé como las otras veces"... Pero no. Ya no era igual. Ya era tarde, estaba sin fuerzas para huir. Sólo fuerzas para buscar el suicidio junto con la muerte de sus enemigos.

¿Sabes? El diablo planifica su ataque, primero te debilita, luego te ataca. Lo cierto es que él no tiene apuros. Anda con la paciencia de un rugiente león y espera el momento oportuno.

Cuidado con las concesiones que te das a ti mismo. Sé tu propio verdugo. No te des permisos que luego te cuesten la vida. Dios te hizo libre para disfrutar de la vida dentro de sus límites. Si te excedes acabarás esclavo de tu propia sensualidad.

El que se cree libre para hacer lo que quiere, ignora que es esclavo de sus propios deseos

3 de julio
NO TE FUMES TU VIDA

Un criador de perros creó una nueva raza canina de tamaño muy reducido comparado con el de sus progenitores, aplicándole a la comida de los cachorros una gota de nicotina al día, retardando así su crecimiento normal. Un joven estudiante vació el contenido de una caja de cigarros en un litro de agua y al cabo de un tiempo

> "Y a aquel que es poderoso para guardaros sin caída, y presentaros sin mancha delante de su gloria con gran alegría, al único y sabio Dios, nuestro Salvador, sea gloria y majestad, imperio y potencia, ahora y por todos los siglos. Amén."
>
> **Judas 1:24-25**

fumigó los rosales de su jardín matando a todos los insectos de las plantas y ahuyentándolos por un año. Un país considerado potencia mundial tiene montado un sofisticado sistema de seguridad y prevención de emisiones radiactivas en todo su territorio y se jacta de tener la tasa más baja de muertes de sus habitantes por tal motivo. Pero ese mismo país es uno de los consumidores mas altos de cigarrillos en el mundo y las estadísticas de sus efectos son alarmantes. El número de alcohólicos aumenta a 450 mil cada año. Hay más de 8 millones de alcohólicos, de los cuales 20 mil mueren y 400 mil sufren graves lesiones automovilísticas por conducir en estado de embriaguez. El número de personas que fallece por estar expuesto a emisiones radioactivas es insignificante. Tiene que haber algo realmente falso en nuestro sistema de valores cuando una nación superpotencia permite, sin protesta alguna, que sus habitantes se maten gradualmente con el tabaco. ¿Qué sucede? ¿Por qué semejante incongruencia? Algunos cristianos argumentan que la Biblia no declara prohibición alguna sobre esta práctica. Sin embargo, la Biblia declara que el cuerpo que poseemos es templo del Espíritu Santo y debemos usarlo sólo para la gloria de Dios, quien no lo creó para vicios y para la autodestrucción. Cada cigarrillo que consumes, ya ha consumido varios minutos de tu existencia. Calcula cuántos has consumido y comienza a hacer los preparativos para tu funeral, (si no quieres que te tome por sorpresa). El poder de Cristo es la única fuente eficaz para liberar al hombre de vicios esclavizantes tan fuertes. Si acudes a Él por fe, experimentarás Su libertad y disfrutarás de una vida verdaderamente sana. **"Todo lo que hagáis, sea de palabra o de hecho, hacedlo para la Gloria de Dios".**

Un cigarrillo es un trozo de papel con fuego en una punta y un tonto en la otra

4 de julio

ESTALACTITAS

> "Porque la sabiduría de este mundo es insensatez para con Dios; pues escrito está: Él prende a los sabios en la astucia de ellos".
>
> 1ª Corintios 3:19

Frente a mi escritorio tengo una foto tomada a finales de 1987 en el nivel cinco de las excavaciones de la mina de plomo-zinc en "Monte Isa", al noroeste de Queensland, Australia. Las estalactitas que cubren casi la totalidad del interior de dicha cueva son de más de un metro de largo. Comparadas con otras halladas en otras cuevas, estas son de gran tamaño. Se formaron como producto de la filtración de agua a través de un sedimento poroso de dolomita que se halla justo en el nivel superior a dicha mina. Para los geólogos actuales y los evolucionistas, estas estalactitas necesitan de millones y millones de años para formarse. Son verdaderos registros fósiles que evidencian la realidad de un planeta extremadamente viejo. Pero lo más interesante es que dicha mina tenía sólo 55 años de construida cuando le tomaron la foto que, obviamente, es la edad máxima para estas estalactitas. ¿No será hora de replantearse, basadas en estas y otras sin número de evidencias, la supuesta longevidad de la tierra? Quizá sea tiempo de escuchar la voz de la Biblia que declara la verdad de un planeta de no más de 10.000 años de vida. Lo mismo sucedió con la formación de los ópalos, una de las más cotizadas piedras preciosas. Su valor fue siempre inestimable argumentando el lento proceso al que era sometido durante millones de años hasta formar semejantes colores. La geología quedó muda cuando Len Cram, científico cristiano que obtuvo su doctorado en Lighting Ridge por su investigación sobre los ópalos, se puso a fabricar este tipo de piedras perfectamente genuinas en su laboratorio en sólo cinco meses. Ópalos en meses, no en millones de años; estalactitas en apenas medio siglo... Es hora de que la seudo-ciencia baje la guardia y se declare derrotada ante las verdades de las Sagradas Escrituras y la cronología bíblica. Y debes saber que, dentro de esas verdades está la más sublime: Cristo. Él es el camino, la verdad y la vida, y nadie puede llegar a ser aceptado por el Padre si no es por Él. Si tu rumbo no es Cristo... estás eternamente perdido.

El orgullo impide a los científicos reconocer que Dios existe

5 de julio
HOMBRE NUEVO EN VESTIDO VIEJO

> "Él, de su voluntad, nos hizo nacer por la palabra de verdad, para que seamos primicias de sus criaturas."
>
> **Santiago 1:18**

Un escéptico comunista pregonaba su doctrina en el Hide Park de Londres. Proclamaba el nacimiento de un nuevo orden social donde el rico le daría al pobre y donde todos tendrían derechos iguales. Un mendigo harapiento se acercó a la multitud y el partidario comunista le señaló ante todos y dijo: "El partido comunista puede poner un vestido nuevo a este viejo hombre". A pocos metros un evangelista predicaba de Cristo. Aquel mendigo, intrigado también por su discurso, se acercó y el predicador señalándolo dijo: Dios puede poner un hombre nuevo dentro de este vestido viejo y andrajoso. Tal vez, así se resuman los logros del esfuerzo humano ante el milagro de la gracia divina. El uno, sólo ofrece soluciones cosméticas y externas, mientras que Dios produce cambios internos por el arrepentimiento y la regeneración. Los vanos esfuerzos humanos por tapar la realidad del pecado ante Dios se asemejan a pintar sobre la humedad. A la larga el problema resurge otra vez. Sólo la sangre del Señor Jesucristo limpia a fondo de todo pecado. Existen dos grupos de personas en el mundo: los que cubren lo negro de su pecado con una capa de cal temporal y los que los exponen ante Dios y permiten que Él los limpie para siempre. Aquellos fariseos y religiosos contemporáneos a Jesús, intentaban con rituales y formalismo externo disimular su condición de pecado y Jesús los comparó con sepulcros blanqueados; pureza por fuera, corrupción y muerte por dentro. Pero dice la Biblia que Dios no mira como mira el hombre, porque Dios mira el corazón. Ante Él de nada sirve ponerse un vestido nuevo cuando debajo está el mismo hombre viejo viciado y corrompido. Debes vestirte por dentro con la justicia de Cristo y sólo así podrás decir soy una "nueva criatura, las cosas viejas pasaron, he aquí todas son hechas nuevas." La religión cubre tu pecado, la relación con Dios lo quita del medio. Las buenas obras cambian tu imagen, la fe cambia tu esencia. Tus esfuerzos por ser mejor te agotan inútilmente, los esfuerzos hechos por Cristo hace 2000 años te renuevan eternamente.

**La religión cubre tu pecado,
la relación con Dios lo quita del medio**

> "Y les daré un corazón, y un espíritu nuevo pondré dentro de ellos; y quitaré el corazón de piedra de en medio de su carne, y les daré un corazón de carne."
>
> **Ezequiel 11:19**

Hoy en día, muchas personas tienen luchas y dudas sobre su propia identidad, diciendo que su ánimo está por el suelo. ¿Qué dice la Biblia sobre la necesidad de estimarse y valorarse mucho para funcionar bien en el hogar, el trabajo y la sociedad? ¿Por qué sufrimos tanto de sentimientos y emociones como el temor, la vergüenza, el rechazo, el enojo, la ansiedad y la culpa? Para entender la razón de tener una imagen distorsionada, necesitamos regresar al comienzo de la raza humana, ver el resultado del pecado original y los efectos de la caída de Adán y Eva en el jardín de Edén. La decisión de ellos afectó a todo ser humano hasta el día de hoy. Dice Génesis 3:8 hasta el 4:9 que las consecuencias fueron: 1°) **Muerte espiritual y física.** La unión que Adán y Eva tenían con Dios se rompió y quedaron separados de Él por desobedecerle. 2°) **Conocimiento perdido de Dios.** Antes de la caída, Adán y Eva tuvieron una relación íntima, cercana y personal con Dios, pero todo cambió después de su desobediencia, porque no podían pensar claramente. En Génesis 3:7-8 leemos que trataron de esconderse de Dios, pero ¿cómo esconderse? Él es omnipresente, o sea presente en todas partes. 3°) **Emociones negativas dominantes.** ¿Qué consecuencias emocionales tiene la humanidad como resultado de la caída? a) Temor y preocupación. b) Vergüenza y Culpabilidad, c) Decaimiento y Enojo.

Como ves, la identidad del ser humano se dañó con la caída y la tragedia del pecado. El ser humano es un ser devaluado pero Dios puede regenerarlo y hacer un ser totalmente nuevo dentro de él. Así que, si dejamos de tratar de manejar nuestra propia vida, si nos arrepentimos de esa vida pasada y experimentamos un encuentro personal con Cristo mediante la fe, llegaremos a ser HIJOS DE DIOS y, por lo tanto, tendremos UNA NUEVA IDENTIDAD. Así que, aunque perdimos nuestra identidad como resultado de la caída, cuando experimentamos un encuentro personal con Cristo, recibimos una nueva identidad. Nos damos cuenta de que Dios nos ama, nos acepta tal como somos y nos valora en Cristo.

Perdimos nuestra identidad como resultado de la caída, pero cuando experimentamos un encuentro personal con Cristo, tenemos una nueva identidad

7 de julio
LA AMISTAD

Casi 200 veces aparece en la Biblia el sustantivo "amigo". La palabra deriva de otra palabra hebrea que significa, simplemente, "una asociación o una sociedad". Tal vez, una de las referencias bíblicas más claras al respecto es la que dice: "En todo tiempo ama el amigo y es como un hermano en tiempo de angustia". ¿Tienes amigos?

"Compañero soy yo de todos los que te temen y guardan tus mandamientos."

Salmo 119:63

El padre de un famoso escritor europeo le dijo a su hijo: "Si al llegar al final de tu vida puedes contar cinco buenos amigos, has sido un hombre muy feliz". Y tú... ¿puedes contarlos? Es un patrimonio inapreciable comparado con otras cosas. Es un bálsamo insustituible que sana cualquier herida. Alguien dijo: Los familiares y los vecinos no se escogen, vienen solos, los amigos sí. Por lo tanto, debes ser prudente al elegirlos. Y cuando los halles, cuídalos como lo más preciado, no los dejes escapar. Claro que descubrirás, con el paso del tiempo, rasgos no deseados en su forma de ser, pero tú también los tienes. ¿O no? Aprende a convivir a pesar de las diferencias ajenas en lugar de perder el tiempo denunciándolas y ofendiéndote. Jesús cultivó varios amigos a lo largo de su vida, y mira que la mayoría de ellos le dejaron en el momento que más los necesitaba. Justamente en ese momento de angustia al que hacía alusión nuestro predicador de Proverbios 17:17. Le abandonaron y se escondieron dejándole sólo. ¿Rencor, reproche? No. Nada de eso. Lo primero que hizo después de resucitar fue pensar en sus amigos, "Los quiero ver en Jerusalén", fue el mensaje que les envió en manos de María. ¿Y con Pedro, el que más le abandonó? Simplemente un encuentro en la playa, un rico desayuno con pez asado y pan y una cordial invitación a pasear. Eso es amistad: Perdón, oportunidad nueva, confianza. ¿Tienes amigos? Eres rico. ¿No tienes amigos y estás solo? Eres pobre. Encuentra en Jesús, Aquel que se hizo amigo de sus enemigos, la paz, el perdón y el amor necesarios para sembrar amistad y prepárate para cosechar sus frutos durante el resto de tu vida.

Amistad es dar SIEMPRE otra oportunidad

> "Yo soy la resurrección y la vida. El que cree en mí, vivirá aunque muera; y todo el que vive y cree en mí no morirá jamás".
>
> **Juan 11:26**

Estamos acostumbrados a tener seguros para el vehículo, seguros médicos, seguros para nuestra casa y los infaltables seguros de vida. Aunque en verdad, el título de seguro de vida no le queda bien. En realidad, no son seguros de vida, sino aseguradoras que ayudan a los deudores en tu muerte. Es más bien un seguro para la muerte. Claro que con este título sería menos vendible. Es una cuestión de Marketing: Se disimula lo trágico para conseguir más afiliados.

El momento de la muerte es un hecho tan cotidiano como la vida. En cierto sentido, el día que comenzamos a vivir es el mismo día que comenzamos a morir. Es allí cuando comienza la cuenta regresiva, e infaliblemente llegará el día de la muerte. Desde hace tiempo lo declaró Salomón en su libro: **"Todo tiene su tiempo, y todo lo que se quiere debajo del cielo, tiene su hora. Tiempo de nacer, tiempo de morir."** Es como si Dios hubiese designado que, desde el mismo día que el ser humano comienza a respirar, el cronómetro divino empieza a funcionar advirtiéndole al mortal que algún día llegará su hora. Claro que no tomamos cuenta de este hecho, sino avanzados los años. Cuando niños, decimos: "Demasiado pequeños para pensar en esto... ¡Mejor es jugar!". Cuando jóvenes decimos: "Estoy en lo mejor de la vida. ¿Cómo voy a gastar tiempo en Dios? Es hora de diversión". Ya adultos, las ocupaciones nos invaden y no tenemos tiempo para dedicarle a Dios. Mientras tanto, la cuenta regresiva sigue avanzando. Hasta que nos sorprende la ancianidad y, entonces, ya es demasiado tarde para pensar en cambios, ¿verdad? El único seguro de vida verdadero lo encuentras en esta dirección: Juan 11:26, la Biblia: **"Yo soy la resurrección y la vida. El que cree en mí, vivirá aunque muera; y todo el que vive y cree en mí no morirá jamás".** ¿Crees esto? A medida que pongas fe en las palabras de Jesús y en su obra en la cruz, tendrás tu vida asegurada aquí y en el más allá...

Toda seguridad aparte de Dios corre riesgos

> "Una cosa hago, olvidando ciertamente lo que queda atrás, y extendiéndome a lo que está delante, prosigo a la meta."
>
> **Filipenses 3:13**

Los padres de la psicología moderna han trabajado arduamente intentando descifrar las complejas patologías de la problemática conducta humana. Freud, Skinner, Roger y otros intentan aliviar la carga emotiva, los sentimientos de rechazo y resentimiento en el ser humano echandole la culpa a su pasado. Tratan, vanamente, de solucionar así sus problemas pretendiendo liberar al hombre de sus responsabilidades. De esta manera, lo presentan más como víctima que como responsable de sus actos. Sus argumentos dicen que una persona con conductas antisociales, probablemente actúa así porque fue criado de esa manera. Golpea a su mujer por que vio a su padre hacer lo mismo con su madre, viola a una muchacha porque fue criado en un ambiente donde todo lo que él quiso lo consiguió; roba porque su padre le enseñó a odiar a los de clases más altas. La culpa no es de él, sino de su crianza, él es víctima, no culpable. Obviamente que al quedar exento de responsabilidad nunca se puede hablar de pecado. Arrojamos el pecado a un lado y se acabó el problema de la condenación del alma. No hace falta sacrificio vicario en la cruz y todo argumento divino y bíblico del problema del hombre se desmorona como un castillo de naipes. Pero lo cierto es que Dios dice algo muy diferente en Su Palabra: "Por cuanto todos pecaron están destituidos de la gloria de Dios". Por supuesto que quienes intentan negar la responsabilidad y presencia de pecado en el ser humano, lo hacen porque adentro, muy adentro de su ser, saben que les espera un juicio futuro, un ajuste de cuentas y quieren evadir de sí, toda responsabilidad. El pecado es tan real como Dios, y el infierno tan real como el paraíso. No quieras arreglar tu pecado buscando responsables en tu pasado. Lo único que ocurrió con tu pecado en el pasado es lo que hizo Jesús hace 2000 años en la cruz: lo cargó por ti y sólo depositando tu fe en esa obra consumada podrás llegar a ser una nueva criatura.

No quieras arreglar tu pecado buscando responsables en tu pasado

> "Los que viven conforme a la naturaleza pecaminosa fijan la mente en los deseos de tal naturaleza; en cambio, los que viven conforme al Espíritu fijan la mente en los deseos del Espíritu."
>
> **Romanos 8:5**

Sabemos que no usamos ni siquiera el 10% de nuestra capacidad mental. Ilusionistas y mentalistas, exhiben sus hazañas aludiendo tener mayor control mental y un sentido más desarrollado. La hipnosis, la telekinesis, y otras técnicas, han cobrado prestigio en las últimas décadas atrayendo la atención de miles de curiosos. En realidad la mente es un laberinto de sistemas complejos; una mezcla de química, nervios y el toque único del Creador, y nunca llegaremos a usarla al 100% de sus capacidades. Pero el control de tu propia mente es mucho más importante que intentar controlar mentes ajenas. Es en la mente donde se gestan y procesan las decisiones que luego llegarán a transformarse en acciones que más tarde marcarán una conducta o hábito que con el correr del tiempo definirán tu carácter y destino final. Todo empezó allí, en la mente, en una idea, sólo un pensamiento. Es de vital importancia mantener nuestro interior bien controlado. Controlado ¿por quién?, ¿por mí?, ¿por otro?, ¿por nadie?, ¿por Dios?

El apóstol Pablo expone este conflicto de los pensamientos de la mente e impulsos del cuerpo de manera magistral. Veamos cómo lo presenta en la epístola a los Romanos: **"De hecho, no hago el bien que quiero, sino el mal que no quiero. Y si hago lo que no quiero, ya no soy yo quien lo hace sino el pecado que habita en mí. Esta ley lucha contra la ley de mi mente, y me tiene cautivo. ¡Soy un pobre miserable! ¿Quién me librará de este cuerpo mortal? ¡Gracias a Dios por Jesucristo nuestro Señor! En conclusión, con la mente yo mismo me someto a la ley de Dios, pero mi naturaleza pecaminosa está sujeta a la ley del pecado"**. Amigo, la única manera de controlar tu mente y así dominar los impulsos de la carne para no vivir una vida sensual y libertina que me lleve a la tragedia, es dejando que Dios, a través de Jesucristo, ponga en ti un nuevo ser; el Espíritu mismo de Dios, que controle a tu espíritu interior y a través de él tu cuerpo y tu vida toda, librándote del estigma generacional de una naturaleza fracasada.

Una mente controlada es sinónimo de un destino asegurado

11 de julio
GLORIAS PASADAS

Hace algún tiempo, el mundo se deslumbró observando el acto inaugural de la copa FIFA en el torneo mundial de fútbol. Delegaciones de países que habían conquistado el máximo trofeo, desfilaron orgullosas ante el aplauso de más de 50.000 espectadores. Países como Argentina, Alemania, Italia, Brasil, entre otros volvieron a ver

> "La gloria, Señor, no es para nosotros; no es para nosotros sino para tu nombre, por causa de tu amor y tu verdad."
>
> **Salmo 115:1**

sus héroes deportivos. Algunos con varias décadas de más caminaron otra vez por el césped de un estadio. Pero en esas filas se evidenciaba el paso del tiempo. El más impactante fue un delantero italiano que debió ser llevado por su esposa porque estaba lisiado y entró en su silla de ruedas. Otros caminaban lento y agitados más por el sobrepeso que por la emoción, otros con dificultad rengueaban de una o de sus piernas, otros ni siquiera pudieron asistir aún con sus pasajes y estadía pagos, por impedimentos físicos. Otros... simplemente ya no estaban, un paso fugaz por el éxito les dejó como saldo una vida sensual y adicciones que les esclavizaron de por vida o secuelas de las cuales nunca se recuperaron. No se puede vivir de glorias pasadas. Los triunfos, medallas y logros vividos no pueden sostenerte para siempre. Un paso fugaz por las pasarelas del éxito sólo emociona, deslumbra y embriaga, pero cuando todo pasa sólo te queda el recuerdo, la nostalgia y el vacío de cómo enfrentar lo que aún queda de carrera. El hijo de Dios, vive más bien de su fe, en triunfos pasados, sí, pero los triunfos de Jesús. Sus triunfos en la cruz, eso le hace grande, le da fuerzas para continuar; y vive también de glorias futuras; esperanzas puestas en las promesas del cielo que un día cobijará a todos aquellos que han buscado en Jesús, el perdón de sus pecados. Las luces que te ofrece este mundo son como fuegos artificiales que deslumbran, nada más luces que no satisfacen. No vivas de gloria y éxitos del pasado. No te ilusiones con promesas de bienestar futuro de quienes ni siquiera pueden garantizar su propio futuro. Descansa en Dios y en las más de 3.800 promesas de Su Palabra.

Los verdaderos triunfadores son los que reconocen su fracaso y se apropian del triunfo de la cruz

"No temeré mal alguno porque Tú estarás conmigo; Tu vara y Tu cayado me infundirán aliento".

Salmo 23:4

El escritor H. W. McLaughlin cuenta que visitó Israel y conversó con un viejo pastor. Pensando en el Salmo 23, McLaughlin le preguntó al pastor cómo usaba él su cayado para consolar y guiar a las ovejas. El anciano dijo que durante el día siempre llevaba el cayado atravesado sobre los hombros, de manera que las ovejas pudieran verlo. De alguna manera eso las tranquilizaba y les aseguraba la presencia y protección del pastor. Luego, explicó que si les sorprendía la oscuridad antes de que hubiera podido llevar al rebaño a un lugar de descanso seguro para pasar la noche, y las ovejas no pudiesen ver el cayado, caminaba despacio, al tiempo que golpeaba el suelo con el cayado. Aunque las ovejas no podían ver el cayado, sí podían oír los golpes y, por lo tanto, seguir la dirección del sonido, conscientes de que su pastor iba delante de ellas. La palabra inspirada de Dios es para nosotros lo que el cayado para las ovejas; nos asegura la presencia, protección y provisión de Dios de día y de noche. A veces, vemos Su guía muy claramente en las Escrituras. Sin embargo, otras veces hemos de escuchar con especial atención al Espíritu de Dios cuando nos habla a través de la Palabra de Dios. El Espíritu de Dios nos da la seguridad de que nuestro Pastor, aunque no podamos verlo, siempre está con nosotros. En eso radica la fe del cristiano, no en que nosotros podamos ver siempre a Dios, sino en que Él siempre nos ve a nosotros. ¿Tienes tú esa guía diaria en la vida? No hay sitio más seguro que Su redil, no hay trato más instructivo que el de Su cayado y no hay pastor más amante que Jesús. Él dijo: **"Yo soy el buen pastor, el que pone su vida por sus ovejas. El que entre en mi redil (...) será salvo".**

Fe es permanecer sin verle sabiendo que Él, sí me ve

13 de julio
GRACIA ABUNDANTE

A un muchacho de un barrio en extremo humilde, le llevaron a un hospital cristiano, donde recibió cuidados con los que él ni había soñado nunca. Después de bañarle, le colocaron en una cama limpia y la enfermera le trajo un gran vaso de leche. "¿Hasta dónde puedo beber?", preguntó el muchacho, mirando la leche con ansias.

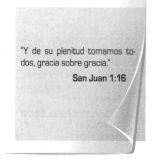

"Y de su plenitud tomamos todos, gracia sobre gracia."

San Juan 1:16

"¿Qué quieres decir?", preguntó la enfermera. "En casa somos 5 hermanos para beber de un mismo vaso. Nuestra madre nos dice hasta dónde podemos beber para que la leche alcance para todos. Indíqueme hasta dónde puedo beber yo para que los que beban después de mí tengan suficiente." "¡Bebe todo como quieras! ¡Todo es para ti!", le dijo la enfermera. Parece que este mismo temor está presente en cada ser humano. Cada vez que se comienza a disfrutar de algo que proporciona placer, concluimos que lo bueno dura poco. Cuando algo va bien, nos persigue la pregunta: "¿cuándo se irá a acabar esto?" Pero la satisfacción y la plenitud que proporciona una relación genuina con Dios son inagotables. De su inagotable ser, podemos recibir una sobredosis especial de gracia para cada circunstancia. El gran pastor, rey y coleccionista de cantos, David, dijo en el Salmo 23: **"Mi copa está rebosando."** Fíjate que no dijo "estuvo" sino "está". Para que una copa esté siempre rebosando, quiere decir que ni bien desciende el nivel del líquido, ya hay una mano llenándola de nuevo hasta su máximo nivel y aún más. Claro que en la vida hay personas, experiencias y situaciones que nos vacían, nos deshidratan, y nos dejan exhaustos, sin fuerzas ni ganas para comenzar de nuevo. Pero ese es el sentimiento de aquellos que no disfrutan de una experiencia personal con Dios y tratan de curar sus heridas en el hospital equivocado. Como aquel niño, todos aquellos que hemos acudido a Jesús y dejamos que Él nos sane, hemos escuchado y seguimos escuchando aquella misma frase: "Bebe todo lo que quieras. Es todo para ti."

¿Por qué vivir mendigando existencia cuando tienes vida eterna gratis a tu disposición?

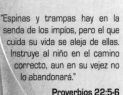

"Espinas y trampas hay en la senda de los impíos, pero el que cuida su vida se aleja de ellas. Instruye al niño en el camino correcto, aun en su vejez no lo abandonará."

Proverbios 22:5-6

En pocas ocasiones la memoria colectiva de los pueblos muestra tamaño acuerdo a la hora de juzgar el papel histórico de un personaje como Adolf Hitler. Sobre él se han escrito cientos de miles de páginas, y su figura se define como la de un dictador asesino responsable de la muerte de millones de personas y encarnación de los más bajos y deplorables instintos humanos. Hitler llevó a su país a la guerra más devastadora nunca conocida, practicando además una política de exterminio y barbarie contra todos aquellos grupos o individuos que, la abyecta ideología que representaba, tuviera por diferentes y, según él, inferiores. Este personaje nació en una ciudad fronteriza de la Austria bávara. Hijo de un agente de aduanas, Alois, que, en virtud de su ocupación, obligó a su familia a mudarse varias veces de residencia, siempre en pequeñas localidades rurales. Su padre era hijo de la soltera María Anna Schikelgruber, tomando prestado el apellido Hitler de un pariente por considerarlo más honroso. El hecho de que su padre proviniera de una unión ilegítima entre su abuela y un desconocido, perturbó siempre los pensamientos de Hitler, ante la posibilidad de tener ascendientes judíos. Durante su infancia, se educó en pequeñas escuelas de pueblo, hasta que pasa a la escuela de Artes y Oficios de Linz. Su infancia distó mucho de ser feliz, siendo objeto de frecuentes palizas por parte de su padre, sólo en parte compensadas por el cariño que su madre, Klara Pölz, le profesaba. Así que tenemos en la historia el producto de un padre violento y un niño resentido y dominado por el pecado reinante en cada ser humano. Una alerta para las familias de hoy que crían a sus hijos, a veces sin importarles la semilla que están sembrando en ellos; sin calcular el costo del producto final que pueden formar. Sólo la presencia de Dios en el seno familiar de nuestra sociedad y la de Jesús habitando por la fe en nuestros corazones puede garantizar una próxima historia sin hombres como Hitler.

Las familias son los moldes donde se forjan los hombres

> "Y yo os digo: Ganad amigos por medio de las riquezas injustas, para que cuando éstas falten, os reciban en las moradas eternas."
>
> **Lucas 16:9**

A inicios de 1999, Ecuador sufrió uno de los niveles más altos de inflación en su estructura económica de tal forma que al cabo de algunos meses, su moneda, el Sucre, se devaluó optando por dolarizar el país sin antes congelar los fondos de los ahorristas y declarar en quiebra algunos de sus bancos más fuertes. El mismo proceso se dio en Argentina, en la década de los 80 y en el año 2004, aunque sin llegar a la dolarización, devaluando varias veces su moneda debilitada y reteniendo los ahorros en cuentas bancarias. Este síndrome de hiperinflación, y posterior devaluación se ha tornado una cultura en la mayoría de los países latinos y ha creado en sus habitantes un efecto de pánico ante la menor sospecha de futuras devaluaciones. ¿Qué haría usted si hoy se enterara de que se aproxima otra devaluación de la moneda de su país y que su dinero pronto perderá valor? Obviamente, lo cambiaría por una moneda estable, que no sufra el deterioro que nuestras economías corruptas le imprime, y aseguraría sus bienes para el futuro, ¿verdad? Bueno, eso es lo que haría un sabio administrador de sus ganancias, y es eso lo que justamente Jesús se encargó de sugerir a los que le escuchaban aquel día: **"No acumulen para sí tesoros en la tierra, donde la polilla y el óxido destruyen, y donde los ladrones se meten a robar. Más bien, acumulen para sí tesoros en el cielo, donde ni la polilla ni el óxido carcomen, ni los ladrones se meten a robar. Porque donde esté tu tesoro, allí estará también tu corazón"** (Mateo 6:19-21). Si comprendiste el mensaje, la idea es que si inviertes tus posesiones en cosas eternas (conocer a Dios, compartir el evangelio a otros, ayudar al necesitado) estarás cambiando tus bienes en la moneda del cielo, moneda más fuerte que el euro, el dólar o el Cheng, y Dios te promete que, cuando pases de este mundo a Su presencia, seguirás teniendo esas mismas riquezas transformadas en almas salvadas y coronas ganadas. Inteligente, ¿verdad?

Cambia tu moneda terrestre por la moneda celeste, que es la mejor inversión

> "Sino que golpeo mi cuerpo y lo hago mi esclavo, no sea que habiendo predicado a otros, yo mismo sea descalificado".
>
> 1° Corintios 9:27

Venciéndote a ti mismo, vencerás. Este conocido adagio militar encierra una de las lecciones más valiosas de la vida. El hecho de la renuncia, la abnegación y la entrega personal como trampolín para una vida de victoria. El paso del tiempo nos va enseñando que el mayor obstáculo a franquear para alcanzar las metas propuestas somos nosotros mismos y que la mayor amenaza en la formación de un carácter estable es nuestro propio egoísmo e impaciencia, flores predilectas en el jardín de la carne. El apóstol Pablo encontró el secreto de esta lucha personal, íntima y oculta, que se gesta en el interior de nuestro ser. Él se sometió a una disciplina diaria de autonegación constante de sí mismo hasta decir: "Me hago mi propio esclavo". Ese es el secreto para la formación de mi carácter. Claro que esto es un proceso lento. Siempre que tratemos de eludir los capítulos amargos de la vida y evitemos el concepto de someter prejuicios, planes, y anhelos personales, interferimos en el proceso. Así, retardamos nuestro crecimiento y nos exponemos a sufrir una clase de dolor que es aún peor, el dolor sin sentido que siempre acompaña a la evasión y el conformismo. Cristo nos enseñó que el sacrificio de renunciar a mi "Yo" es el único camino a la exaltación. Con la cruz por delante, Él pudo orar en el huerto: "Padre glorifícame con aquella gloria que tuve contigo antes de que el mundo fuese." Es que cuando asumes las consecuencias eternas del desarrollo de tu carácter, no pronuncias oraciones tanto del tipo: "Consuélame, ayúdame a vivir sin contratiempos, líbrame de este mal rato." Orarás más bien: "Adáptame, transfórmame, moldéame, aunque me duela". Sabrás entonces que estás en proceso de maduración viendo la mano de Dios obrar en las circunstancias más variadas, confusas y aparentemente vanas de la vida.

Este sometimiento a Su voluntad y esta decisión de no oír las sutilezas engañosas de mis "habilidades" es el comienzo de una vida de victoria. ¡De su victoria!

El mayor obstáculo a franquear para alcanzar las metas propuestas es mi propio yo

LUCHAS DE PODER

Las luchas de poder se producen cuando alguien cree que ha perdido autoridad y quiere recuperar la sensación de control. Traen como resultado sentimientos negativos y es bastante difícil llegar a una solución satisfactoria. Los hombres pretenden controlar a otras personas y luego se sienten culpables por haber perdido la paciencia. Los niños se enfadan, se deprimen y fantasean sobre la manera de retomar el control sobre sus padres.

> "Pues Dios no nos ha dado un espíritu de timidez, sino de poder, de amor y de dominio propio."
>
> **2° Timoteo 1:7**

La sensación de pérdida de poder comienza a menudo a una edad temprana, y los padres que han experimentado esa sensación suelen transmitírsela al menos a uno de sus hijos, probablemente a aquel que tiene rasgos de carácter parecidos y que al padre no le gustan. Por tanto, las personas pueden evitar las luchas de poder siendo sinceras sobre lo que no les gusta de sí mismos. Comprenderse a través de la luz de la Biblia, mejora nuestras relaciones interpersonales. Para resolver las luchas de poder tome nota de los siguientes consejos:

1. Haga preguntas en lugar de dar órdenes.
2. Tenga un lugar donde esconderse cuando se desencadene una lucha de poder.
3. Proporcione a su prójimo más de una opción para elegir.
4. La persona a quien usted tiene que controlar es a sí mismo, no al otro.
5. Soltar una carcajada en mitad de una lucha de poder consigue pararla.

Como ves, el ser humano conlleva un potencial interior, un instinto de dominio que, si bien no es inherentemente malo, puede conducirnos a extremos peligrosos del carácter. La meta en las diferencias que se presenten en las relaciones interpersonales no debe ser controlar al otro sino más bien controlarme yo. El dominio propio es una virtud extraña al comportamiento humano, y es el fruto del obrar del Espíritu Santo de Dios en tu interior. Pídele a Dios que te conceda el don del Espíritu Santo por la fe en su Hijo Jesucristo y serás capaz de controlarte tú mismo e influenciar en los demás con tu ejemplo y servicio.

El dominio propio es una virtud extraña al comportamiento humano, y es el fruto de obrar del Espíritu Santo de Dios en tu interior

> "He aquí que tú amas la verdad en lo íntimo."
>
> **Salmo 51:6**

Dios no ha exigido nunca que sus criaturas sean perfectas. Ese argumento, el de la perfección, es el que muchos sostienen en contra de Dios. Basándose en eso, algunos se esfuerzan por ser aceptados, por convencer o impactar a Dios con su perfecta impecabilidad ficticia. Otros, en cambio, abandonan frustrados la tarea y sienten que nunca podrán llegar a satisfacer las demandas divinas. Ni la una ni la otra son verdad. Sinceridad más que impecabilidad es lo que Dios busca. Esta lección la aprendió en carne propia el apóstol Pedro. Él se sentía el mejor de todos. Fue uno de los primeros seleccionados, pertenecía al grupo de los tres más cercanos a Jesús, confesó a Cristo cuando los demás quedaron en silencio. Si había alguien que se sentía perfecto, ese era Pedro, el arrogante. Nunca pensó que necesitaba ayuda. Hasta que un día, calentándose en un fogón, alzó la mirada entre el calor de las llamas y se encontró con la de su Maestro la cual le partió el alma. Mientras un gallo cantaba por segunda vez, se cumplía la profecía de Jesús tocante a su negación cobarde: **"Mientras él todavía hablaba, el gallo cantó. Entonces, vuelto el Señor, miró a Pedro."** (Lucas 22:60-61). Son esas miradas las que te deben hacer reflexionar. Ese momento preciso en que tú sabes que Dios también lo sabe y que es inútil intentar ocultarlo. **"El Señor observa desde el cielo y ve a toda la humanidad; Él contempla desde su trono a todos los habitantes de la tierra. Él es quien formó el corazón de todos, y quien conoce a fondo todas sus acciones"** (Salmos 33:13-15). Mientras más corras, más se complica la vida. Pero mientras más confieses, más ligera se vuelve tu carga. David, el rey de Israel, lo sabía: **"Mientras guardé silencio, mis huesos se fueron consumiendo por mi gemir de todo el día. Pero te confesé mi pecado, y no te oculté mi maldad, y tú perdonaste mi maldad y mi pecado"**. Amigo, recuerda que Dios no espera tu perfección sino tu honestidad.

No hay más necio que quien intenta ocultarle a Dios su pecado. ¡Cuéntale!

ALABANZAS Y CRÍTICAS

Las alabanzas y las críticas son juicios que una persona emite sobre otra. Saber comunicar dichos juicios mejorará la labor de las personas y su relación con los demás. Elogiar a alguien cuando él se lo espera, sólo demuestra que estoy haciendo lo que "debe" hacer una buena persona.

> "En el crisol se prueba la plata; en el horno se prueba el oro; y ante las alabanzas, es probado el hombre."
>
> **Proverbios 27:21**

Cuando alguien muestra un trabajo que ha hecho y que él cree que es maravilloso, busca los elogios para reforzar sus propios sentimientos. Está bien concedérselos, pero es su propia opinión la que debe guiarle, no el juicio de los demás. Cuando alguien sabe que ha hecho algo mal y no puede evitar que los demás lo descubran, la crítica y el castigo posterior ya se han formado en su mente, aunque todavía los otros no hayan intervenido. El individuo sabrá cuando ha hecho algo mal si ha aprendido a juzgar sus propias actuaciones. Decir palabras agradables cuando no se lo espera tendrá un efecto duradero. Cristo enseñó a valorar las virtudes ajenas, a no sobredimensionar las propias, a disimular las de otros en lugar de criticarlas. Se puede decir algo agradable sobre una característica personal para demostrar que uno no siempre tiene que hacer algo para merecer elogios. Se puede decir algo agradable sobre algo que haya hecho mi prójimo, mostrándole que una buena actitud es una fuente de sensaciones gratas. Se puede decir algo agradable de uno mismo para mostrar que la autoestima positiva es buena. Se le está diciendo con ello al otro que es posible sentirse bien con uno mismo sin buscar continuamente la aprobación de los demás. Se puede decir algo agradable sobre otras personas para mostrar que está bien tener buenos pensamientos hacia los demás aunque no estén presentes. Se puede decir algo agradable sobre un árbol, una puesta de sol o el color de un edificio para mostrar que es bueno obtener satisfacción de las experiencias cotidianas, de las cosas pequeñas. Se puede decir algo agradable sobre algo o alguien que también posea características que no nos gustan, para mostrar que la vida es según como la observemos.

Decir algo agradable no es necesariamente una alabanza, pero muestra que se tiene una actitud positiva

LA IMPORTANCIA DE SER RARO

> "Así que la convicción que tengas tú al respecto, mantenla como algo entre Dios y tú. Dichoso aquel a quien su conciencia no lo acusa por lo que hace."
>
> **Romanos 14:22**

La mayoría de las personas creen que tienen algo raro. Suelen llegar a la conclusión de que son diferentes de los otros cuando empiezan la escuela. Una vez que el niño se da cuenta de que es raro, esto se convierte en un problema para él. Algunos nacen raros, y otros se convierten en raros debido a su educación. Les ocurren cosas tan extrañas e impredecibles que si sus padres también son un poco raros, podrán soportar mejor su propia rareza. Con "raro", me refiero a alguien que es espontáneo. Uno que de repente hace lo contrario a lo que esperan los demás. Alguien raro es aquel que no teme parecer tonto a los ojos de otros. Ser raro es otra forma de reforzar los lazos interpersonales. Los buenos padres establecen vínculos muy fuertes con sus hijos, aunque para ello tengan que renunciar al control absoluto, por ejemplo. Las personas raras tienden a respetar lo que les convierte en raros. Puede tratarse de un talento, un interés o una actitud por la que sienten pasión. Demuestran un compromiso con sus ideas que va más allá de lo normal. La pasión que sienten por sus intereses es a menudo comunicada a otros, quienes aprenden que apasionarse por algo no sólo es posible sino deseable. Aprender esta lección puede ayudar a alguien a ser un hombre de éxito. Como consejo, hay que encontrar tiempo para expresar pasión por algún interés en particular. Hay que decir o hacer cosas de vez en cuando que los otros no esperen. Hay que pasar mucho tiempo con nuestros seres queridos a solas. Hay que hablar con los demás de cosas que les interesen. Hay que defender las ideas ajenas antes de criticarlas. No hay que ridiculizar algo que otro toma muy en serio. Dios nos hizo a cada uno originales. Eres único y eso debe emocionarte. Él no clona humanos, los crea y con rasgos distintivos especiales para Sus propósitos. Si aún no los has descubierto, pregúntaselo en oración y sabrás por qué te hizo como eres.

Eres único y eso debe emocionarte

21 de julio
CUANDO DIOS PARECE ESTAR LEJOS

Es muy fácil adorar y pensar en Dios cuando todo sale como estaba planeado. Pero el grado más alto de la fe es amar a Dios aun sin verlo. Esperar en Él cuando nada indica que lo que anhelo se cumplirá. Sujetarme de Su mano aun cuando no vea Su rostro. Dios es real sin importar cómo te

> "El Señor ha escondido su rostro, pero yo esperaré en Él, pues en Él tengo puesta mi esperanza".
>
> **Isaías 8:17**

sientas. La gran mayoría de los piadosos nominales practican cierto cristianismo "sensual", donde lo que guía la devoción son las emociones y sentidos, más que la fe. Así que, si hoy me siento bien, Dios es lo más grande; y si mañana me siento mal, Dios se olvidó de mí y me siento traicionado. ¿Qué? ¿Significa esto que a Dios le importa un rábano cómo me sienta o cómo esté mi corazón, y que lo único que le importa a Él es que le rinda honor y que le alabe?...

No. Dios se duele contigo en tu dolor. Él se preocupa por el estado de tu corazón. Pero muchas veces, Él permite las tormentas de la vida, y hasta a veces se esconde de nosotros, para perfeccionar nuestra fe y madurar nuestro carácter. El secreto de mi amistad con Dios no radica en que yo le vea siempre a Él, sino en que Él me ve siempre a mí, aunque yo no le vea. El error más común de los cristianos con respecto a la adoración es que buscan una experiencia, más que a Dios. Refiriéndose a esos días de sequía espiritual, San Juan de la Cruz los llamó: "La oscura noche del alma". Henry Nowen, "el ministerio de la ausencia"; A.W.Tozer, "el ministerio de la noche". Nunca olvides que también Jesús sintió muy lejos el rostro de Su Padre cuando en la cruz exclamó: **"Dios mío, Dios mío, ¿por qué me has desamparado?"**. Él sabe lo que sientes. Sólo confía y espera que pase la tormenta. Dios te promete que al final de la noche te espera la luz de su omnipresencia, y tu fe habrá madurado un poco más.

Dios es real sin importar cómo te sientas tú

> "Bienaventurados los pacificadores, porque ellos serán llamados *hijos de Dios*".
>
> **Mateo 5:9**

Son variadas las manifestaciones culturales que narran la historia del hombre por todo este gran planeta, pero algunas sobrepasan lo imaginable. En Cuzco, Perú, cuna de civilizaciones incaicas, una costumbre ha perdurado por los siglos. Anualmente, los habitantes de aquella ciudad que tienen pleitos pendientes, se encuentran en un gran lugar llamado: "La plaza del ajuste de cuentas". ¿Qué hacen? Simplemente, van pasando de dos en dos, sean hombres o mujeres, y arreglan sus asuntos personales, sus ofensas y desarreglos a los golpes. Un juez hace de árbitro, obviamente, impidiendo que la actividad acarree consecuencias trágicas y, valiéndose de un látigo, los separa al cabo de un tiempo si la pelea se prolonga. Golpes, trompadas, patadas, sangre e insultos, son el espectáculo de miles de personas que acuden de todas partes del mundo para presenciar semejante barbarie. Cuando se sacian, se levantan, se dan la mano y... "aquí no ha pasado nada", tan amigos como siempre. ¿Puedes creerlo? Si funciona, no lo sé. Tal vez a alguno le resulte. Lo que sí sé es que está muy lejos de la regla del Sermón del Monte que Jesús recomendó a sus discípulos. Es interesante notar que la palabra "pacificador", en el idioma griego que fue escrito, significa: "hacedores de paz o los que trabajan por la paz". Es que el oficio más noble que el ser humano pueda escoger es justamente este, el de pacificador o hacedor de paz. Implica trabajo y esfuerzo, porque la paz no viene por sí sola. La tendencia natural es hacia el caos, al desorden y al pleito, que tienen como cuna la naturaleza humana. Vengarse, golpearse y devolver mal por mal sólo degrada más ea ser humano. Dedícate a perdonar, a trabajar en favor de la paz, no a criticar y a herir. Sólo así, dice Jesús, serás llamado "Hijo del Dios altísimo". De lo contrario serás desprestigiado. **"La cordura del hombre detiene su furor, y su honra es pasar por alto la ofensa"** (Proverbios 19:11).

Ojo por ojo... y todos acabaremos ciegos

23 de julio
LO QUE NADIE CALCULÓ

> "Ahora bien, sabemos que Dios dispone todas las cosas para el bien de quienes lo aman, los que han sido llamados de acuerdo con su propósito".
>
> **Romanos 8:28**

La NASA estaba a punto de realizar uno de aquellos tantos lanzamientos programados al espacio exterior. Esta vez era el turno del trasbordador "Atlantis". Es sabido que los ingenieros espaciales nada dejan al azar. Recordamos la gran tragedia del trasbordador "Discovery", el cual explotó en el aire y provocó la muerte de toda su tripulación. Pero esta vez nada podía fallar. Al menos por causas humanas. Todo estaba listo. Comenzó el conteo final: 10, 9, 8, 7, 6... ¡Un momento! Se detuvo el conteo. ¡Se suspendió el lanzamiento! Todos se miraron atónitos. Quizás no puedas creerlo, pero una diminuta araña se detuvo justo encima del lente de la cámara del trasbordador dificultando la visión en el momento del despegue. Algo que nadie previó ni sospechó. Una simple araña de campo hizo su tranquilo paseo en el momento menos indicado y en un sitio inoportuno. Este insecto fue el protagonista de aquel día ante miles de ojos que no podían creer lo que veían. Hizo perder tiempo, energía y millones de dólares frustrando una misión de tal envergadura. Casi gracioso, pero muestra claramente el hecho real de que, por más que calculemos detalladamente cada proyecto de vida, siempre debemos estar preparados para lo inesperado, lo inoportuno, lo incalculable.

Aquel que no soporta las interrupciones y no está dispuesto a improvisar, se condena a sí mismo a un estilo de vida perfeccionista y sufre horrores cuando las cosas no salen como esperaba.

Acepta cada imprevisto, cada dificultad, cada sorpresa como un mensaje de Dios. Él tiene una óptica más elevada que la nuestra y sabe por qué permite las cosas. Nunca descartes la posibilidad de lo inesperado e indeseado al final de tus proyectos y sueños. Tal vez Él lo permita porque es un Dios celoso y se da cuenta que ese sueño o ese proyecto nuevo está tomando tal dimensión de que compite con Su soberanía en tu corazón. Y Él no lo va a permitir. Si no, pregúntale a Abraham en el monte Moriah.

Vive tu vida amando a Dios. Confía en Sus propósitos para ti y déjale a Él las incongruencias de esta vida.

**Acepta cada imprevisto, cada dificultad,
cada sorpresa como un mensaje de Dios**

> "De modo que si alguno está en Cristo, nueva criatura es; las cosas viejas pasaron; he aquí todas son hechas nuevas."
>
> **2ª Corintios 5:17**

Cuenta cierta historia que un borracho fue convertido por el Señor y abandonó su vida desordenada. Un día, después de su conversión, un escéptico de la Biblia, se mofó de él diciéndole: ¿Realmente tú crees que Cristo hizo que el agua se volviera vino? La rápida y acertada respuesta del que había sido un alcohólico fue: No sé qué decirte; pero lo que sí sé es que en mi hogar Cristo hizo que el vino se volviera pan.

Algo así de simpático se relata en la curación de un ciego por medio de Jesús. Puedes leerlo en Juan 9:24: "**Por segunda vez llamaron al que había sido ciego y le dijeron: Júralo por Dios. A nosotros nos consta que ese hombre es pecador. Si es pecador, no lo sé, respondió el hombre, lo único que sé es que yo era ciego y ahora veo. Sabemos que a Moisés le habló Dios; pero de éste no sabemos ni de dónde salió. ¡Allí está lo sorprendente!, -respondió el hombre-, "que ustedes no sepan de dónde salió, y que a mí me haya abierto los ojos. Si este hombre no viniera de parte de Dios, no podría hacer nada".**

Ellos replicaron: "Tú, que naciste sumido en pecado, ¿vas a darnos lecciones? Y lo expulsaron. Jesús se enteró de que habían expulsado a aquel hombre, y al encontrarlo le preguntó: ¿Crees en el Hijo del hombre? ¿Quién es, Señor? Dímelo, para que crea en él. Pues ya lo has visto, le contestó Jesús; es el que está hablando contigo. Creo, Señor, declaró el hombre, y postrándose, lo adoró."

Es triste ver hoy día, escépticos que niegan el poder de Dios y la veracidad de las Escrituras ante la evidencia contundente de tantas vidas transformadas. Que no sea este tu caso, amigo, más bien reconócelo en todos tus caminos y serás salvo ahora y por la eternidad.

La prueba más grande del poder de Dios es ver millones de vidas transformadas a tu alrededor

25 de julio
NOMBRE NUEVO, CRUELDAD ANTIGUA

"Sus pies corren al mal, se apresuran para derramar la sangre inocente; sus pensamientos, pensamientos de iniquidad."

Isaías 59:7

La escena no es de una película de la época pirata. En pleno siglo XXI, seres humanos son forzados a enfrentar una verdadera crueldad. Son secuestrados o negociados hasta por quienes debieran haberlos protegido, abandonándolos a su propia suerte, engañados con promesas de tiempos mejores. De repente, están siendo explotados más allá del límite de la dignidad, teniendo que prostituirse y, muchas veces, siendo usados para traficar sus órganos.

Hablamos del "tráfico humano". Un mal insidioso, permanente, oculto, alimentado por la miseria social, que continúa creciendo, siendo una de las industrias más rentables (apenas menor que el tráfico de drogas y armas).

Esta asombrosa realidad, convive codo a codo con la complacencia de las personas de bien y la inoperancia de los gobiernos. Esto debe combatirse con acciones enérgicas, impopulares y valerosas. Tiene varios nombres: explotación sexual, promesa de empleos en el exterior, adopciones ilegales, trabajo esclavo, tráfico de órganos, etc. Pero hay un elemento en común; nadie, conscientemente, escoge, prefiere o desea ser explotado. La historia de la esclavitud fue sobresaliente a lo largo de las civilizaciones, y los derechos humanos surgieron porque alguien tenía que decir: ¡Basta! Basta a las diferencias sociales, raciales y de género. Entre tanto la intolerancia y la falta de respeto continúa.

La Palabra de Dios es rica en citas sobre la degradación, la violencia y la deshumanización del ser creado perfecto a imagen de Dios. Existe un remedio para esta decadencia moral: la sumisión del ser creado al Creador y Su Palabra. En ella encontramos los principios que valorizan a la humanidad a través de la redención que Dios ofrece al hombre. Así, en comunión con el Autor de la vida, el ser humano aprenderá a valorar la existencia en esta tierra y en el más allá.

Las leyes lo ignoran, los gobernantes no lo incluyen en sus "apretadas agendas ejecutivas", pero tú y yo hoy podemos ser agentes de cambio volviendo a la Biblia. La tienes al alcance, ¡léela!

Sólo volviendo a la Biblia, las naciones forjarán destinos gloriosos

La Esperanza Cura

> "La piedad es útil para todo, ya que incluye una promesa no sólo para la vida presente sino también para la venidera".
>
> **1ª Timoteo 4:8**

El doctor Víctor Frankl, famoso psiquiatra Austriaco, comentando lo ocurrido en los campos de concentración de Alemania, explicaba por qué estando miles de personas sometidas a las mismas terribles condiciones de trato y alimentación, unas murieron y otras sobrevivieron. Sus investigaciones confirmaron que, aquellos que sobrevivieron, estaban alimentados por alguna esperanza y objetivo de valor en sus vidas. Sus esposas o hijos esperándoles, sus estudios por continuar, una novia a quien habían prometido llevar al altar, etc.

Así mismo, los cristianos que viven con la esperanza en el más allá, no solamente son los más felices, sino que sus mismas vidas son beneficiadas y prolongadas por esta esperanza.

Dice 1ª Timoteo 4:8: **"La piedad es útil para todo, ya que incluye una promesa no sólo para la vida presente sino también para la venidera".**

El apóstol Pablo, que mantuvo durante toda su vida esta esperanza después de aquel encuentro con Jesús camino a Damasco, no sólo pudo conceptuar de un modo muy diferente las penalidades que sufrió, sino que pudo escribir el epílogo optimista de su aceptable carrera, cuando dijo en 2ª Timoteo 4:6-8: **"Yo, por mi parte, ya estoy a punto de ser ofrecido como un sacrificio, y el tiempo de mi partida ha llegado. He peleado la buena batalla, he terminado la carrera, me he mantenido en la fe. Por lo demás me espera la corona de justicia que el Señor, el juez justo, me otorgará en aquel día; y no sólo a mí, sino también a todos los que con amor hayan esperado su venida".**

No olvides. La esperanza que se demora es tortura para los huesos. Si tus esperanzas están puestas en cualquier otra cosa que este mundo te ofrezca y no en Dios, vivirás una tortura. Si tu vida está fundada en Dios, no existirá adversidad que logre quebrantarte. Vivirás de pie, enfrentarás la muerte de pie y estarás eternamente de pie adorando a Aquel que te sostiene.

Hay dos tipos de personas: los que pretenden ver a Dios a través de cada problema y los que ven cada problema a través de Dios

27 de julio
EL MAL NO EXISTE

Durante una conferencia con varios estudiantes, un profesor de la Universidad de Berlín, propuso un desafío a sus alumnos con la siguiente pregunta: "¿Dios creó todo lo que existe?". Un alumno respondió valientemente: "Sí."

"No seas vencido de lo malo, sino vence con el bien el mal."

Romanos 12:21

El profesor dijo: "Si Dios creó todo lo que existe, ¡entonces Dios hizo el mal, ya que el mal existe!, y si establecemos que nuestras obras son un reflejo de nosotros mismos, ¡entonces Dios es malo!" El joven se calló frente a la respuesta del maestro, que se regocijaba de haber probado, una vez más, **que la fe era un mito**.

Otro estudiante levantó la mano y dijo: "¿Puedo hacerle una pregunta, profesor?" "Sí", fue la respuesta. El joven se paró y preguntó: "Profesor, ¿el frío existe?" "¿Pero qué pregunta es esa? Lógico que existe. ¿O acaso nunca sentiste frío?" El muchacho respondió: "En realidad, señor, el frío no existe. Según las leyes de la física, lo que consideramos frío, en verdad, es la ausencia de calor. El cero absoluto es la ausencia total de calor; luego el frío no existe. Y, ¿existe la oscuridad?", continuó el estudiante. El profesor respondió: "Existe." El estudiante respondió: "La oscuridad tampoco existe. La oscuridad, en realidad, es la ausencia de luz. La luz la podemos estudiar, la oscuridad, no. La oscuridad es una definición utilizada por el hombre para describir qué ocurre cuando hay ausencia de luz."

Finalmente, el joven preguntó al profesor: "Señor, ¿EL MAL EXISTE?", el profesor respondió: "Como afirmé al inicio, vemos crímenes, violencia en todo el mundo. Esas cosas son el mal." El estudiante respondió: "El mal no existe, Señor, o por lo menos no existe por sí mismo. El mal es simplemente la ausencia del bien. De conformidad con los anteriores casos, el mal es una definición que el hombre inventó para describir la ausencia de Dios. Dios no creó el mal."

El joven fue aplaudido de pie, y el maestro, moviendo la cabeza, permaneció en silencio. El director de la Universidad al ser informado del suceso, se dirigió al joven estudiante y le preguntó: "¿Cuál es tu nombre?" -"Me llamo, ALBERT EINSTEIN-".

**Si vives dando la espalda a Dios,
te encontrarás de frente con el pecado**

> "El que no naciere de nuevo no puede ver el reino de Dios."
>
> **Juan 3:3**

Un agricultor llevó un cerdo a su casa. Lo bañó, lo educó, lo perfumó y hasta le puso un hermoso collar. Este animal estaba muy bello, listo para ser aceptado en la sociedad. Por algunos instantes se comportó como toda una mascota en la casa de su dueño. Los vecinos y amigos lo admiraban. Pero, apenas pudo salir de la casa, se enterró en el primer lodazal que encontró mostrando así su verdadera naturaleza. ¿Por qué? Simplemente todavía era un cerdo. Su naturaleza no había cambiado; sólo había cambiado su aspecto exterior. Con el hombre sucede lo mismo. Lo puedes vestir muy bien y colocarlo en la primera fila de la iglesia, y casi parece un santo... ¿Verdad? Podría engañar a sus amigos, esposa e hijos, pastor y vecinos por un tiempo. Pero ponlo en su lugar de trabajo o en el club un sábado por la noche y te darás cuenta de cómo mostrará su verdadera naturaleza. ¿Por qué se conduce así? Porque aún no ha cambiado su naturaleza interior; sólo fueron mejoras momentáneas y cosméticas. Tal vez te preguntes por qué duran tan poco las propuestas de cambios ejecutadas por los gobiernos; por qué la sociedad sólo implementa "parches" que nada solucionan. Por qué tu familia, tu cónyuge, o tu hijo, no logran mantener una conducta aceptable durante un tiempo prolongado; por qué las metas de cambio personal que te has propuesto vez tras vez, las técnicas de mejora y los métodos de autoayuda sugeridos, fracasan y fracasan... Es que necesitas un cambio de adentro hacia afuera y no a la inversa. Necesitas, en palabras de Jesús: "nacer de nuevo".

Para nacer de Dios debo morir a mí mismo y esa muerte de ese "yo", o ser interior, que se deleita en el chiquero, fue asumida por Cristo en la cruz al identificarse, por amor, con la raza humana. Jesús nos dice que la única manera de ver a Dios reinando en nuestra vida con cambios verdaderos es renunciando a todo aquello en lo cual confiamos como moralmente aceptable y creyendo solamente en Él. Hazlo y verás la revolución de vida que se produce en tu interior.

Cristo no te propone una vida mejor, sino una vida nueva

29 de julio
O Te Cambias De Nombre O De Ejército

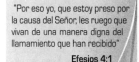

Son variadas las anécdotas registradas referentes al gran Alejandro, Alejandro el Grande o Alejandro Magno como la historia quiso que se le recuerde. Este joven lleno de energía, desplegó sus tropas por todo el mundo conocido de aquel entonces. Media, Persia, India, África... No había límites de conquista para este heleno adicto a traspasar fronteras. Fue, además, un gran estimulador, llevando a sus tropas hasta los límites inimaginables de la entrega por la causa de extender el imperio griego. En una de sus tantas marchas interminables, en la que sus soldados, la mayoría de ellos de los mismos países que conquistaba, estaban exhaustos por la caminata, notó en las filas a uno que, distraídamente, jugaba mientras marchaba. Cuando sus compañeros se esforzaban por mantener el paso firme y con máxima concentración, este joven se detenía en cuanto detalle del paisaje observaba. En actitud displicente, tropezaba, conversaba con su compañero de fila o miraba las estrellas. Alejandro preguntó a su comandante quién era ese joven, a lo que este respondió: "Es espartano, y su nombre es Alejandro". Cuando el gran emperador escuchó el nombre de aquel joven, dio un golpe a su blanco caballo, corrió prontamente hasta el muchacho, le detuvo e increpándole, le dijo: "Alejandro, o te cambias de nombre o te cambias de ejército. Pero no permitiré en mis filas un Alejandro tan inconsecuente". Muchos hoy en día dicen ser cristianos, seguidores de Jesús, como se les llamó por primera vez en la Antioquia del primer siglo. Pero su andar muestra todo lo contrario. Viven vidas inconsecuentes con lo que dicen creer; y no sólo pierden el tiempo sino que son un estorbo para el avance del reino de Dios en esta tierra. Pablo, otro grande aunque su nombre significa "pequeño", habló al respecto en **Efesios 4:1.** Palabras como "digno", "causa", "llamamiento", dan la pauta de que hay un propósito de vida digna, y que en el cumplimiento de ese propósito está mi deber. Así que, si eres del ejército de Cristo, debes andar como cristiano. Porque: **"El que dice que permanece en Él, debe andar como Él anduvo".**

**Lo que haces habla tan fuerte
que no me deja oír lo que dices**

EL TÚNEL DE ONASSIS

> "A los ricos de este mundo, mándales que no sean arrogantes ni pongan su esperanza en las riquezas, que son tan inseguras, sino en Dios, que nos provee de todo en abundancia para que lo disfrutemos."
>
> **1ª Timoteo 6:17**

El magnate griego Onassis, que amontonó una de las mayores fortunas de su década con la explotación de pozos de petróleo, exclamó, horas antes de morir: "Me pasé la vida construyendo un túnel de oro con las ansias de encontrar al final la felicidad. Hoy estoy por atravesar ese túnel y me siento tan infeliz como al principio". Otro adinerado frustrado fue Rockefeller, quien hizo fortunas durante su vida. Al ser entrevistado por un prestigioso periodista de televisión, días antes de morir, se le preguntó: "Usted ha sido el hombre más exitoso del planeta. Hoy está al final de su carrera, ¿qué anhelaría tener que aún no haya conseguido en este mundo?" Rockefeller respondió, evidenciando una gran insatisfacción: "Un millón de dólares más". Alguien dijo de una persona que era tan, pero tan, pobre que lo único que tenía era dinero.

¿Piensas que acumular riquezas es la única meta loable en esta vida? Estás muy equivocado. Más de dos mil quinientos versículos en la Biblia hablan acerca del dinero y muchos de ellos son advertencias a no poner en ellos la confianza. Aprende el enorme secreto del contentamiento. Cultiva una vida de gratitud. Quizás, si conocieras a otros más necesitados que tú, te darías cuenta de cuántas cosas tienes y no valoras. Buscar la comparación entre lo que otros poseen y yo no, es una evidencia de infantilismo espiritual. Como esos niños que regresan llorando de la juguetería, con su juguete nuevo, porque papá no les quiso comprar un helado, ¡Ridículo!

Dos cimientos: uno estable, el otro inestable. Uno, Dios, el otro, las riquezas. ¿En qué basas tu vida? No gastes tu tiempo construyendo túneles de felicidad y seguridad virtual que parecen saciar, pero te dejan más insatisfecho que al principio. El secreto del contentamiento, la felicidad y la paz, sólo lo encuentras en Dios. Disfruta de Dios, de Su provisión y de la vida. Dijo David en el Salmo 16:2: **"No existe bien para mí que esté fuera de ti"**.

Cuando lo que posees comienza a poseerte, estás en peligro

Un labrador visitaba sus campos para ver si estaba lista la cosecha. Había llevado consigo a su pequeña hija, Luisita. "Mira, papá", dijo la niña sin experiencia, "cómo algunas de las cañas de trigo tienen la cabeza erguida y altiva; sin duda serán las mejores y las más distinguidas. Esas otras de su alrededor, que la bajan casi hasta la tierra, serán seguramente las peores".

> "Revestíos de humildad; porque: Dios resiste a los soberbios, y da gracia a los humildes. Humillaos, pues, bajo la poderosa mano de Dios, para que él os exalte cuando fuere tiempo".
>
> 1° Pedro 5:5-6

El padre cogió algunas espigas y dijo: "Mira bien, hija mía, ¿ves estas espigas que con tanta altivez levantan la cabeza?, pues están enteramente vacías. Al contrario, estas otras que la doblan con tanta modestia, están llenas de hermosos granos".

El sabio y el bueno son humildes; la soberbia es propia del ignorante y del malo.

La altura de una persona no se mide por su elevada estatura, por su inteligencia sobresaliente o por las riquezas que posee, se mide por sus cualidades y al mismo tiempo, por el servicio que con ellas da a Dios y al género humano.

Estoy convencido de que a medida que aprendes lecciones de vida, debes ser más y más humilde. Aquel que por la experiencia que ha cosechado y los logros que ha alcanzado se eleva por sobre los demás y les desestima, no ha aprendido nada. Cuanto más aprendes en la vida, más hambre por aprender tienes. Cuanto más alto llegues, más bajo deberás ponerte para comprender a los otros. Cuanto más perfecto Dios te hace, más consciente debes ser de tus imperfecciones y humillarte ante Dios buscando socorro. Esta actitud se inclina ante Dios, y aquel que vive de rodillas es el más grande en el reino de los cielos. El más grande hombre que pisó este suelo se arrodilló y lavó los pies de sus discípulos para enseñarnos esta gran lección. ¿Por qué nosotros no hacemos lo mismo?

Sólo aquellos que cargan sobre sí los frutos de años de sabiduría e inteligencia, se muestran doblados por el peso de sus logros y en actitud humilde bajan sus cabezas en reverencia a Aquel que merece toda gloria.

El sabio y el bueno son humildes: la soberbia es propia del ignorante y del malo

> "El Señor tiene su trono sobre las lluvias; el Señor reina por siempre."
>
> **Salmo 29:10**

¡Otro día comienza! ¡Otro mes inicia! Sentimientos encontrados ¿Verdad?... Expectativas, miedos, proyectos, dudas... Suspiras. "Hay que hacerle frente." Cierras los ojos, respiras profundo, te levantas y, con ganas o sin ellas; con fuerzas o sin fuerzas, hay responsabilidades que atender y... cuando te quieres dar cuenta, ya estás otra vez metido de cabeza en un nuevo ciclo. "Así es la vida", dices resignándote. Si tienes cerca una Biblia, ábrela en su último libro, el Apocalipsis. Acompáñame a dar una rápida mirada panorámica de los primeros seis capítulos, para extraer lecciones de vida útiles en estos estresantes días que tú y yo vivimos. Su autor, Juan, un viejito octogenario, se encontraba preso, solo y cansado en Patmos. Una isla rocosa de 80 Km^2 donde convivían los peores presos del imperio romano. ¿El motivo del encarcelamiento de Juan?... Ser cristiano y predicar de su fe. ¿Puedes imaginar la crisis espiritual y anímica que este anciano mártir estaba soportando? Pero el relato del Apocalipsis, pasa del estado en que se hallaba Juan en el capítulo 1, a los problemas en las iglesias de aquel entonces en los capítulos 2 y 3. Puedes leerlo: Apostasía, pecado, tibieza. Y como si esto fuera poco, nos impresionan los capítulos 6 en adelante, con la horrible descripción del caos que reinará en la tierra durante un período de siete años con terribles juicios de sellos, copas y trompetas, cuyo relato ocupa más de la mitad del libro. ¿Lindo cuadro, verdad? Soledad y desamparo injusto, problemas presentes, futuro... caos mundial. Pero en medio de esa escena de confusión, aparece majestuoso, soberano y sentado en Su Trono en el capítulo 4, Dios. Toda la creación del universo le alaba. ¿Por qué? Porque Él siempre tiene el control de toda situación. Su cielo nunca entra en crisis, aunque las cosas, aquí abajo parezcan derrumbarse. ¿Te gustaría contagiarte un poco de Su atmósfera de paz? Necesitas "Subir alto" como subió Juan en el versículo uno del capítulo 4, encontrarte con Dios y respirar profundo. Sí, pero no con resignación, sino con optimismo para enfrentarte a cada desafío que esta vida te presente, que este día te presente. Recuerda: ¡Él, siempre está **sentado en Su Trono**!

Para contagiarte de la paz del cielo, debes acercarte a Dios

EDUCANDO LA MENTE Y EL ESPÍRITU

Liturgo era un famoso legislador espartano, cuyos hechos han quedado en la historia como ejemplos morales. Entre ellos se cuenta el siguiente: En una ocasión le pidieron que pronunciara un discurso sobre la influencia de la educación en el pueblo, ante lo que Liturgo, cuya elocuencia dio origen a la palabra liturgia de nuestra lengua española, pidió como plazo para su discurso un año. La gente no comprendía la demora para preparar algo que él podía improvisar sin mayor problema al instante, pero accedieron a su petición. Al cabo de ese tiempo, Liturgo se presentó en público con dos perros y dos liebres. Dejó escapar a la primera y luego soltó al perro, que corrió tras la liebre, la alcanzó y despedazó. Luego, soltó a la segunda liebre y al segundo perro, pero en esta ocasión el perro sólo olfateó a la liebre y se puso a jugar con ella. A continuación dijo: "Esto es lo que logra la educación. El primer perro no fue adiestrado y respondió guiado por sus instintos animales, corriendo tras su presa y matándola. El segundo perro fue sometido a un año de entrenamiento y educado para que no atacara a la liebre. Así pudo controlar sus instintos y responder a un propósito. De igual manera, el hombre y la mujer sin educación sólo se dejarán arrastrar por sus instintos y pasiones; en cambio, el educado, irá aplicando lo mejor que tiene de sí, a favor del bien. Escoged hoy lo que queráis". El pueblo espartano aplaudió y decidió instituir la educación de sus hijos como regla en la ciudad.

En verdad, la educación es fundamental para el desarrollo del ser humano. Pero esta educación del intelecto sin la educación espiritual es intrascendente. Las pruebas son claras si observamos a nuestra sociedad, supuestamente tecnificada y culta, cometiendo los hechos más aberrantes jamás vistos. Para una total regeneración del individuo, es necesario nacer de nuevo, dijo Jesús en San Juan capítulo 3.

> "Que todo vuestro ser, espíritu, alma y cuerpo, sea guardado irreprensible para la venida de nuestro Señor."
>
> **1ª Tesalonicenses 5:23**

La cultura sin Dios es locura

> "Porque nada trajimos a este mundo, y nada podemos llevarnos. Así que, si tenemos ropa y comida, contentémonos con eso."
>
> **1ª Timoteo 6:8**

Un acaudalado padre de familia llevó a su hijo a un viaje por el campo con el propósito de que conociera la pobreza que se vive y se sufre en los sectores marginales de las grandes ciudades. De esta forma, pretendía enseñarle a su hijo a valorar un poco más las cosas que tenía y la abundancia en la que ellos vivían.

Estuvieron un día y una noche completos en la granja de una familia muy humilde. Al concluir el viaje y de regreso a la casa, el padre le preguntó al hijo qué le había parecido la experiencia. "Muy lindo, papá", respondió el muchacho. "¿Viste que tan pobre y necesitada puede ser la gente?", comentó su padre. "Sí." Respondió el muchacho. "¿Qué aprendiste, hijo? ¿Qué lección te dejó lo que viste?"

"Bueno, papá", respondió el hijo, "vi que nosotros tenemos un perro en casa y ellos tienen cuatro. Nosotros tenemos una piscina de 25 metros, ellos tienen un arroyo que no tiene fin. Nosotros tenemos lámparas importadas en el patio y ellos tienen miles de estrellas. Nuestro patio llega hasta el límite de la casa, el de ellos domina todo el horizonte. Especialmente, papá, vi que ellos tienen tiempo para compartir en familia y jugar juntos, mientras que nosotros nos vemos sólo al final del día. Tú y mamá trabajan y nosotros nos quedamos con la empleada."

Al terminar el relato, el padre se quedó sin palabras y su hijo agregó: "¡Gracias, papá, por enseñarme cuán ricos podríamos llegar a ser!"

El concepto de abundancia es relativo. Las riquezas no dan la felicidad, ni siquiera la satisfacción, porque cuando alcanzo lo que ambiciono quiero más y sigo insatisfecho.

El contentamiento es la aceptación de lo mucho o poco que tengo, tal como Dios me lo quiera dar y yo lo necesito. Esta es la regla de vida propuesta por el cielo para vivir sosegadamente.

El contentamiento es la aceptación de lo mucho o poco que tengo, tal como Dios me lo quiera dar y yo lo necesito

4 de agosto
HOMBRES DE VALOR

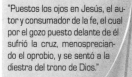

"Puestos los ojos en Jesús, el autor y consumador de la fe, el cual por el gozo puesto delante de él sufrió la cruz, menospreciando el oprobio, y se sentó a la diestra del trono de Dios."

Hebreos 12:2

En los tiempos de la reforma, Martín Lutero, que era un fraile de poca importancia, fue citado a la ciudad de Warms para responder por su fe. Le dijeron que si iba a Warms tendría que enfrentarse con los hombres más poderosos de la Iglesia Católica Romana y que no podía esperar nada bueno de ellos si se apoderaban de él.

Pero Lutero respondió: "Iré a Warms, aunque haya tantos demonios como tejas haya en sus tejados". Se le dijo que si iba allí, el Duque Jorge se pondría en contra de él y lo arrestaría. "Iré", dijo, "aunque lluevan Duques Jorges".

Otra historia análoga cuenta que en los albores de la iglesia, trajeron arrestado a un cristiano de nombre Justino ante un magistrado que se llamaba Rústico. Justino no abandonó su fe a pesar de las amenazas. El juez le dijo burlonamente: "¿Es que te imaginas que vas a subir al cielo y recibir allí alguna recompensa?" A lo que Justino respondió: "No me lo imagino, lo sé, y no me cabe la menor duda."

Historias de valor y martirio como éstas llenan las páginas de los primeros siglos de vida de la iglesia cristiana.

¿Puede ser mentira la doctrina del cristianismo cuando tanta sangre corrió por defenderla? Los hombres defienden una mentira aun hasta las últimas consecuencias, pero cuando la espada fría toca su cuello, confiesan la verdad. Ninguna mentira es más importante que la propia vida. Al fin y al cabo se miente para salvar la vida, ¿verdad? No hay necedad más grande que negar lo evidente. Las evidencias de la veracidad de la Biblia y la verdad que proclamó Jesús y sigue proclamando, están a la vista. Si no quieres verlo, es tu problema pero Su verdad sigue marchando. Nuestro líder, Jesús, se armó de valor para realizar Su misión. Y Su iglesia, hoy, sigue Sus pasos.

**La Iglesia se construye sobre la sangre de sus mártires.
¡No, al cristianismo fácil!**

LA IMPORTANCIA DE EXPRESARSE BIEN

> "Dios, que muchas veces y de varias maneras habló a nuestros antepasados en otras épocas por medio de los profetas, en estos días finales nos ha hablado por medio de su Hijo."
>
> **Hebreos 1:1-2**

Cierta vez, le preguntaron al sabio chino Confucio qué sería lo primero que haría si tuviera que gobernar esa gran nación, a lo que el sabio contestó: "Corregir el lenguaje, porque si el lenguaje no es correcto, lo que se dice no es lo que significa; si lo que se dice no es lo que significa, lo que debe ser hecho quedará sin hacer; si queda sin hacer, la moral se deteriorará; si la moral se deteriora, la justicia andará extraviada, la gente quedará en una tremenda confusión y si la gente queda en una tremenda confusión, el caos está a un paso. Todo está en lo qué se diga y cómo se diga."

En verdad, la apreciación de Confucio es muy acertada. Debemos definir a "la palabra" como el "envase" de nuestros pensamientos. Una palabra mal usada al expresarse, puede producir el mismo efecto que un producto en un envase equivocado al momento de venderse: rechazo. De ahí que sea imprescindible pensar bien las palabras que escogemos cuando hablamos.

Cuando Dios tuvo que escoger una palabra para expresar Su sentir sobre la humanidad y su futuro, pensó en alguien que representara exactamente lo que quería decir. No debía haber margen de error debido a lo trágico de la situación de esta raza caída de Adán y escogió la palabra: "CRISTO".

El evangelio según San Juan comienza con esta declaración. "En el principio era "la palabra" y la palabra era (o estaba) con Dios y aún, esa palabra, era Dios mismo." Más adelante, en el versículo 14 leemos: "Y aquella palabra fue hecha carne, y habitó entre nosotros..." El mismo Juan, en su revelación apocalíptica, capítulo 19 verso 13, completa la idea recalcando en su visión del Rey de reyes, diciendo que Su nombre es El Verbo de Dios.

Sí. Cristo fue la expresión exacta del pensamiento de Dios a tal punto que Jesús pudo decir: "**El que me ha visto a mí, ha visto al Padre.**"

Cuando el hombre intenta descubrir a Dios y Su propósito de vida aparte de Jesucristo, está escuchando un mensaje equivocado y el caos está a un paso.

Dios nos habla muy claro.
¡No merece una respuesta evasiva!

6 de agosto

A Mi Antojo

Cuenta cierta historia ficticia que un día, un campesino le pidió a Dios que le concediera poder para mandar sobre la naturaleza y así poder mejorar, según él, sus cosechas. Lo interesante de esta historia es que Dios se lo concedió. Entonces, cuando el campesino quería lluvias ligeras y suaves, así sucedía, cuando pedía sol, este

> "Por un poco de tiempo, si es necesario, somos afligidos en diversas pruebas".
>
> **1ª Pedro 1:6, 9**

brillaba en todo su esplendor, si necesitaba más agua, llovía con regularidad. Todo sucedía como él pedía y sus antojos eran cumplidos de inmediato.

Cuando llegó el tiempo de la cosecha su sorpresa y estupor fueron grandes porque resultó un total fracaso.

Desconcertado y molesto, le preguntó a Dios por qué salieron así las cosas, si él había acomodado el clima convenientemente para sus campos. Pero Dios le contestó: "Tú pediste lo que quisiste, más no lo que convenía. Nunca pediste tormentas y estas son muy necesarias para limpiar los cultivos, ahuyentar plagas y animales que los consumen y purificarla de cosas que las destruyen."

Aquel hombre comprendió la gran lección de vida que tanto nos cuesta asimilar a los mortales. Que lo importante no es aprender a huir de las tormentas sino saber que pasarán y, si las transitamos de Su mano, dejarán una cosecha valiosísima de lecciones aprendidas".

La Biblia me enseña en 1ª Pedro 1:6 que: **"por un poco de tiempo, si es necesario, somos afligidos en diversas pruebas"**. Un poco de tiempo es un concepto que se comprende y acepta cuando alcanzamos una perspectiva divina de cada adversidad, de cada tormenta. Cuando intentamos entenderlo humanamente, la tormenta se hace interminable y tratamos, como aquel campesino, de borrarla de nuestros planes, perdiéndonos así, la oportunidad de salir más perfectos y más purificados por el fuego de la prueba.

En 1ª Pedro 1:9 leemos: **"obteniendo el fin de vuestra fe, que es la salvación de vuestras almas"**. La palabra: "obteniendo", literalmente significa: "Cosechando". Aceptemos las tormentas de Dios si queremos que nuestras cosechas sean todo un éxito.

**Huir de las tormentas de la vida
te hace cada vez más débil**

> "Pero la trasgresión de Adán no puede compararse con la gracia de Dios. Pues si por la transgresión de un solo hombre murieron todos, ¡cuánto más el don que vino por la gracia de un solo hombre, Jesucristo, abundó para todos!"
>
> **Romanos 5:15**

Me imagino a Dios creando al hombre y capacitándolo para amar y ser amado. Me imagino a Dios haciendo una pausa y pensando: "Pero esta capacidad afectiva, al pasar los años se verá distorsionada, será un amor descontrolado, sentimientos transformados en pasiones peligrosas y nocivas..." Otra pausa... "No importa. Igual quiero crearlo sensible". Me imagino a Dios creando al hombre y la mujer con sus diferencias sexuales, con el propósito de que procreen y llenen la tierra y a la vez pensando: "Pero ellos usarán el sexo fuera del contexto que tengo en mente que se use. Abusarán de menores, engañarán a sus cónyuges, inventarán la pornografía a causa de su pecado..." "No importa. Otros lo usarán bien". Me imagino a Dios creando al hombre con capacidad de escoger libremente entre el bien y el mal, sabiendo de las consecuencias de tomar malas decisiones; pero igual, haciéndolo libre... Es que Dios no creó robots. Nunca fue Su plan clonar prototipos humanos que actuaran como autómatas programados sólo para que satisficieran Sus ansias de pleitesía. ¡No! Te hizo libre, aún sabiendo que usarías mal, muy mal, muchas de las capacidades que Él puso en ti exclusivamente para que le glorifiques.

Sí, pero ¿sabes una cosa? En verdad eres libre para decidir, pero no para no decidir. Tienes que escoger un camino u otro. Si el camino de la enajenación de Dios, el estilo de vida sensual y la desobediencia a Su Palabra te han traído buenos dividendos, si eres feliz, si puedes dormir en paz con tu conciencia, adelante. Aunque tú y yo sabemos que eso no es verdad. Ahora, si escoges el camino angosto y entras por la puerta estrecha pero efectiva, que es Jesús, y que conduce a la vida, vivirás en concordancia con tu Creador, y todas esas capacidades que Dios puso en ti, serán usadas para Su gloria y tu felicidad. Sólo así habrás cumplido el propósito para el cual fuiste creado.

Dios te hizo libre para escoger, pero no te hizo libre para no escoger. Tomarás una decisión, quieras o no

8 de agosto
AMOR Y NADA MÁS QUE AMOR

> "Y esto pido en oración, que vuestro amor abunde aun más y más en ciencia y en todo conocimiento... a fin de que seáis sinceros e irreprensibles para el día de Cristo, llenos de frutos de justicia que son por medio de Jesucristo, para gloria y alabanza de Dios."
>
> **Filipenses 1:9-11**

Cuenta una historia que dos esposos con varias décadas viviendo juntos llegaban a un nuevo aniversario. El amor, el respeto y la aceptación mutua, había sido el clima reinante en aquel hogar, casi siempre. Pero ahora, la escasez económica era el ingrediente cotidiano. "¿Qué le regalaré a mi esposa?"... Se preguntaba este hombre, mientras encendía su pipa con las últimas reservas de tabaco que le quedaban. En la habitación contigua, su esposa cepillaba su larga y rubia cabellera, que había sido la envidia de sus vecinas y pensaba: "¿Qué le regalaré a mi amado esposo?"... El día del aniversario se acercaba. Nunca había faltado el regalo, pero ahora... No había dinero. El esposo decidió vender su tan preciada y antigua pipa y con el dinero obtenido compró un lindo cepillo, digno de la hermosa cabellera de su esposa. Por su lado, ella tomó una de las más dolorosas decisiones en su vida. Usó unas tijeras y cortó su largo cabello, lo puso en un sobre hermético y lo vendió a un alto precio. Lloró un poco al ver su nuevo aspecto frente al espejo, pero le consoló la idea de comprar, con el dinero obtenido, un paquete de tabaco, de la mejor marca, para la pipa de su amado esposo. El momento esperado llegó. Él entregó un hermoso cepillo a su esposa, que ya no tenía casi nada de pelo para peinar, y ella desenvolvió aquel fino tabaco para su esposo que ya no tenía pipa. Ambos se miraron en silencio por unos minutos y luego comenzaron a reír a carcajadas. Las risas se transformaron en lágrimas; lágrimas no de tristeza sino de gozo y luego se fundieron en un largo abrazo. El cálido abrazo de quienes saben que la felicidad no depende de las cosas sino de sentimientos puros y nobles sustentados por un espíritu que se sabe en paz con Dios y con uno mismo. Para aquella pareja, ese cálido abrazo fue su mejor regalo de aniversario.

(Adaptado por Daphne Martini - 9 años de edad)

Y tú: ¿Necesitas de "cosas" para sentirte amado y realizado? Encuentra el valor de las cosas cotidianas, de las personas que te aman y de un Dios que te creó y desea darte Su abrazo de amigo.

La felicidad no es una estación a dónde llegamos sino un vehículo en el cual viajamos

PLUMAS AL VIENTO

> "No testifiques sin razón contra tu prójimo, ni mientas con tus labios."
>
> **Proverbios 24:28**

En un pequeño pueblo español, vivían María, de 18 años y su pretendiente Ramón. Éste insistía en ser correspondido por ella, pero pasaban los días y nada… Cansado de sentirse despreciado, Ramón optó por difamarla en venganza a su indiferencia. Y así, bajo el efecto del alcohol, esparció por todo aquel pueblo, comentarios de aventuras amorosas inventadas, que degradaban la moral de aquella muchacha.

Recuperado de su borrachera y arrepentido de lo que había hecho, acudió al cura párroco para confesarse. Luego de escuchar su confesión, el sabio cura le dijo: "Muy bien Ramón, te diré lo que debes hacer para reparar el daño. Compra una gallina y darás la vuelta al pueblo varias veces sacando pluma por pluma y cada pluma que quites, arrójala al viento y grita: "todo lo que he dicho acerca de María, es una completa mentira". Así continuarás hasta que hayas desplumado a la gallina." Así lo hizo, y con la gallina ya sin ninguna pluma, acudió al cura. "Padre, ya he cumplido mi penitencia. Aquí está la gallina sin plumas." "Un momento", exclamó el cura, "aún no ha terminado tu castigo. Ahora debes rodear otra vez el pueblo y juntar cada pluma que arrojaste al viento." "No puedo. Imposible", dijo Ramón. "Ya el viento las esparció lejos". "Así es la difamación, hijo mío", concluyó el cura.

En verdad no hay delito más trágico y cobarde que la murmuración oculta y desleal. Dios advierte varias veces en Su Palabra de este mal endémico que carcome relaciones interpersonales en todo ámbito de convivencia. Santiago capítulo 3 es un semáforo en rojo que me advierte del peligro de usar mal mi lengua. Jesús dijo: "**¿Puede salir, acaso, de una misma fuente agua dulce y amarga a la vez?**" Con la misma boca podemos alentar y desanimar a otros. Con las mismas palabras podemos construir o destruir; con nuestra lengua podemos elogiar o calumniar.

No arrojes más plumas al viento. Cuando quieras recogerlas, ya será demasiado tarde.

La murmuración es el arma del cobarde que no se atreve a hablar de frente

10 de agosto

Avanzando Con Humildad

En este texto, a lo largo del libro de Jueces, y en toda la Biblia, encontramos una clara lección sobre la humildad como patrimonio indispensable para alcanzar propósitos dignos. En nuestro mundo se enseña que la humildad es sinónimo de debilidad, cuando en realidad es todo lo contrario. Aquellas personas que saben

> "Y el SEÑOR dijo a Gedeón: El pueblo que está contigo es mucho para que yo dé a los madianitas en su mano; para que no se alabe Israel contra mí, diciendo: Mi mano me ha salvado".
>
> **Jueces 7:2**

ubicarse dentro de sus propios límites, que no invaden el espacio ajeno con una actitud insolente, que consideran al otro siempre como superior a ellos mismos, son individuos fuertes, capacitados, auto controlados y prudentes. En cambio los otros, manifiestan a diario su débil carácter, se descontrolan fácilmente porque su orgullo herido alimenta su ira.

En este pasaje del libro de Jueces 7:2, Dios le enseña a Gedeón una gran lección que le serviría el resto de su vida. El ejército de Israel era de 32.000 varones y Dios les daría la victoria frente a los madianitas con el 1% de ese número. Sí, oíste bien con 300 hombres. Obviamente suena descabellada la idea de reducir el número de tus tropas en un 99% y quedarte sólo con el 1%. Pero Dios es así. Él hace siempre la mayor parte, 1% frente a 99%. ¿Sí resultó? ¡Por supuesto! Es que con Dios de tu lado siempre eres mayoría. ¡Nunca lo dudes!

No sirve jactarse de aquellas cosas que logramos o frutos que cosechamos, restándole gloria a Dios y cayendo en la vanagloria y el orgullo. Recuerda que la humildad siempre es el ingrediente indispensable para las conquistas a la manera de Dios.

Debemos comprender que las victorias espirituales no dependen de habilidades y fuerzas naturales. La capacitación es aconsejable, sí. La planificación y previsión también, pero sólo aquellos que han aprendido, junto con Gedeón que la victoria es de Jehová, siguen en la lucha.

**Todo número multiplicado por cero es igual a cero.
Para Dios, no. (Isaías 40:29)**

ÚLTIMAS PALABRAS

> "Porque yo ya estoy para ser sacrificado, y el tiempo de mi partida está cercano."
>
> **2ª Timoteo 4:6-8**

Cuando Karl Marx falleció, el 14 de marzo de 1883, su sirviente se le acercó y le susurró al oído: "Dime tus últimas palabras para yo anotarlas", a lo que Marx contestó: "¡Márchate! ¡Fuera! Eso de últimas palabras es para los tontos que no han dicho lo suficiente." Estaba de mal genio aquel "genio" ¿Verdad?

P.T. Barnum, fundador del gran circo que lleva su nombre, dijo en sus últimos minutos, en el lecho de muerte: "¿Cuántas fueron las entradas de hoy?"... Contando monedas a las puertas de la eternidad. ¡Qué ridículo!

El gran predicador evangelista, Carlos Spurgeon, dijo antes de despedirse de este mundo y sus seres queridos: "Jesús murió por mí". Juan Wesley, fundador del movimiento evangélico metodista, exclamó expirando: "Lo mejor de todo es que Dios está con nosotros".

De alguna manera, las palabras finales a las puertas de lo eterno, marcan el calibre y filosofía de vida del hombre.

Jesús exclamó, agonizando en la cruz del Calvario: "Padre, perdónalos porque no saben lo que hacen." Podría haberle dicho: Padre júzgalos, venga mi honor... Pero dejó ver, ante aquellos espectadores, aquel amor que impulsó su vida.

Qué triste es el caso de aquellos que durante su vida han forjado un carácter y conducta enajenada del estilo de vida que Dios propone. Un perfil amargo y un residuo de rencor hacia la vida, las personas y Dios.

Sólo aquellos que viven y disfrutan de Su amor, podrán acabar su carrera con gozo y dejar un legado de optimismo y servicio hacia aquellos que les recuerden.

Dijo el apóstol Pablo, casi despidiéndose de esta vida, en 2ª Timoteo 4:6-8: **"Porque yo ya estoy para ser sacrificado, y el tiempo de mi partida está cercano. He peleado la buena batalla, he acabado la carrera, he guardado la fe. Por lo demás, me está guardada la corona de justicia, la cual me dará el Señor, juez justo, en aquel día; y no sólo a mí, sino también a todos los que aman su venida".**

"Cuando tú naciste, todos reían y tú llorabas. Vive tu vida de tal manera que cuando tú mueras, todos te lloren y tú sonrías". *(Anónimo)*

12 de agosto
LAS PREOCUPACIONES

En un mundo estresante como el que nos rodea, las preocupaciones están a la orden del día. En realidad, el preocuparse ha llegado a ser parte cotidiana de la vida misma. "Un día sin preocupaciones nos preocupa". Decimos: "¡Qué extraño! ¡Hoy tengo un día demasiado tranquilo!" La mayoría de los males de nuestra generación tiene su origen en esta patología social instalada.

> "Y si la hierba del campo que hoy es, y mañana se echa en el horno, Dios la viste así, ¿no hará mucho más a vosotros, hombres de poca fe? No os afanéis, pues, diciendo: ¿Qué comeremos, o qué beberemos, o qué vestiremos?".
>
> **Mateo 6:30,31**

Jesús habló mucho sobre no preocuparse, cuando caminó por nuestros caminos hace ya más de dos mil años. Tú me dirás: 'Pero por supuesto que hace dos mil años atrás la preocupación era de juzgar. Si en aquel entonces alguien estaba estresado o ansioso, tendrían que reclamarle. ¡La vida habrá sido tan tranquila en aquel entonces..! Pero, ¡dile a Jesús que visite nuestro mundo hoy, dos milenios después, y verás si dice que no estemos preocupados!"

Suena lógico ese razonamiento. Pero, permíteme decirte que en aquel entonces, como hoy, había también motivos más que suficientes para preocuparse. Porque este estado de intranquilidad interior no depende de un exceso de situaciones críticas externas, sino, más bien, de una falta de paz interior. Y esa falta de paz la experimentó el ser humano desde la caída en el huerto. En el evangelio según Mateo, capítulo 6, Él dijo que las cosas que mayormente nos roban la paz son: la comida, el vestido, la largura de vida, la salud y el futuro. ¿No te parecen familiares estas cosas..?

En ese pasaje Jesús les llamó a sus oidores: "hombres de poca fe". Esa es la causa; falta de fe interna; no la escasez de "cosas" externas. Cultiva una fe interior firme en un Dios fiel, y verás cómo las preocupaciones de esta vida desaparecerán. No te preocupes por lo que no tienes a tu alrededor; sino por lo que no tienes en tu interior: preocúpate si no tienes a Dios.

Un día sin preocupaciones nos preocupa... ¿verdad?

"Despojaos de todo peso... y corramos con paciencia la carrera."

Hebreos 12:1

En 1876, el gobierno británico dictó una ley en cuanto a los embarques comerciales marítimos. Esta ley requería que todo barco portara una marca en su arco para indicar cuando un bajel ya había recibido la máxima cantidad de carga permitida para obtener un viaje seguro. Si la marca estaba bajo el nivel de flotación, entonces se requería que el barco bajara su carga lo suficiente como para dejar la marca justo al nivel del agua. Esta marca recibió el nombre de "*la marca Plimsoll*", denominada así en honor al reformador británico, responsable de dicha ley.

Dios ha puesto una "marca Plimsoll" en cada uno de nosotros. Señala el límite en el cual ya no podemos recibir carga adicional. Él conoce nuestros límites y no nos permitirá llevar más de lo que podamos aguantar. A veces somos tentados a cuestionar la habilidad de Dios para leer nuestra "marca Plimsoll".

De alguna manera entramos al mar del mundo con la capacidad de carga en cero y a medida que nos comprometemos más con la vida cargamos, de manera inconsciente, muchas cosas sin valor trascendente, que hunden nuestra marca de flote hasta el límite, llegando inclusive hasta el naufragio y la catástrofe. Esas cosas, refrenan nuestra marcha que se torna pesada y agobiante.

Dios acciona Sus mecanismos para hacernos ver lo urgente de la situación pero miramos para otro lado, pensamos que podemos cuidarnos nosotros mucho mejor de lo que Dios lo puede hacer y arriesgamos nuestras vidas y la de los que viajan a bordo de nuestra nave. No en vano dice la Biblia, despojaos de todo peso para correr la carrera de la vida y llegar a la meta.

Deja que Dios reordene tu escala de valores; arroja fuera de tu vida todo aquello que te es pérdida y conserva sólo lo que es ganancia por la excelencia de conocer a Cristo. Sólo así disfrutarás de la vida y llegarás a puerto seguro.

Si quieres hundirte rápido... sobrecárgate

14 de agosto
ESCLAVO POR AMOR

Era una de aquellas mañanas frías en la que los esclavos, encadenados a un poste, esperaban para ver quién los compraría. Uno de ellos era un hombre corpulento, de aspecto saludable, de buen parecer y comprobada inteligencia. Después de exponer las dotes de este esclavo, su dueño comenzó la subasta con el precio más razona-

> "Cristo nos liberó para ser libres. Manténganse, pues, firmes y no se sometan de nuevo al yugo de la esclavitud."
>
> **Gálatas 5:1**

ble: 30 piezas de plata. "¿Quién da más? Treinta a la una, treinta a las dos..." "Cuarenta", se oyó entre los espectadores. "Yo doy 40 piezas de plata". "Muy bien, cuarenta a la una, cuarenta a las dos"... "Cincuenta. Yo doy por ese esclavo 50 piezas". El pobre encadenado observaba y escuchaba, y se decía entre sí, "Aunque sigan pagando más, nunca trabajaré como esclavo para nadie. ¡Antes muerto!"
Las ofertas subían, y este hombre apretaba sus muelas repitiéndose la misma sentencia. El silencio reinó cuando un hombre saltó de su silla y ofreció 100 piezas de plata. Nadie superó la oferta, y aquel esclavo se marchó con su nuevo amo. Mientras caminaban hacia la hacienda, el esclavo se detuvo y le dijo a su amo: "Quiero que sepa que aunque haya pagado por mí este precio, nunca obtendrá nada de mí." Llegaron a la casa y el amo hizo sentar a su nueva adquisición, que seguía repitiendo la misma advertencia, y se puso a escribir. Le preguntó: "¿Sabes escribir?" "Sí." Respondió el esclavo. Pero nunca escribiré para usted". El amo seguía escribiendo. "¿Sabes leer?" "Sí, pero nunca leeré ningún libro para usted." El propietario acabó su escritura, se la entregó a su esclavo y le dijo: "Pues, entonces, si sabes leer y escribir; lee esto y fírmalo". Lágrimas comenzaron a correr por las mejillas de aquel esclavo, mientras leía su documento de libertad. "Eres libre. Puedes reiniciar tu vida", le dijo su ex amo. Aquel hombre, profundamente conmovido, decidió vivir siempre en la casa de su dueño para servirle voluntariamente.
¿Sabes? Eres libre. Cristo pagó en la cruz el precio altísimo de tu deuda, te compró y te redimió. ¿Le servirás incondicionalmente? Recuerda que no es libre aquel que hace lo que quiere sino aquel que hace lo que debe hacer.

Servir a Dios por amor, es la meta más noble en la vida

> "Airaos, pero no pequéis; no se ponga el sol sobre vuestro enojo."
>
> **Efesios 4:26**

Pensar en el astro más imponente de nuestra galaxia, el sol, es para admirarse y alegrarse de saber que esté ahí, alumbrando y entibiando este frío planeta tierra. Es hermoso, es enorme. Si fuera hueco, cabrían en su interior 1.250.000 globos terráqueos. Sí. Oíste bien, somos una partícula de planeta comparado con su tamaño. Estaríamos convertidos en cenizas, producto de su extremo calor, si éste no estuviese a 1.488 millones de Kilómetros de nuestra atmósfera. Sólo a la distancia necesaria para entibiar tu rostro, cuando sus rayos entran sin permiso en tu alcoba y te despiertan en un tranquilo día feriado. Algunos astrónomos supersticiosos argumentan teorías sobre su extinción anunciando catástrofes tremendas si el sol se apagara, pero, en realidad se necesitarían 500.000.000 de años para que éste pierda su fuente calórica.

Pero también la Biblia menciona que el ciclo de rotación de la tierra alrededor del sol, tiene como propósito regular nuestros conflictos interpersonales, siendo éste, el límite de tiempo permitido para arreglar una ofensa y pedir perdón o conceder perdón: Efesios 4:26 dice: **"Airaos, pero no pequéis; no se ponga el sol sobre vuestro enojo."**

¿Cuántas mañanas te has despertado envenenado con el amargo sabor del rencor y el odio con el que te dormiste? ¡Y hasta quizás soñaste con esa persona que te hirió!

Qué bueno sería que el crepúsculo solar, sea también tu crepúsculo de perdón, y que a medida que el sol se pone, se ponga también tu enojo.

Si tan sólo aplicáramos este texto de la Biblia y observáramos el sol y nos comprometiéramos a que, así como se pone en el horizonte, se pongan también en el horizonte del perdón, las ofensas recibidas y la persona que odiamos, estoy seguro de que este astro, por así decirlo, sonreiría con una amplia sonrisa, como nuestros hijitos lo dibujan con papel y lápiz. Dios sonreiría, tu enemigo sonreiría, tú serías más feliz y menos amargado... NUESTRO MUNDO SERÍA MÁS FELIZ.

**El que se duerme pensando en su enemigo...
Duerme con su enemigo**

16 de agosto
LEALTAD

Estas bellas palabras, tan usadas en ceremonias nupciales, fueron dichas por una mujer de nombre Rut, a su suegra llamada Noemí. Son palabras cargadas de compromiso leal, de amor y convicción. Principalmente de convicción sobre el amor al prójimo, y la renuncia a mis derechos en pro de la causa ajena. La desgracia había golpeado a estas dos mujeres. El marido de Noemí había muerto y ahora su hijo, el esposo de Rut, también. Es interesante ver cómo la vida nos depara, siempre, situaciones inesperadas y muchas veces fuera de control.

> "No me ruegues que te deje, y me aparte de ti; porque dondequiera que tú fueres, iré yo; y dondequiera que vivieres, viviré. Tu pueblo será mi pueblo, y tu Dios mi Dios."
>
> **Rut 1:16-17**

Es allí, justamente allí, cuando el perfil egoísta que todos llevamos dentro aflora con fuerza y nos grita que defendamos nuestros derechos, que cuidemos lo que nos queda. Activamos mecanismos de autodefensa, nos recluimos, sacamos las garras, todo para conservar provisiones frente a los momentos de adversidad. Y aunque esto es en sí bueno, porque de alguna manera es un mecanismo natural de supervivencia, cuando avasallamos la libertad ajena y exigimos lo nuestro, sin que nos importe lo de los otros, dice el apóstol Pablo en Romanos 14, que ya no andamos en el amor y erramos el blanco.

Rut podría haber reiniciado su vida, haberse ido con su cuñada que sufría el mismo problema, regresar a su tierra, con su familia. Pero no; renunció a todo ello por amor a su suegra Noemí y Dios la recompensó abundantemente. Dice Eclesiastés 11:1: **"Echa tu pan sobre las aguas y después de muchos días lo hallarás"**.

Debemos practicar la lealtad y ubicar nuestras relaciones personales por encima de las ventajas o comodidades personales. Como dijera el apóstol Pablo: **"Nada hagáis por contienda o por vanagloria; antes bien en humildad, estimándoos inferiores los unos a los otros; no mirando cada uno a lo que es suyo, mas a lo que es de los otros. Haya, pues, en vosotros este sentir que hubo también en el Cristo Jesús"**. Filipenses 2:3-5

Debemos practicar la lealtad y ubicar nuestras relaciones personales por encima de las comodidades personales

"Y los reunió en el lugar que en hebreo se llama Armagedón".

Apocalipsis 16:16

Cuando los profetas del Antiguo Testamento, o Jesús mismo, predijeron los acontecimientos que caracterizarían al mundo de los últimos tiempos, muchos los tildaron de absurdos. No hace muchas décadas al leer esas profecías, las declaraciones allí encerradas parecían ilógicas. Sólo basta mirar un mapa del mundo cien años atrás y observar cómo mega potencias como Europa, Asia o el mismo gigante de Estados Unidos, se postulaban como centro de atención mundial, mientras el dedo profético de Dios apuntaba a Medio Oriente. "¿Medio Oriente? No. La Biblia se equivoca si anuncia que allí se reunirán las naciones en la pugna por el poder hacia el final de los tiempos... ". Los ignorantes y escépticos analistas mundiales no sabían que, bajo las arenas del Medio Oriente y del Golfo Pérsico, un reloj biológico, llamado petróleo, se estaba formando desde miles de años atrás, tal vez desde los inicios de la historia humana que fue justamente allí, en aquel Edén y que sería la base de la economía mundial. A tal punto, que estas potencias se verían obligadas a dirigirse a ese sitio para asegurar su abastecimiento de combustible. ¿Casualidad o estrategia divina? De alguna manera, Dios, en Su soberana autoridad, permitió que nuestro mundo industrializado montara toda su infraestructura sobre el petróleo y sus derivados para atraer a las naciones a ese punto del planeta, donde existe más del 50 por ciento de las reservas de petróleo, exactamente en el Valle de Meguido, para la gran batalla de Armagedón, antes de que Jesús regrese a reinar. Las estadísticas actuales advierten que en 20 ó 30 años como máximo, esas reservas llegarán a su punto más crítico. Así, el desabastecimiento de este material marcará el fin de lo que la Biblia llama "El tiempo de los gentiles", reuniendo en aquel valle a estas mega naciones sedientas de petróleo. Lo puedes leer en Apocalipsis 16:16. Como ves, apreciado amigo, Dios no miente, la Biblia no se equivoca y sus advertencias se están cumpliendo ante tus propios ojos. Si no quieres verlo... Es problema tuyo, pero Él vendrá, como lo anunció. ¿Estás listo para ese encuentro?

Dudar de las advertencias de Dios es arriesgar tu futuro

LA HUMILDAD, UNA VIRTUD

A nadie le gustan las personas presumidas, que siempre andan hablando de sí mismas. En cambio, todo el mundo prefiere a las personas sencillas y naturales. Los que son realmente grandes, están contentos de pasar inadvertidos. Tienen más interés en lo que están haciendo que en sí mismos, y no les importa que no se les reconozca siempre que el trabajo se haga.

> "Deja que sean otros los que te alaben; no está bien que te alabes tú mismo"
>
> **Proverbios 27:2**

Una vez, un gran pedagogo y filántropo alemán de nombre Juan Federico Oberlin, cruzaba los Alpes por un paso de invierno, cuando fue sorprendido por una gran tempestad. Se perdió completamente y hubiese muerto de no haber sido hallado por un viajero desconocido que pasaba por allí y le condujo a la ciudad más cercana. Una vez a salvo, Oberlin quiso recompensar a este hombre, pero él negó toda dádiva. "Bueno, al menos dime tu nombre", dijo Oberlin, "para que me acuerde de ti en mis oraciones." El viajero tampoco accedió a ello, aunque Oberlin le insistía mucho. Por último dijo: "Bien, te diré mi nombre con una condición." "Dime", contestó el alemán. "Que tú me digas el nombre del Buen Samaritano". "¡No puedo, nadie lo sabe!" contestó Oberlin. "Pues tampoco necesitas saber el mío", concluyó el viajero. Él no quería reconocimiento, sólo ayudar.

¿Sabes? A algunas personas la grandeza les queda grande. Viven haciendo alarde de sus conquistas y no se dan cuenta de que, haciendo eso, sólo le restan brillo a sus logros. Mis conquistas y virtudes brillan más cuando son alabadas y elogiadas por otras bocas y no por la mía propia. Por eso, el Señor dice en **Proverbios 27:2: "Deja que sean otros los que te alaben; no está bien que te alabes tú mismo".** La humildad es una virtud imprescindible para ser grande. Una vida de servicio desinteresado es la base para la felicidad. Esa es la esencia misma del evangelio fundado por **"Aquel que siendo rico se hizo pobre para que nosotros por su pobreza, fuésemos enriquecidos."** 2ª Corintios 8:9.

A algunas personas, la grandeza les queda grande

> "Porque si alguno es oidor de la Palabra pero no hacedor de ella, éste es semejante al hombre que considera en un espejo su rostro natural... y luego olvida cómo era."
>
> **Santiago 1:23**

Sir William E. Gladstone, uno de los mayores estadistas de Inglaterra, dijo: "He conocido 95 hombres importantes en mi vida, y 85 de ellos fueron lectores de la Biblia". Isaac Newton, descubridor de la gravedad y padre de los viajes espaciales, comentó: "Considero que las Escrituras de Dios son la filosofía más sublime". Sir William James escribió: "Encuentro en la Biblia, más verdad sublime que en todas las obras de arte". George Washington aseguró: "Es imposible gobernar el mundo rectamente sin Dios y sin Su Palabra". Abraham Lincoln, que leía su Biblia todos los días, dijo: "En ella se hallan contenidas todas las cosas necesarias para el hombre". Y la lista de grandes hombres y mujeres a lo largo de nuestra historia, que han encontrado en las páginas del Libro Sagrado una guía segura para sus vidas, es interminable. ¿Podría ser que ellos estuvieran equivocados? ¿Es la Palabra de Dios un simple libro sin implicaciones eternas para el vivir del hombre y la mujer? Pienso que no. Ella es como una lámpara, dice David en su Salmo 119:105; y como un espejo, según el apóstol Santiago en el capítulo 1. Tanto la lámpara como el espejo tienen por finalidad evidenciar lo sucio, lo vil, las manchas. La misma Biblia denuncia que todo hombre está manchado ante Dios por el pecado. No hay siquiera uno que esté limpio. De ahí su repulsión a enfrentarse con ese pecado por la influencia de la Biblia. Pero debes saber que no hay nada más necio que ocultar o negar tu enfermedad. Deja que el Médico divino te atienda. Y esa misma Biblia que hoy denuncia tu pecado, será el agua que lo lave y te haga acepto ante Él. Dice el apóstol Juan en su evangelio, en el capítulo 15:3: **"Ya vosotros estáis limpios por la palabra que os he hablado".** No niegues la Biblia. Ella te guiará a encontrar la verdad para tu vida.

Si esquivas hoy tu mirada de la Biblia, Dios esquivará Su mirada de ti mañana

20 de agosto
Sé Agradecido

"Los hombres tardan más en reconocer las bendiciones que las desgracias", decía Titus Livius, historiador romano que vivió desde el 59 A.C. hasta el 17 D.C. El médico, recopilador y escritor del tercer evangelio, Lucas, narra en su capítulo 12 el encuentro de diez leprosos con Jesús en busca de sanidad. Las palabras

del Maestro demandaban fe absoluta: **"Id y mostraos al sacerdote. Y aconteció que mientras iban, fueron limpiados. Entonces, uno volvió y glorificaba a Dios y postrado daba gracias, y este era samaritano. Jesús le dijo: ¿No eran diez los que fueron limpiados?... Y los nueve, ¿dónde están? ...¿No hubo quién volviese y diese gloria a Dios sino sólo este extranjero? Y le dijo al samaritano: Vete tu fe te ha salvado"**.

A decir verdad, cuánta razón tenía aquel historiador romano. Reconocemos fácilmente las desgracias y nos quejamos inmediatamente, pero olvidamos los favores, los milagros y las bendiciones de Dios.

La actitud agradecida de este leproso sanado le hizo además un leproso salvado. Es que un corazón agradecido a Dios por Sus bondades, le hace acreedor de bondades aún mayores. En cambio, un corazón desagradecido, cada vez se empobrece más y pierde oportunidades de recibir mucho más de lo que recibió.

Anota en la roca los momentos agradables y en la arena los tramos oscuros. Vive tu vida recordando las cosas buenas que Dios te dio, las que te rodean y las bondades y virtudes de los demás. El recordar las incongruencias de la vida, las ofensas que te han hecho y las deudas que no te pagaron te envenena día a día.

Sé agradecido, aconseja el apóstol Pablo en Filipenses 4:6-7: **"Sean conocidas vuestras peticiones delante de Dios con toda oración y ruego, con acción de gracias. Y la paz de Dios, que sobrepasa todo entendimiento, guardará vuestros corazones y vuestros pensamientos en Cristo Jesús."**

**Anota en la roca los momentos agradables
y en la arena los tramos oscuros de tu vida**

> "No tomen venganza, hermanos míos, sino dejen el castigo en las manos de Dios, porque está escrito: "Mía es la venganza; yo pagaré", dice el Señor."
>
> **Romanos 12:19**

Cuando surge un conflicto, muchas veces este resulta en resentimiento o amargura, especialmente cuando se cometen injusticias. En casi todo conflicto entre personas existen faltas de ambos lados; pero, para justificarse, cada uno inculpa al otro y le hace quedar como responsable. Esta forma de "irresponsabilidad" nunca traerá solución al conflicto. Este rencor guardado puede acarrear muchos males. Consideremos algunos: **Consecuencias físicas**: debilita el organismo, úlceras estomacales, aspecto demudado. **Consecuencias mentales**: migraña, insomnio, distracción. **Consecuencias emocionales**: odio, tristeza, mal humor. **Consecuencias familiares**: peleas, clima tenso, mal ejemplo a los hijos. **Consecuencias espirituales**: problemas para relacionarme con Dios y recibir su perdón. Para conquistar mi rencor en vez de ser conquistado por él, debo perdonar. Claro que no olvidaré la ofensa, pero debo romper el enfoque emocional y no vivir esclavo de la persona que me ofendió. Debo dejar de pensar en la persona y enfocarme en la ofensa. Sólo así aceptaré esta experiencia como formativa de mi carácter. De esta manera, lo más importante no es quién me lastimó o qué es lo que me hicieron, sino la lección que pueda cosechar de ello. Debo mirar al ofensor como una herramienta de Dios. Sí, Dios es tan grande que puede usar aún la injusticia más cruel y los crímenes del mundo para lograr sus propósitos. Lo hizo en la Cruz y lo puede hacer contigo. Guardar rencor es una forma de venganza, y la venganza le corresponde a Dios, dice Romanos 12:19. Reconozcamos que el ofensor ya está recibiendo las consecuencias de su ofensa, porque una vida en desarmonía con los demás acarrea dificultades. Debemos perdonar aún antes de que el ofensor nos venga a pedir perdón, como lo hizo Jesús en la cruz, que pidió a Su Padre que nos perdonara antes de que se lo pidiéramos. Dios, muchas veces, quiere usar el maltrato que otro nos da para llamar nuestra atención a grandes necesidades en la vida de esa persona para que le ayudemos. Pero no podemos ayudarle con resentimiento y amargura en el corazón. Recuerda que necesita perdón, amor y comprensión. ¡Perdónala y sé libre!

Debo mirar a mi ofensor como una herramienta de Dios en mi vida. Así, me concentro más en Dios que en esa persona

Esta historia acerca de Rut, la moabita, está repleta de lecciones de vida relativo a las relaciones interpersonales basadas en la lealtad y el compromiso. Muchas veces este compromiso con nuestros amigos, familiares y semejantes conlleva el precio del servicio porque toda relación interpersonal se construye sobre el amor

> "Por lo cual, siendo libre de todos, me he hecho siervo de todos para ganar a mayor número."
>
> **1ª Corintios 9:19**

y el amor que no sacrifica no es amor, sino palabra hueca y mera conveniencia.

Pero cuando amamos de verdad estamos dispuestos a servir a aquella persona a quien decimos amar.

Escuchemos lo que Rut le dijo a su suegra, Noemí, una vez que estaban instaladas en su antiguo hogar solas: **Ruth 2:2: "Y Rut la moabita dijo a Noemí: Te ruego que me dejes ir al campo, y cogeré espigas en pos de aquel en cuyos ojos hallare gracia. Y ella le respondió: Ve, hija mía."** Obviamente, había que comer y esta joven no esperó que su suegra supiera. Ella se ofreció voluntariamente y Dios premió su actitud de sierva, ya que regresó con una abundante cosecha, como dice el versículo 17.

Siempre tenemos el pensamiento de que, servir a los demás renunciando a nuestros derechos, es sinónimo de perder cuando en realidad salimos ganando. Ganamos porque se es realmente feliz haciendo feliz a los demás. Ganamos porque sembramos para cosechar en el futuro, y ganamos porque Dios ha prometido bendecirnos al hacerlo. Si no me crees, escuchemos, de labios del apóstol Pablo lo que dice en 1ª Corintios 9:20-22: **"...me he hecho a los judíos como judío, para ganar a los judíos; a los que están sujetos a la ley (aunque yo no esté sujeto a la ley) como sujeto a la ley, para ganar a los que están sujetos a la ley; a los que están sin ley, como si yo estuviera sin ley (no estando yo sin ley de Dios, sino bajo la ley de Cristo), para ganar a los que están sin ley. Me he hecho débil a los débiles, para ganar a los débiles; a todos me he hecho de todo, para que de todos modos salve a algunos. Y esto hago por causa del evangelio".**

La verdadera felicidad está en hacer feliz al otro

INDIFERENCIA

"Señor, no tengo quien me ayude"...

Juan 5:7

Hace algunos años, se produjo un accidente en el mar Atlántico frente a las costas uruguayas. Un gran derrame de petróleo producido por la avería de un buque que transportaba tan letal cargamento, produjo un efecto devastador y un gran desastre ecológico.

Los lobos de mar, apostados en su isla, se daban cuenta de que los que saltaban al agua en busca de comida, no regresaban o regresaban cubiertos de aquella sustancia negra, iniciando así una lenta pero segura agonía. En contra de su propia naturaleza, modificaron su conducta reprimiendo su instinto de saltar al agua. La sed y el hambre comenzaron a hacer su parte y estos pequeños mamíferos tuvieron que escoger entre saltar al agua *empetrolada* o quedarse en su isla hambrientos y débiles. La situación se hizo pública. Hubo un lapso de dramática indiferencia, hasta que al comenzar a morir estos lobos por el petróleo en su piel o por el hambre, una organización ecologista decidió alimentarlos por helicóptero hasta que el mar fue saneado.

Cuántas veces te has sentido solo y abandonado en la isla de la indiferencia, ¿verdad? Y te preguntas, ¿a nadie le importo, nadie se interesa por mí?...

Vivimos en un mundo indiferente. Esto no es noticia para ti, ya lo sé. Pero lo que sí puede ser una buena y nueva noticia es que no estás solo. Eso es justamente el evangelio, la buena noticia de Dios que quiere acompañarte en tus desgracias, en tus desastres, en tus soledades. Esa fue la gran noticia que dio ánimo, sanidad y salvación al paralítico en el estanque de Betesda. ¿Recuerdas sus palabras en San Juan 5:7: **"Señor, no tengo quien me ayude"**...

Ahí está otra vez: *la tragedia de la indiferencia*. Pero el mismo Jesús que ayudó a aquel lisiado físicamente hoy puede ayudar al hombre lisiado espiritualmente.

No. Dios no es indiferente. Te lo garantizo.

A mí me asiste día y noche y puede hacerlo contigo también.

"No hay nada más duro que la suavidad de la indiferencia"
(Anónimo)

24 de agosto
CUESTIÓN DE ENFOQUE

Martín Lutero, el gran reformador, caminaba cierto día por la campiña, como solía hacer muy a menudo. En las afueras, una gran catedral se estaba construyendo y un grupo de hombres contratados cortaba las piedras que servirían para la edificación. Se acercó a uno de ellos que, con pico y mazo en mano, golpeaba

"Mis ojos están puestos siempre en el Señor, pues sólo Él puede sacarme de la trampa".

Salmo 25:15

violentamente su piedra, y le preguntó: "¿Qué es lo que haces, buen hombre?" El rudo trabajador respondió toscamente: "¿Acaso no lo ves? Pico piedras", y continuó su tarea. Unos metros más adelante, se encontró con un segundo hombre y le hizo la misma pregunta. La respuesta esta vez fue: "Estoy trabajando por un miserable salario que me darán al final de mi jornada". Lutero avanzó algunos metros más y encontró a un tercer obrero: "¿Qué es lo que haces, amigo?" Pero esta vez la respuesta fue diferente: "Estoy construyendo una catedral."

¿Sabes? Estoy segurísimo que de los tres, este último fue el que realizó mejor su trabajo y el que menos se cansó, porque disfrutaba de lo que hacía. ¿Y por qué disfrutaba? *Porque se concentraba en el producto final más que en el sufrimiento que implicaba alcanzarlo.*

Todo es cuestión de óptica, de enfoque. Si vives con la cabeza baja, lamentándote por tus sufrimientos, esfuerzos y demandas cotidianas de la vida, cultivarás un espíritu de queja y rencor hacia tus superiores, hacia los que tienen más que tú y los que progresan. Archivarás una larga lista de preguntas sin respuesta, y situaciones inesperadas e incomprensibles ante Dios que te envenenarán paulatinamente y te robarán el secreto de ser humano.

Pero si pones la mirada más allá del sol, en las cosas eternas, en la esperanza bienaventurada de gloria futura, descubrirás que eres parte de una empresa grandiosa con réditos asegurados y con promesas de victoria.

No pierdas la oportunidad de disfrutar el hermoso paisaje a tu alrededor por quejarte de las piedras que encuentres a cada paso. ¡Mira hacia arriba!

Concéntrate en el producto final más que en el sufrimiento que implica alcanzarlo

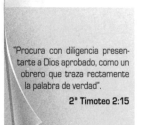

25 de agosto
SE CIERRAN LAS PUERTAS DEL LIMBO

"Procura con diligencia presentarte a Dios aprobado, como un obrero que traza rectamente la palabra de verdad".

2ª Timoteo 2:15

Un extracto del diario: "El País", de Roma, expone: "Las puertas del limbo se cerraron ayer en forma definitiva. En adelante, los niños que mueran sin bautizar quedarán en manos de la "misericordia de Dios" e irán, quizá, al paraíso." Ya Benedicto XVI había dicho en 1984 que el limbo era sólo "una hipótesis teológica" utilizada para resolver un dilema que siempre había inquietado a la iglesia católica: ¿Qué pasaba con los niños sin bautizar y con los millones de personas que, nacidas antes de Jesús, murieron cuando aún no se había instituido el bautismo? El limbo nunca fue una verdad de la fe. La "hipótesis teológica" se había introducido en la tradición y adquirido solidez hasta llegar a las páginas del catecismo, pero su existencia nunca fue oficial. Para dejarlo de lado no hizo falta, por tanto, ninguna acción papal más que la recepción y aprobación de unos documentos revisados por la Comisión Teológica Internacional. Tras este cierre "oficial" del limbo, queda comprometida, también, la viabilidad del purgatorio, otro concepto seudoteológico sin raíces doctrinales en los evangelios. Hasta se está discutiendo, en círculos cerrados del Vaticano, la realidad del infierno. Una tesis de un sector mayoritario sostiene que el infierno no es un lugar físico sino un estado del alma lejos de Dios. Tenemos a la vista evidencias que muestran lo insostenible de los dogmas establecidos por los hombres, carentes de inspiración divina. Agregan, por un lado, tradiciones que luego tienen que quedar en desuso; y quitan, por otro lado, verdades eternas que no pueden ser tocadas.

¿Con qué tijeras cortan la Sagrada Palabra de Dios? La sentencia apocalíptica es clara en Apocalipsis 22:18-19: **"Yo testifico a todo aquel que oye las palabras de la profecía de este libro: Si alguno añadiere o quitare de las palabras del libro de esta profecía, Dios quitará su parte del libro de la vida..."**

**Confiar en una hipótesis teológica te garantiza
una salvación hipotética de tu alma**

26 de agosto
LA CORAZA DEL ORGULLO

Parece que el orgullo es uno de los pecados más sutiles; está fuertemente arraigado en el ser humano. Cuanto más alto conseguimos llegar; más se alimenta el orgullo que nos ciega, impidiéndonos reconocer nuestro equivocado estado. De alguna manera, es el orgullo el germen inicial de todo pecado. Estuvo presente en

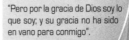

"Pero por la gracia de Dios soy lo que soy; y su gracia no ha sido en vano para conmigo".

1ª Corintios 15:10

la eternidad pasada y fue la causa de la ruina de Lucifer, aquel ángel superior creado por Dios. Fue su propio orgullo el que le expulsó del cielo mismo a la tierra. También fue la causa de la expulsión del hombre y de la mujer del Edén. El deseo de ser igual a Dios: orgullo. Siempre está ahí. Es infaltable a la cita de hacer caer a las criaturas de Dios, porque dice Proverbios 16:18 que: **"Al orgullo le sigue la destrucción; a la altanería, el fracaso".** Dios dice que el orgullo es pecado, en Proverbios 21:4: **"Los ojos altivos y el corazón orgulloso, son pecado".** El orgullo suele manifestarse a través de ciertas conductas: jactancia, o buscar puestos de importancia. Nos justificamos en lugar de aceptar cuando alguien nos muestra nuestras faltas; nos molestamos cuando nos corrigen; nos resistimos a ser ayudados al hacer algún trabajo; esquivamos tareas que consideramos despreciables; envidiamos a otros; criticamos los logros ajenos y exaltamos los propios; no nos llevamos bien con las personas que no están de acuerdo con nosotros; manifestamos un espíritu contencioso y nos involucramos a diario en problemas; rechazamos la autoridad; buscamos ser el centro de la atención de otros; somos indiferentes a las necesidades de los demás. En verdad, la lista es larga y podríamos continuar mencionando evidencias del orgullo. ¿Te sentiste identificado con alguna de ellas o con varias? Abre bien tus ojos, porque el gran peligro del orgullo, a diferencia de otros males, es que ciega a su víctima quien no reconoce su estado crítico, y se deja invadir más y más, llegando hasta la muerte. Recuerda que todo lo que tienes y eres lo has recibido por la gracia de Dios. Y, si **"de gracia recibisteis, dad de gracia".** Dale la gloria a Dios en esta tierra, que Él te dará la tuya allá, en el cielo.

**Dale la gloria a Dios en esta tierra,
que Él te dará la tuya allá, en el cielo**

> "El principio de la sabiduría es el temor de Jehová."
>
> **Salmo 111:10**

En los pasillos y galerías de los laboratorios es de conocimiento público el valor científico que tiene la comúnmente llamada: *mosca de la fruta*, en la rama de la genética. Este insecto tiene la peculiar virtud de reproducirse en escala y muy rápidamente. Por este motivo, se pueden medir los resultados de la manipulación genética a corto plazo. Cuando en otras especies se necesitarían años para evaluar los cambios de una generación a otra, en la mosca de la fruta se pueden observar dichos resultados en cuestión de meses.

Profesionales evolucionistas de marcada tendencia atea, se abocaron a la tarea de intentar reproducir, en ambiente artificial, secuencias evolutivas, cruzando y alterando la información cromosómica de sucesivas generaciones de moscas, en espera de lograr cambios en su estructura. ¡Y de hecho lo lograron! Pero con la salvedad de que esa manipulación no produjo individuos superiores, sino inferiores. Las diferencias mayormente radicaban en el número de alas de la "nueva variedad" de insecto, con más alas o con menos, pero en ambos casos con claras dificultades para volar. Está comprobado que las mutaciones, producto de manipulación genética, producen individuos inferiores en el 90% de los casos y que nunca se logró mutar una especie tanto que llegara a ser otra diferente. Por ejemplo, se lograron moscas de la fruta distintas, pero seguían siendo moscas de la fruta; nunca terminaron siendo un mosquito o un tábano.

¡Cuándo dejarán los científicos modernos de gastar dinero, tiempo y fuerzas en demostrar lo imposible! Si tan sólo invirtieran esos esfuerzos en estudiar y descubrir más de esta hermosa creación para darle la gloria a su Creador... Que el ser humano se ha desarrollado, sí; pero que ha evolucionado, rotundamente ¡NO! Ni el ser humano ni ninguna otra especie viva en este ecosistema que nos contiene. Lo más triste es que este desarrollo científico y tecnológico que nos sorprende a diario, no sirvió para acercarnos más a Dios, sino más bien para alejarnos. Reconoce a Dios como Ser superior, eterno e inteligente, y dedica toda tu vida para darle gloria. Eso te hará sabio.

Los libros de ciencia se concentran en los orígenes del hombre; la Palabra de Dios en su destino final

28 de agosto

LÁGRIMAS DE COCODRILO

Muchas veces, cuando alguien llora, decimos: "No le hagas caso, son lágrimas de cocodrilo" ¿Por qué? En realidad los cocodrilos no lloran. Estos lagartos enormes, que infestaban el río Nilo en la época de los faraones, necesitan calentar sus cuerpos al sol. Este fenómeno produce cierta exudación de líquido salino a través de

> "En cambio, el alimento sólido es para los adultos, para los que tienen la capacidad de distinguir entre lo bueno y lo malo, pues han ejercitado su facultad de percepción espiritual."
>
> **Hebreos 5:14**

unas glándulas especiales debajo de sus ojos. Así, regulan también la humedad corporal. Parece que lloran, pero no tengas compasión de ellos porque ellos no la tendrán de ti. Si pueden, te tragarán vivo con sus enormes fauces. Son voraces en su apetito, que engullen grandes piedras para ayudar a digerir los enormes pedazos del cuerpo de sus víctimas en sus estómagos. Así que de tiernos y llorones, no tienen nada. Pero ¿Cómo juzgar las lágrimas ajenas? Cuántas veces, víctimas de las apariencias, emitimos un juicio indebido hacia nuestros semejantes o sus actos. Defendemos a la aparente víctima, dejándonos conmover por sus lágrimas y castigamos al aparente culpable, o ignoramos el llanto ajeno, atribuyéndole un carácter de comedia, cuando en verdad, son lágrimas genuinas. Los que somos padres, sabemos bastante de estas situaciones cotidianas en peleas entre hermanos, ¿verdad? El sabio Salomón aconsejó ser lento para llevar a alguien o algo a juicio en Proverbios 25:8-10, **"No lo lleves de inmediato al tribunal, pues ¿qué harás si a fin de cuentas tu prójimo te pone en vergüenza? Defiende tu causa contra tu prójimo, pero no traiciones la confianza de nadie, no sea que te avergüence el que te oiga y ya no puedas quitarte la infamia."** También Santiago advirtió en su epístola: **"Todos fallamos mucho. Si alguien nunca falla en lo que dice, es una persona perfecta, capaz también de controlar todo su cuerpo."** Santiago 3:2. Así que eso de "lágrimas de cocodrilo" tomémoslo con pinzas. No te dejes impresionar fácilmente por el que llora, pero tampoco cierres tu corazón a sus lágrimas porque puede estar pidiendo ayuda a gritos. Necesitamos espíritu de discernimiento para no errar. Pídele a Dios, Él te dará abundantemente y sin reproches.

Dichosos aquellos que pueden ver el llanto detrás de una sonrisa o la risa burlona, detrás de un llanto

> "Encomienda a Jehová tu camino, y confía en Él, y Él hará."
>
> **Salmo 37:5**

Mientras el paracaidista no se haya arrojado al vacío, no puede sentir las cuerdas que le sostienen. De la misma manera, mientras no confiemos en la Divina Providencia para nuestras necesidades, no podremos experimentar sus efectos en nuestras vidas. El apóstol Pablo fue un hombre que vio su vida plagada de peligros, obstáculos, privaciones y persecuciones. Sin embargo, aprendió el secreto de saltar al vacío, cuando la situación lo demandó, y experimentó, confiadamente, la suave, pero firme mano de Su Señor que le sostenía. Él mismo dijo en su segunda carta a Timoteo: **"Por lo cual asimismo padezco esto; pero no me avergüenzo, porque yo sé a quién he creído, y estoy seguro que es poderoso para guardar mi depósito para aquel día."** Nosotros también, estamos a diario, sumergidos en situaciones que parecen no tener solución. Muchas veces esperamos sentir que "El de arriba" nos sostiene pero nosotros nunca damos el salto de la fe para sentir su presencia en la noche. ¡Haz la prueba! Nos cuesta confiar. Las promesas de la Biblia no nos alcanzan. Queremos ver para creer. Pero sólo podemos conocer la ayuda de Dios si le damos la oportunidad de manifestarse. Por supuesto, debemos ser precavidos, nunca imprudentes. Es que fe no es imprudencia sino la inyección de valor necesaria en los momentos en que me siento desfallecer. Es el impulso que me invita a continuar aun cuando los cálculos no dan, cuando, "humanamente hablando" no se puede hacer nada más. ¿Te has encontrado en situaciones así? Pedro, otro gran apóstol, por un momento pensó que se ahogaba. Pero al final sintió la mano poderosa del Señor que le sostuvo y logró caminar sobre el agua. Honramos a Dios cuando planificamos confiados en que Él suplirá todo lo que nos falte [Filipenses 4:19]. Si vives esperando "sentir" que Dios te sostiene, pero sin dar pasos de fe, te cansarás de esperar, porque es la fe la que mueve las manos de Dios. No vivas por lo que sientes, sino por lo que crees, **"pues el justo por la fe vivirá"** (Romanos 1:17).

Fe no es imprudencia, sino la inyección de valor necesaria en los momentos en que me siento desfallecer

30 de agosto
LO QUE NUNCA PASA DE MODA

Conceptos como "pasado de moda" o "perdió vigencia", lanzan a nuestra mente inmediatamente la idea de algo ya en desuso, viejo, y que no sirve más. No necesariamente porque se rompió, o porque haya resultado un fraude que no suplió las expectativas del consumidor. Puede que sea útil como producto todavía, pero algo

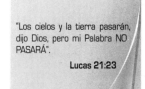

"Los cielos y la tierra pasarán, dijo Dios, pero mi Palabra NO PASARÁ".

Lucas 21:23

mejor o más novedoso ganó el mercado y simplemente esto, que fue furor ayer, hoy se deposita en las bodegas de los deshechos o se remata a bajo precio simplemente porque ya no está en vigencia, está "pasado de moda."

Creo que no hace falta mencionar que si algo o alguien ha venido dando de qué hablar durante más de 2000 años, es porque tiene un valor especial, una verdad fehacientemente comprobada que todavía satisface las necesidades de quien lo adquiere, ¿verdad?

Sin embargo, muchos hoy niegan la veracidad del Evangelio de Jesús, desprecian la eficacia de su muerte en la Cruz y sostienen una posición de indiferencia ante los enunciados bíblicos.

Es imposible que si una historia como la de Jesús y Su poder fuera un fraude, haya traspasado miles de culturas, fronteras, épocas y permanezca intacta hasta hoy. Creo que el negar este hecho no es ni más ni menos que urdir un atajo que me esconda de Dios, de mi pecado y de un futuro ajuste de cuentas con el Creador.

Las modas pasarán, las épocas culminarán y comenzarán otras, los mega imperios sucumbirán bajo el peso de sus mismos logros ambiciosos, "**los cielos y la tierra pasarán,** dijo Dios, **pero mi Palabra NO PASARÁ**" (Lucas 21:23). Es justamente esta "Palabra de Dios" la que alumbra la vida de todo hombre que se dispone a entablar una relación con Él. Claro que en este proceso de alumbrar tu vida, quedan en evidencia los errores y faltas cometidas, pero la buena noticia es que ese mismo Dios, es el que también te dice: **"No te condeno, vete y no peques más"**. Cree en Jesús y acepta Su mensaje. ¡Ser cristiano, jamás pasa de moda!

Algo que ha venido dando de qué hablar por más de 2000 años, no puede ser un fraude

> "El que fácilmente se enoja, hará locuras".
>
> **Proverbios 14:17**

Vivimos bajo constante amenaza. Mi economía está amenazada por la inflación, mi seguridad está amenazada por la delincuencia; mi matrimonio está amenazado por la inmoralidad callejera, mis hijos están amenazados por la droga y el alcohol. Esta realidad actual impulsa nuestro mecanismo de defensa y nos pone en situaciones de arranques de ira muy a menudo manifestando, así, cierta incapacidad para manejar y hacerles frente a estas amenazas potenciales. Esa ira puede llevarnos a situaciones aún más desastrosas que las mismas amenazas. La ira genera una energía que nos lleva a destruir todo aquello que nos la provoca. Es casi natural y parte biológica de nuestra supervivencia como especie. La ira es como un caballo muy fuerte que debe ser sujetado con riendas si queremos que nos sea útil. De lo contrario, se desbocará sin control y nos ocasionará accidentes trágicos. Es por eso que la Biblia dice en Efesios 4:26, que la ira en sí no es pecado si está bajo control: **"Airaos, pero no pequéis; no se ponga el sol sobre vuestro enojo, ni deis lugar al diablo"**.

Dice la Palabra de Dios en Proverbios 29:11 que: **"el necio da rienda suelta a toda su ira, mas el sabio al fin la sosiega"**. Muchas veces ocultamos esa ira bajo otras patologías, pero eso no es lo que aconseja Dios. Hay dos maneras típicas de reaccionar ante la ira: expresándola, hiriendo a cuantos pasen a nuestro lado; o escondiéndola, matándonos por dentro. Lo ideal sería controlarla para que con ella no dañemos a otros. Y si con ella has lastimado a alguien, confiésate ante Dios.

Dirige tu ira hacia el problema, nunca hacia la persona. Esta actitud de autocontrol, es en realidad *pneumacontrol* o control del Espíritu Santo de Dios morando en tu interior. ¿Lo tienes?

Si no tienes ese poder controlador sobrenatural, se te hará imposible controlar tu ira. Tarde o temprano, en algún momento explotarás, y cuando veas las víctimas a tu alrededor, será demasiado tarde. Recuerda: **"El que fácilmente se enoja, hará locuras"**. Proverbios 14:17.

El que intenta controlar a los demás, anuncia que es incapaz de controlarse a sí mismo

1 de septiembre
EXCESO DE EQUIPAJE

Las compañías y empresas de viajes a larga distancia son estrictas al momento de controlar la cantidad de carga permitida para cada pasajero. El exceso de equipaje es multado con varios dólares por libra extra, en las más prestigiosas líneas aéreas y aeropuertos internacionales porque la vida de los pasajeros corre riesgo al

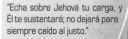

"Echa sobre Jehová tu carga, y Él te sustentará; no dejará para siempre caído al justo."

Salmo 55:22

maniobrar la nave. Es un asunto serio. Existen estándares específicos dependiendo de la envergadura de la nave, la distancia a cubrir, la cantidad de pasajeros a bordo y hasta los galones de combustible cargados al momento del despegue. El más leve error puede pagarse muy caro. Es común ver en las líneas de chequeo del equipaje en los aeropuertos, a pocos minutos de abordar, pasajeros nerviosos, vaciando sus maletas porque la balanza denuncia que están excedidos de equipaje y, como no quieren pagar la multa, dejan cosas que no son imprescindibles para cargar sólo lo realmente necesario. Si lo hubieran hecho en sus casas, si hubieran calculado el peso, no pasarían ese mal rato a la vista de los demás pasajeros del vuelo que contrariados murmuran por el retraso que éste les hace sufrir en la fila de espera. Cada ser humano que nace, viene a este mundo con una maleta vacía. Es sabio aquel que sabe qué cosas empacar y cuales dejar. Algunos, compulsiva e imprudentemente, llenan su carga permitida hasta los límites y aún más. A veces sin convicciones propias, sólo por el hecho de tener lo que los demás tienen. Otras por ambición o miedo al porvenir. Y así van colmando la medida de sus propias fuerzas. Los vemos en la fila de embarque de la vida arrastrando su pesada carga intentando abordar la eternidad. Sólo una cosa es necesaria, dijo Jesús. También Pablo lo proclamó: **"Pero cuantas cosas eran para mí ganancia, las he estimado como pérdida"**, y finalmente el autor de Hebreos aconseja: **"Despojaos de todo peso"**. Sé sabio, empaca sólo aquello que sirve para la eternidad y echa sobre Él tú carga.

Sé sabio. Empaca sólo cosas que sirvan para la eternidad, y echa sobre Él tu carga

2 de septiembre

LA ESENCIA DE LA GRATITUD

> "¿O menosprecias las riquezas de su benignidad, paciencia y longanimidad, ignorando que su benignidad te guía al arrepentimiento?"
>
> **Romanos 2:4.**

Poseer todos los dones, placeres y beneficios terrenales, sin conocer también al Dador celestial es una tragedia de eternas proporciones. La Palabra de Dios enseña claramente que si no respondemos a los dones que, misericordiosamente, Dios nos otorga, si no reconocemos al Benefactor celestial nuestra ingratitud estaremos asegurando la condenación y el padecimiento final. Romanos 2:4 dice: **"¿O menosprecias las riquezas de su benignidad, paciencia y longanimidad, ignorando que su benignidad te guía al arrepentimiento?"**

Para poder apreciar los dones de Dios, debemos poseer el mayor de sus dones: Jesucristo mismo. Conocerle, es el corazón y la esencia de toda verdadera bendición. Toda alabanza de gratitud debe surgir de corazones que puedan exclamar: **"¡Gracias a Dios por su Don inefable!"** [2ª Corintios 9:15]

Hace algunos años, en Alemania, un hombre joven yacía en una mesa de operaciones. Junto a él, de pie, se hallaba un experto cirujano, y un grupo de estudiantes. El cirujano le dijo al paciente: "Si deseas decir algo antes de que te anestesie, esta es tu oportunidad. Debes saber que al despertar, ya no podrás nunca más pronunciar palabra alguna." Aquel hombre sabía que esto era cierto. Padecía de un cáncer en su lengua y debía ser extirpada. ¿Qué palabras debía escoger para una ocasión como esta? Pensó unos segundos y dijo: "¡Gracias a Dios por darnos a Jesucristo!"

¿Puedes tú decir lo mismo? Toda persona que no valora en su vida a la persona del Señor Jesucristo como el mayor regalo de Dios al hombre, jamás podrá apreciar ninguna otra gracia de esta vida. Está condenado a la tristeza y al resentimiento crónico, es desagradecido y no disfruta verdaderamente de la vida.

Conocer a Dios y a su Don inexplicable, es conocer el secreto de la verdadera felicidad. Nada se compara con la riqueza y bienestar físico, moral y espiritual que encuentras en Él. Con razón dijo el salmista: **"No existe bien para mí que esté fuera de ti"** [Salmos 16:2].

**Conocer a Dios y a su Don inexplicable,
es conocer el secreto de la verdadera felicidad**

3 de septiembre
De Un Pensamiento Al Destino Final

Normalmente, no le damos importancia a las cosas que entran a nuestra mente, ya sea por la vista, los oídos o cualquier otro sentido. "Total", decimos, "es un pensamiento, nada más que un pensamiento. ¿Qué me puede hacer?" Ignoramos, de esta manera, que todo comienza justamente allí, en la mente. De alguna manera, mi men-

> "Abominación son a Jehová los pensamientos del malo; mas las expresiones de los limpios son limpias."
>
> **Proverbios 15:26**

te, y la tuya, apreciado amigo, es la oficina de mi vida, es el timón de mi cuerpo, es donde se gestan las acciones que marcarán mi carácter y destino final. Alguien dijo que somos lo que pensamos. ¡Y es verdad! Nunca subestimes los pensamientos que invaden tu mente, pueden llevarte a extremos inimaginables.

La Biblia advierte sobre este peligroso proceso en el capítulo 9:14 de la epístola a los hebreos al decir: **"¡Cuánto más la sangre de Cristo... purificará nuestra conciencia de las obras que conducen a la muerte, a fin de que sirvamos al Dios viviente!"**

¿Notaste? Tres palabras marcan la pendiente que va desde un simple pensamiento hasta un trágico final: **conciencia**, que es donde, justamente, se "fabrica" el pensamiento, **obras** o acciones que es el paso siguiente al pensamiento, y en tercer y último lugar, **muerte**, el triste destino final de todos aquellos que han subestimado la voz interior de sus conciencias, ignorando que esa ley moral fue puesta allí, en tu interior, por Dios, como patrimonio exclusivo de la raza humana para conducirnos al Creador. Tres eslabones de una cadena de esclavitud, tres peldaños de una escalera de trágico descenso.

La eficaz solución que Cristo ofrece, amigo, es comenzar con un cambio radical justamente en el inicio del problema. Renovar tu mente, dice Romanos 12, recibir la mente de Cristo, limpiar tu conciencia de obras muertas. Es una utopía intentar tener pensamientos puros con una mente sucia. Todo lo que salga de un recipiente sucio, SIEMPRE SERÁ SUCIO. ¿Verdad?

Deja que la sangre de Cristo, el Hijo de Dios, limpie y cambie tu manera de pensar haciéndote una nueva criatura. Tu actuar será agradable delante de Él y asegurarás tu destino en el día final.

Es una utopía intentar tener pensamientos puros con una mente sucia

> "A éstos les parece cosa extraña que vosotros no corráis con ellos en el mismo desenfreno de disolución, y os ultrajan."
>
> **1ª Pedro 4:4**

De todos los récords anotados a lo largo de la historia, dos han asombrado al mundo. Uno es la marca de más de 130 metros de inmersión femenina sin traje de buceo especial, y la otra fue la de caída libre con traje presurizado, hace más de 40 años, desde la increíble altura de 13 Km. Ambas personas, llegaron al límite de sus capacidades físicas. El mínimo error los hubiera dejado inertes al instante. Arriesgaron sus vidas por superar una marca. Hoy son historia, pero podrían haber quedado en el anonimato como tantos otros que murieron por subestimar los límites físicos.

Pero no hace falta comprar el registro Guinness para ver hombres y mujeres que desafiaron los límites, algunos a costa de su propia vida. Nuestro mundo está repleto de historias con rastros de fracaso y muerte de personas que viven al límite y traspasan día a día lo prohibido. Se exceden en vicios como drogas y alcohol. Juegan con el sexo libre, transgrediendo a su antojo los límites de la moralidad y la decencia. Jóvenes que desafían el destino conduciendo sus motocicletas más allá de los límites de velocidad. Empresarios, presos de la ambición materialista, exigen a sus cuerpos el máximo, trabajando "25 horas" por día, al límite de sus propias energías, por ganar más dinero... Lo cierto es que pareciera que nuestro mundo y su huésped, el ser humano, viviera fuera de control. No pone freno a sus apetitos morales, materiales e intelectuales. Necesita urgentemente algo o alguien que le controle y le capacite para regular sus potenciales, para no "quemar" la vida en una existencia fugaz y pasajera.

Eres eterno. Dios te hizo así. Toda tu vida debe ser comprendida a la luz de esta verdad. Tus acciones y motivaciones deben estar encauzadas con miras a la eternidad y no sólo enfocadas en disfrutar el momento.

No desafíes el destino traspasando todo límite que se interponga en tu camino. Deja que Dios te controle mediante Su Espíritu que mora en tu interior y disfruta la vida.

Una cosa es existir, otra muy diferente es vivir

5 de septiembre

EL TEMOR

El miedo o temor es un sentimiento de inquietud, causado por un peligro real o imaginario. El apóstol Juan, en su primera carta, conjuga dos palabras muy interesantes al respecto: amor y temor. Fíjate: "Y nosotros hemos llegado a saber y creer que Dios nos ama. Dios es amor. El que permanece en amor, permanece en Dios, y

> "Bienaventurado el hombre que teme a Jehová, y en sus mandamientos se deleita en gran manera. Por lo cual no resbalará jamás; en memoria eterna será el justo. No tendrá temor de malas noticias; su corazón está firme, confiado en Jehová. Asegurado está su corazón; no temerá".
>
> **Salmo 112**

Dios en Él. Ese amor se manifiesta plenamente entre nosotros para que en el día del juicio comparezcamos con toda confianza, porque en este mundo hemos vivido como vivió Jesús. En el amor no hay temor, sino que el amor perfecto echa fuera el temor. El que teme espera el castigo, así que el que no ha sido perfeccionado en el amor". 1ª Juan 4:16-18. Así que, quien vive como Jesús lo hizo, ayudando a los demás y sirviendo con un amor práctico, no teme. Pero el que teme y no confía en Dios, es aquel que sólo piensa en acaparar egoístamente para sí, y no alcanza otra cosa que miedo al futuro. Vemos, entonces, que el origen del miedo es, básicamente, la desconfianza en Dios.

Alguien dijo que temer es confiar en sí mismo, y es verdad. Así que, si temo a Dios, no le debo temer a nada ni a nadie.

Así de fácil. Porque, **"¿quién nos separará del amor de Cristo? ¿Tribulación, o angustia, o persecución, o hambre, o desnudez, o peligro, o espada?... Por lo cual estoy seguro de que ni la muerte, ni la vida, ni ángeles, ni principados, ni potestades, ni lo presente, ni lo por venir, ni lo alto, ni lo profundo, ni ninguna otra cosa creada nos podrá separar del amor de Dios, que es en Cristo Jesús Señor nuestro"** (Romanos 8:35-39). Esto es confianza en su más alto grado, confianza que erradica todo temor. Puedes hallarla en Dios.

Si temo a Dios, no necesito temerle a nadie más

6 de septiembre
TUS PECADOS Y LOS MÍOS

"Jehová guarda a los sencillos.
Estaba yo postrado, y me salvó."

Salmo 116:6

No hay dolor que Jesús no haya sentido.
No hay traición que el Señor no haya sufrido.
Su soledad, su desamparo, la agonía.
El beso falso... **Tus pecados y los míos.**

La indiferencia de sus seres más queridos;
Que le abandonan cuando más los necesitó.
Enfrentar solo el valle tan oscuro,
Entregar algo que es mío y me lo quitan.

Porque es distinto estar solo, pero a salvo.
Sin nadie que me cuide, mas sin peligro.
Pero estar abandonado en tierra extraña,
Es estar a merced del enemigo.

A Jesús le dolió el desamparo,
La traición, la soledad y el miedo.
El exponerse a lo desconocido,
La copa amarga, (el castigo eterno...)

Los clavos, la tortura, los romanos.
La burla, el desprecio, los judíos.
El látigo, las espinas, su costado.
La cruz... **Tus pecados y los míos.**

Complementan el paisaje de lo trágico.
Evidencian las "tragedias" de la vida.
Si Jesús vivió una vida humana,
Tenía que sentir en carne propia,
El sentirse abandonado, sin salida.

Su cruz, su sangre, su calvario y llanto,
Nos levantan a una vida nueva.
Su sufrimiento, agonía y miedo extremo,
Nos acompañan en tiempos de quebranto.

De nada sirve aceptarle por mí muriendo,
Si le reprocho cuando estoy sufriendo.
Reconocer su muerte mediadora,
Y rechazar su mano auxiliadora.

El mismo que pagó por tus pecados
Y se dio en cuerpo y alma al enemigo,
Es el mismo que te entiende y te acompaña.
Que siente **tus dolores y los míos.**

...

Pablo Martini (fragmento)

**Cuando te quiten algo de valor, recuerda que
Él entregó todo por ti. Siente Su consuelo**

"Más de cien mil veteranos de guerra de Vietnam cometieron suicidio en los últimos 25 años". Esta alarmante cifra muestra claramente lo que sucede cuando se utilizan soluciones guiadas por el instinto humano no regenerado, ante los tremendos problemas de nuestra sociedad. Nunca puede el egoísmo, el despotismo, las

> "Y por medio de Él reconciliar consigo todas las cosas, así las que están en la tierra como las que están en los cielos, haciendo la paz mediante la sangre de su cruz."
>
> **Colosenses 1:20**

armas y la sangre derramada, traer paz y seguridad a la inestable condición en la que vive la raza humana. Muertes para vengar más muertes, sangre para limpiar más sangre, odio para acallar el odio. Aterra el solo hecho de pensar las atrocidades que habrán visto y sufrido estos excombatientes en los campos de batalla. La secuela de horror que deja la guerra trae como consecuencia esto que acabamos de ver: suicidio; más y más muerte.

¿Sabes? Sólo hubo una muerte que trajo vida. Sólo hubo una guerra que trajo paz, una sola sangre que acabó con toda sangre. Fue la muerte de Cristo en la cruz del Calvario hace ya más de 2000 años. Fue su sangre derramada y su batalla contra **"aquel que tenía el imperio de la muerte, el diablo"** [Hebreos 2:14b].

En toda área de la vida, si no seguimos el consejo de Dios en Su Palabra, la Biblia, lo único que conseguiremos será acarrearnos más complicaciones. Cuando aplicamos una solución no bíblica para resolver un problema, lo que logramos son más problemas.

El hombre, en su orgullo y en su perspectiva de vida enajenada de Dios, intenta, vanamente, encontrar salida a sus laberintos de ideas y decisiones movidas por la ambición y el egoísmo, para encontrarse, una vez más, en callejones sin salida que le restan fuerzas y ganas de vivir.

Sólo con la óptica del cielo podrás ver claramente y decidir con sabiduría. Reclámala hoy mismo de parte de Dios, y deja de intentar vivir a tu manera. Si te invita Aquel que caminó antes que ti en este mundo y triunfó, dale tu mano, y deja que Él te guíe.

Cuando aplico una solución no bíblica para resolver un problema, lo único que consigo son más problemas

> "Por quien también tenemos entrada por la fe a esta gracia en la cual estamos firmes".
>
> **Romanos 5:2**

Nuestra sociedad ha creado cierto sistema de súpervivencia caracterizado por lo material, el poder indiscriminado y la sensualidad. Estos valores relativos, que este mundo intenta camuflar como absolutos, han alcanzado tanto protagonismo que se han metido en la fibra más íntima del ser humano, a tal punto que si no tienes, no eres y no sientes, simplemente: NO EXISTES. Eres un ente anónimo condenado a sufrir una lenta agonía que te deja, paulatinamente, fuera del sistema. Sí. El mismo sistema que te propone vivir a ese ritmo, es el mismo que te condena y te margina si no encajas en su molde.

Es así como los hombres ven desmoronarse su vida y la de los suyos. Así, escogen atajos ilegales para conseguir dinero, intentan olvidar sus penas detrás de un trago o se suicidan para no ver sufrir más a su familia. Hombres buenos, víctimas del sistema.

De la misma manera, mujeres amas de casa son avasalladas por los mensajes distorsionados que el mundo y sus roles cambiados transmiten. Así sucumben ante el peso del hogar, los hijos y la casa. Adolescentes que no tienen el cuerpo o el rostro bonito que la última moda impone, son víctimas de la depresión o viven aceleradamente. Enfermedades de nuestro siglo como la bulimia, la anorexia, el mal de Alzheimer, el estrés, entre otras, no son más que evidencias de los estragos que produce en el ser humano el no poder vivir de acuerdo a las expectativas de este sistema. ¿Ves cómo quedas atrás mientras otros lo logran y tú te disuelves en un sin fin de intentos, utopías y fracasos?

Es un molde despiadado que imprime presión sobre aquellos que contiene. No te da opciones: o te amoldas o quedas fuera.

Pero gracias a Dios que: **"Justificados, pues, por la fe, tenemos paz para con Dios por medio de nuestro Señor Jesucristo; por quien también tenemos entrada por la fe a esta gracia en la cual estamos firmes, y nos gloriamos en la esperanza de la gloria de Dios"** (Romanos 5:1-2).

Si has quedado fuera del sistema, Dios quiere meterte dentro de Su gracia

9 de septiembre
GENERACIÓN HEDONISTA

Cuando decimos que nuestra sociedad está en decadencia, no es novedad para alguien, ¿verdad? A pesar de que el hombre posmoderno se esfuerce por demostrar que el mundo está evolucionando y mejorando, la realidad es otra. Se cataloga a esta conducta en nuestra época como "generación hedonista". Las estadísticas

> "Por medio de las cuales nos ha dado preciosas y grandísimas promesas, para que por ellas lleguéis a ser participantes de la naturaleza divina, habiendo huido de la corrupción que hay en el mundo a causa de la concupiscencia."
>
> **2° Pedro 1:4**

están a la orden del día. El 50% de los matrimonios de hoy acaban en divorcio. El aborto es otra práctica diabólica que evidencia este hedonismo reinante. El relato bíblico menciona la antigua práctica horrenda de entregar en sacrificio a los recién nacidos a cierto dios de nombre "Moloc". Sus fauces abiertas, ardiendo en fuego, recibían a estas indefensas víctimas y, así, las madres de aquel entonces encontraban una manera "piadosa" de deshacerse de hijos no deseados. Pero yo me pregunto: ¿No se comete el mismo delito en nuestro civilizado siglo XXI al entregar a las fauces del dios: "Aborto", a nuestros bebés apenas formados en el vientre? Es exactamente lo mismo.

Pero continuamos con esta locura. Es que el aborto recauda en los Estados Unidos 700 millones de dólares por año. Así, se practican 4.200 abortos por día, 1.533.000 por año. ¿Puedes creerlo? Cada año, nuestra sociedad es culpable de 54 millones de abortos a escala mundial. Es asombrosa la semejanza de nuestra sociedad con la descrita proféticamente por Jesús en el evangelio de Lucas 17 en los versículos del 26 al 30: **"Como fue en los días de Noé, así también será en los días del Hijo del Hombre. Comían, bebían, se casaban y se daban en casamiento, hasta el día en que entró Noé en el arca, y vino el diluvio y los destruyó a todos. Asimismo como sucedió en los días de Lot (...); mas el día en que Lot salió de Sodoma, llovió del cielo fuego y azufre, y los destruyó a todos. Así será el día en que el Hijo del Hombre se manifieste".**

La generación pre diluviana cayó bajo el juicio divino del agua; la generación pos diluviana bajo el juicio divino del fuego. **"¿Y piensas (...) que tú escaparás del juicio de Dios...?"**

Las manos de nuestra sociedad están manchadas de sangre inocente

ÉXITO

> "Si alguno me sirve, sígame; y donde yo estuviere, allí también estará mi servidor. Si alguno me sirviere, mi Padre le honrará."
>
> **San Juan 12:26**

Si tenemos que remitirnos a la historia para encontrar un verdadero líder, Jesús lleva la delantera. Su capacidad para motivar a un pequeño grupo de seguidores e infundirles la convicción suficiente para dar la vuelta al mundo de aquel entonces con la revolución de vida llamada "cristianismo", fue una hazaña sin parangón. En pocas palabras, su misión fue todo un éxito. ¿Éxito...? ¿Cómo puede hablarse de éxito de alguien que murió semidesnudo, torturado y crucificado? Justamente ese es el punto. Fue su muerte y posterior resurrección el motor que les impulsó a la proclama de la verdad acerca de la deidad de Jesús. Entonces su éxito fue doble. Logró su misión y dejó a un grupo de discípulos que transmitió su misma mentalidad y, a su vez, lideraron a otros, y esos a otros, y a otros hasta llegar con la mega expansión de la iglesia de Jesucristo hasta nuestros días. Una empresa eterna que ya cuenta con más de 2000 años y no tiene ni punto de comparación con las firmas más famosas a lo largo de nuestra historia. Es que el éxito si carece de seguidores, no es éxito; más bien es fracaso. Jesús hizo la mayor parte, pero no trabajó solo. Impartió su Espíritu, influenció, capacitó, y hoy somos millones los transformados por su poder revolucionador. Claro que hay quienes no lo ven así. Son justamente esas personas las que todavía siguen buscando respuesta a los grandes interrogantes de vida, y no la hallan. Jesús dijo: "Yo soy el camino, la verdad y la vida". Rechazar esta declaración es auto condenarse al naufragio existencial. Su influencia aún sigue contagiando vida verdadera a aquellos que creen en Él. Sólo siguiendo a Aquél que consumó su meta de llegar a ser el héroe de la fe y poniendo la mirada en Él, es como puedes contar con triunfo asegurado en la carrera de tu vida. **"Corramos con perseverancia la carrera que tenemos por delante. Fijemos la mirada en Jesús, el iniciador y perfeccionador de nuestra fe"** (Hebreos 12: 1-2). Ignorar el éxito de la misión de Jesucristo, es condenarse al fracaso.

El éxito si carece de seguidores, es fracaso. ¡Instruye!

11 de septiembre
LOVE STORY

Décadas atrás, los aficionados a los largometrajes fueron conmocionados con la película 'Historia de amor', conocida en inglés: como 'Love Story', título que dio origen al tema musical compuesto por el talentoso Henry Mancini. En aquel guión, Ryan O'Neil, el protagonista del drama, personificaba a un fiel amante que veía morir de leucemia al amor de su vida. Desahuciada ella, el personaje la amó hasta el final, arrancando lágrimas de los ojos de cuántas mujeres acudían a las salas de cine de aquel entonces. Tres generaciones mantuvieron en primer lugar a esta película que batió récords de taquilla en los Estados Unidos y otros países. Lo que Ryan no sabía era que aquella historia ficticia se haría realidad en su propia vida años después. Sí. Aquella temible enfermedad del cáncer que acabó con la pareja de la película, ahora estaba acabando con su propia vida, y la leucemia iniciaba la cuenta regresiva para este afamado actor. Muchas veces, las cosas que imaginamos, las que tememos o las que vemos en otros, con el tiempo se hacen realidad en nuestras propias experiencias, y decimos como Job: "El mal que temía, ahora me vino a mí". ¿Quién tiene asegurado su futuro? ¿Quién puede decir: "Esta desgracia a mí nunca me va a suceder?"...Así como la desgracia, tampoco la fortuna, la felicidad o los logros dependen de desearlos o no desearlos. Hace falta una serie de ingredientes indispensables para que tus temores más profundos no se hagan realidad o para que tus anhelos más deseados se concreten. Lo esencial para una vida de triunfos, ya sea en lo afectivo, en lo económico o social, es contar con la guía del Espíritu de Dios morando en tu interior y mostrándote el sendero y la lámpara de la Palabra de Dios iluminando tus pasos. David dijo en sus salmos, **"Por lo cual no resbalará jamás; en memoria eterna será el justo. No tendrá temor de malas noticias; su corazón está firme, confiado en Jehová"** [Salmo 112:6-7]. Recuerda: Si no quieres temerle al futuro, busca hoy la justificación en Dios a través de Jesús y confía en Sus promesas.

Al igual que la desgracia, la fortuna, la felicidad o los logros no dependen de desearlos o no desearlos

12 de septiembre
No Saques La Biblia De Su Lugar

> "He aquí yo pongo hoy delante de vosotros la bendición y la maldición: la bendición, si oyereis los mandamientos de Jehová vuestro Dios, que yo os prescribo hoy, y la maldición, si no oyereis los mandamientos de Jehová vuestro Dios".
>
> **Deuteronomio 11:26.28**

El año de 1963 fue uno de los más lamentables para la historia estadounidense. No hubo ninguna guerra, no hubo atentados ni catástrofes, la economía estaba más floreciente que nunca. Entonces, me preguntarás: "¿Qué es lo "tan lamentable" para una nación en progreso como esa?" Aquel año, por mandato presidencial, se decidió quitar de las escuelas públicas la lectura de la Biblia y la oración como práctica diaria. ¡Lamentable decisión! El final de esta práctica piadosa, fue el comienzo de su decadencia social y espiritual. A partir de allí, comenzaron a multiplicarse prácticas como la hechicería, y los cultos satánicos llegaron a más de 200 mil. Hoy, el satanismo es la subcultura con mayor difusión entre los jóvenes. La venta de video clips satánicos va en considerable aumento, y la delincuencia juvenil ha alcanzado niveles alarmantes. ¿Sabes? Cuando ponemos las palabras de Dios en el lugar equivocado, todo nuestro ser se encamina, poco a poco, hacia senderos equivocados que nos llevan a destinos equivocados y trágicos. El veredicto divino tocante a esto es tácito en Deuteronomio 11:26.28.

¿Por qué será, entonces, que somos tan renuentes a obedecer y considerar lo que Dios dice en su Palabra? Jesús contó, en el evangelio de Lucas, capítulo seis, la historia de dos hombres que escucharon la palabra de Dios. Ambos la oyeron, pero la diferencia radicó en que uno la puso en práctica y el otro no. El destino fue trágico para el segundo pero estable para el primero. Las palabras fueron las mismas, el terreno era el mismo, la tormenta era la misma. Sin embargo, uno ahondó más que el otro, aplicó esfuerzo en obedecer y se salvó él y toda su casa. Busca la Biblia, ama la Biblia, practica la Biblia y serás un triunfador en la vida. Nunca olvides que el que pone la Biblia en el lugar correcto, pone a salvo su vida.

Si subestimamos las Palabras de Dios subestimamos nuestra vida. Porque ellas son el manual para nuestra existencia

13 de septiembre
NO TRABAJES SOLO

Nuestra sociedad está repleta de hombres y mujeres solas en sus puestos de trabajo con los peligros y la erosión consecuente que esto acarrea. ¿Los motivos?... Pueden ser varios. Hay personas que desarrollan actividades altruistas en lugares inhóspitos donde pocos querrán ir y pasan largos períodos de tiempo sin alguien que les asista, aunque ellos anhelan compañía. Otros, han tenido a quienes les acompañaron, pero su carácter hostil ahuyentó a esas personas. A veces, el orgullo de no aceptar otras ideas, los rencores no resueltos o las raíces amargas, la autosuficiencia... Lo cierto es que nuestro sistema está lleno de "llaneros solitarios", que andan solos por la vida... ¿Es triste, verdad? "Bueno, me dirás, mejor solo que mal acompañado". No comparto esa idea. Es más, creo que: "Mejor mal acompañado que solo". Definitivamente lo creo. Ese *slogan* es la vía de escape para aquellos que son como un puente roto, nadie los pasa. Sus aristas filosas lastiman a cuantos quieren acercarse. Un perfil así está condenado al estancamiento y a la pérdida de oportunidades, porque el orgullo hace perder oportunidades. Cuenta una historia que un grupo de puercoespines tuvo que refugiarse en una pequeña cueva para pasar el invierno y sobrevivir a la nieve. La situación se ponía tensa cuando alguno pinchaba a su compañero en el apretado escondite y todos salían de la cueva enojados por las espinas del otro. Pero afuera les esperaba el invierno y podían morir de congelamiento. La solución para sobrevivir fue aprender a convivir con las espinas del otro. Al buen entendedor pocas palabras... Todos somos potenciales problemas y podemos herir y ser heridos. Dice Santiago 3:1-2: **"No pretendan, muchos de ustedes, ser maestros, pues, como saben, seremos juzgados con más severidad. Todos fallamos mucho. Si alguien nunca falla en lo que dice, es una persona perfecta, capaz también de controlar todo su cuerpo"**. Santiago presenta una utopía, esto es imposible. Entonces, aprendamos a perdonar y ser perdonados, y dejemos de jugar al "llanero Solitario". No olvides que: "Un hombre solo en su puesto de trabajo, es un accidente a punto de ocurrir".

> "No pretendan muchos de ustedes ser maestros, pues, como saben, seremos juzgados con más severidad. Todos fallamos mucho. Si alguien nunca falla en lo que dice, es una persona perfecta, capaz también de controlar todo su cuerpo".
>
> **Santiago 3:1-2**

"Un hombre solo en su puesto de trabajo, es un accidente a punto de ocurrir"

> "Y no sólo esto, sino que también nos gloriamos en las tribulaciones, sabiendo que la tribulación produce paciencia".
>
> **Romanos 5:3**

El concepto del "fracaso" es una realidad que está presente en cualquier etapa de la vida. Es como un fantasma que nos asusta. A unos más, a otros menos. Lo cierto es que todos vivimos con el miedo al fracaso. La tan temida frase: "¡Fracasaste!" o "¡Eres un fracasado!", nos tortura cada vez que la recordamos. En muchos casos, esto ha producido un daño psicológico irreparable. Debieras saber que el hecho de que hayas fracasado, no significa que seas un fracasado. Es prudente agregar a la lista de tus proyectos, la posibilidad de que algo no salga como estaba planeado. Si el fracaso nunca figura en tus planes, te derrumbarás ante la primera frustración o imposibilidad. Los perfeccionistas, aquellos que nunca aceptan en sus actividades el menor descuido ni la mínima distracción, fácilmente se irritan y pierden el control de la situación. Pero quienes saben que es posible que las cosas no salgan como estaban planeadas, comprendiendo que muchas veces hay que improvisar y salir, por un momento, del plan trazado, son los que perseveran hasta el fin y alcanzan logros.

Hubo alguien que, hace mucho, pero mucho tiempo fracasó y quiere que todos fracasen igual que él. ¿Su nombre? Originalmente Lucifer. Hoy, Satanás. Un ser creado por Dios con belleza, poder e inteligencia inigualable, pero que abrigó orgullo en su corazón. La criatura quiso ser igual al Creador, y fue despojado de sus privilegios y arrojado de la misma presencia de Dios. Él sí que es un fracasado. Con tanto que tenía a su disposición, con tantos poderes... Eso sí que es fracasar y en grande. Satanás quiere confundir, robar, matar, destruir, quiere que tú fracases con él, haciéndote creer sus mentiras y humillándote. Pero nunca olvides que eres creación de Dios, por lo tanto un ser muy especial, y que hay un plan muy especial preparado para ti que debes descubrir en íntima comunión con Él. Permite que Dios restaure tu ser. Identifica y corrige aquello que has hecho mal, y encomienda a Jehová tu camino. Todo te saldrá bien.

Que hayas fracasado no significa que seas un fracaso

15 de septiembre
ESCASEZ MUNDIAL DE ALIMENTOS

Nunca antes, en el planeta Tierra, se le había dado tanta importancia al problema de la escasez de alimentos y la escalada de los precios en productos de consumo como en estos últimos años. Obviamente, en todos los tiempos han habido ricos y pobres; pero de alguna manera, la crisis alimenticia no preocupaba a las mega potencias, quienes acallaban sus conciencias destinando gran parte de sus ganancias para calmar, momentáneamente, el hambre de los países subdesarrollados. Hoy, esta situación ha cambiado. Ahora, son los grandes imperios como Europa, Asia y Estados Unidos los que se desesperan debatiendo qué hacer con el alza de precios de los productos de primer orden, como son los casos puntuales de cereales como el trigo y el arroz. Son dos los causantes principales de esta realidad alarmante. Por un lado, el cambio de dirección que se le ha dado al cultivo de cereales. Ya no se destinan para alimentos, sino para la producción del etanol como combustible alternativo que reemplace al agonizante petróleo. Por otro lado, esta falta de petróleo aumenta el precio de la gasolina, combustible esencial para producir y transportar dichos cereales. Claro está, que la crisis *cerealera* afecta también otras ramas como la carne y los lácteos ya que no se puede producir carne ni leche sin pastos y granos que alimenten al ganado, ¿verdad? Como podemos ver, el colapso del mundo está a las puertas. Lo más asombroso de todo esto es que hace 2000 años la Biblia anunciaba esta crisis en Apocalipsis 6:6: **"Y oí como una voz en medio de los cuatro seres vivientes, que decía: "Un kilo de trigo, por el salario de un día"** (es decir, unos 10 dólares). ¿Coincidencia o profecía milagrosa? Hoy, el kilo de arroz cuesta 2 dólares en algunos países, el doble de lo que costaba el año pasado. A este ritmo, costará $10 hacia el 2015. Saca tus conclusiones, pero la Biblia no se equivoca. Este mundo se desploma y se avecina una nueva era de reino divino de mil años. ¿Estás listo para aquel día? (Falta muy poco).

El hambre en el mundo es la evidencia de un espíritu mal alimentado

16 de septiembre
A La Manera De Dios

> "Porque el SEÑOR tu Dios es Dios de dioses y Señor de señores; él es el gran Dios, poderoso y terrible, que no actúa con parcialidad ni acepta sobornos. Él defiende la causa del huérfano y de la viuda, y muestra su amor por el extranjero, proveyéndole ropa y alimentos."
>
> Deuteronomio 10:17-18

En un mundo tan sectorizado y estratificado, donde las clases sociales se diferencian cada vez más, la discriminación social, religiosa y racial son temas muy conocidos. ¡Esto no va a cambiar! La tendencia muestra que esta realidad seguirá en aumento hasta culminar la pirámide donde unos pocos subyuguen al resto. Pero Dios no. Él no discrimina. Una de las historias más gráficas al respecto es la narrada en el evangelio de Mateo 22:1-14. Allí se nos presenta a un rey que prepara un banquete e invita a sus allegados. Estos desprecian la invitación y entonces la oferta es abierta para todos cuantos quieran beneficiarse. El banquete está listo, las puertas son abiertas y, aldeanos, campesinos, hombres de la calle y pordioseros, entran al palacio sin poder creer lo que ven sus ojos. ¡Un banquete real dispuesto para ellos! El primero se anima a probar bocado y todos a una se lanzan a la mesa a disfrutar de aquel festín. Pero la euforia se transforma en silencio cuando el rey entra en la sala y ve a uno de los comensales vestido indignamente. Le increpa y, ante el silencio de aquel hombre, le saca de la fiesta y le lanza a la calle. Pero... ¿Quién te entiende rey, primero nos invitas a nosotros, los pobres, y ahora expulsas a este por no tener un traje adecuado?... Suena injusto, si desconoces que, en aquella cultura, se entregaba a cada invitado un delantal acorde al color del decorado del banquete en el momento en que ingresaba por la puerta del salón. Entonces... ¿Por dónde entró este sujeto? Tal vez su propia vergüenza y prejuicios le hicieron entrar por otra parte. Y el rey dijo: "Todos pueden entrar. Sí, pero a mi manera. Por la puerta." Dios no discrimina. Cualquier pecador puede entrar y disfrutar de su banquete espiritual, pero no de cualquier manera. Jesús dijo: **"Yo soy la puerta. El que por mí entrare, será salvo"** (Juan 10:9). Si te sientes expulsado por el mundo y sus hombres, acude a Dios. Él te aceptará, pero a Su manera. A través de Su Hijo.

**Acercarse a Dios de cualquier manera
es tan inútil como creer en cualquier Dios**

> "Y el tercer ángel los siguió, diciendo a gran voz: Si alguno adora a la bestia y a su imagen, y recibe la marca en su frente o en su mano, él también beberá del vino de la ira de Dios".
>
> **Apocalipsis 14:9-10**

Es interesante notar que, mientras el evangelio de Jesús se sigue difundiendo por todo el mundo, por otro lado, el escenario para el fin de los tiempos también se acomoda a lo prescrito en la Biblia. Reportes de estadísticas indican que, en la actualidad, más de cuatro mil millones de personas ya han escuchado, de alguna manera, el evangelio. Cada año se venden más de 120 millones de Biblias en diferentes idiomas alrededor del mundo. Pero, paradójicamente, un nuevo orden mundial se avecina con un ritmo acelerado. Palabras como globalización, aldea global con conciencia comunitaria y asociaciones estratégicas, muestran a gritos cómo lo anunciado por la Biblia se cumple. Por otro lado, lo que décadas pasadas era cuento de hadas o ciencia ficción, hoy es realidad respecto a los sistemas de archivo de datos en microchips cada vez más pequeños. La Biblia profetiza que en los últimos tiempos, un gobernador mundial muy sagaz, llamado anticristo, irrumpirá en el escenario mundial con su súper idea de implantar debajo de la piel de las personas estos micro procesadores, muy útiles para transacciones comerciales, rastreo, etc.

Nuestra generación es la primera en ver esta novedad. Todos sabemos que el dinero en efectivo tiene sus días contados. Porque ahora todo es más práctico con tarjetas de crédito y débito. Este sistema reducirá, casi a cero el comercio ilegal, el contrabando, el narcotráfico, el terrorismo, que se financia con dinero sucio, etc. Este sistema ya se está ensayando a gran escala en ciudades como Washington, bajo la firma comercial: "Smartcard", de la cual la empresa "Mastercard" tiene la mayoría de las acciones. Pero, en el fondo, es una estrategia satánica para controlar a las personas.

El escenario está preparado para que el Gran Maestro comience la cuenta regresiva y venga el ajuste de cuentas para los hombres. Hoy puedes asegurar tu futuro recibiendo la marca verdadera: La del Hijo de Dios en tu corazón. Es roja, tan roja como su misma sangre. Acéptala.

El Evangelio de la cruz sigue avanzando, salvando almas del engaño futuro

> "Bendito sea Jehová, porque ha hecho maravillosa su misericordia para conmigo en ciudad fortificada. Decía yo en mi premura: Cortado soy de delante de tus ojos; pero tú oíste la voz de mis ruegos cuando a ti clamaba."
>
> **Salmo 31:21**

Uno de los momentos más sagrados que un mortal puede experimentar es cuando puede comunicarse con su Creador. Pero, lamentablemente, esta práctica sublime se ha mal interpretado y hoy se usa como parte de un ritual mecánico y hueco. Alguien dijo que la oración es para el espíritu, como el oxígeno para el cuerpo. Sí. La oración es la respiración del alma. Es la evidencia de vida espiritual. Te oxigena, te da aliento y la necesitas para desahogarte. Lo más lindo de la oración es que te sientes en contacto con el Eterno. Entras en una dimensión especial, diferente y única. ¡Es increíble, pero así de real! **La oración, entonces, debería acercarnos más a Dios que a Sus respuestas.** O sea que orar, más allá de esperar lo que Dios responda, es el método para sentir o vivir Su cercanía. El apóstol Pablo dice en Filipenses 4:6-7: **"No se inquieten por nada; más bien, en toda ocasión, con oración y ruego, presenten sus peticiones a Dios y denle gracias. Y la paz de Dios, que sobrepasa todo entendimiento, cuidará sus corazones y sus pensamientos en Cristo Jesús".** ¿Te das cuenta? Todavía no recibiste lo que pediste, pero ya puedes salir de tu recámara con "la paz de Dios que sobrepasa todo entendimiento", porque sabes que Dios te escuchó, y el hecho de haber estado un ratito con el Creador de los Océanos y las Cordilleras, te deja tranquilo. Eso es orar, es disfrutar de Su compañía, es tocar el cielo con las manos. Dijo David, en su Salmo: **"Te amo, Oh Jehová, porque has oído la voz de mis súplicas".** ¿Dónde estaba el deleite de David? No en que Dios respondiera como en que Dios le oyera. ¡Le amaba por eso! Qué tristeza debe sentir en el corazón un padre al que su hijo sólo le llama para pedirle cosas o repetirle siempre el mismo versito, pero no para disfruta de una charla. Así se siente Dios cuando hacemos lo mismo. Disfrutemos del tiempo de conversación con Dios. Conocerle y conocernos más será el resultado inmediato.

La oración debería acercarnos más a Dios que a Sus respuestas

19 de septiembre
COMO LAS ÁGUILAS

En este texto bíblico, el profeta Isaías compara nuestro paso por el mundo con el vuelo del águila, y dice que si aplicamos esta regla, el cansancio y el agotamiento, males tan comunes hoy, no serán un problema para nosotros. El hecho de tener una sobredosis de fuerzas cuando estamos agotados parece ser una necesidad real en nuestro tiempo. Los productos revitalizantes y energizantes se venden por miles en los comercios del mundo. ¿Cómo es esto de tener nuevas fuerzas para volar como las águilas? ¿Has observado cómo vuela el águila? No agita, prácticamente, sus alas. Hasta parece inmóvil en las alturas, pero llega a donde quiere. ¿En qué radica su secreto? En que aprendió a administrar fuerzas ajenas, las del viento. Simplemente, acomoda sus extensas alas aprovechando la dirección de las corrientes de aire cálidas y frías, y sube y baja, avanza y se detiene impávida, observando la presa a su merced.

De esta manera, ahorra energías para lo realmente importante. Administra fuerzas ajenas y reserva las suyas para la batalla. ¿No podremos nosotros hacer lo mismo? Bueno, tú me dirás: "Es que todas las dosis de energía externas que he probado hasta ahora, me han fallado. Otra vez el mismo estrés, el mismo agotamiento, el cansancio, el desánimo... ¿Qué hacer?".

El secreto está en el mismo pasaje: "los que esperan en Jehová". ¿En qué o en quién tienes puesta tu esperanza? Si la tienes en cualquier otra cosa que no sea en Dios, tarde o tremprano te fatigarás. El dinero, los logros personales, el amor, la profesión, los hijos, los bienes adquiridos, nada de esto te da las fuerzas extras en los momentos críticos de la vida. Sólo la confianza puesta en un Dios que te sustenta y sostiene te llevará hasta el final de la carrera de la vida. El mismo viento que impulsa y dirige al águila es el que le sostiene para que no caiga. Busca a Jesús y encontrarás poder, dirección y soporte. El viento de su Espíritu te llevará. Sólo déjate guiar obedientemente.

> "Pero los que esperan a Jehová tendrán nuevas fuerzas; levantarán alas como las águilas; correrán, y no se cansarán; caminarán, y no se fatigarán".
>
> **Isaías 40:31**

**El mismo viento que impulsa y dirige al águila
es el que le sostiene para que no caiga**

> "Sino que cada uno es tentado, cuando de su propia concupiscencia es atraído y seducido. Entonces la concupiscencia, después que ha concebido, da a luz el pecado; y el pecado, siendo consumado, da a luz la muerte."
>
> **Santiago 1:14-15**

Si prestamos atención a estas palabras, podemos notar que son cinco los pasos que conducen a una muerte segura. El primero es la realidad de los malos deseos que todos llevamos dentro. Esa tendencia natural a pecar que arrastramos desde que nacemos y nos acompaña de por vida. La Biblia la llama naturaleza pecaminosa. El segundo paso es la atracción que ejerce esa natural tendencia. ¿Quién no ha sentido alguna vez el perverso deseo de hacer algo malo? Es una fuerza que te arrastra. El tercer paso tiene aroma a engaño. La palabra usada es "seducción" y esto habla de trampa. Es que en realidad, la tentación a pecar, nunca te cuenta toda la verdad. Te engaña mostrando la cara agradable de fumar pero no te muestra el cáncer de pulmón. Basta sólo un ejemplo para desenmascarar el método de la seducción que Satanás ha venido usando hace siglos con excelentes dividendos. Pero la cadena no termina ahí. Lo que comenzó siendo un simple deseo natural ahora es un pecado consumado. En este punto no hay vuelta atrás. Ya saltaste en caída libre y no hay otro final que ¡LA MUERTE! Sí. Ese es el final, el paso número cinco.

Por supuesto, el pecado no es gratuito ¿O tú crees que tienes todo controlado? ¿Sabes cuántos pensaron lo mismo y hoy viven una esclavitud de muerte encadenados a su propio estilo de vida sensual? Ya sea muertos en vida o muertos literales; lo cierto es que una vida caracterizada por estos pasos, es una vida separada de Dios que es igual a la muerte misma.

Sólo Cristo puede romper esas cadenas de engaño y muerte. Sólo Dios puede guiar tus pasos a la vida, porque: **"Si el Hijo te libertare serás verdaderamente libre"** (Juan 8:36).

Subestimar el pecado es como saltar al vacío

21 de septiembre
INDULTO Y AMNISTÍA

> "Dichoso aquel a quien se le perdonan sus transgresiones, a quien se le borran sus pecados. Dichoso aquel a quien el Señor no toma en cuenta su maldad".
>
> **Salmo 32:1-2**

Un flamante presidente de un país latinoamericano anunció, en uno de sus discursos, que su gabinete estaba analizando casos penales y civiles de juicios y condenas hechas a ciudadanos en anteriores mandatos. A unos, dijo él, se les aplicaría el indulto, y a otros el derecho de amnistía. Palabras que, a oídos del pueblo, sonaban parecidas, pero en realidad no lo son. ¿Dónde está la diferencia? En un punto muy trascendental. Ambas son traducidas como "perdón"; y, en realidad, tanto la una como la otra, implican el perdón absoluto de la infracción a la ley. Pero sólo una va un poco más allá del perdón y "blanquea de culpa" al transgresor.

Sólo la palabra "Amnistía" se traduce como olvido, la otra no. El indulto significa perdonar al transgresor su delito, pero amnistía es eso y, además, olvidar su culpabilidad. Se borra totalmente su delito de su "currículum vitae". Nunca nadie podrá enterarse, por parte de algún documento legal, que alguna vez cometió esa falta. Su hoja de vida queda en blanco. En cambio, el indulto no. Perdona, sí, pero queda sentado en su récord policial que una vez delinquió, aunque fue indultado o perdonado. ¿Ves la diferencia abismal que existe entre estas dos palabras?

Veo que, lo que Dios hace con cada pecador arrepentido que llega a los pies de Su cruz, es justamente eso: le perdona y borra su pecado. Lo entierra; nunca más se acuerda de él. No me lo recuerda cada vez que necesita. Es perdón de la culpa y nueva hoja de vida, es "Nuevo nacimiento". Dios te perdona y nunca más trae a memoria tu pasado. Es amnistía en su más alto grado.

"Dichoso aquel a quien se le perdonan sus transgresiones, a quien se le borran sus pecados. Dichoso aquel a quien el Señor no toma en cuenta su maldad" [Salmo 32:1-2]. Dichoso, bienaventurado, súper feliz es quien sabe que Dios le perdonó y borró totalmente su culpa dándole una nueva vida y conciencia. ¿Quieres ser uno de ellos?... La Cruz aún espera.

Dios te perdona y nunca más trae a memoria tu pasado

> "Por lo cual dice: Subiendo a lo alto, llevó cautiva la cautividad, y dio dones a los hombres. Y eso de que subió, ¿qué es, sino que también había descendido primero a las partes más bajas de la tierra?"
>
> **Efesios 4:8-9**

Hace poco tiempo, el mundo se conmovía viendo por canales de cable el rostro demacrado de Saddam Hussein encontrado en una cueva con su barba larga, el pelo desprolijo y un tesoro de varios millones de dólares para ofrecer a sus captores. De nada le sirvió. Fue expuesto públicamente, sentenciado y ejecutado en una horca común. Décadas atrás, otro dictador con el nombre de Adolf Hitler, se vio acorralado por los ejércitos de la coalición que cercaban Berlín. Nadie sabe cómo fue el final de sus días, pero los rusos le hallaron muerto dentro de su cueva de cemento. Lo mismo sucedió con Osama Bin Laden, cerebro de la organización terrorista "Al Kaeda", descubierto escondido para luego ser ajusticiado. Asustados, estos líderes capaces de convencer a millones de personas con sus mentiras, optaban por refugiarse, abandonando a sus tropas y seres más íntimos, sólo interesados en salvar sus vidas. Líderes cobardes, egoístas y ambiciosos que, en momentos de crisis, dejaron ver sus motivaciones falsas. Cuando eran prósperos prometieron, a los que les seguían, seguridad y riquezas. Pero, a la hora de la verdad, lo único que les importaba era salvarse a ellos mismos. Por otra parte, la historia fue testigo del líder más grande que jamás haya pisado nuestro suelo. Estoy hablando de Jesús, que también se encontró en su momento cúspide. Perseguido y abandonado por sus fieles, también estuvo en una cueva, pero no para esconderse y salvarse, sino para ser sepultado y salvarnos. Las cuevas de Hitler, Hussein, y Osama les sirvieron para salvarse a sí mismos, exponiendo a sus seguidores a la muerte; la cueva del sepulcro de Jesús, sirvió para salvarnos a nosotros, pero para Él representó la muerte. Igual descendió. Descendió hasta las partes más bajas de la tierra para que tú y yo pudiéramos ascender a lo más alto; hasta la misma presencia de Dios, y así salvarnos. Eso no es egoísmo cobarde, sino altruismo valiente. Eso se llama amor. **"¿Dónde está, oh muerte, tu aguijón? ¿Dónde, oh sepulcro, tu victoria?"** (1ª Corintios 15:55). Hoy, su tumba vacía evidencia Su resurrección y victoria sobre el pecado, y Su mensaje sigue cautivando millones de almas para la gloria de Dios. ¿Serás tú otro cautivo de Su amor?

**Cristo fue el único pastor que, entregándose
a la muerte salvó a Su rebaño**

23 de septiembre
LOS TIEMPOS DE DIOS

"En tus manos están mis tiempos"

Salmo 31:15

El ser humano es una criatura única, inteligente, pero por sobre todas las cosas, eterna. Esto lo hace diferente a cualquier cosa creada. Quieras o no, te guste o no, tu propia conciencia te dice al oído que tú eres eterno. Que todo no puede terminar en el cementerio, que existe vida conciente después de la muerte. Es triste saber de las últimas declaraciones del físico matemático Stephen William Hawkins acerca de la no existencia del ser humano después de que el cerebro deja de funcionar por muerte física. Nuestra experiencia eterna, que comenzó el día en que nuestra madre nos dio a luz, está, momentáneamente, sujeta al factor tiempo que hoy nos encierra a todos los humanos. Nacemos, crecemos, y llegamos al momento en que nuestro cuerpo mortal se separa de la parte invisible, espiritual y eterna para presentarse ante El Creador y rendir cuentas. Esta experiencia temporal que se llama vida, está caracterizada por buenos y malos momentos. "¡Más malos que buenos!", me dirás. Puede ser, y es justamente a ese punto al que quiero llegar. Es que una óptica eterna de tu existencia te ayuda a superar esos "malos" momentos en espera de aquel día en que tus tiempos se reúnan con los de Aquel que te creó y que quiso que fueras como eres y que experimentaras todo lo vivido. Sí, en aquella dimensión atemporal, cuando la tierra y los cielos no existan más sino solamente una eternidad con Dios, tu Creador te explicará el porqué de muchas cosas que hoy no entiendes y tus tiempos terrenales se fundirán con sus tiempos celestiales. Él enjugará tus lágrimas, sanará tus heridas, te tomará de la mano y te introducirá a un hogar eterno preparado sólo para ti. Dice el apóstol Pablo en Efesios 1:10 que el propósito de Dios al crearte fue: **"Reunir todas las cosas en Cristo, en la dispensación del cumplimiento de los tiempos, así las que están en los cielos, como las que están en la tierra."** Acepta a Dios como tu Creador, a Su Hijo como tu Salvador y espera callado aquel día en el que tus tiempos se fundan con los de Él.

**Una óptica eterna de tu existencia te ayuda
a superar los malos "momentos"**

24 de septiembre

FESTEJOS PARA OLVIDAR TRISTEZAS

"Tributad a Jehová, oh hijos de los poderosos, dad a Jehová la gloria y el poder".

Salmo 29:1

Un 31 de diciembre, después de la tempestad que ocasionó tantos estragos en Europa entre el 26 y el 28 del mismo mes, un locutor de una emisora radial en Francia se expresaba así: "Francia está herida y triste. Hagamos fiesta para olvidar". Claro, la ciudad entera estaba sumida aún en el pánico y el caos por el cese del suministro de energía, líneas telefónicas y hasta de agua potable. Era necesario y urgente, iniciar los festejos de fin de año para aliviar el malestar general que experimentaban los ciudadanos. Muchas veces, la cena de fin de año o hasta la de navidad, es la oportunidad para olvidar, sumergido en el licor, las luces y el ruido, aunque sea por una noche, la pena y la desazón que produce una vida enajenada de Dios.

Seguramente, aquellos ciudadanos franceses atribuyeron aquella desgracia a una combinación lamentable de factores climáticos. Ignoraban el juicio de Dios, quien muchas veces se cansa de nuestro pecado. El mundo necesita festejar para sentirse contento, necesita cantar y bailar para sentirse bien. El hijo de Dios no, porque disfruta de una sensación incomparable de satisfacción permanente, independiente de lo que pase afuera. En todo caso cantamos y festejamos, no para sentirnos bien, sino porque ya nos sentimos bien. Es a la inversa. El coro de un himno cristiano dice: "Estoy bien, estoy bien, con mi Dios estoy bien". Es de gran sabiduría entender los llamados de atención de Dios en las adversidades de la vida. Son como campanas que nos llaman a Su presencia. No culpes ni te enojes con Dios. Él no disfruta de tus tragedias, sino que te llama la atención para que dejes tu vida sensual y materialista, y dirijas tu mirada a Él.

Dijo Pablo en 1ª de Corintios 15:32-34: **"Si los muertos no resucitan, comamos y bebamos, que mañana moriremos... No se dejen engañar... Vuelvan a su sano juicio, como conviene, y dejen de pecar. En efecto, hay algunos de ustedes que no tienen conocimiento de Dios; para vergüenza de ustedes lo digo".**

No es más alegre el que más se divierte

25 de septiembre
Sé Un Animador

¿Sabes lo que significa la palabra "**no-odnik**"? Es un vocablo "**Yidis**", lengua derivada del alemán medieval, hablada por los judíos en Europa Oriental. La traducción de la palabra "noodnik" es: "Uno que provoca alegría al no presentarse."

¡Imagínate! Yo quisiera que nunca se hable así de mí. Pero los hay. Por todo

> "Por lo cual, levantad las manos caídas y las rodillas paralizadas; y haced sendas derechas para vuestros pies, para que lo cojo no se salga del camino, sino que sea sanado".
>
> **Hebreos 12:12-13**

el mundo. En contraste, la Biblia anima a ser un motivador constante. Una fuente ambulante de estímulo. Ser alguien cuya presencia infunda aliento y contagie optimismo. ¿Eres tú uno de esos?...

Chuck Swindoll dijo: "No conozco a nadie que sea más valioso y más necesario en la vida que la persona dedicada a estimular". Tú puedes ser un médico, una maestra, un pastor, un estudiante, pero... ¿Eres un médico estimulador, una maestra estimuladora, un pastor estimulador? ¿Tu presencia es un rayo de esperanza en tu hogar y en tu trabajo? ¿Estás dando a otros un suave codazo de estímulo para continuar en la carrera de la vida? A nuestro alrededor hay personas desanimadas, aburridas, agotadas, dispuestas a tirar la toalla, resignadas a una vida de mediocridad crónica. ¡Cuán diferentes pudieran ser si tú las tocaras con estímulo por medio de una palabra, una sonrisa, un chiste o un abrazo! Pudieras ser usado por Dios para salvar una vida.

William Barclay dijo: "Uno de los deberes humanos más sublimes es el de estimular. Es fácil reír ante los ideales de los hombres, es fácil derramar agua fría sobre sus proyectos. El mundo está lleno de pesimistas. Debemos estimularnos unos a otros. Una palabra de ánimo puede ayudar a sostener a un hombre de pie." Hagamos nuestras, las palabras del escritor a los Hebreos en el capítulo 12 versículos 12 y 13: "**Por lo cual, levantad las manos caídas y las rodillas paralizadas; y haced sendas derechas para vuestros pies, para que lo cojo no se salga del camino, sino que sea sanado**".

Es muy grato dar la respuesta adecuada, y más grato aún cuando es oportuna. (Proverbios 15:23)

> "Y la paz de Dios, que sobrepasa todo entendimiento, guardará vuestros corazones y vuestros pensamientos en Cristo Jesús".
>
> **Filipenses 4:7**

Un artículo publicado en 1977 por la Asociación Americana del Corazón, señalaba las consecuencias físicas producidas por el desánimo y la desesperanza en la fisiología de las personas. Los que han sufrido algún tipo de desilusión o tristeza extrema, por ejemplo, son más propensos a la arterioesclerosis en un 20%, a diferencia de quienes no han experimentado dicha desesperanza en la vida. Lo mismo sucede con otras enfermedades del corazón, inclusive ataques cardíacos o la muerte misma.

Pero, la estrecha relación entre la salud emocional y la física no es alguna novedad o descubrimiento de ninguna asociación médica moderna. La Biblia, la Palabra de Dios, nos dice en uno de sus libros más antiguos, Proverbios, en el capítulo 17:22: **"El corazón alegre constituye buen remedio, mas el espíritu triste seca los huesos"**. También declara que: **"Las palabras de Dios son vida a los que las hallan, y medicina a todo su cuerpo"**. [Proverbios 4:22].

Existe una estrecha relación, apreciado amigo, entre tu bienestar exterior y tu salud interior. Vivimos en el siglo de nuevas enfermedades como estrés, migrañas, caída del cabello, insomnio, anorexia y depresión, entre otras, que evidencian un desequilibrio interior. Este estado se debe, primordialmente, a nuestra deficiente relación con el Creador de nuestro ser integral: Dios mismo. En la medida que aprendamos a vivir en paz con Dios, paz interior, paz real, veremos todo nuestro ser cambiar para bien, ya que somos seres dependientes y no autosuficientes. Dijo David en su Salmo 100 versículo 3: **"Reconoced que Jehová es Dios, Él nos hizo, y no nosotros a nosotros mismos"**. En tu interior hallarás una ausencia con forma de Dios. Llénala sólo con la presencia de Él y verás cómo vives en armonía por dentro y por fuera. Saberse amado por Dios, perdonado por Jesús y potenciado por el Espíritu Santo es la experiencia más saludable de toda la vida.

Saberse amado por Dios, perdonado por Jesús y potenciado por el Espíritu Santo es la experiencia más saludable de toda la vida

27 de septiembre
ABRE TU MANO

Cierta tribu de África, ideó un original método para cazar una clase de monos conocidos por su curiosidad extrema y su atracción ciega hacia los colores vivos. Son inquietos y traviesos. No pueden soportar ver algo nuevo sin investigarlo. Conociendo entonces el punto débil de estos simios, los nativos idearon una trampa que

> "Todo el que quiera salvar su vida, la perderá; y todo el que pierda su vida por causa de mí, la hallará".
>
> **Mateo 16:25**

consiste en un recipiente con la base más ancha que la boca. Dentro ubican semillas grandes de color rojo intenso y brllante, provenientes de una palma. Colocan varias. Ese recipiente está amarrado a una fina, pero resistente, cuerda que cuelga desde la copa de los altos árboles de la selva hasta el suelo. Cuando el mono juega en los árboles, saltando de copa en copa, ve el recipiente, se deslumbra por su contenido y no soporta la tentación de tomar lo que hay dentro. Mete su mano, atrapa cuántas semillas puede y luego, su puño cerrado y repleto no sale por la pequeña abertura. En ese mismo instante, el cazador agazapado bajo el árbol, da un fuerte tirón de la cuerda y el mono cae a tierra con su mano dentro de la trampa y sin soltar todavía su preciado tesoro que le cuesta nada menos, que su propia vida. En el reino humano sucede exactamente lo mismo. El hombre y la mujer son atraídos y seducidos a diario por cosas deslumbrantes que este mundo ofrece. Momentos de pasión intensa, logros materiales que proporcionan prestigio, ambición de poder... Ignoramos que detrás de cada propuesta del mundo y su director Satanás, hay una trampa. Caemos en ella y, cuando nos damos cuenta y queremos escapar, es demasiado tarde. Comenzamos una caída mortal desde lo alto de nuestro propio árbol y nos autodestruimos. Si el mono tuviera ese momento de reflexión y se diera cuenta de que debe abrir su mano y soltar aquello que anhela, se salvaría. Pero por conservar lo que no quiere abandonar, pierde lo que no puede recuperar.

Detrás de cada propuesta del mundo hay una trampa

> "Nada hay tan engañoso como el corazón. No tiene remedio. ¿Quién puede comprenderlo?".
>
> **Jeremías 17:9**

Guiar tu vida, decisiones y actos de tu voluntad según tus emociones, es tan inseguro como intentar arribar un barco a puerto seguro dependiendo de las corrientes oceánicas y del viento. Claro que le empujan y mueven, pero lo que realmente le llevará a buen destino es el timón fijo comandado por su capitán. Todo aquel que vive por corazonadas tarde o temprano naufraga. Las emociones que anidas en tu corazón son como las olas del mar agitadas por los vientos. Son fluctuantes e impredecibles. Es por eso que deben ser amarradas a un punto firme si no queremos que nos engañen. Dice la Biblia en Jeremías 17:9: **"Nada hay tan engañoso como el corazón. No tiene remedio. ¿Quién puede comprenderlo?"**

Debemos escoger nuestra actitud hacia Dios sin prestar atención a nuestras emociones. Tenemos que comprender que ellas deben ser siervas de nosotros y no a la inversa.

Nuestra voluntad puede controlar nuestros sentimientos si los sometemos a la influencia sobrenatural del Espíritu Santo de Dios. Tu corazón te empuja, sí; pero el Espíritu Santo es el que te guía.

No estoy diciendo: "Anular" nuestros sentimientos, sino controlarlos. Dios te hizo emocional. Sería incongruente pensar que el mismo Dios que te diseñó así, ahora te obligue a reprimir esos sentimientos. Dice en Salmos 33:15: **"Él es quien formó el corazón de todos"**. Pero también debes saber que tu corazón, la parte más íntima de tu ser, ha sido afectado por el pecado original y debe ser escuchado con precaución. En varias oportunidades la Biblia advierte sobre el peligro de engañarse a sí mismo, que es el colmo de la necedad. Por lo tanto, al momento de trazar coordenadas de vida, "alza tus ojos a los montes de donde vendrá tu socorro, porque tu socorro viene de Jehová que hizo los cielos y la tierra" y que hizo tu corazón y el mío. No en vano Él se llama: "Pastor de mi corazón". Hanna Smith dijo: 'Las emociones, si se someten al poder de Dios por una decisión de tu voluntad, tarde o temprano se rendirán a Él".

El alma es como un motor que empuja desde atrás, pero no te guía. Su Espíritu es la locomotora que puede guiar tu tren

29 de septiembre
GRAN HERMANO

El capítulo 13 del libro de Génesis nos deja una gran lección impartida por el mismo Abraham, el amigo de Dios, sobre las relaciones interpersonales. Compartió el sitio de vivienda con su pariente Lot, hasta que llegó el día en el que tuvieron que separarse, porque el lugar era estrecho para ambas familias y sus respectivos ganados.

> "Amaos los unos a los otros con amor fraternal; en cuanto a honra, prefiriéndoos los unos a los otros."
>
> **Romanos 12:10**

Tanto Abraham como Lot eran ricos en posesiones, según dicen los versículos 2 y 5. Cuando hay dinero de por medio, la cosa se pone muy peligrosa. El joven Lot estaba muy interesado en lo que ganaría, pero su sabio tío Abraham veía más importante otra cuestión. Los años le habían enseñado que hay algo más importante que la plata, el oro y las cabezas de ganado, llamado: "amistad, respeto y sana convivencia". Las palabras de este venerable anciano en el versículo 8, son dignas de considerar: "Entonces Abram dijo a Lot: No haya ahora altercado entre nosotros dos, entre mis pastores y los tuyos, porque somos hermanos". Para Abraham, lo importante no era cuánto ganaría o cuánto perdería, sino que no se pusiera en peligro la relación fraterna que existía entre ambos. Eran parientes, casi hermanos. Aquellos que disfrutamos de una relación basada en la fe en Dios y en Su Hijo, Jesucristo, somos miembros de una familia, la familia de Dios. Sin embargo, surgen a diario situaciones de roces, diferencias, discusiones o malos entendidos que pueden generar conflictos no resueltos o solucionados de mala manera, donde se ve dañada la relación de amistad, muchas veces ¡de por vida!

¿Qué es lo que más cuidas en una situación así? ¿Tu imagen, tu autoestima, tu orgullo o reputación?

Lo que debe primar es, siempre, tu relación de armonía con la otra parte. Si en cada desavenencia se pusiera esto como meta principal, habría menos heridos en el camino de las relaciones interpersonales. Menos guerras, menos divorcios, menos crímenes. El costo de esta membresía fue la misma sangre del Señor, y su corazón se desangra como el corazón de un padre cada vez que Sus hijos se pelean.

"Los hermanos sean unidos, porque esta es la ley primera, tengan unión verdadera en cualquier tiempo que sea, porque si entre ellos se pelean, los devoran los de afuera."
(José Hernández)

> "Bajo la sombra del deseado me senté, y su fruto fue dulce a mi paladar".
>
> **Cantares 2:3**

Las carreteras están repletas de señales de tránsito, pero tal vez la más común es la que indica: "prohibido estacionar". Puedes escoger cualquier otro sitio en la calle para parquear tu vehículo, pero si lo haces allí, de seguro que te meterás en problemas. De alguna manera, nuestro interior está repleto de lugares donde no es aconsejable estacionarse. Me refiero a nuestras debilidades. Aquellas "interioridades" que reflejan nuestro lado débil. Nuestras flaquezas, la timidez, los miedos, los traumas del pasado, los rencores y raíces amargas, que de sólo recordar nos envenenan. Son "sitios" de nuestra alma que mejor deben ser pasados de largo. Podemos observarlos, claro que sí. Ignorarlos no es saludable, porque, al fin y al cabo, también esas experiencias amargas y áreas débiles, son parte de nosotros, de nuestra vida misma. Pero no hay que detenerse ni estacionarse, porque las consecuencias pueden ser lamentables. Muchas veces, en una actitud masoquista consciente o inconsciente, nos torturamos abriendo viejas heridas que quizás ya estaban cicatrizando y otra vez comienzan a sangrar. Hay otros lugares hermosos en el paseo de nuestra vida donde vale la pena estacionarse. Buenos amigos, buenos recuerdos, experiencias que nos han fortalecido y edificado. Esos sitios son un oasis para el alma, donde su sombra fresca te invita a descansar. Dijo Salomón en Cantares 2:3: **"Bajo la sombra del deseado me senté, y su fruto fue dulce a mi paladar"**. Muchas veces son los de afuera quienes te incitan a detenerte en tus puntos débiles recordándotelos. Ignóralos. Pasa de largo. Sigue, más bien, las señales de Cristo. Disfruta del viaje de la mano de Jesús, y cuando llegues a esos antiguos capítulos oscuros de tu experiencia, continúa. Recuerda el cartel: "prohibido estacionar". Espera un poco que en la próxima cuadra tendrás sombra fresca para detenerte y respirar el aire puro de Su presencia.

**Anota en la piedra los momentos gratos
y en la arena los tristes**

¿Por Qué Judas?

> "Pero Dios, que es rico en misericordia, por su gran amor con que nos amó, aun estando nosotros muertos en pecados, nos dio vida juntamente con Cristo, (por gracia sois salvos)".
>
> **Efesios 2:4-5**

De las historias y lecciones contenidas en las páginas bíblicas, la elección de Judas dentro del grupo íntimo de los seguidores de Jesús, fue, tal vez, la más asombrosa. Muchos se preguntaron y se siguen preguntando: "¿Cómo puede ser que Jesús haya escogido a Judas como discípulo? Se equivocó; no lo merecía; ¡qué traición!; qué manera tan cruel de pagarle a Aquel que puso en este hombre común Su confianza". Lo triste del caso es que muchos cuestionamos la elección de Judas, pero no la nuestra. ¿Te has preguntado alguna vez: "¿Por qué me elegiste a mí Señor, por qué a mí?" Creo que dentro de nosotros, muy dentro de nosotros, abrigamos la idea de que algo de bueno tenemos. "Por algo Dios se habrá fijado en mí. En realidad, yo merezco más que aquel la bendición de Dios. No soy tan malo, hay peores". Este tipo de razonamiento evidencia una religión basada en las obras más que en la fe. Te pregunto: ¿Quién necesita más vida: un muerto de horas, un muerto de días, una persona que haya muerto hace semanas o una que haya muerto hace años? ¿Quién piensas que necesita más vida? Obviamente, todos por igual. Da lo mismo cuán muerto esté el muerto. Está muerto y necesita ser vuelto a la vida mediante el mecanismo sobrenatural de la resurrección... ¿Verdad? Jesús resucitó a una niña de horas, a un siervo de un día y a un amigo, Lázaro, quien tenía 4 días de muerto. Pero todos necesitaban el mismo proceso milagroso de ser devueltos a la vida. Así ve Dios a todos los hombres que viven lejos de Él: muertos. Para Él no hay muertos buenos, muertos no tan buenos y muertos malos. Ninguno de nosotros, apreciado amigo, merecía ser escogido por Dios.

De alguna manera, en Judas estamos representados todos nosotros. Que no hagamos como hizo él, que cuando se enfrentó con su miserable condición traidora, avergonzado, se dirigió al madero equivocado para colgar su horca en lugar de ir a los pies del madero de la cruz a implorar el perdón.

Dios no te ama por lo que tú eres, sino por lo que Él es

Amar De Verdad

> "... y la esperanza no avergüenza; porque el amor de Dios ha sido derramado en nuestros corazones por el Espíritu Santo que nos fue dado".
>
> **Romanos 5:5**

Creo que los seres humanos tardamos toda una vida en aprender el verdadero significado del amor y, en la mayoría de los casos, llegamos al final de nuestros días con un vago conocimiento al respecto. Pensamos, egoístamente, que amar es encontrar alguien que nos guste, alguien que nos haga sentir bien, y vivir con esa persona experiencias agradables que llenen nuestro tanque emocional y satisfaga nuestras expectativas de vida. Olvidamos que el amor, más que un sentimiento limitado, es una decisión incondicional.

Confundimos la relación de amor con una sociedad de intereses mutuos. El amor verdadero es un pacto hecho con otra persona que, si bien se alimenta de la respuesta afectiva de esa persona, no nace ni muere por lo recibido; más bien se nutre con lo que es capaz de dar. No consiste en que me hagan feliz, sino en hacer feliz a quien amo. No es tanto recibir, sino dar.

Sí. Amor real, definitivamente es dar. Es vivir para la persona que amas sin medir el costo. Es sacrificarse hasta el punto de ver tu identidad diluida en el objeto de tu amor. El único amor que Dios reconoce es el amor sacrificial, no el condicional.

Hoy vemos una realidad totalmente desvirtuada del amor. Hoy te amo si me amas. Sigo junto a ti si conservas el perfil de carácter, riquezas o belleza que tenías cuando nos conocimos. Si no, ya no te amo más. Te amo si siento que te amo. Si ya no siento nada, simplemente ya no te amo y rompo mi pacto... Los votos ante el altar matrimonial han cambiado. Antes era: "Hasta que la muerte nos separe". Hoy se ha agregado: "... o hasta que el amor se acabe".

Dios muestra Su amor para con nosotros sacrificándose por nosotros en la muerte de Cristo. Cuando Él dice que te ama, te lo demuestra dando, no pidiendo. Jesús me amó tanto que quiso quedarse a vivir dentro de mí por Su Espíritu. Fundió Su identidad con la mía y me invita a hacer lo mismo con Él. ¿Te cuesta amar así? Tal vez sea porque aún no se ha derramado Su amor en tu corazón.

Amar es sacrificarse hasta el punto de ver tu identidad diluida en el objeto de tu amor. Es vivir para el otro

3 de octubre

Evitando El Dolor

No existen dos personas que experimenten una situación traumática de la misma manera. Cada sufrimiento que soportes, lo vives de una manera diferente a otra persona que haya pasado por la misma experiencia. Por lo tanto, el sufrimiento nos hace únicos. ¿Nunca lo habías pensado de esta manera?...Bueno, me dirás, si sufrir

> "Y a Aquel que es poderoso para guardaros sin caída, y presentaros sin mancha delante de su gloria con gran alegría."
>
> **Judas 1:24**

me hace exclusivo, prefiero seguir siendo vulgar y esquivar el trauma. Muchos escogen este atajo más fácil. (Que no sea tu caso).

Es que el sufrimiento es parte de tu desarrollo madurativo y también de tu educación. No sólo te hace único, sino que te hace fuerte. Como el árbol plantado junto a corrientes de aguas, soportando vientos, lluvias, frío y calor. Ese es el que da su fruto a su tiempo y su hoja no cae, no el árbol de "invernadero", el sobreprotegido, el que recibe todos los cuidados, el que nunca sufre...

Vivir evitando el dolor, el sufrimiento, el esfuerzo y escoger siempre la vida cómoda, no sirve para tu madurez. Te desvaneces en las mayorías facilistas y pasas desapercibido el resto de tu vida. Nunca logras nada especial y te diluyes en un estilo de vida sin sabor. No arriesgas, pero tampoco ganas. Escondes bajo la arena tu talento por temor y pasas a la historia como uno más del montón. Le temes a salir herido pensando que las heridas y cicatrices son un punto en contra, cuando en realidad, las heridas son evidencia de que sufrimos, sí, pero también de que sobrevivimos. Eso te hace único, eso te hace fuerte. Al fin y al cabo, Jesús, el Hijo de Dios, varón de dolores y experimentado en quebrantos (Isaías 53:3), mostró y mostrará orgulloso sus cicatrices.

Él no esquivó la Cruz de tormento, más bien, afirmó Su rostro como un pedernal (Isaías 50:7) y avanzó valiente. ¿Con miedos?... Seguramente, pero avanzó y eso le hizo fuerte... El más fuerte.

Y tú... ¿le haces frente a los embates de la vida? ¿Arriesgas? ¿Avanzas, aunque con miedos? Aférrate de la mano de Aquel que es poderoso y "¡dale pa'lante!"

Vivir evitando el dolor sólo atrasa tu madurez

4 de octubre
¿CÓMO ES LA GENTE QUE VIVE POR ACÁ?

"Y esta esperanza no nos defrauda, porque Dios ha derramado su amor en nuestro corazón por el Espíritu Santo que nos ha dado".

Romanos 5:5

Recibí un interesante correo que contaba la siguiente historia: Un joven recién llegado a un pueblo le preguntó a un anciano que estaba con su nieto: "¿Cómo es la gente que vive aquí?" El anciano le respondió con otra pregunta: "¿Cómo es la gente del lugar de donde vienes?" El joven le dijo: "Muy egoísta, envidiosa y vengativa." El viejo replicó... "Pues esa misma gente, encontrarás aquí". Más tarde llegó otro joven que la misma pregunta que el anterior, y el anciano le hizo respondió de la misma manera: "¿Cómo es la gente del lugar de donde vienes?" El joven le contestó: "Confiable, amable, justa, y con mucho amor para los demás." A lo que el anciano contesta: "¡Pues esa misma gente es la que encontrarás aquí!" El nieto del anciano preguntó, entonces: "¿Por qué has dicho eso abuelo?" A lo que su abuelito le respondió: "Cada cual, crea su ambiente externo con lo que sale del interior de su corazón, y por su forma de percibir las cosas..."

De esta historia se puede extraer una gran enseñanza: **"Encuentras lo que buscas"**. Muchas personas se quejan de que los tratan mal, que en este mundo no hay personas buenas, que no se puede confiar en nadie. Y, sin embargo, muchas otras dicen que todos los tratan bien, que en el mundo hay personas buenas, y que se puede confiar en los demás si se les da la oportunidad. ¿Por qué sucede esto? Pues bien, todo depende de la forma en que mires a los demás, pues si buscas sus errores, eso verás; sin embargo, si buscas sus virtudes... ¡Eso es lo que encontrarás!

Jesús expresó muy bien este concepto cuando dijo en Mateo 12:35: "El que es bueno, de la bondad que atesora en el corazón saca el bien, pero el que es malo, de su maldad saca el mal". Mi amigo, si tu corazón está cargado de resentimiento hacia las personas, las verás a todas como enemigos tuyos. Pero si estás sanado con el amor que Dios derrama sobre quien se lo pide, podrás amar y ser amado.

Encuentras lo que buscas. (Busca la paz)

5 de octubre
La Tentación

De alguna manera, la sutil oferta de Satanás al tentar al hombre, criatura de Dios, está basada siempre en el mismo argumento: adelantarse a los tiempos de Dios. En el evangelio de Mateo, capítulo 4, Satanás tres veces intentó incitar a Jesús a adelantarse a los tiempos de Dios. Primero lo hizo en el versículo 4, proponiéndole

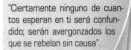

"Ciertamente ninguno de cuantos esperan en ti será confundido; serán avergonzados los que se rebelan sin causa".

Salmos 25:3

que convirtiera piedras en pan. Fíjate qué astucia la del diablo. No le tentó por espacio de 40 días. Esperó el hambre extrema. Está comprobado que 40 días es el límite máximo que un ser humano puede resistir sin comer. Jesús ayunó. Sabía que la batalla sería durísima y quiso combatir teniendo una comunión intensa con Su Padre. Satanás esperó pacientemente y le tentó en el área más sensible, Su estómago, el hambre. Pero era cuestión de esperar; Dios no le dejaría morir. El versículo 11 dice que vinieron ángeles y le sirvieron. La segunda oferta atacaba a la misma persona de Dios, cuestionaba sus promesas de amparo incondicional sobre Su Hijo. "Lánzate al vacío, demuéstranos que Dios te cuida"...También era cuestión de tiempo. El sepulcro vacío, tres años más tarde, demostraría al mundo entero que Su Padre no le había desamparado. Pero la tercera y última fue más alevosa aún. Dice el versículo 8 y 9: "Otra vez le llevó el diablo a un monte muy alto, y le mostró todos los reinos del mundo y la gloria de ellos, y le dijo: Todo esto te daré, si postrado me adorares". Le ofrecía reinos. Los mismos reinos que en un futuro no muy lejano le pertenecerán al Mesías rey por un período de 1000 años. Es cuestión de esperar.

¡Cuidado! Siempre Satanás te invitará, sutilmente, a adelantarte a los tiempos de Dios. Muchachas solteras embarazadas, dinero fácil y rápido, divorcios, suicidios, son atajos que evidencian cuántos caen y seguirán cayendo en su sutil trampa de obtener hoy, ya mismo, un pedazo del pastel, para perderte toda la torta que hubieras comido si hubieses esperado un poco. Nunca olvides que los tiempos de Dios son SIEMPRE mejores que los del hombre.

Nadie jamás se equivocó por esperar

PENSAMIENTO CREATIVO

> "Porque hay un solo Dios y un solo mediador entre Dios y los hombres, Jesucristo hombre".
>
> **1ª Timoteo 2:5**

Los inquilinos de aquel edificio estaban más molestos que nunca. Interminables minutos eran los que debían esperar los usuarios para que el elevador llegara al piso requerido. Funcionaba, sí, pero muy lentamente. Ya habían elevado notas de queja al dueño, pero la respuesta era siempre la misma: "No hay manera de acelerarlo". La situación se puso tensa entre el consorcio y los propietarios del edificio, hasta que un ejecutivo dio en el clavo con una idea creativa que costó sólo 200 dólares. ¿Qué hizo? Pues puso un enorme espejo en la sala de espera del elevador. De esta manera, los usuarios no estarían de pie por las mañanas frente al elevador mirando sus relojes, sino que invirtirían ese tiempo arreglándose frente al espejo hasta que el elevador llegase. Una situación parecida se dio en aeropuerto de Zúrich, (Suiza). Dicha terminal internacional era constantemente escenario de quejas de pasajeros por el tiempo que tardaba en recogerse el equipaje. Los pasajeros atravesaban rápidamente el control migratorio, pero cuando llegaban a la cinta transportadora de equipajes, los minutos se hacían horas. No había manera de acelerar la maniobra. Lo que hicieron fue muy ingenioso. Cambiaron la ruta de los pasajeros que salían del avión hasta llegar a migración. Ahora, el circuito era mucho más largo, pero rodeado de bellas fotos de la ciudad, puntos de compra y venta de productos. De tal manera que, cuando los pasajeros salían de migraciones, sus maletas ya hacía tiempo que estaban esperando en la cinta. Ideas creativas para situaciones difíciles. El Dios Creador tuvo también Su gran idea creativa para la difícil situación del ser humano condenado por el pecado. Esa idea se llamó Cristo. Él fue la materialización de la idea de Dios. Así como una palabra da forma a una idea, Jesús, el Verbo de Dios, vino hace 2000 años para explicarnos lo que Dios pensaba del pecado y cómo solucionarlo. Es triste que los hombres y las mujeres traten de inventar nuevas ideas, nuevos caminos, nuevas religiones para llegar a Dios. Cristo es la gran idea de Dios y puede cambiar tu vida para siempre. No busques más.

El Dios Creador tuvo también Su gran idea creativa para la difícil situación del ser humano condenado por el pecado

7 de octubre
LA TABLA DE TU CORAZÓN

En la antigüedad, el soporte de escritura más común eran las tablillas. Trozos de material blando donde se imprimían, con golpes de cincel, los caracteres deseados. Al comienzo era madera blanda, luego arcilla, como la escritura cuneiforme en tablillas conocida como el "Código de Hammurabi". Más tarde fue en papiro, material vegetal que dio origen al papel que hoy conocemos. Lo cierto es que siempre, el método o técnica es similar: algo blando que se deja modificar por la acción de un elemento más duro dando origen a la escritura. Cuando Salomón habló en Proverbios 3:3 y se refirió al corazón, lo comparó con una tabla. Él se refirió, guiado por Dios, a "la tabla de tu corazón". No dijo "la piedra de tu corazón". Y aunque algunos parecen tener el corazón de piedra, en realidad este es el lugar más blando del ser humano. Es moldeable como la arcilla, es delicado, es sensible. Debes tener cuidado de quién pasa su cincel por allí, porque las cosas que escriba pueden enriquecerte o destruirte. Este pasaje bíblico me invita a llenar mi blando corazón con la influencia de las palabras de Dios.

¿Sabes? No hay nada más sabio en la vida que esto: disfrutar de Su misericordia y aprender de Su verdad. Exponer tu sensible corazón a cosas, personas o situaciones abrasivas, y lacerantes, es arriesgar la parte más íntima de tu ser, es matar el alma, es jugar con la vida. Dios desea que tu corazón esté resguardado y por eso te dice en Proverbios 23:26: **"Dame, hijo mío, tu corazón y no pierdas de vista mis caminos"**.

No dejes que cualquiera escriba frases a su antojo en tu libro más íntimo. Dios quiere hacer de ti una poesía, como hace referencia Pablo en Efesios 2:10. Una poesía no improvisada, sino preparada desde antes de fundar el mundo. Preparada para ti, diseñada en Su sabia y perfecta voluntad. Cuida tu corazón, es blando. Deja que Él lo moldee.

> "Nunca se aparten de ti la misericordia y la verdad; átalas a tu cuello, escríbelas en la tabla de tu corazón".
>
> **Proverbios 3:3**

Cuida tu corazón, es blando. Deja que Él lo moldee

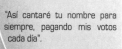

> "Así cantaré tu nombre para siempre, pagando mis votos cada día".
>
> **Salmo 61:8**

Muchas veces pensamos que los grandes logros en la vida se consiguen con esfuerzos sobrehumanos, cuando, en realidad, la concreción de aquellas metas que hacen a la vida misma, se logra con pequeños sacrificios diarios que, al unirse, conforman un gran esfuerzo. El abogado tiene que sacrificar el 70% de sus días durante un promedio de 15 años de estudio. El atleta alcanza el oro olímpico esforzándose en madrugar para entrenar los 7 días de la semana. El constructor edifica el gran rascacielos colocando un ladrillo a la vez. El secreto del alpinista es dar pequeños pasos que le llevan a conquistar la gran cima. Igual es en la vida, amigo. Las metas eternas se logran con pequeños pasos cada día. David dijo en el Salmo 61:8: **"Así cantaré tu nombre para siempre, pagando mis votos cada día"**. Existe un peligro muy común en idealizar las metas propuestas y pensar: "Veremos si es que lo logro, si todo sale bien, si no hay inconvenientes en el camino, algún día, quizá...".

¡NO! ¡Hoy es el día! No dejes para mañana lo que puedes empezar a hacer hoy, te dice la Biblia. Puedo cometer la ironía de distraerme tanto con esa meta futura que me obsesiona, que dejo de ver los pequeños pasos diarios que me llevan hasta ella y, entonces, nunca la alcanzo. Se me va la vida observándola y no hago nada práctico por acercarme a ella.

Es en este contexto en el que Jesús dijo: **"Si alguien quiere ser mi discípulo, que se niegue a sí mismo, lleve su cruz cada día y me siga"** [Lucas 9:23].

¿No será por eso que te cuesta tanto avanzar? Comienza hoy mismo con lo más importante: Sintonízate con la frecuencia del cielo en oración y pregúntale a Dios qué es lo que puedes hacer hoy. Comienza a hacerlo en Sus fuerzas y... ¡Prepárate para la conquista!

Las metas eternas se logran con pequeños esfuerzos de cada día

9 de octubre

ARREPENTIMIENTO

La Biblia presenta al arrepentimiento como un cambio de actitud, cambio en el modo de pensar o en el plan de vida. Con respecto al hombre, el arrepentimiento es el necesario precursor para la experiencia de la gracia de Dios. En el último libro de la Biblia, encontramos 7 cartas escritas nada más ni nada menos que por el mismo

> "El Señor no retarda su promesa, según algunos la tienen por tardanza, sino que es paciente para con nosotros, no queriendo que ninguno perezca, sino que todos procedan al arrepentimiento"
>
> **2° Pedro 3:9**

protagonista de toda la Biblia, Jesús, el Hijo de Dios. Son cartas escritas en forma personal, aunque dirigidas a iglesias locales, y en 5 de las 7 cartas se enfatiza el arrepentimiento como condición indispensable para recibir la bendición de Dios (Apocalipsis 2:5, 16, 21; 3: 3 y 19).

Claro que al hablar de arrepentimiento, hablamos de reconocer que no hemos equivocado. Implica humillarse, retroceder y volver a empezar. Significa que cometí un error. En este preciso momento, acabo de escribir error con "h" y el programa "Word", en mi computador, me indica con un subrayado rojo que esa palabra está mal escrita. Supongamos que mi testarudez me lleva a pensar que yo sé más que el programa "Word" diseñado por un ejército de ingenieros con los diccionarios más exactos en sus archivos. Así que continúo escribiendo, pero mis ojos no dejan de ver, al paso, esa palabra marcada con rojo que me indica mi error. Así seguirá mientras continúe el texto. Lo único que tengo que hacer es reconocer que me equivoqué, retroceder con el cursor cada letra hasta llegar al comienzo de la palabra y quitar la "h" que me sobra. Esto ejemplifica lo que es "arrepentirse." Es reconocer que me equivoqué, retroceder el camino andado y reparar el error. Reconoce que tu vida está plagada de errores. Errores que la Biblia llama pecado, que significa "errar el blanco". Retrocede en tu experiencia hasta encontrarte con el mismo Dios y deja que Él repare el daño con la sangre de Su hijo derramada por ti en la cruz hace 2000 años. Sólo así podrás ser receptor de Su gracia abundante.

**El corazón de Dios desea que
"todos procedan al arrepentimiento"**

> "El camino de Dios es perfecto y su palabra sin impureza. Él es el camino de todos los que en Él confían".
>
> 2º Samuel 22:31

Un rey que no creía en la bondad de Dios, tenía un siervo que en todas las situaciones le decía: "Mi rey, no se desanime, porque todo lo que Dios hace es perfecto. ¡Él no se equivoca!" Un día, salieron juntos a cazar y una fiera atacó al rey. Su siervo consiguió matar al animal, mas no pudo evitar que el rey perdiese un dedo de la mano. Furioso, y sin mostrar gratitud por haber sido salvado, el Rey dijo: "¿Dios es bueno? Si Él fuese bueno, yo no habría sido atacado y perdido mi dedo". El siervo apenas respondió: "Mi Rey, a pesar de todas esas cosas, sólo puedo decirle que Dios es bueno. Él sabe el porqué de todas las cosas. Lo que Dios hace es perfecto. ¡Él nunca se equivoca!" Indignado con la respuesta, el rey mandó a apresar a su siervo. Tiempo después, salió para otra cacería, y fue capturado por unos salvajes que hacían sacrificios humanos. En el altar, listos para sacrificar al rey, los salvajes percibieron que la víctima no tenía uno de los dedos y lo soltaron. Él no era perfecto para ser ofrecido a los dioses.

Al volver al palacio, mandó a soltar a su siervo y lo recibió muy afectuosamente. "Mi siervo, Dios fue realmente bueno conmigo. Escapé de ser sacrificado por los salvajes, ¡justamente por no tener un dedo! Mas tengo una duda: Si Dios es tan bueno, ¿por qué permitió que tú, que tanto lo defiendes, fueses preso?"

A lo que el siervo respondió: "Mi rey, si yo hubiese ido con usted en esa cacería, habría sido sacrificado en su lugar, pues no me falta ningún dedo. Por eso recuerde: todo lo que Dios hace es perfecto. ¡Él nunca se equivoca!"

Muchas veces nos quejamos de la vida y de las situaciones aparentemente malas que nos pasan. Olvidamos que nada es por casualidad y que todo tiene un propósito. Todas las mañanas, ofrece tu día al Señor Jesús.

¿Sabes por qué, tú recibiste este mensaje? Yo no lo sé, mas Dios sabe, pues Él nunca se equivoca...

11 de octubre
LA FALTA DE PERDÓN

> "Abandonen toda amargura, ira y enojo, gritos y calumnias, y toda forma de malicia. Más bien, sean bondadosos y compasivos unos con otros, y perdónense mutuamente, así como Dios los perdonó a ustedes en Cristo".
>
> **Efesios 4:31-32**

Los parásitos son formas de vida, muchas veces microscópicas, que se alojan en seres vivos; pueden ser animales o vegetales que se nutren de sus huéspedes y pueden vivir toda la vida pasando inadvertidos. Ellos se fortalecen a expensas del otro y debilitan a quien parasitan. En el mejor de los casos, forman asociaciones simbióticas en las cuales tanto huésped y anfitrión son beneficiados. Pero en la mayoría de casos, el parásito debilita tanto a su víctima que esta muere por desnutrición. La falta de perdón puede compararse con un parásito. Se alimenta del enojo y dolor de quien lo alberga, encuentra su alimento más satisfactorio en el dolor humano, y crece con nuestro deseo de venganza. Vivir odiando a otro, negarle el perdón a alguien y guardar rencor, permite albergar dentro de uno mismo un monstruo que crece poco a poco y se alimenta de los sentimientos más íntimos. Es permitir que te posea el peor de los emisarios del diablo: El Odio. Son justamente estos deseos de revancha hacia quien me lastimó, los que nutren mi falta de perdón. Ese estado de amargura del alma producido por el rencor, es un dulce néctar que alimenta al parásito del odio. Inconscientemente, permitimos que crezca dentro de nosotros algo que nos consume, envenenándonos lentamente hasta llevarnos a la muerte; cuando, más bien, deberíamos tomar una actitud enérgica y despojarnos de semejante amenaza. Quizá, el método del reemplazo sugerido por Dios en Su Palabra sea saludable: Efesios 4:31-32: **"Abandonen toda amargura, ira y enojo, gritos y calumnias, y toda forma de malicia. Más bien, sean bondadosos y compasivos unos con otros, y perdónense mutuamente, así como Dios los perdonó a ustedes en Cristo".** Dios no quiere que vivas odiando. Él puede capacitarte para perdonar. Sólo Él puede hacerlo, nadie más. Permite que Su amor llene tu vida, inundando cada parte de tu ser. Sentirás la dulzura de Su paz y verás cómo, poco a poco, tus heridas irán sanando. Comenzarás a amarle, a amarte tú mismo y a amar a los demás, no sólo a los que te aman sino también a tus enemigos. Ese es el secreto de la verdadera libertad.

El rencor sabe a miel... pero envenena

> "El que estaba sentado en el trono dijo: «¡Yo hago nuevas todas las cosas!» Y añadió: «Escribe, porque estas palabras son verdaderas y dignas de confianza.»
>
> **Apocalipsis 21:5**

El salón abrió sus puertas aquella mañana. Personajes distinguidos del mundo del arte se reunían en aquel lugar para disfrutar de una exposición de cuadros pintados al óleo. Artistas de todo el país paseaban por los corredores y admiraban las obras que se ofrecían al mejor postor. Un artista acudió a aquel evento acompañado de un amigo joven aficionado al ajedrez, y este se detuvo frente a un cuadro que le llamó mucho la atención. El nombre de aquella obra era: 'Jaque Mate', y presentaba una jugada de ajedrez donde no había opción de continuar. Da ahí el nombre del cuadro. Este joven le dijo a su amigo que podía seguir observando el resto de la exposición, pero que él se quedaría por unos instantes más observando aquel cuadro. Cuando su compañero regresó, después de una hora, el joven amigo le dijo: "Por favor, llama al que pintó este cuadro". Cuando el pintor llegó, el joven le dijo: "Maestro, muy bonito su cuadro, pero lamento decirle que o cambia el cuadro o cambia el nombre." "¿Por qué?" preguntó asombrado el artista, y el joven respondió: "Porque el rey todavía tiene un movimiento más".

¿Sabes? Muchas veces en la vida, las personas se paran frente a ti y te dicen "Jaque Mate", no hay más chance para ti, eres un fracasado... ¡No les creas! Recuerda que siempre el Rey tiene un movimiento más. Situaciones críticas e inesperadas, reveses de la vida, traición, heridas, todo terminó... ¡NO! Debes confiar que el Rey de los cielos siempre tiene otra oportunidad para ti. Él es especialista en mover las piezas de tu vida y permitir que el juego continúe. Alguien dijo que perder una batalla no significa perder la guerra. Y el hecho de que hayas fracasado no significa que tú seas un fracasado.

Deja que Dios tome el pincel y verás cómo el cuadro de tu vida cambia. Entonces Él borrará el nombre: "Jaque Mate" y te pondrá uno nuevo: el nombre de "Hijo de Dios".

No desesperes. El Rey todavía tiene un movimiento más en el tablero de tu vida

13 de octubre

OPORTUNIDADES

El evangelio de Lucas 19 narra el encuentro de un hombre de nombre Zaqueo, con Jesús, el Hijo de Dios, que pasaba por allí. La fama del nazareno era notoria y este hombrecito no podía perder la oportunidad de ver de cerca a Jesús. Pero había un inconveniente, era tanta la gente que rodeaba a Jesús y su comitiva que por más que saltaba y saltaba, Zaqueo no lograba verlo. Pero no se dio por vencido, subió a un árbol, se ubicó y esperó a que pasara por debajo. Pero su sorpresa se transformó en vergüenza cuando Jesús alzó Su rostro, dirigió Su mirada justo a él y le dijo: "Zaqueo, desciende, quiero que me invites a tu casa". Consternado pero emocionado por el huésped que iba a recibir, preparó su casa, recibió a Jesús y gracias a ese encuentro especial su vida cambió diametralmente. Todo por aprovechar la oportunidad que se le presentó aquel día. Pero el mismo capítulo sigue hablando de oportunidades. Cuenta la historia acerca de un capitalista que entregó cierta cantidad de dinero a diez hombres para que lo hicieran producir en su ausencia. A su regreso, debían rendir cuentas de su labor. Igualmente, nuestra oportunidad de la vida debe caracterizarse por una inteligente administración del tiempo, hijos, familia, etc. Pero llegamos al versículo 28, y una comitiva recibe con vítores y palmas al Señor que entra a Jerusalén. Lo paradójico es que esas mismas personas, luego clamaron para que le crucificaran, evidenciando la hipocresía de sus corazones y perdiéndose, así, la oportunidad de ser parte especial en el cumplimiento del plan de Dios para este mundo.

Dice la Biblia en Hebreos 3:7-8: **"Por lo cual, como dice el Espíritu Santo: Si oyereis hoy su voz, no endurezcáis vuestros corazones"**. También en Salmo 118:24, **"Este es el día que hizo Jehová; nos gozaremos y alegraremos en Él"**.

Tu vida es la oportunidad que Dios te da para cumplir tu rol glorificándole. Dejar pasar de largo esta oportunidad es llegar al final de tu existencia con un rastro de fracaso o falso éxito que, al fin de cuentas, es lo mismo.

> "Este es el día que hizo Jehová; nos gozaremos y alegraremos en él".
>
> **Salmo 118:24**

Tu vida es la oportunidad que Dios te dio para que le glorifiques

> "Por lo tanto, como escogidos de Dios, santos y amados, vístanse de afecto entrañable y de bondad, humildad, amabilidad y paciencia, de modo que se toleren unos a otros y se perdonen si alguno tiene queja contra otro. Así como el Señor los perdonó, perdonen también ustedes".
>
> **Colosenses 3:12-13**

La palabra griega para "perdón" es *aphiemi*, y significa, literalmente, "soltar la posesión, dejar libre, dejar escapar". Cuando elegimos no perdonar, estamos atando a nuestra espalda a la persona que nos ofendió. Nos cuesta vivir cargando ese enorme peso de rencor, odio y venganza. ¡Con razón algunos de nosotros no podemos correr la carrera de la vida libremente! Es difícil correr con semejante carga. El escritor a los hebreos probablemente se refería a esto cuando declaró: **"Por tanto, también nosotros, que estamos rodeados de una multitud tan grande de testigos, despojémonos del lastre que nos estorba,** *[¿quizás el rencor?]* **en especial, del pecado que nos asedia, y corramos con perseverancia la carrera que tenemos por delante"** [Hebreos 12:1]. No es de extrañar que, en este mismo contexto, el pasaje de Hebreos continúe mencionando los oprobios que Cristo tuvo que enfrentar en la cruz. Estando en agonía, Él clamó: **"Padre perdónalos porque no saben lo que hacen"**. Libre de este peso de rencor, el Hijo de Dios pudo correr los tramos finales de Su carrera redentora hasta salvarnos. Y hoy nos invita a seguir Sus pisadas, poniendo nuestros ojos en Su ejemplo. ¿Ves la lección? ¿Te cuesta perdonar? Lee Colosenses 3:12-13, **"Por lo tanto, como escogidos de Dios, santos y amados, vístanse de afecto entrañable y de bondad, humildad, amabilidad y paciencia, de modo que se toleren unos a otros y se perdonen si alguno tiene queja contra otro. Así como el Señor los perdonó, perdonen también ustedes"**. No se trata de si esa persona merece ser perdonada o no; se trata de que estamos sacando a alguien de nuestra espalda y lo estamos poniendo en la de Dios. Si has estado cautivo a recuerdos antiguos y has estado atormentado por sentimientos de venganza, estados de ánimo que hacen tu carrera demasiado pesada, sólo el conocimiento de la verdad de Cristo te puede hacer libre. Dejale tu peso a Dios que Él ya lo llevó por ti en Su Cruz hace 2000 años. Perdonar es liberar a alguien y descubrir que el preso era yo.

Cuando elegimos no perdonar, estamos atando a nuestras espaldas a la persona que nos ofendió y no podemos andar con semejante peso

¿Cómo puedo ser feliz en medio de estos tiempos difíciles? Siempre, la meta del ser humano ha sido la misma: La felicidad. El pensamiento común del hombre y la mujer es que la felicidad se consigue con tres cosas: Salud, dinero y... ¡acertaste!, amor. No será también tu filosofía de vida, ¿verdad? Esta forma de pensar sirve de

> "Teme a Dios, y guarda sus mandamientos; porque esto es el todo del hombre. Porque Dios traerá toda obra a juicio... sea buena o sea mala."
>
> **Eclesiastés 12:13-14**

falsa guía a millones de personas en todo el mundo. Creemos que la felicidad se consigue teniendo un buen grupo de amigos, sexo libre cada vez que lo desee, un empleo bien pagado con pocas demandas, un armario lleno de ropa para vestir a la última moda, televisión, DVD y un buen equipo de audio, ordenador e Internet, la despensa llena de alimentos y un par de vacaciones por año para relajarme de tanto estrés, viajando en mi vehículo nuevo en una playa tropical.

El sabio de la antigüedad, Salomón, escribió: **"Vanidad de vanidades, dijo el Predicador; vanidad de vanidades, todo es vanidad. ¿Qué provecho tiene el hombre de todo su trabajo con que se afana debajo del sol?"** [Eclesiastés 1:2-3]. Este hombre consiguió llegar a la posición social más alta y probó todos los placeres que un hombre podría desear en el mundo, pero finalmente sintió que nada tenía sentido en la vida. Más allá del pesimismo que lo dominaba, las declaraciones de Salomón no distan mucho de la realidad. Porque, en verdad, todo pensamiento del ser humano basado en un estilo de vida sensual como el que venimos exponiendo no conduce a otra cosa que no sea la frustración e insatisfacción.

Estos son los sentimientos que aparecen en todos nosotros después de momentos de dicha y placer. ¿Te has detenido alguna vez a pensar que tal vez tengas que buscar la felicidad en otras fuentes? Salomón encontró la verdadera felicidad, no en cosas materiales sino en el conocimiento personal de Dios. En su vejez escribió: **"El fin de todo el discurso oído es este: Teme a Dios, y guarda sus mandamientos; porque esto es el todo del hombre. Porque Dios traerá toda obra a juicio, juntamente con toda cosa encubierta, sea buena o sea mala"**

El secreto de la felicidad no está en lo que sientas, sino en lo que creas

> "Pero yo les digo: Amen a sus enemigos y oren por quienes los persiguen, para que sean hijos de su Padre que está en el cielo. Él hace que salga el sol sobre malos y buenos, y que llueva sobre justos e injustos."
>
> **Mateo 5:44-45.**

El doctor Martín Luther King, Jr. dejó una marca imborrable en los anales de la historia de los Estados Unidos de América. Despertó la conciencia del pueblo americano a esforzarse por hacer una realidad los derechos civiles de todos los ciudadanos. Su inspiración fue el entendimiento de la voluntad de Dios para el hombre y la mujer, y logró hacerlo usando los medios pacíficos, la "no violencia" que Jesús enseñó. En varias ocasiones, el doctor King, volvió la otra mejilla ante sus enemigos. En una ocasión, fue herido con un pica hielos; varias veces fue arrestado y puesto en prisión. Cierta vez lo alcanzó una piedra arrojada desde el público y cayó al suelo. En cada una de las ocasiones siguió adelante en su meta, sin sentir rencor hacia los que querían perjudicarlo.

El doctor King murió asesinado, pero aún en el acto de su muerte, triunfó. En el discurso, la noche anterior de su muerte, dijo: "He escalado la cima más alta y contemplado la tierra prometida."

La cultura de la venganza es normal en esta sociedad competitiva que nos globaliza cada vez más. Parece que es lo que se debe hacer, "si no reacciono me sobrepasan, debo asegurarme mi lugar. ¿Los demás? Que se las arreglen como hice yo". Si en el camino de la concreción de mis metas algo o alguien se interpone, simplemente uso la venganza como arma de destrucción masiva útil y permitida.

Jesús dijo: *"Ustedes han oído que se dijo:* Ojo por ojo y diente por diente. Pero yo les digo: No resistan al que les haga mal. Si alguien te da una bofetada en la mejilla derecha, vuélvele también la otra... Al que te pida, dale... Ustedes han oído que se dijo: Ama a tu prójimo y odia a tu enemigo, pero yo les digo: Amen a sus enemigos y oren por quienes los persiguen, para que sean hijos de su Padre que está en el cielo..." Puedes leerlo en el evangelio de Mateo, capítulo 5.

¿Parece loco, verdad? Es revolucionario. Para este mundo es una locura, pero para Dios, la cultura de la no-venganza es la cultura del cielo donde tú... ¿Vivirás eternamente?

La cultura de la venganza es normal en esta sociedad competitiva

17 de octubre
DANDO ÁNIMO

Linda enfermó de cáncer. Su ánimo se derrumbó apenas salió de entrevistarse con su doctor, de la mano de su esposo. En un instante toda su vida se desmoronó y no podía pensar en otra cosa que abandonar a su familia de ese modo. ¿Cómo podía Dios, haberle hecho esto? ¿Por qué a ella?... Preguntas sin respuesta que

> "Por lo cual, levantad las manos caídas y las rodillas paralizadas".
>
> **Hebreos 12:12**

asomaban justo en esos momentos. La noticia corrió rápidamente dentro del círculo de sus amigos y familiares. El primero de ellos llegó: "Linda, nunca hubiera imaginado que esto te podría ocurrir a ti" (Linda se sintió desilusionada). El próximo, le llamó por teléfono: "No dejes que te hagan la quimioterapia, eso es puro veneno." (Linda se sintió asustada). El tercero le dijo: "Examínate. Quizás estés en pecado y Dios te esté disciplinando." (Linda sintió rencor). Otra amiga le recriminó el no tener la fe suficiente para ser sanada, (Linda sintió que su fe no valía nada) El quinto amigo intentó ser optimista y le dijo: "No pienses en eso, concéntrate en cosas buenas." (Linda se sintió desorientada). Pero llegó uno más, el último. Linda ya no quería ver a nadie. Este le dijo: "Amiga, no sé qué decirte ni puedo imaginar tu dolor, pero estoy contigo. Toma mi mano, oremos juntos a Dios" (Linda se sintió amada y acompañada).

Este relato no está muy lejos del que encontramos en la Biblia, en el libro de Job. Este hombre justo sufrió las tragedias más horribles en su vida y tuvo que soportar la incomprensión de sus mejores amigos que le juzgaban cruelmente.

¿Sabes? Hay corazones a tu alrededor tristes, cansados y sin paz. No necesitan tus juicios, no necesitan reproches, no necesitan sermones de muchas palabras; sólo un hombro para llorar, una mano para levantarlos y dos oídos para escuchar. ¿Tienes eso? ¿Qué esperas? Sal a buscarlos. El mundo necesita ánimo. Dice el autor de Hebreos: **"Por lo cual, levantad las manos caídas y las rodillas paralizadas"** (Hebreos 12:12).

Llora con los que lloran, y serás enriquecido

> "Llevad mi yugo sobre vosotros, y aprended de mí, que soy manso y humilde de corazón; y hallaréis descanso para vuestras almas".
>
> **Mateo 11:29**

Uno de los desafíos más grandes para el ser humano es aprender a perdonar. Transitar el sendero de la vida cargando el peso del rencor por una ofensa no resuelta, es una tarea tediosa y agotadora. Desgasta tus relaciones, agota tus fuerzas y deshidrata tu alma. Es pesado vivir odiando y recordando viejas heridas que se abren y sangran cada vez que son traídas a la memoria. Cuando Jesús abordó este tema ante sus jóvenes discípulos en el capítulo 17 de Lucas, les hizo una propuesta aparentemente utópica: **"Si tu hermano pecare contra ti, repréndele; y si se arrepintiere, perdónale. Y si siete veces al día pecare contra ti, y siete veces al día volviere a ti, diciendo: Me arrepiento; perdónale"**.

Fue tal la magnitud de la demanda, que ellos dijeron a Jesús que no poseían esa fe capaz de cultivar semejante amor por sus ofensores: **"Señor, auméntanos la fe"**. A lo que Jesús les refirió un supuesto, que encontramos desde el versículo 7 y que acaba en el 10, diciendo: **"Así también vosotros, cuando hayáis hecho todo lo que os ha sido ordenado, decid: Siervos inútiles somos, pues lo que debíamos hacer, hicimos"**. ¿Qué tenía que ver la demanda tocante al perdón con el relato del siervo cansado?...

De alguna manera, aquellos discípulos estaban excusando su orgullo y falta de humildad para perdonar, argumentando que no poseían la fe suficiente. El sabio Maestro les explicó que el problema no era que tenían poca fe, sino mucha soberbia. Cuando olvidamos nuestra condición de siervos, perdemos de vista nuestra verdadera identidad. Nos creemos ser más que los demás y no estamos dispuestos a perdonar. "Que me perdone él. ¿Quién se cree que es? ¿No sabe quién soy yo?"

El que no sabe quién es, eres tú, amigo, al no estar dispuesto a perdonar. Es por eso que el apóstol Pablo pregunta en Romanos 14:4, **"Tú quién te crees que eres cuando juzgas a tu hermano"**.

Sí. Cuando nos invade la soberbia, olvidamos nuestro perfil humilde y entramos en discordia con los que nos rodean.

No hay persona menos deseada que un soberbio que se niega a perdonar y no hay persona más buscada que un humilde dispuesto a servir

> "Y, por medio de él, reconciliar consigo todas las cosas, tanto las que están en la tierra como las que están en el cielo, haciendo la paz mediante la sangre que derramó en la cruz".
>
> **Colosenses 1:20**

El año de 1989 marcó el fin de una era y el comienzo de otra para la humanidad. Mientras los canales de aire y cable transmitían las emotivas imágenes de la destrucción del muro de Berlín, un sentimiento de paz, amor y hermandad inundaba cada corazón. ¡Basta de fronteras, basta de discriminación racial, avancemos a un futuro de paz mundial!... ¿Fue este el siguiente capítulo en la historia?... Hoy, 20 años después, decimos definitivamente que no. No sirvió para nada, fue pura emoción del momento, pero el corazón del ser humano sigue evidenciando el mismo odio y egoísmo de siempre. La Cruz Roja informa que más de 100 millones de personas murieron a causa de las guerras del último siglo. 23 millones murieron desde la Segunda Guerra Mundial hasta la fecha. El año 1993 tuvo el récord con 29 conflictos bélicos internacionales. Jesús predijo que en los últimos tiempos, antes del fin, se levantaría nación contra nación y reino contra reino. Con esto, el Señor estaba profetizando la inutilidad de reformarse en pro de una mejor vida sobre la base de esfuerzos humanos. Todo intento del hombre por mejorar su existencia aparte de Dios es una utopía. Pueden seguir derribando muros, pueden firmar tratados de paz, pueden crear nuevas organizaciones como la de las Naciones Unidas, pueden borrar fronteras, pero nada de esto servirá, si lo hacen lejos de Dios y motivados por el mismo egoísmo y la misma ambición que controla el corazón no regenerado del hombre y de la mujer.

No hay empresa más necia que intentar la paz mundial cuando aún somos enemigos de Dios. No existe la amistad entre las criaturas mientras persista la enemistad con el Creador.

Colosenses 1:20-22 dice: **"En otro tiempo ustedes, por su actitud y sus malas acciones, estaban alejados de Dios y eran sus enemigos. Pero ahora Dios... los ha reconciliado en Cristo mediante su muerte".**

Se avecina un tiempo de paz mundial, que durará 1000 años. Pero eso ocurrirá cuando El Príncipe de Paz reine sobre la tierra, antes no.

No existe la amistad entre las criaturas mientras persista la enemistad con el Creador

> "Y como ellos no aprobaron tener en cuenta a Dios, Dios lo entregó a una mente reprobada para hacer cosas que no convienen".
>
> **Romanos 1:28**

Estadísticas recientes informan que un tercio de la población mundial está bien alimentada, el segundo tercio está desnutrida y el otro tercio sufre de inanición. Cuatro millones de niños, madres jóvenes y ancianos, mueren al año a causa del hambre, mientras países desarrollados queman montañas de alimentos como medio para regular los precios. La contracara de esta realidad, es que los fondos destinados a campañas armamentistas por las grandes potencias mundiales superan considerablemente a los destinados para ayuda humanitaria. En uno de sus discursos posguerra en enero de 1961, el presidente estadounidense Dwight D. Eisenhower, mencionó su profunda preocupación por los efectos económicos que sufriría la población mundial debido al uso indiscriminado de los fondos. El costo promedio de dinero gastado en la guerra del Golfo, por ejemplo, fue de 500.000.000 dólares al día, a razón de 350.000 dólares por minuto. Con el dinero destinado a la fabricación de un misil tierra-aire, su traslado y manipulación, se podría dar un almuerzo a todos los niños del mundo en edad escolar durante 5 años, ¿Puedes creerlo? ¡Sólo con el costo de un misil! ¿En qué mundo vivimos tú y yo?... ¡En el mundo que Satanás quiere que vivamos! Un mundo y una sociedad ambiciosa, con un corazón apartado de Dios. **"Y como ellos no aprobaron tener en cuenta a Dios, Dios lo entregó a una mente reprobada para hacer cosas que no convienen"**, dice el apóstol Pablo en Romanos 1:28. El corazón de los hijos de Dios, el cielo mismo y la tierra, anhelan ardientemente aquel día postrero cuando Cristo regrese a esta tierra para instalar Su reinado mundial. Entonces, Él demostrará a todas las naciones cómo regir este mundo con justicia. Confiar en el hombre, sus planes y manera de enfocar la vida es de necios. Dirige tu mirada a Dios, deja que la sangre de Su Hijo derramada por ti en la cruz te justifique ante el Padre, y practica la justicia del cielo, porque la de la tierra no es nada más que injusticia.

> "Él juzgará al mundo con justicia,
> y a los pueblos con rectitud" (Salmos 9:8)

21 de octubre

SÉ PACIENTE

Una de las frases que aparece en la pantalla de nuestro computador varias veces al día, y a la que hemos tenido que acostumbrarnos es: "tenga paciencia. Esta operación tardará algunos minutos". Parece fácil, pero demanda de un ejercicio personal. La paciencia es totalmente ajena a la naturaleza humana. Más bien, es una

> "Mas tenga la paciencia su obra completa, para que seáis perfectos y cabales, sin que os falte cosa alguna".
>
> **Santiago 1:4**

manifestación sobrenatural de la presencia divina en nuestro ser. Nadie nace siendo paciente. Pregúntale a un bebé de meses, desesperado por su dosis de leche materna. ¿Espera pacientemente o más bien satura los tímpanos de los que habitan esa casa por medio de sonidos con decibeles de alaridos humanos antes desconocidos? La paciencia, es fruto del obrar del Espíritu de Dios en nuestras vidas, porque el fruto del Espíritu es amor, gozo, paz, PACIENCIA. A menudo tenemos prisa. Pero Dios no. Es posible que te sientas frustrado con el proceso aparentemente lento que estás experimentando. Una de las frustraciones de la vida es que el programa de Dios es raramente igual al nuestro. ¿Sabes? Dios nunca anda deprisa, pero siempre llega a tiempo. Él usará toda tu vida preparándote para tu papel en la eternidad. Él se tomó 14.600 días preparando a Moisés para la obra que deseaba que cumpliese. Vivimos en el siglo de lo instantáneo: café instantáneo, dinero en minutos, comunicación satelital en segundos. Pero, la madurez es un proceso que lleva tiempo y paciencia. Dios tarda 70 años en formar un roble, pero una noche basta para formar un hongo. Depende de lo que desees ser en la vida. Las almas grandes crecen y se forman atravesando luchas, tormentas y tiempos de sufrimiento. Santiago 1:4 aconseja: **"Si se ejercitan en la paciencia serán perfectos y cabales, aptos para enfrentarse a cualquier circunstancia adversa que se les presente".** Recuerda cuánto has progresado, no únicamente cuánto te falta. Descubre el recurso divino de Su Espíritu que te capacita para ser paciente. No estarás aún donde quieres, pero tampoco estás donde estabas. Hay capítulos de tu vida inconclusos. Ya llegarán. Recuerda que con perseverancia el caracol llegó al arca... y al final se salvó.

No estarás aún donde quieres estar, pero tampoco estás donde estabas ayer. Sigue progresando

"¿Dónde está el sabio? ¿Dónde está el escriba? ¿Dónde está el disputador de este siglo? ¿No ha enloquecido Dios la sabiduría del mundo?".

1ª Corintios 1:20-21

Es increíble ver lo que han aumentado, y siguen aumentando, los conocimientos científicos y el desarrollo de la tecnología. Se estima que la cantidad de conocimiento se duplica cada 8 años. Las editoriales añaden dos mil páginas de conocimiento nuevo por minuto. Tardarías 5 años en leer todo lo publicado leyendo 24 horas seguidas. Se calcula que quinientos mil libros por año son añadidos como nuevas publicaciones científicas. Pero todo esto no ha favorecido la formación y el desarrollo de una generación de jóvenes más cultos y educados. En 1992, se denunciaron un millón cien mil delitos con arma de fuego. A los 15 años, un joven norteamericano ya ha presenciado por T.V. más de treinta y cinco mil muertes violentas de seres humanos y doscientos mil actos brutales de agresión. Películas como "Rambo" o "El Exterminador", recaudaron cifras millonarias siendo las más vistas en los cines, demostrando así, cómo la violencia se ha arraigado en la mente del hombre moderno. Los films de terror, rock pesado y la pornografía son los de mayor consumo entre los adolescentes. Entre los 12 y 17 años, un joven pasa once mil horas viendo televisión o este tipo de videos. Más del doble de tiempo del que está en el colegio. Obviamente, esto promueve la violencia urbana. Se reporta un delito por agresión cada 25 segundos, un asalto domiciliario cada 9 segundos, una violación cada 6 minutos, un homicidio cada 25 minutos, según datos del gobierno estadounidense.

Es que la ciencia sin Dios es necedad. Todos los libros del mundo, toda la tecnología y los avances científicos, no son suficientes para producir en el corazón del ser humano, ni una pizca de bondad, amor y piedad. Sólo el conocimiento de Dios tiene el poder de transformar al hombre y a la mujer, y librarles de la esclavitud del pecado haciéndolos una nuevas criaturas.

Conoce a Dios. Dedica tu vida a considerar Sus caminos porque el conocimiento de Jehová engrandece al hombre.

El conocimiento de Jehová engrandece al ser humano

23 de octubre
ESPALDAS MÁS FUERTES

> "Pero el Señor me ha dicho: "Mi amor es todo lo que necesitas; pues mi poder se muestra plenamente en la debilidad. Así que prefiero gloriarme de ser débil, para que repose sobre mí el poder de Cristo."
>
> **2ª Corintios 12:9 (DHH)**

La primer reacción humana ante el conflicto, la crisis, las pruebas o las cargas que tenemos que llevar, es la de minimizar el peso, buscar la mejor y más fácil opción, o esquivar las dificultades. Cuántas veces le hemos rogado a Dios que nos dé una carga más liviana, o aún que nos la quite. Inconscientemente, ignoramos que con una actitud facilista como esta lo único que conseguimos es retrasar nuestro desarrollo madurativo, pues son justamente los desafíos de la vida los que nos hacen más fuertes.

El apóstol Pablo dejó registrado en la Biblia su propia experiencia de lucha interior ante los problemas en su vida, los cuales no fueron pocos. Escucha: **"Por lo cual, por amor a Cristo me gozo en las debilidades, en afrentas, en necesidades, en persecuciones, en angustias; porque cuando soy débil, entonces soy fuerte"** [2ª Corintios 12:10].

¿Cómo pudo éste hombre común cultivar una óptica tan firme ante los embates de la vida? Porque tenía una sobredosis especial de fortaleza ante su debilidad inherente. Él mismo dice en el versículo 9: "Por tanto, de buena gana me gloriaré más bien en mis debilidades, para que repose sobre mí el poder de Cristo." Ahí radica el secreto, el poder de Dios reposando sobre la debilidad humana. Cuando aprendo que Su Gracia es suficiente para mis necesidades y mis problemas, acudo a Él en busca de socorro.

Dios le dijo a Pablo, casi en tono de reto, ante su reiterada insistencia: "Te alcanza con mi gracia." En otras palabras: es suficiente con mi amor inmerecido que te sostiene. Pablo comprendió el mensaje. ¿Y tú? Quizás sea hora de pedir una espalda más fuerte en vez de implorar por una carga más liviana. Espaldas fuertes sustentadas por Su Gracia. Ese poder sobrenatural que se manifiesta en tus momentos de mayor debilidad. Si hoy es uno de esos momentos, busca fortaleza en Su amor y acepta los desafíos de la vida como herramientas de Dios para seguir moldeando tu carácter hasta que seas perfecto.

**No pidas por una carga más liviana,
sino por una espalda más fuerte**

PREPÁRATE PARA LA LLUVIA

> "Al momento Jesús, extendiendo la mano, asió de él, y le dijo: ¡Hombre de poca fe! ¿Por qué dudaste?"
>
> **Mateo 14:31**

Cuenta una anecdótica historia que en cierto poblado rural los agricultores se reunieron en la casa del pastor de aquel lugar y le reclamaron: "Pastor, parece que Dios se ha enojado con nuestro pueblo. Hace tres meses que no llueve. Estamos orando y rogando por lluvia y nada, no hay respuesta." Ante este dramático reclamo de aquellos padres de familia, el pastor respondió: "Es que ustedes no están orando con fe. Oren con fe y verán lo que sucede." Al cabo de dos semanas, los mismos hombres se reunieron en el mismo lugar y dijeron: "Pastor, ahora sí que hemos rogado e implorado con fe, y como usted verá la sequía continúa." "No", dijo el pastor. "Ustedes no oraron con fe." "Por supuesto que sí", fue la respuesta airada de los vecinos. "Entonces, si oraron con fe por lluvia, ¿dónde están sus botas y sus paraguas? Esta sencilla historia nos enseña una verdad tocante al concepto de "fe". La Biblia dice, enfáticamente en Hebreos 11:1 que la fe es la certeza o convicción plena de lo que se espera. Muchas veces usamos la fe como la llave que abre el cofre de las cosas que esperamos, cuando en realidad la fe es mucho más que eso. ¡Es aquello que esperamos aunque sin verlo todavía! Aquellos campesinos oraban por lluvia, pero ninguno salió por la mañana a sembrar sus campos, seguro de que por la noche el agua llegaría. El evangelio de Marcos capítulo 16 narra la caminata que tres mujeres hicieron rumbo al sepulcro de Jesús, el domingo por la mañana. Un interrogante sin respuesta giraba en sus mentes: "¿Quién nos removerá la piedra?". Una gran piedra tapaba la entrada de aquella cueva, pero no fue impedimento para estas mujeres de fe. Igual madrugaron, igual se prepararon, igual fueron. Llegaron, vieron removida la piedra y un ángel sentado sobre ella. Esa es la fe que produce milagros, porque se centra en Dios y no en nuestros cálculos, porque donde el hombre ve una piedra, Dios ve una silla. Si estás rogando al cielo por respuesta, hazlo con fe, pero saca el paraguas antes de que llueva.

Porque no hay nada imposible para Dios

25 de octubre
Una Relación De Amor

Ningún rey o divinidad reclamó jamás *amor* de parte de sus súbditos, sólo obediencia. Pero el mensaje de Cristo está basado en una relación de amor. Reyes, emperadores, ídolos religiosos y deidades, se relacionaron con sus seguidores teniendo como base dogmas, reglamentos, órdenes y el cumplimiento de las mismas. Pero el

"Y amarás a Jehová tu Dios de todo tu corazón, y de toda tu alma, y con todas tus fuerzas."

Deuteronomio 6:5

amor, no figuraba entre sus cláusulas. No estaba en la lista, no era considerado esencial. Se obedecía con amor o sin él.

Con Dios es diferente. Él ama y reclama amor de aquellos que llama. La Biblia, Su legado a la humanidad, está repleta de declaraciones referentes al amor recíproco de Dios al hombre y del hombre hacia Dios. Uno de los pasajes centrales del A.T. declara: "Y amarás al Señor tu Dios de todo tu corazón, y de toda tu alma, y con todas tus fuerzas."

Como puedes apreciar, es el ser integral del hombre y la mujer el que debe relacionarse sobre la base del amor a Dios. "Con todo tu corazón." El amor a Dios incluye mi adoración. Adoración como un fruto de labios que confiesan Su Nombre. En segundo lugar "con toda tu alma." Mis afectos, mis emociones y sentimientos y, también, en tercer lugar "con todas tus fuerzas." Mi voluntad, mi actividad diaria, mi servicio, que no es mecánico ni forzado sino orgánico y producto de todo lo anterior. En este orden: Intelecto, emociones y voluntad. Todo mi ser, integralmente, amando a Aquel que me amó primero.

Pero lo más interesante de todo esto, es que esta historia de amor comenzó, primero, con un amor unilateral. Si. **"En esto está el amor, no *en* que amemos nosotros a Dios, sino *en* que Él nos amó a nosotros primero, y envió a su Hijo *como* sacrificio por nuestros pecados"** (1ª Juan 4:10).

Es por eso que Dios espera respuesta a tanto amor expresado en la Cruz. La negativa del hombre ante la rogativa amorosa de Dios es la peor ingratitud que puede cometer. Déjate cautivar por Su amor y entrarás a una nueva experiencia de vida eterna plena. Garantizado.

"El que no ama no ha conocido a Dios, porque Dios es amor" (1ª Juan 4:8)

26 de octubre
¿Cómo Ama Dios?

> "Venid luego, dice Jehová, y estemos a cuenta: si vuestros pecados fueren como la grana, como la nieve serán emblanquecidos."
>
> **Isaías 1:18**

En la ciudad de Londres, un evento muy singular cautivó a miles de espectadores que caminaban por las calles. Un numeroso grupo de jóvenes, avanzaba por la avenida principal portando carteles con la consigna: **"Sonríe, Dios te ama"**, escrita en diferentes idiomas. En realidad, este era un esfuerzo noble por levantar la moral de aquella ciudad entristecida por los problemas sociales, los atentados y el relativismo moral. Era una delicia observar a estos muchachos desfilar con una amplia sonrisa en sus rostros, transmitiendo su mensaje de optimismo. Pero el evento tuvo su nota trágica cuando de en medio de la multitud, otro joven levantó muy en alto una pancarta con el siguiente escrito: **"Arrepiéntete, si no Dios desenvainará su espada."** El asombro del público no se hizo esperar y la indignación de los organizadores tampoco. En minutos, se abalanzaron sobre ese joven y lo golpearon con sus propias pancartas hasta que la policía intervino antes de que fuera demasiado tarde.

Aunque la actitud de este joven parezca algo osada y hasta desubicada, el mensaje que transmitía su cartel era más ajustado a la realidad que el que transmitían los otros cientos de carteles.

Parecería que bajo la consigna de que Dios me ama, debo sonreír y despreocuparme de mis actos, muchos de los cuales traen tristeza al corazón santo de Dios. Cultivamos la idea de un Dios permisivo con un amor masificado que no repara demasiado en mis faltas, cuando en realidad no es ese el concepto del amor de Dios que la Biblia presenta.

Dios ama a cada humano cualquiera sea su situación, por supuesto. Le ama tanto que envió a su Hijo al mundo a morir hace 2000 años para que el mundo fuera salvo por Él. Pero es justamente ese amor el que te debe llevar al arrepentimiento de tus pecados. Es un amor que me guía a una confesión basada en la fe en Su cruz.

No te equivoques. "Sonríe, Dios te ha perdonado", sería el cartel ideal.

¡Sonríe, Dios te ama! (Pero aborrece tu pecado)

27 de octubre

DOBLEMENTE PERDIDO

Uno de los textos más conocidos de la Biblia es el que está en Lucas 19:10: "Porque el Hijo del hombre vino a buscar y a salvar lo que se había perdido." Es interesante resaltar, que el concepto de *perdido* es doble. Perdido porque está fuera de su lugar y perdido porque está condenado a la corrupción, como algo que se "echó a perder".

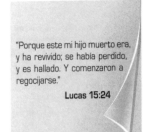

"Porque este mi hijo muerto era, y ha revivido; se había perdido, y es hallado. Y comenzaron a regocijarse."

Lucas 15:24

Tal vez, el ejemplo de un alimento fuera del refrigerador sea el que más se asemeja a lo que estamos diciendo. Un trozo de carne, por ejemplo, está perdido porque está fuera de su lugar de origen pero también está perdido, porque está condenado a podrirse si no se guarda nuevamente en el refrigerador. O sea que está doblemente perdido. Idéntico es el caso del ser humano lejos de Dios. Está desubicado, en primer lugar, y destinado a la muerte, en segundo lugar.

Sí. Un hombre o una mujer sin Dios están fuera de lugar en este mega ecosistema que nos contiene. Fuimos creados para agradar a Dios y reflejar Su gloria. En la medida que nos apartemos de ese Plan perfecto y eterno, andaremos a la deriva, deambulando en los intentos del corazón que no conducen a nada más que satisfacción momentánea. Pero también, ese deambular no es un estado indefinido del ser en el que no llegamos a nada. Llegamos, dice el apóstol Pablo, a la muerte como destino. Porque la paga del pecado es muerte. El hombre sin Dios forma hace parte de una secuencia mortal en la cual se acaba con la vida misma, en este mundo y eternamente en la vida después de este mundo.

Cristo vino hace 2000 años a buscar lo que estaba fuera de lugar y ubicarlo en una ruta de gloria, un camino nuevo. Vino también a salvar de ese destino de muerte a Sus criaturas y darles vida nueva y eterna que se renueva de día en día y no se corrompe más. Sin Cristo estás doblemente perdido, deja que Él te encuentre y serás doblemente feliz.

Todo hombre sin Dios está perdido y va rumbo a la muerte

> "No se turbe vuestro corazón; creéis en Dios, creed también en mí. En la casa de mi Padre muchas moradas hay; si así no fuera, yo os lo hubiera dicho; voy, pues, a preparar lugar para vosotros."
>
> **Juan 14:1-2**

Todos tuvimos sueños que no vimos cumplidos. Metas truncadas, anhelos que se desvanecen, deseos que parecen inalcanzables. Suspiramos conformándonos con la lejana idea de que tal vez... Algún día... Pero la realidad es que el tiempo pasa y todo sigue igual. La vida se esfuma en esperanzas que jamás se concretan. Ese estado de ansiedad del alma desgasta, deprime, frustra y quita las ganas de un nuevo intento. Millones de seres humanos en todo el mundo andan por ahí con su rostro triste, la mirada perdida en un horizonte de dudas y caminando lentamente. Algunos lo disimulan con máscaras de alegría pasajera, pero adentro, bien adentro, donde nadie ve, vegeta la misma sensación de desasosiego. Este sentimiento de fracaso se produce cuando ignoramos que somos seres eternos y que estamos siendo preparados, justamente, para esa eternidad. Dios, nuestro Creador encarnado en la persona de Jesús, invitó a ir a Él a todo aquel que crea en Su cruz; y al despedirse reveló que estaría dedicado a la tarea de preparar lugar para nosotros. Pero el hecho importante es que no sólo nos está preparando un lugar sino que también nos está preparando a nosotros para ese lugar. A todas esas experiencias incomprensibles que sufres debes verlas como herramientas de Dios para forjar en ti una perspectiva eterna y prepararte para el cielo.

Si en lugar de enojarnos con Dios, levantar nuestro puño en alto y culparle, cultiváramos una actitud reflexiva encontrando lecciones de vida en cada paso, nuestro carácter se iría moldeando a Su imagen y disfrutaríamos de la vida cada día. No olvides que esta vida es un corto espacio de tiempo comparado con la eternidad. Lo que vale, aún no comienza y el éxito en la vida no consiste en prosperar acá como en producir para allá, para la eternidad. ¿Estás bien enfocado?

Dios no sólo está preparando un lugar para nosotros, también nos está preparando a nosotros para ese lugar

29 de octubre
¿DÓNDE ESTÁ TU HERMANO?

"¡Cuán bueno y cuán agradable es que los hermanos convivan en armonía!"

Salmo 133:1.

La primera pregunta después de la expulsión del hombre del Edén fue: "¿Dónde está tu hermano?" Y la primera respuesta fue dada con egoísmo: "¿Soy yo acaso guarda de mi hermano?" Como ves, el desinterés, la envidia y el egoísmo, dijeron presente desde los albores de la historia de la creación de la raza humana y sus interacciones personales. No es nueva esa actitud de enojo ante el progreso ajeno, produciendo en nuestro interior envidia. Envidia que quema, que carcome y envenena, hasta llevarnos a límites inimaginables, como el fratricidio que mancha con sangre el capítulo cuatro del Génesis. Dios aprobó a Abel y a su ofrenda, pero encontró algo desagradable en Caín y, por consecuencia, en su ofrenda. Ya había algo malo en el corazón de este joven. Me refiero a su relación con Dios. Es imposible andar mal con Dios y bien con los hombres. Ambas cosas están intrínsecamente unidas. En cambio, cuando cultivamos una correcta relación vertical, nuestra relación con los semejantes será también ideal. Dice David en el Salmo 133, hablando de esta relación ideal: "**¡Cuán bueno y cuán agradable es que los hermanos convivan en armonía!... Allí, el Señor concede bendición y vida eterna.**"

¿Te fijaste? Tres pares de palabras: *bueno y agradable o delicioso*, (que no es lo mismo). *Juntos y en armonía*, (que es diferente). *Bendición y vida eterna*, (que es mucho mejor).

Algo puede ser bueno, como un remedio, pero no agradable. El vivir en armonía implica ambas cosas. Además, se puede vivir junto con otros, pero esa convivencia puede tornarse en un caos, como muchos matrimonios que experimentan agresiones bajo un mismo techo. En cambio con Dios como huésped, se disfruta de una convivencia armónica. El resultado de esta relación ideal es bendición para siempre. ¡Qué increíble promesa! Mira bien bajo la superficie y si descubres alguna amargura o envidia enraizada, arráncala con la gracia de Dios antes de que te contamine a ti y a muchos más.

"¿Soy yo, acaso, guarda de mi hermano?"
...¡Claro que sí!

> "La esperanza de la vida eterna fue prometida desde antes del principio de los siglos por Dios, que no miente."
>
> **Tito 1:2**

"Si Cristo hubiera sido fruto de la imaginación de sus biógrafos, ellos no sólo habrían omitido los dramáticos momentos de dudas que vivieron, sino también los de la dramática angustia que el propio Cristo sufrió en la noche en que fue delatado, en el Getsemaní. En aquella noche, Jesús comprendió la dimensión del cáliz que iba a beber, el dolor físico y psicológico que iría a soportar. Si los autores de los evangelios hubiesen programado la creación de un personaje, hubieran escondido el dolor, el sufrimiento de Cristo y el contenido de Sus Palabras. Hubieran apenas comentado Sus momentos de gloria, Sus milagros, Su popularidad. No vivió un teatro, lo que Él vivió fue plasmado para la historia. Ellos tampoco hubieran registrado el silencio de Jesucristo cuando estaba delante del juzgado de los principales sacerdotes y políticos. Por el contrario, hubiesen puesto respuestas brillantes en Su boca. Durante Su vida, Él pronunció palabras sabias y elocuentes que dejarían pasmadas hasta las personas más rígidas. Pero, cuando Pilato, intrigado, lo interrogó, se quedó callado. En el momento cuando Jesús más necesitaba de argumentos, prefirió callarse. Con Su gran inteligencia, podría escapar del juicio. Pero sabía que aquel juicio era parcial e injusto. Enmudeció, y en ningún momento buscó defenderse de todo lo que había hecho y hablado en público. Él simplemente se entregó a Sus oponentes y dejó que ellos juzgasen Sus palabras y Su comportamiento. Él fue juzgado, humillado y murió de forma injusta, y Sus biógrafos describieron eso." Dicha crónica sin censura, es la evidencia más fuerte en favor de la veracidad del relato bíblico en los evangelios. Lo triste es que muchos continúan adjudicando al fruto de la imaginación, la divinidad de Jesucristo. Pero no cabe duda alguna. Él es el Hijo de Dios enviado a nuestro corrompido mundo para sanarlo de la pandemia del pecado que ha afectado, afecta y seguirá afectando, a esta raza caída de Adán. Reconócele hoy como Soberano sobre tu vida y verás tu ser renovado para un nuevo comienzo.

La descripción del dolor de Cristo es la evidencia de que Él no fue una creación literaria

31 de octubre

MANO ABIERTA O CERRADA

El concepto de ingresos y egresos es totalmente diferente si comparamos la economía del hombre con la de Dios. En cualquier empresa, negocio o familia, cuanto más se gana más se gasta. Es una cuestión lógica, los egresos deben ser proporcionales a los ingresos. En otras palabras, lo que determina mi capacidad de gasto es

> "Recuerden esto: El que siembra escasamente, escasamente cosechará, y el que siembra en abundancia, en abundancia cosechará."
>
> **2ª Corintios 9:6**

la cantidad de ingresos con que disponga, ¿Verdad? Cuanto más entre, más podrá salir. Pero la propuesta divina es diametralmente diferente. Él dice en Su Palabra que mis ganancias no dependen de mis ingresos sino de mis egresos. ¿Qué? ¿Estás loco, Pablo?, me dirás. Bueno, suena algo loco pero funciona. Cuando das, recibes, porque al dar tu mano queda abierta y Dios puede llenarla. Pero si eres mezquino ante la necesidad ajena, tu mano estará siempre cerrada y Dios, simplemente tendrá que buscar otra mano que llenar. Recuerda esto: **"El que siembra escasamente, escasamente cosechará, y el que siembra en abundancia, en abundancia cosechará. ... Dios ama al que da con alegría. Y Dios puede hacer que toda gracia abunde para ustedes, de manera que siempre, en toda circunstancia, tengan todo lo necesario, y toda buena obra abunde en ustedes"** (2ª Corintios 9:6-8).

Pensamos que no damos porque no tenemos, cuando en verdad no tenemos porque no damos. ¿Captas la idea? Obvio que con Dios no se negocia. Muchos andan por ahí enseñando que debemos darle a Dos para que Él nos bendiga. ¡Eso no está bien! No puedo usar a Dios como un amuleto de la buena suerte que funciona con mis ofrendas, pero sí es cierto que si echas tu pan sobre las aguas al cabo de un tiempo lo hallarás.

¿Cómo está tu mano? ¿Abierta para recibir o cerrada porque ni da ni recibe? Recuerda, no hay nada más lindo que vivir para hacer feliz a los demás y dedicar mis esfuerzos a inversiones eternas.

En el mundo: si tengo doy.
Con Dios: cuando doy, entonces tengo.
(Corrige tu manera de ver la vida)

JUEGA PARA GANAR

> "¡Gracias a Dios por medio de Jesucristo nuestro Señor!"
>
> **Romanos 7:25**

Aquel día la noticia hacía referencia a Alicia, enferma terminal de cáncer grado tres, -el peor-, sin esperanzas de salvarse. Pero su optimismo y perseverancia al someterse a un tratamiento, mejoraron notoriamente su calidad de vida, a tal punto que se la consideraba prácticamente curada. Alicia narra las opiniones recogidas por sus allegados durante la dura batalla que tuvo que enfrentar. Una de ellas le manifestó: "Alicia, todos tus intentos y esfuerzos son vanos. Podrás jugar... pero nunca vas a ganar." Ella jugó, luchó, perseveró y ganó.

Hay otro cáncer aún peor. Es como una lepra, una llaga que avanza y gana terreno en el interior del ser humano y Dios le llama pecado. Muchos dicen de él lo mismo que dijeron de la enfermedad de Alicia: "podrás jugar pero nunca vas a ganar." Así, entregados a la inutilidad de reformarse por medio de esfuerzos humanos, abandonan la lucha y se dedican a una vida de placer sensual y descontrol, argumentando que son débiles víctimas de una fuerza interior que le esclaviza siempre al mal. El apóstol Pablo describió esta lucha cruel y desleal en su carta a los Romanos capítulo 7. Al final, resalta el poder sobrenatural que descendió como un regalo de parte de Dios al hombre, en la persona de Jesucristo. Únicamente por Él podrás jugar con la certeza de triunfo en los desafíos que esta vida te imponga. Lo demás es inútil esfuerzo; obras que no alcanzan para las altas demandas de santidad divina. Cristo, el don de Dios, vivió una vida sin pecado y quiere impartírtela a ti. Es un trueque en el que tú le das tus fracasos y Él te da Sus triunfos.

Juega del lado del equipo ganador. Aunque en esta vida tengas tristezas, debes saber que "**somos más que vencedores por medio de Aquel que nos amó**". (Romanos 8:37). El pecado ya fue destruido en la cruz, sólo debes aceptar ese hecho por la fe.

La gloria de Su gracia brilla sobre los escombros de intentos humanos de reforma

2 de noviembre
Amarle Para Amar

El capítulo 21 del evangelio de San Juan es uno de los más conmovedores relatos acerca del perdón y el trabajo en las vidas de las personas. Pedro, el rudo pescador en proceso de llegar a ser pescador de hombres en manos de Jesús, es el protagonista de esta larga caminata por la playa del mar de Galilea. Fueron días

> "Cuando hubieron comido, Jesús dijo a Simón Pedro: Simón, hijo de Jonás, ¿me amas más que éstos? Le respondió: Sí, Señor; tú sabes que te amo. Él le dijo: Apacienta mis corderos."
>
> **Juan 21:15**

agitados, muy agitados. La última vez que Pedro había visto al Señor, fue con un fogón de por medio. Entonces, le había negado cobardemente tres veces. Hoy, había otro fuego entre ellos. No era uno de reproches ni venganza por lo sucedido aquella noche; era un fogón de amistad. Algunos panes y un pez asado como desayuno, amenizaban aquel lugar. Después, la sobremesa, una invitación a caminar y la triple orden: "Pastorea mis ovejas", con el triple documento adjunto en interrogante: "¿Me amas?"...

Es que la única razón o condición que establece Jesús para quienes se harán cargo de sus ovejas es el AMOR a Él. Quien trabaje en las vidas de otras personas debe amar a Dios con todo el corazón para estimular a otros, porque ha sido perdonado. Pedro, nunca olvidaría esta lección de liderazgo. Aquel era ahora un hombre feliz. Esa felicidad que se siente después de haber sido perdonado. Esa realidad me impulsa a animar a otros a acercarse a caminar con aquel Pastor del corazón, especialista en perdonar las almas más ingratas. Guiamos personas hacia aquel fogón de amor, perdón y restauración.

Estamos acostumbrados a recibir órdenes de líderes insensibles que disfrutan de sus posiciones de privilegio. Jesús, el líder por excelencia, invita con su corazón de amor a seguirle. Y exige como única condición para ser parte de su empresa, amarle con un amor supremo. Aquel que experimenta una relación de amor con Jesús, lo demuestra en su rostro y hace que otros se sumen al rebaño. Y tú... ¿Lo amas?

Lo primero que hizo Jesús con Pedro, el traidor, fue invitarlo a desayunar. ¡¡¡Perdona!!!

HUECOS EN NUESTRAS RELACIONES

> "Conforme a la justicia son todas las palabras de mi boca, no hay en ellas nada torcido ni perverso."
>
> **Proverbios 8:8 (LBLA)**

Muchas veces nuestras relaciones interpersonales, como la convivencia conyugal, el clima en la familia, los amigos, compañeros de trabajo e iglesia, sufren daños severos de nuestra parte por no saber actuar con calma y objetividad. Juzgamos con demasiada prisa en la mayoría de los casos. Nuestro orgullo herido nos hace herir a la persona que más amamos en el mundo. Esta actitud vengativa pone en riesgo nuestra integridad y la de la persona con quien estoy compartiendo. Tenemos que comprender que los conflictos "lógicos" que surgen a diario en nuestras relaciones, muchas veces tienen como raíz otro conflicto interno y personal con nuestras propias pasiones no regeneradas. Así lo describe el apóstol Santiago en su epístola al preguntar en el capítulo 4:1: "**¿De dónde vienen las guerras y los pleitos entre vosotros? ¿No es de vuestras pasiones, las cuales combaten en vuestros miembros?**". Es de fundamental importancia contar con las motivaciones sanas antes de actuar locamente. Observemos la tonta acción de aquel que, molesto por una mosca durante varios minutos sin poder atraparla, corre hacia su bodega, toma su escopeta, le apunta al insecto posado en la pared de su cocina y de un disparo la mata. Se encargó del insecto, pero dejó un tremendo hueco en la pared y otro gran agujero en su economía, pues deberá gastar mucho dinero para reparar el daño en la cocina. ¿Ridículo, verdad? Así de ridículo actuamos los seres humanos cuando juzgamos apresuradamente la ofensa. Olvidamos que aquel que me ofendió es la persona que más amo y quien más me ama tal vez en el mundo y, perdiendo la objetividad, no evaluamos la situación, desestimando toda una vida de relación cordial. Reaccionamos frente a ese momento de agresión aparente donde sentimos que nuestras expectativas no fueron satisfechas o nuestros derechos invadidos. Y digo aparente porque quizás no quiso decir lo que dijo o no dijo lo que tú realmente oíste. ¡Tranquilo, tranquila! No arruines tu pared por una simple mosca que se posa por algunos minutos en ella. ¡Usa la cabeza!

No derribes la obra de Dios por una causa personal
(Paráfrasis de Romanos 14:20)

4 de noviembre
CAMBIO DE CONDUCTA

El mundo no puede ser indiferente al momento de detectar la corrupción alarmante que carcome esta sociedad a pasos acelerados. Sería muy necio decir que este sistema cósmico está cada vez mejor; que la moral se defiende en cada esquina, que la justicia es confiable y que la familia, cada vez está más consolidada. No.

> "Cuando Jesús llegó a aquel lugar, mirando hacia arriba, le vio, y le dijo: Zaqueo, date prisa, desciende, porque hoy es necesario que pose yo en tu casa."
>
> **Lucas 19:15**

Se nota, se huele, no se puede ocultar, como tampoco puedes ocultar un pedazo de carne en descomposición en un cajón de la casa. El problema es que fallan en proponer cambios de conducta radicales. Se intenta vanamente mejorar al individuo de afuera hacia adentro, cuando, en realidad, es a la inversa. En el evangelio de Lucas capítulo 19, tenemos la historia de Zaqueo. Este hombre estaba herido por dentro. A cada paso sentía el desprecio de las personas y el rechazo de sus vecinos. Su posición y empleo le habían dado la fama que esgrimía. Era jefe de los publicanos y rico; era el encargado de perseguir y denunciar a los judíos ante el emperador si no pagaban sus tributos. Cuando Jesús lo encontró, él estaba escondido arriba de un árbol intentando verle, porque la multitud allí presente no se lo permitía. Pero el Señor no le dio un discurso sobre honestidad ni le reprochó su conducta, sólo le hizo saber que estaba dispuesto a entrar a su casa. Le ofreció una amistad incondicional, le hizo sentir que alguien lo amaba así como era, que lo aceptaba sin condiciones, que no esperaba que cambiara para aceptarlo, sólo que le diera una oportunidad. La emoción de este pequeño hombrecito fue tan grande que, de un salto, bajó del árbol y lo recibió gozoso, dice el versículo 6. Las palabras de Zaqueo, luego de la charla con Jesús, muestran lo que logra un encuentro personal con Dios.

Es que el cambio de conducta en una persona nunca será una condición para venir al encuentro de Jesús, sino un resultado de dicho encuentro. Nuestra vida, familia y sociedad, sólo podrán tener cambios definitivos, después de un encuentro personal con Dios quien provocará una renovación desde adentro hacia afuera.

Intentar cambiar la conducta humana desde afuera hacia adentro, es una utopía

5 de noviembre
"Siglo Veinte, Cambalache"

> "La sinceridad ha desaparecido, y al que se aparta del mal le roban lo que tiene. El Señor se ha disgustado al ver que no hay justicia"
>
> **Isaías 59:15 (DHH)**

La letra del tango argentino: "Cambalache" dice, en uno de sus versos: *Hoy, resulta que es lo mismo ser derecho que traidor, ignorante, sabio, burro, generoso, estafador. Dale no más. Dale, que va*, haciendo alusión a las incongruencias de esta vida, donde el relativismo moral social y religioso, se exhibe en todas las vidrieras. ¡Y eso que Discépolo, su autor, vivió hace mucho más de medio siglo! Es que hoy, a lo bueno se le llama malo y a lo malo bueno.

No sé si este prolífero poeta argentino había leído, para inspirarse, el lamento del profeta Isaías en el capítulo 59, ya que la misma Biblia es mencionada en dicho tango, como un objeto sin valor, arrojado al olvido. Pero es un reclamo similar el que leemos en dicho pasaje: "Nadie hace denuncias justas, ni va a juicio con honradez. Confían más bien en la mentira y en palabras falsas... La justicia ha sido despreciada, la rectitud se mantiene a distancia, la sinceridad tropieza en la plaza pública y la honradez no puede presentarse... La sinceridad ha desaparecido, y al que se aparta del mal le roban lo que tiene. El Señor se ha disgustado al ver que no hay justicia." (Isaías 59:4-16). Si piensas que la culpa de que estemos "patas para arriba" la tiene Dios, por mirar con indiferencia todo esto y no hacer nada, estás equivocado. Este pasaje de la Biblia termina diciendo: "El Señor quedó asombrado al ver que nadie ponía remedio a esto; entonces actuó con su propio poder, y Él mismo obtuvo la victoria." (59:16) Sí. Dentro de poco tiempo, el mundo será espectador del retorno de Cristo a la tierra para juzgarla. Tan cierto como que estaba anunciada su primera venida y se cumplió al pie de la letra, es que está anunciada y se cumplirá su segunda venida.

Reconócele hoy como Salvador, antes de que tengas que conocerle como juez y sea tarde, demasiado tarde.

El relativo actuar del ser humano, será juzgado por la absoluta verdad de la Palabra de Dios

6 de noviembre

TRIUNFADORES SILENCIOSOS

Silvio Heller, define el éxito como la realización de los objetivos que cada uno se ponga. Cuando se alcanzan esos objetivos se tiene éxito. Libros de su autoría como: "En una hora cambiaré su vida" y "La magia de las ventas", argumentan sus teorías basándose en el concepto filosófico que él mismo llama "equilibrio".

"¿Dónde está, oh muerte, tu aguijón? ¿Dónde, oh sepulcro, tu victoria?"

1ª Corintios 15:55

Desde siempre, Dios intentó hacer saber al hombre, su criatura, que Él tiene un plan diseñado desde antes de crear el mundo y que en descubrir ese Plan y en andar por él, está la plena realización de la vida. De hecho, el éxito en la vida, a diferencia de lo enunciado por Heller, no radica ni en alcanzar las metas que yo me puse para mi vida, ni siquiera en las que yo me puse para Dios, sino en descubrir y alcanzar las que Dios puso para mí.

Sí. ¡Dios tiene un Plan para ti! ¿Lo sabías? Dice Su Palabra: "Lo que somos, es obra de Dios, hemos sido creados en Cristo Jesús con miras a las buenas obras que "Dios dispuso de antemano para que nos ocupáramos en ellas." ¿Cuál es el concepto del éxito que tú manejas? No confundas éxito con triunfo, con aplausos, o con sentirte realizado y satisfecho. Muchos triunfalistas, adictos a los aplausos y el reconocimiento, caen en grandes pozos depresivos cuando otros escalan más alto o cuando sienten que sus fuerzas y belleza comienzan el lento pero seguro camino al deterioro. Otros, se sienten satisfechos al haber logrado sus objetivos aunque traspasen el límite de lo permitido, como los ladrones y violadores... ¿Ellos han triunfado en la realización de sus objetivos? ¿Es eso también éxito?

Claro que no. Eso es esclavitud a su propio estilo de conquista egoísta enajenado de Dios, que al final te deja con el mismo sabor amargo que al comienzo. Sólo en íntima comunión con tu Creador, podrás descubrir tu propósito de vida y ser un vencedor de verdad. Eso más que éxito pasajero, es un logro eterno. No te equivoques.

Los triunfadores anónimos, alcanzan logros silenciosos, sin éxito aparente

> "Quita las escorias de la plata, y saldrá alhaja al fundidor".
>
> **Proverbios 25:4**

El libro de Daniel narra la heroica historia de tres jóvenes amigos que arriesgaron sus vidas por defender sus convicciones. Cautivos bajo el mando del déspota rey Nabucodonosor, presenciaron la máxima demostración de soberbia de este tirano: la construcción de una estatua de oro puro, de 30 metros de alto, que debía ser adorada, cual dios, por todos los súbditos del país, sin excepción. ¿Qué hacer, si sólo al verdadero Dios se debe adorar? Muchas veces las pruebas vienen de las maneras menos imaginables y en los momentos menos esperados. De hecho, Sadrac, Mesac y Abed Nego, estaban sin su líder y amigo, Daniel para que los defendiera ante semejante situación. ¡Justo ahora! Lo cierto es que se jugaron por su Dios y se negaron a arrodillarse ante la estatua del rey. El castigo no se hizo esperar: fueron atados de pies y manos y lanzados vivos dentro de un horno ardiendo a máxima temperatura. El capítulo tres de Daniel, resalta cuatro veces que los lanzaron **"atados"** al horno. Pero los versículos 24 y 25, merecen ser leídos: "**¿Acaso no eran tres los hombres que atamos y arrojamos al fuego? Así es, Su Majestad le respondieron. ¡Pues miren! Exclamó. Allí en el fuego veo a cuatro hombres, sin ataduras y sin daño alguno. ¡Y el cuarto tiene la apariencia de un dios!**" Nuestros tres héroes, salieron ilesos de aquella prueba. El versículo 27 dice que ni siquiera olor a humo tenían, sólo se les quemaron las cuerdas que ataban sus manos y pies.

Quiero resaltar uno de los objetivos de las pruebas en tu vida: "QUEMAR LO QUE NOS ATA". Igual que en aquel horno, sólo se quemaron las ataduras, lo demás no...

¿Qué es lo que hoy te ata para avanzar y moverte con libertad? No te quejes de la prueba inesperada e inoportuna que Dios puso en tu camino. Él quiere hacerte más puro, más libre. Deja que el fuego se aumente siete veces. Jesús caminará contigo en medio del horno y tú serás bendecido cuando todo haya acabado.

Mata y entierra el grano inútil de mi orgullo, para que nazca, paciente, la hierba verde de Tu gloria

8 de noviembre
ENFÓCATE EN LAS EVIDENCIAS

Es en esos momentos de duda y te-mor cuando la visión se nubla y vemos desmoronarse hasta los cimientos más estables de nuestra existencia. Cosas que ayer me sostenían, son las que hoy me desaniman hasta el colapso total. Mi mejor amigo me traiciona, (o por lo menos así lo siento); mi proyecto, en el que aposté toda mi

"Bienaventurado es aquel que no halle tropiezo en mí"

Lucas 7:23

inversión, se frustra; lo que me prometieron no se cumplió... No sé. Siento que ya nada tiene sentido y comienzo a sospechar que "estuve arando en el mar". ¿De qué sirvió tanto esfuerzo?...

Es entonces cuando Dios aconseja concentrarse en las evidencias palpables de Su Gracia sobre nuestras vidas, aunque sea en capítulos ya pasados, pero reales si los repaso. Están allí. ¡Cómo olvidarlos! Recuerdo perfectamente cómo Dios me usó, cómo me guardó. Esos milagros que están grabados en el banco de mi memoria como manifestaciones palpables de Su amor. Pero es que hoy, la realidad que me toca vivir es diferente, todo cambió...

No creas que sólo te sucede a ti. Es parte de la vida y es parte de la escuela de Dios para tu vida. Esos momentos en que "Él hace como que se va más lejos" y sientes que quedas solo, sola. (Lucas 24:28). Muchos han sido perfeccionados en esos momentos, su fe resultó más fortalecida.

Ese fue el caso del Juan el Bautista según lo narra el evangelio de Lucas en el capítulo siete. Este gran hombre había sido el pionero en anunciar la llegada del Mesías. Es más, fue el primero en reconocerlo y el primero en identificarlo, animando aún a sus propios discípulos a que le siguieran. Pero ahora estaba preso, sufriendo y abandonado. Su fe entró en crisis. Como último recurso, envió a algunos de sus fieles discípulos, que todavía arriesgaban sus vidas asistiéndolo en el calabozo, para que preguntarann a Jesús: "**¿Eres tú el Mesías que había de venir o esperaremos a otro?**" La respuesta de Jesús fue: Concéntrate en las evidencias de la Gracia, Lucas 7:22. Porque las bendiciones pasadas, son piedras levantadas en el altar de Su Gracia.

**Nunca juzgues a Dios por tus circunstancias.
Aprende a juzgar las circunstancias por tu Dios**

9 de noviembre

EFECTOS DEL DIVORCIO

> "Aunque mi padre y mi madre me dejaran, con todo, Jehová me recogerá. Enséñame, oh Jehová, tu camino, y guíame por senda de rectitud."
>
> **Salmo 27:10-11**

Los especialistas hacen hincapié en que los hijos perciben el divorcio de sus padres como algo negativo que estimula emociones dolorosas, confusión e incertidumbre. Como parte de esas reacciones, los niños pasan por un período de duelo y aflicción. Esos sentimientos pueden ser de tristeza o depresión, al igual que ansiedad acerca de su futuro. Al principio se vuelven muy posesivos con el padre o la madre y puede que se culpen a sí mismos por la separación. Otra tendencia que tienen los niños en esta situación, es la preocupación por la reconciliación, ya que los niños desean que sus padres vivan juntos, y se amen nuevamente. Luego viene la etapa de ira y resentimiento, en especial en contra de aquel a quien culpan del divorcio. Con el tiempo, el niño debe ajustarse gradualmente a esa nueva realidad. Podríamos dar consejos útiles para atenuar estos efectos sobre los niños, pero no dejarían de ser parches sobre parches. El divorcio, así como el aborto, el suicidio y otros males posmodernos, son la evidencia más descarnada de nuestra sociedad enajenada de Dios y la disociación de los pilares de nuestro mundo.

Millones de niños víctimas de padres separados, del divorcio y del abandono de hogar, tratan de sobrevivir buscando modelos sin hallarlos y viéndose casi obligados a repetir la macabra historia que les persigue cual fantasma.

Desde pequeños tienen que aprender a vivir con estas ausencias esenciales para el desarrollo de su carácter y en lugar de ser formados, son más bien deformados en su propio hogar.

Dios puede devolver lo que el hombre ha perdido. Su libertad, su capacidad de perdonar y volver a amar, su felicidad. En Cristo el ser humano puede encontrar eso y mucho más. Una nueva vida, un matrimonio y hogar feliz, y una esperanza de gloria futura allá en el cielo. ¡Pasa el mensaje!

Los niños de hoy son las víctimas de nuestras decisiones de ayer

10 de noviembre

AMISTAD

Los amigos deben tener un lugar especial en el corazón. Si valoramos la amistad debemos poner en práctica algunos principios:

Aunque te separe la distancia debemos recordar al amigo que en alguna circunstancia nos animó, consoló y amó.

> "Ya no os llamaré siervos, porque el siervo no sabe lo que hace su señor; pero os he llamado amigos, porque todas las cosas que oí de mi Padre, os las he dado a conocer."
>
> **Juan 15:15**

Debemos respetar su privacidad, horarios, gustos, y no invadir su vida a menos que se nos invite.

No existe verdadera amistad sin confianza plena. La amistad debe ser a "corazón abierto".

Seamos humildes al equivocarnos. Sepamos pedir perdón y también perdonar.

En la verdadera amistad no se busca recibir sino dar. Seamos generosos. A los amigos entregamos nuestro tiempo, afecto, oraciones y dinero.

"En todo tiempo ama el amigo, y es como un hermano en tiempo de angustia", dice Proverbios 17:17. Y el capítulo 18:24: **"El hombre que tiene amigos ha de mostrarse amigo; y amigo hay más unido que un hermano."**

Tal vez, de los patrimonios exclusivos de la raza humana, la capacidad de hacer, cultivar y disfrutar de amigos, sea el más caro.

Es triste ver personas que tienen gran dificultar al momento de comenzar una relación de amistad con alguien. Las dudas, miedos, traumas del pasado y prejuicios le dominan y acaban desconfiando de todo aquel que se acerque tal vez con buenas intenciones.

La palabra "amigo" formó parte del lenguaje del Señor al referirse a sus discípulos y a todos aquellos que le seguiríamos, y esto le da un calibre especial, un valor eterno a esta virtud.

Si vas a acabar tus días sin amigos, serás la persona más desdichada del mundo. Si no quieres ser esa persona, comienza desde hoy a invertir en la amistad, porque el hombre que hoy tiene amigos es aquel que ayer supo mostrarse como amigo. [Proverbios 18:24].

Los amigos no se gastan a menos que se los use

LAS INCONSISTENCIAS DE LA VIDA

> "¡Y eso que ni siquiera saben qué sucederá mañana! ¿Qué es su vida? Ustedes son como la niebla, que aparece por un momento y luego se desvanece."
>
> Santiago 4:14

Las inconsistencias o incongruencias de la vida son la constante de este mundo en el que vivimos. Se asemeja a una ensalada de triunfos y tragedias, profanidad y pureza, desesperación y esperanza. Lo malo no se diferencia de lo bueno, la verdad se confunde con la mentira, y la vida camina de la mano con la muerte. Es como si una delgada línea las separara. Un dulce momento de victoria puede cambiar en un minuto a una eternidad de derrota. A veces deseamos que la vida sea un poco más previsible, ¿Verdad? Pero no. Nos tiene a todos, grandes y pequeños, pobres y ricos, sabios e ignorantes al borde de nuestros asientos en espera del momento para saltar por lo inesperado. Este estado de ánimo produce en nosotros una inseguridad crónica, cierta paranoia que es imposible disimular. Ese miedo a lo desconocido o inesperado nos carcome y muchas veces nos paraliza. Cáncer, violación, muerte, divorcio, traición, quiebra, robo. Palabras que le quitan el sueño a cualquiera. No hay solución para esta patología. No hay cómo inmunizarse para la tragedia, el imprevisto y las sorpresas. Pero sí existe alguien que te contiene cada vez que la vida te sorprende con sus inconsistencias: El Jesús de la cruz. Al fin y al cabo, fue en ese mismo lugar donde lo incongruente se escribió con mayúsculas y en negrita. La bondad se fundió con la crueldad, lo obsceno con lo santo, lo enfermo con lo sano, el odio con el amor, lo inconsistente con lo consistente, lo humano con lo divino, el Jesús hombre con el Cristo Dios. Por eso, Aquel que recibió en sí mismo el veneno mortal de las incongruencias y salió inmune del sepulcro, es quien hoy te dice: "Confía en mí. Que aunque andes en valle de sombras de muerte, no temerás mal alguno, porque yo estaré contigo." Recuerda que Él cargó tu peso para que hoy tú descanses en Él.

**La cosa más consistente de la vida
es su inconsistencia misma**

12 de noviembre
EL PROBLEMA DEL PECADO

La Biblia dice que lo que nos separa de Dios, no son las religiones sino nuestro pecado. Un mal endémico que ha contagiado y sigue infectando a cada ser humano desde el mismo inicio de sus días. Nos separa, nos aleja. No tenemos la fuerza suficiente para erradicarlo ni somos lo bastante buenos como para borrarlo con nuestras buenas obras.

> "Así está escrito: "No hay un solo justo, ni siquiera uno; no hay nadie que entienda, nadie que busque a Dios. Todos se han extraviado; por igual se han corrompido. No hay nadie que haga lo bueno, no, no hay ni siquiera uno"
>
> **Romanos 3:10.**

Todos han intentado acortar distancias, construir improvisados puentes, en su afán de unir ambas puntas, pero sus esfuerzos fueron inútiles. Los hedonistas centraron el ideal de vida o la vida ideal en la búsqueda de placer y fracasaron. Los idealistas se equivocaron porque sus pensamientos estaban en las alturas pero no en Dios. Los legalistas se cansaron de obedecer porque sus esfuerzos estaban en las leyes y no en la gracia. Los materialistas sólo buscaban seguridad cometiendo el más antiguo de los errores, el mismo que cometió el rico insensato, pretender satisfacer necesidades espirituales con cosas materiales: **"alma"**, dijo él, **"muchos bienes tienes guardados para muchos días, come, bebe y regocíjate"**. El al ama no come ni bebe, ¿verdad? Pero el materialismo te embriaga tanto que te hace pensar que solucionas problemas emocionales con vicios y adicciones. Sigamos. Los religiosos piden piedad, los escépticos buscan argumentos para negar la existencia de Dios, los místicos presumen de cierta espiritualidad superior; los gnósticos ensalzan su pensamiento hueco. Pero unos y otros, están, dice la Biblia, separados de Dios. Todos están igual de lejos. Lejos de su Padre y lo más triste es que no saben cómo regresar a casa. Esta es la gran deficiencia de la humanidad. Lejos por el pecado. Muertos por la incomunicación con el Creador. Pero Dios mismo ideó la solución para este problema endémico: El único puente seguro que está hecho con madera de la cruz. Mira al Jesús crucificado por ti y por mí, y serás salvo.

El pecado no sólo contamina a cada ser humano, sino que contamina el ser de cada humano

> "Si el espíritu del príncipe se exaltare contra ti, no dejes tu lugar; porque la mansedumbre hará cesar grandes ofensas."
>
> **Eclesiastés 10:4**

El padre y su hijo llegaron a la hacienda un sábado de pleno sol. Era el día anhelado por el muchacho. Como de costumbre, salió a recibirles Julián, el encargado.

Estaba algo frustrado pues no había conseguido domar al brioso caballo salvaje que don Pedro le había comprado a su hijo y, supuestamente, debería estar listo para ese día. Luego de consolar al muchacho, don Pedro montó al fiero animal. Al cabo de dos horas, cabalgaba mansamente junto a su hijo por el sendero de robles. Julián, el encargado de la hacienda, observó algo asombrado y exclamó: "Obvio, es que usted encontró al caballo cansado de tantas montas que le hice durante la semana." "No", respondió don Pedro. "Este animal no tiene menos fuerza que cuando lo traje. Tiene la misma furia, el mismo brío. Pero hoy, aprendió a controlarlo bajo mi mando".

Justamente este ejemplo es el mejor gráfico de lo que significa mansedumbre. No es ausencia de carácter ni falta de firmeza. Al contrario, es poder bajo control. Es fuerza de carácter sujetada. El problema no está en tu carácter sino en quién lo domine. No pienses que entregar el mando de tu vida a Jesús redundará en pérdida de identidad o anulación de tu personalidad. Al contrario. Tus cualidades las cuales te hacen único, se potenciarán y alcanzarás mayores logros y mejores conquistas que si lo intentas tú solo.

Jesús fue el hombre más manso que pisó este planeta, pero cuando tuvo que enfrentar, denunciar y hasta correr a latigazos, lo hizo. Afirmó su rostro como mármol y alcanzó el máximo umbral de logro en la historia humana: Redimir a la raza caída de Adán. Moisés, era un hombre de gran carácter y experimentó las consecuencias trágicas de dar "rienda suelta" a su enojo y transformarse en asesino, pero luego fue llamado "manso" por el mismo Dios.

Si permites que el Espíritu de Dios te llene, experimentarás una vida de firme mansedumbre, porque "el fruto del obrar del Espíritu es mansedumbre".

Un hombre de carácter no es el que grita más fuerte, sino el que nunca grita

14 de noviembre

La Experiencia No Basta

Los pescadores escoceses se hicieron prósperos desde que comenzaron a pescar mar adentro, en lugares más distantes de la costa. Pero esa semana se encontraban frustrados. El mal tiempo les había impedido realizar sus labores y las ganancias estaban bajando. Por fin aquella mañana desplegaba un cielo azul. ¡Un

> "Tenemos también la palabra profética más segura, a la cual hacéis bien en estar atentos como a una antorcha que alumbra en lugar oscuro, hasta que el día esclarezca y el lucero de la mañana salga en vuestros corazones."
>
> **2ª Pedro 1:19**

excelente día para pescar! Sin embargo había un problema. Un viejo pescador de probada experiencia exclamó: "¡Miren, el barómetro esta bajando!" Se sabe que el barómetro es un aparato que mide la presión del aire y es usado para pronosticar el clima del día siguiente. "¿Por qué preocuparnos del barómetro si es un día excelente?" -Replicó un joven-. El grupo de amigos pescadores acotó: "El barómetro miente. A pescar se ha dicho". Estos hombres robustos no sentían temor. Habían salido airosos de tantas tormentas que no había por qué temer. Así que, cuando el primer bote se internó en el mar, uno tras otro hicieron lo mismo, mientras el viejo pescador, con el barómetro en su mano los observaba, tristemente, perderse en el horizonte. "Es una linda escena", dijo el veterano meneando la cabeza, "pero no regresarán como se fueron". Alrededor del mediodía comenzó a sentirse una fuerte brisa y luego se oscureció el cielo. En pocas horas, el peor huracán que haya tocado aquella costa, estaba en pleno desarrollo. Pocas embarcaciones pudieron soportar la prueba en alta mar. Se perdieron más de cien pescadores del aquel puerto. Sin embargo, los pescadores del pueblo cercano de Berwick habían creído la indicación del barómetro. De allí no se perdió ninguna vida. Así mismo, hoy muchos hacen caso omiso a las advertencias futuras de la Palabra de Dios. Ella, tal como un barómetro, nos advierte del peligro de rechazar Su mensaje y de las bendiciones futuras que le esperan a todo aquel que cree. ¿Crees en Sus palabras? De eso depende el destino de tu alma. El que se cree sabio en su propia opinión, dice Dios, es un necio. La vida no se vive con experiencia sino con humilde dependencia de Aquel que nos la dio.

El que cree en el Hijo tiene vida eterna; pero el que rehúsa creer en el Hijo no verá la vida. (Juan 3:36)

"Y castigaré al mundo por su maldad, y a los impíos por su iniquidad; y haré que cese la arrogancia de los soberbios, y abatiré
la altivez de los fuertes."

Isaías 13:11

Aunque parezca duro decirlo, todo
hombre y toda mujer llevan en su interior un potencial de triunfo o de fracaso idénticamente igual. Sí. Somos
potenciales triunfadores pero también potenciales perdedores. Aquel
que prepondera el uno y desestima al
otro, corre graves riesgos. El hombre
presuntuoso, que nunca incluye en su
agenda de vida la posibilidad de un fracaso, se desploma cuando éste
le sorprende y difícilmente logra reponerse. De la misma manera, los
que siempre piensan que no podrán lograrlo y viven presos del pánico
hacia el futuro, se paralizan con sentimientos de inutilidad y baja autoestima y nunca culminan o, en el peor de los casos, nunca comienzan un nuevo proyecto de vida. Aún los grandes hombres y mujeres
tienen el potencial de arruinar toda su carrera y acabar en el caos
si no toman los recaudos pertinentes. Jesús advirtió de este peligro
cuando encomendó a su joven grupo de discípulos la tarea de evan-
gelizar, otorgándoles autoridad. El relato de Lucas 10:17-20 dice así:
**"Volvieron los setenta con gozo, diciendo: Señor, aún los demonios
se nos sujetan en tu nombre. Y les dijo: Yo veía a Satanás caer del
cielo como un rayo. He aquí os doy potestad de hollar serpientes
y escorpiones, y sobre toda fuerza del enemigo, y nada os dañará.
Pero no os regocijéis de que los espíritus se os sujetan, sino regocijaos de que vuestros nombres están escritos en los cielos".** La
arrogancia de estos jóvenes fue puesta en evidencia por el Maestro
que les aconsejaba no caer en el mismo error de aquel hermoso Lucifer. Él quiso ser igual a Dios y le costó su puesto privilegiado.

¿Sabes? Los logros y triunfos que conquistes no tienen valor en sí
mismos si no están aprobados por el Dueño de tu vida: tu Creador.
De igual manera, los fracasos y derrotas, pueden ser transformados
en lecciones útiles para la vida si cuentas con asistencia divina en
esos momentos de desencanto. Humíllate ante Dios y Él te exaltará,
pero a Su tiempo.

El orgullo más grande radica en vivir humillado ante Dios

BATALLA... ¿TERMINADA?

> "Al que venciere, le daré que se siente conmigo en mi trono, así como yo he vencido, y me he sentado con mi Padre en su trono."
>
> **Apocalipsis 3:21**

Cuando pensamos que un conflicto está por fin resuelto ya hay otro en proceso de gestación. Cuando sentimos que derrotamos al enemigo, un nuevo frente de batalla se presenta ante nuestros ojos. Y así, casi sin percibirlo, nos acostumbramos a decir que lo bueno dura poco. Nunca pienses que ya se acabó la batalla, que no habrá más luchas ni pruebas mientras estés en este suelo y dentro de esta piel. Es parte de la vida misma. Dios lo planeó así para tu formación. El pueblo de Israel, que nos deja tantas y variadas lecciones para nuestro diario vivir, experimentó una liberación nacional y espiritual como ningún otro pueblo en la historia. Subyugados por los egipcios y sintiéndose olvidados por su Dios, recibieron socorro de Moisés y fueron sacados de Egipto, liberados de su opresión, redimidos, e introducidos en una tierra idealmente preparada para ellos. Pero nunca acabaron sus problemas. Vecinos molestos, terquedad, murmuración, codicia e idolatría... Lo cierto es que se encontraban en constantes luchas por ataques externos y por errores internos. De alguna manera, una vida pulida, un carácter templado, deja huellas y más que huellas cicatrices. Sí. Las cicatrices son evidencias de que sufrimos, ¡Pero sobrevivimos! Los que intentan esquivar el dolor, los problemas y las crisis, difícilmente alcanzan los peldaños más elevados del desarrollo. En cambio, aquellos que viven en alerta, sabiendo que vivimos en peligro, salvan sus almas y alcanzan metas. La Biblia, la Palabra de Dios, está repleta de notas de advertencia. Sólo basta considerar ésta: Efesios 6:12-13: **"Porque no tenemos lucha contra sangre y carne, sino contra principados, contra potestades, contra los gobernadores de las tinieblas de este siglo, contra huestes espirituales de maldad en las regiones celestes. Por tanto, tomad toda la armadura de Dios, para que podáis resistir en el día malo, y habiendo acabado todo, estar firmes"**. Así que no esperes ni busques la vida fácil. Solamente los esforzados y prevenidos, son los que alcanzarán victoria.

Las cicatrices son evidencias de que sufrimos, ¡pero sobrevivimos!

> "Los extraños se debilitarán, y saldrán temblando de sus encierros. Viva Jehová, y bendita sea mi roca, y engrandecido sea el Dios de mi salvación."
>
> **2ª Samuel 22:46 -47**

La vida nos presenta un sinfín de situaciones donde nos sentimos desprovistos de las herramientas necesarias para actuar. Etapas, muchas veces inesperadas, donde no hallamos respuestas que arrojen algo de luz para saber qué hacer, por dónde comenzar y qué responder. Nos sorprenden, nos paralizan y nos golpean; se acrecienta el sentimiento de pánico porque, sumado a la crisis real que estamos viviendo, por dentro hay otra potencial producto del desconocimiento de cómo actuar y el consecuente miedo a equivocarnos. El dolor es doble, el miedo se aumenta y las fuerzas, cada vez, son menos.

Es en esos momentos de oscuridad y confusión cuando debes concentrar tu atención en un punto fijo. En algo o alguien que no sea víctima del vaivén y de la inestabilidad de la crisis. Como una inestable barca en alta mar, se aconseja mirar algo que no se mueva para evitar marearse.

Hay veces en las cuales pareciera que lo único sano en el bote de la vida, es el mástil. La tormenta acecha y no hay lugar seguro... Bueno, aférrate a ese punto, a ese mástil. Tal vez sea un recuerdo grato, quizás un amigo cerca o una promesa de Dios, Su Palabra, Su presencia...

Alguien dijo que cuando no sabes qué hacer, debes hacer lo que sí sabes hacer. ¿Sabes orar? Pues ora. ¿Sabes leer la Biblia? Pues léela. Concéntrate en lo esencial, que muchas veces es invisible a los ojos. Satanás, y su "cosmos", intenta distraernos, disuadirnos y confundirnos con las olas de este mundo. Pedro, el apóstol, se sentía seguro caminando sobre las aguas disfrutando el triunfo, hasta que las grandes olas comenzaron a distraerlo. Su mente se dividió, por ende sus fuerzas se debilitaron. Mientras se hundía exclamó: "Señor sálvame." Una oración del alma; efectiva. Porque la oración que ha de llegar más lejos, debe ser lanzada, cual flecha, desde un arco completamente doblado. Casi al punto de quebrarse. Si te sientes así, mira al Señor, no hay punto más seguro que Él. Verás su mano extendida, su disciplina amorosa y la calma, después de la tormenta.

**Cuando no sepas lo que tienes que hacer,
Haz lo que sí sabes hacer**

18 de noviembre
ORDENA TUS PRIORIDADES

Dios tiene Sus maneras de recordarnos nuestras prioridades. Este hecho es muy real y si no lo entendemos podemos amargarnos ignorando que Su voz sabia está llamándonos, porque hay "algo" fuera de lugar que necesita urgente atención. Es que las "urgencias" de la vida, consiguen alterar de tal manera nuestra escala de valores que si estamos desatentos muy fácilmente relegamos lo importante y preponderamos lo prescindible, terminando "patas para arriba".

> "...pues fuimos abrumados sobremanera más allá de nuestras fuerzas, de tal modo que aun perdimos la esperanza de conservar *la vida*."
>
> **2ª Corintios 1:8.**

Todos recordamos trances traumáticos de nuestra existencia en los que nos pusimos a pensar en aquellas cosas o personas, (mayormente personas) que hemos olvidado o desestimado y ahora nos son necesarios. Un amigo al que hace meses que no llamo y ahora lo necesito. Una madre o un padre al que le debo un abrazo y hoy tengo lejos. Aquel libro que abandoné por la mitad de la lectura. Hábitos piadosos que fueron reemplazados por pasatiempos sensuales que hoy me cuesta abandonar... No sé.

Lo cierto es que existe la tendencia a olvidar lo importante y perder el tiempo con lo pasajero.

El apóstol Pablo, fue un hombre con una agenda completa, muchas actividades, un gran ministerio en donde todo el mundo conocido de su época era su campo de acción. Constantemente debía revisar sus prioridades para no dejar que "lo urgente" lo sepultara. Muchas veces, Dios lo puso en situaciones difíciles como la que le sobrevino en Asia, para que valorara lo imprescindible; en este caso: la vida misma. La salud, los hijos, el cónyuge, mis amigos... DIOS. ¿Qué de Dios? ¿Importante o reemplazable? Entonces, ¿por qué lo tienes lejos?

Cuando niños decimos: "muy temprano." De joven: "no tengo tiempo." De adulto: "muy ocupado". De anciano: "ya es tarde".

No te equivoques. Si estás en apuros como Pablo, piensa en lo eterno, mira arriba, donde Dios está sentado. Pídele perdón por tanto tiempo ignorándolo y ordena tu vida. ¡Tendrás que dar cuentas!

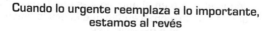

Cuando lo urgente reemplaza a lo importante, estamos al revés

> "En Él, ustedes lo tienen todo, pues Él está por encima de todos los poderes y autoridades sobrenaturales."
>
> **Colosenses 2:10. (BL95)**

De alguna manera, todos tenemos "conexiones" con personas o cosas que conforman nuestro sistema de confianza. Son esas cuerdas que nos sostienen, aquellos "capitales de vida" sobre los que construimos nuestro destino. Lo que puede ser elemental, un fundamento, para uno quizás no tenga mayor relevancia para otro. Las posesiones materiales, por ejemplo, pueden ser una meta a alcanzar a cualquier costo para unos; sin embargo, para otros puede que no tengan tanto valor. Otras personas en cambio, creen que las conquistas intelectuales, los títulos académicos, son el clímax y la realización plena. Tal vez para otros, una preparación básica y elemental en los estudios es suficiente. Otros apuestan por la religión, la familia, la moralidad, la salud... Lo cierto es que todos basamos nuestra existencia sobre algo o alguien. Quiero decirte que cuando ese algo o alguien no es Dios estás parado en terreno movedizo y corres gran peligro. Dios, desde Su cielo, mira celosamente la conducta de Sus criaturas y, más que sus conductas, mira sus corazones, sus sueños; aquello que consume sus tiempos. Él es celoso. No quiere competencia. Sabe y advierte que cualquier cosa que compita con su reino en nuestras vidas puede destruirnos. Cuando esas "cosas" que conforman nuestro mecanismo de confianza y seguridad comienzan a desvanecerse toda la vida entra en crisis. Tu estabilidad colapsa, tu ánimo se altera y se despierta en ti otro mecanismo: el de sobrevivencia, que te pone a la defensiva ante todo aquello que aparente amenaza alguna. Cuando la salud se quiebra, cuando el dinero se acaba, cuando el cónyuge traiciona, cuando los hijos se van...

Y entonces, cuando llegas al punto en el que sientes que Dios es lo único que te queda comprendes que Él es lo único que necesitas.

Es que realmente en Dios estás completo. Él, y sólo Él, debería ser lo realmente imprescindible para tu completa realización como individuo. ¿Es esto una realidad en ti? El salmista dijo: **"¿A quién tengo yo en la tierra, sino sólo a ti?"** (Salmos 73:25a).

Cuando llegas al punto en el que sientes que Dios es lo único que te queda, comprendes que Él era lo único que necesitabas

20 de noviembre

Instintos Naturales

Algunas especies animales nos sorprenden con su capacidad para orientarse en sus rutas de viaje con una precisión increíble. Tal es el caso, por ejemplo, de las aves migratorias. Los científicos han concluido que se valen del campo magnético de la tierra para llegar al destino. Pero como indica la revista británica *Science*, las

"Venid, oh casa de Jacob, y caminaremos a la luz de Jehová."

Isaías 2:5

líneas del campo magnético varían de un lugar a otro y no siempre señalan el verdadero Norte. ¿Qué impide que las aves migratorias se desvíen del verdadero rumbo? Al parecer, ajustan a diario su orientación de acuerdo al punto por donde se pone el sol; pero como dicho punto cambia según la latitud y la estación del año, los investigadores creen que compensan tales cambios con un reloj biológico que les indica el momento del año en el que se hallan.

Encontramos un caso similar, pero en rutas terrestres, con algunas especies de hormigas. Tal es el caso de la "hormiga faraón". Estos insectos, comenta un destacado grupo de investigadores británicos, además de dejar un rastro químico con un fuerte olor en sus caminos, se valen de ciertos principios geométricos al trazar sus senderos que les ayudan para volver a casa. De esta manera, las rutas que parten de la colonia, se bifurcan en ángulos de 50 grados. Al regresar, las hormigas escogen, por instinto, el camino que les obliga a alejarse menos, lo cual, inevitablemente les conduce al hormiguero. Esta precisión para orientarse me habla claramente de un Creador inteligente. Pero también nos debe hacer pensar que como seres vivos, creados con propósito, también nuestras vidas tienen un rumbo, una meta, un destino. Fuimos creados para dirigirnos a Dios. El pecado ha "dañado" esa virtud y los humanos nos hemos encargado de cambiar esa brújula interior, esa conciencia de eternidad: **"cada cual se apartó por su camino"** [Juan 10:11b]. Dios sigue poniendo guías y señales en nuestro diario andar para que le encontremos. Él no se esconde. Se hizo visible, te llama, te advierte. Encuentra tu rumbo en Jesús. No confundas las señales. No hay nada más lindo que saber que mi destino es el cielo.

**Si orientas tu vida hacia Jesús,
te encontrarás con Dios al final del viaje**

> "...y mirarán a mí, a quien traspasaron, y llorarán."
>
> **Zacarías 12:10**

Todo organismo vivo está expuesto a sufrir lesiones o alteraciones que le produzcan algún tipo de cicatrices. Los árboles tienen cicatrices en su corteza. Los animales más salvajes, en su piel, evidenciando ataques y peleas. Los humanos no estamos exentos del sufrimiento, las heridas y las consecuentes cicatrices. Las hay en el cuerpo, externas o internas, y las hay en el alma y el corazón donde ningún aparato de medicina puede detectarlas. Pero están allí. A veces sangran de por vida, no quieren cerrar. Son parte de nuestra historia. Hacen parte de nuestra "herencia" y no podemos, ni debemos, ignorarlas. Recuerdos de una infancia traumática, memorias de escenas dolorosas, accidentes, repasos de capítulos de mi vida que preferimos dejar archivados... Pero también, las cicatrices son evidencia de que sufrimos, sí, pero sobrevivimos. Salimos a flote, seguimos adelante.

El ser más admirable, perfecto y poderoso que haya pisado nuestro planeta tierra, Jesús, sufrió, sangró, lloró y gritó, y hoy muestra con orgullo sus cicatrices. Él fue herido, y fue herido con la peor de las armas; la de la traición. Zacarías 13:6 **"Y le preguntarán: ¿Qué heridas son estas en tus manos? Y Él responderá: Con ellas fui herido en casa de mis amigos."**

Pero Él no se avergüenza de sus heridas. Dejó este mundo con ellas, entró a la gloria con ellas y con ellas volverá por segunda vez. Y entonces, dice la Biblia, que muchos mirarán a Aquel que traspasaron en aquella cruz y serán salvos. [Zacarías 12:10]

Y tú... ¿Te avergüenzas de las cicatrices que la vida te dejó? ¿Sabes? Pueden ser usadas para fortalecerte y consolar a otros que sufren. En Dios encontrarás sanidad. Es verdad que hay cosas que se perdieron y ya nunca se podrán recuperar, pero Jesús puede devolverte el gozo, el optimismo, el valor y las ganas de vivir. Cuando te apoyas en Él sientes su cicatriz profunda, sabes que te comprende y naces de nuevo. ¡Compruébalo hoy mismo!

Dios puede sacar vida aun de las cicatrices más profundas. (Ya lo demostró)

22 de noviembre
CONQUISTADORES

"Mas a Dios gracias, el cual nos lleva siempre en triunfo en Cristo Jesús, y por medio de nosotros manifiesta en todo lugar el olor de su conocimiento."

2ª Corintios 2:14

Los éxitos y conquistas son potenciadores de vida; para muchos funcionan como estimulantes para continuar justificando sus esfuerzos extremos. En realidad, a nadie le gusta ser un perdedor en la vida. Nadie sueña con ver sus metas frustradas.

Jesucristo vino a este mundo hace más de 2000 años con una propuesta revolucionaria: unirnos a Su procesión triunfal y compartir Su victoria. Los ricos y poderosos, los reyes y famosos, alcanzan sus metas y extienden sus fronteras a costa de sus fieles seguidores y no comparten con ellos sus conquistas. Los convencen con migajas de placer, mientras ellos se enriquecen egoístamente. En cambio, Jesús venció a la muerte **"y al que tenía el imperio de la muerte, esto es al Diablo"** (Hebreos 2:14b), no a expensas de sus fieles sino de sí mismo, entregándose en la Cruz. No acapara para sí su victoria sino que la comparte. Es hermosa la analogía de Pablo, el apóstol, cuando invita a todos aquellos que hemos sido cautivados por el amor de Dios a subirnos a la carroza triunfal como en los tiempos del imperio romano y disfrutar del paseo. En esos tiempos, los conquistadores se paseaban orgullosos por las arenas romanas. Nosotros hoy, hemos sido hechos triunfadores por amor de Aquel que pagó el precio de nuestro rescate. Mientras permanezcamos sentados y descansando en Su carroza podremos decir: "soy más que vencedor".

La clave para el éxito, entonces, no es tanto esforzarse por vencer, sino dejarse "llevar" por Jesús; permanecer encadenado a su carroza, rendido a sus pies y disfrutando de Su triunfo.

¿Vives cansado de luchar por alcanzar el éxito y la victoria? ¿Te desanima el ver un récord de fracasos tras de ti?... Tal vez sea porque piensas que el triunfo depende de ti, de tus esfuerzos y capacidades, cuando en realidad depende de Él. Si deseas ser un conquistador, debes dejarte conquistar primero por Él. Una vida de obediencia a los preceptos bíblicos es la antesala a una vida de victoria.

Para ser un triunfador debes dejarte conquistar primero por Jesús

Flotando Sobre Las Aguas

> "Nosotros somos creación de Dios. Por nuestra unión con Jesucristo, nos creó para que vivamos haciendo el bien, lo cual Dios ya había planeado desde antes".
>
> **Efesios 2:10 (BLS)**

La física tiene aristas sumamente interesantes. El metal, por ejemplo, por más liviano que sea, se hunde indefectiblemente si es puesto en un líquido. Mucho más el acero, aleación del hierro extremadamente pesada. Sin embargo, toneladas de acero, ubicadas precisamente basándose en un diseño previo, forman un gran buque de guerra, por ejemplo, y flota. Todo depende del diseño de ingeniería previo. Del orden con que cada pieza es puesta en su lugar exacto y... ¡A navegar se ha dicho! Creo que la vida se asemeja mucho a esto. Partes de nuestra historia, pedazos, muchas veces rotos de nuestra existencia, no tienen otro final que no sea hundirse en las profundidades de la frustración y el fracaso a no ser que una mano sabia las coloque en el lugar correcto, basándose en un diseño previo.

Dios dice en su Palabra que ese diseño ya fue concebido pensando en ti, desde antes de la fundación del mundo y que en descubrir ese plan perfecto, está la realización de tu vida. Cuando te conectas con tu Diseñador, le preguntas sobre esos extractos de tu vida incomprensibles y aparentemente nocivos, toda tu historia comienza a tener sentido, las cosas se ordenan y recibes luz en la oscuridad. Sí, al recibir a Jesús, recibes la luz, porque Él dijo: **"Yo soy la luz del mundo, el que me sigue, no andará en tinieblas, sino que tendrá la luz de la vida"** (Juan 8:12).

Si dejas que El Eterno Constructor ponga los pedazos de tu vida en su lugar, vivirás a flote, por encima del nivel de la mediocridad.

Los problemas, las personas (que generalmente son la misma cosa), las necesidades reales o aparentes y el estrés tienen la cualidad de sobrecargar tu capacidad de soportar hasta que experimentas una fractura emocional y comienzas a hundirte.

¿Estás así en estos momentos? Por qué no te entregas a Su cuidado y permites que, amorosa y pacientemente, Él ordene tu vida, emociones y pensamientos. Poco a poco comenzarás a flotar y de Su mano llegarás a puerto sano y salvo.

**Vivir inconforme con el diseño de Dios para tu vida,
no es vivir**

24 de noviembre
"El Opio De Las Masas"

"Rusia ha enviado su satélite: "Sputnik" a explorar el espacio exterior y otro satélite que se acerque lo más posible al sol. Hasta ahora, las evidencias demuestran que en esos lugares explorados no está Dios. Estamos acabando con la religión, el *opio de las masas*". Esta declaración fue hecha por un máximo dirigente Ruso, en instancias a la incorporación de la Unión Soviética al programa espacial a escala mundial. Rusia, desde siempre, ha negado la existencia de Dios con su régimen comunista. Décadas de una política y constitución enajenadas de Dios, han guiado a los millones de habitantes rusos a una ideología contraria a los preceptos divinos. Aceptan el reporte de un satélite, aparato fabricado por ellos mismos, pero cierran sus oídos a las claras evidencias de la existencia de un Dios de amor y justicia. Inconscientemente cumplen, al pie de la letra, los designios de Dios referente a Rusia como nación hacia el final de los tiempos mencionados en Ezequiel 38:4. Entonces, Dios los llevará **"con garfios en sus narices"** al lugar de juicio. Y tú, ¿piensas que escaparás a la justicia divina si escoges vivir tu vida con la misma filosofía de estos imperios ateos? El silencio y la "nada" en el espacio exterior, la ausencia de vida consciente, demuestran justamente la existencia de un Dios sabio, inteligente y creador. No hay más que buscar. No hay vida más allá de Dios. ¿Por qué no escuchan la revelación de Dios en Su Palabra, en la Biblia, en la naturaleza, en sus propias conciencias, en millones de vidas transformadas por su Espíritu? Obvio, negar la existencia de Dios me libra de un juicio futuro y de un futuro ajuste de cuentas. Es más fácil, es más cómodo. Pero debes saber que el tiempo se acaba y se acerca el cumplimiento de todos los juicios apocalípticos tanto para las naciones, como para las personas que se han rehusado a creer en el evangelio de Jesucristo. ¿Estás listo para Su venida?

> "¿Piensas entonces que vas a escapar del juicio de Dios, tú que juzgas a otros y sin embargo haces lo mismo que ellos?"
> **Romanos 2:3**

El silencio de Dios, no es evidencia de Su inexistencia, sino de Su paciente amor

PROBLEMAS POR OPORTUNIDADES

> "Cuando Jesús desembarcó y vio tanta gente, tuvo compasión de ellos, porque eran como ovejas sin pastor. Así que comenzó a enseñarles muchas cosas".
>
> **Marcos 6:34**

El evangelio de Marcos capítulo 6 narra una de las escenas más cariñosas de Jesús donde vemos claramente Su perfil compasivo. Fue un día muy ocupado. Miles de personas, acudieron hasta aquella pradera para escuchar las palabras de amor y consuelo que salían de la boca del Maestro. Vidas transformadas y alimentadas, por ese pan que descendió del cielo, disfrutaban de una hermosa tarde escuchando a Jesús. Pero el tiempo transcurrió y el hambre dijo: "presente". No había aldeas cercanas donde comprar alimentos, y todos sabemos que no "se puede enseñar a un estómago vacío". ¿Cómo continuar con el sermón? Los niños lloraban, las madres se incomodaban, los muchachos se desconcentraban. ¡Qué problema! Bueno, en realidad era un problema para los discípulos. Claro. Estas miles de personas habían frustrado lo que en un principio sería un tranquilo día de *picnic* y descanso junto a su líder: Jesús. Pero lo que para los discípulos era un problema, para Jesús era objeto de compasión. Dice el versículo 34 que **"al ver tanta gente, tuvo compasión de ellos porque los vio como ovejas sin pastor"**. Creo que la óptica con que miremos las diversas circunstancias que la vida nos propone, puede hacernos ver a un problema como una oportunidad para amar o, por el contrario, como una oportunidad para agudizar el problema. Un amigo inoportuno: "¡qué interrupción para mi organizada agenda!" O más bien: "¿Qué necesitará mi amigo, en que podría ayudarle?" Una enfermedad: "¡justo ahora que necesito estar con todas mis fuerzas!", o más bien: "Tal vez alguien que se encuentre débil puede ser animado con mi actitud optimista frente a esta enfermedad que me aqueja" Suena diferente, ¿verdad? Cambia tu óptica. Cuando obras controlado por la compasión, aprendes a ver cada aparente problema, como una oportunidad potencial de amar. ¡Haz la prueba! Quienes aman son capaces de ver los obstáculos como desafíos, los problemas como oportunidades y a las personas como objetos de su amor.

Cuando obras controlado por la compasión aprendes a ver cada problema como una oportunidad potencial de amar

26 de noviembre
ENTREGA EL MANDO

En el año 2005, tuve la oportunidad de conocer el famoso Canal de Panamá. Esa obra de la ingeniería hidráulica que comunica dos mares, por el estrecho canal artificial, reduciendo a unas cuantas horas el tiempo de navegación entre el océano Atlántico y el Pacífico. Cuando ves acercarse al canal semejantes naves con varios metros de eslora y cargadas con miles de contenedores de varias toneladas cada uno, te impresionas. Moles de acero se acercan al estrecho paso de escasos metros en espera del ritual diario para el traspaso. Pero hay un momento en que el capitán de la nave, debe ceder el control del timón a un conductor, miembro del equipo de gendarmería del canal, experimentado en conducir la nave por el estrecho canal. De nada sirven la experiencia del capitán de la nave, ni las medallas que adornen su chaqueta. Obligatoriamente, cuando la nave entra al canal, debe ser conducida por el experto gendarme hasta que llegue al otro océano. De alguna manera, mi vida y tu vida son un canal que nos conecta con la eternidad. Nos dirigimos rumbo a una eternidad conciente junto a Dios o separados de Él en eterno tormento. Conducir nuestra vida a través de este mundo corrompido y esta sociedad competitiva no es nada fácil... ¿O sí? Intentamos, vanamente, evadir obstáculos, avanzar más metros, evitar accidentes, pero igual, aún con las mejores intenciones, muchas veces salimos perjudicados y perjudicando a otros. La cuestión no es llegar al otro lado sea como sea sino, ¿cómo llegaremos? Dios invita tiernamente a sus criaturas a entregar el control de la vida a Alguien experto. Alguien que vino de una eternidad de gloria, atravesó el estrecho canal de la vida humana con la frente en alto, arribó a la gloria y se sentó en el trono de Dios. Su nombre es Jesús y su propuesta sigue siendo la misma: déjame entrar en tu corazón y dame el control. Siéntate en el asiento del acompañante y disfruta del viaje.

> "Por lo cual Dios también le exaltó hasta lo sumo, y le dio un nombre que es sobre todo nombre."
>
> **Filipenses 2:9**

La vida es sólo el preludio de la eternidad. Prepárate

27 de noviembre
Aprendiendo De Nuestros Errores

> "Los cielos cuentan la gloria de Dios, y el firmamento anuncia la obra de sus manos. Un día emite palabra a otro día, y una noche a otra noche declara sabiduría".
>
> **Salmo 19:1-2**

El hombre, desde sus orígenes, ha aprendido y se ha desarrollado gracias al aprendizaje de sus propios errores. Esto es un hecho. Esto no debe avergonzarnos pues nadie nace sabiendo ¿Verdad? Por esto, una de las últimas ciencias implementadas en el campo de la robótica, cibernética y aerodinámica, es la "Biomimética" que consiste en estudiar los secretos de la naturaleza en algunas especies vivas y aplicarlos a la mecánica copiando sus diseños. Tal es el caso de los nuevos diseños de alas que se están probando para lograr aeronaves que imiten el planeo y vuelo en picada de las gaviotas, en especial para naves de combate. Estas aves, realizan sus asombrosas acrobacias, doblando las alas por la articulación del codo y la del hombro. Para copiar esa flexibilidad, los científicos han creado un prototipo de 60 centímetros que se vale de un pequeño motor conectado a una serie de varillas metálicas que activan las alas. Con estas nuevas alas, este aparato de prueba teledirigido, logra suspenderse en el aire, bajar en picada entre los edificios, detenerse y volver a quedar suspendido en el aire hasta nueva orden. Tanto tiempo perdido, tantos proyectos arrojados al basurero... Si el hombre invirtiese su tiempo, inteligencia y dinero en observar la naturaleza, reconocer su ignorancia y honrar al Creador con sus logros, hoy, nuestro mundo sería tan diferente. Dice la Biblia que: **"los cielos cuentan de la gloria de Dios y el firmamento anuncia la obra de sus manos"** [Salmos 19:1]. Es innegable, eres inexcusable oh, hombre, dice Pablo en Romanos. No hay excusas si observamos la revelación de la naturaleza, y no hay excusas al reconocer nuestra pecaminosa naturaleza que nos encadena siempre al mal. Dios restaura, Jesús redime, su Palabra guía, la creación gime a gritos: "Miren a Dios. Escuchen su voz. Arrepiéntase ante Él". No pierdas tu tiempo negando lo evidente. Equivocarse con un diseño mecánico es triste, pero errar con el destino eterno del alma... ¡Es trágico! Si hasta hoy estuviste fuera de la verdad, siempre hay tiempo para corregir el rumbo. Conoce la Verdad, esa Verdad te hará libre.

Si tus intentos de felicidad te consumen de tristeza, necesitas un cambio urgente

BOCA SUCIA

¿Te sorprenderías si te digo que en el interior de tu boca, lengua, papilas gustativas y cavidad bucal entera, habitan más bacterias que la cantidad de humanos que viven en el mundo? También yo me sorprendí, hasta que vi un documental que mostraba las miles de colonias microscópicas que albergan millones y millones de bacte-

> "Que tu palabra sea siempre con gracia, sazonada con sal, para que sepáis cómo debéis responder a cada uno."
>
> **Colosenses 4:6**

rias micrométricas, algunas nocivas y otras benignas, que conviven en la boca e interactúan en procesos vitales para la digestión y el saneamiento bucal. Y no corras a buscar urgentemente un cepillo y pasta dental, porque estos microorganismos no se erradican con el cepillado y, de hecho, algunos de ellos son necesarios. Pero si a esta patética realidad le adjuntamos el hecho de que muchos de nosotros tenemos infectada nuestra lengua con bacterias de mentiras, insultos, chismes, crítica, obscenidades, adulación falsa, ofensas, gritos, necedades de doble sentido, palabras de desprecio y soberbia, el diagnóstico es mucho más alarmante. La Biblia, Palabra de Dios al hombre, dedica mucho tiempo para advertir del mal uso de la lengua, de la infección del habla, de lo destructivo de una boca sin control. Es más, dice la Biblia que es justamente la boca la ventana del corazón, porque de lo que abunda en el corazón habla la boca. (Lucas 6:45) Es así como podemos diagnosticar el estado interior de una persona escuchándola hablar. ¿Cómo es tu forma de hablar? ¿A cuántos has lastimado? ¿Disfrutan de ti cuando tomas parte en una rueda de diálogo? Estoy convencido de que lo que más necesita nuestra sociedad, urgentemente, son personas con palabras de afecto, estímulo y comprensión. No necesitamos jueces, sino quién se siente al lado del banquillo del acusado. No queremos que nos digan lo que debemos hacer, sino que nos ayuden a hacerlo. No queremos elocuentes, sino comprensivos, (tal vez... sólo ser escuchado). Deja que el poder de Jesús te libere de una lengua infectada e infecciosa, de una boca sucia. Permite que su amor te inunde y seas de bendición a otros. **"Que tu palabra sea siempre con gracia, sazonada con sal, para que sepáis cómo debéis responder a cada uno"** [Colosenses 4:6].

No necesitamos jueces sino quién se siente al lado del banquillo del acusado

> "Yo anduve errante como oveja extraviada; busca a tu siervo, Porque no me he olvidado de tus mandamientos".
>
> **Salmo 119:176**

El transporte de doble cabina más moderno de Europa ascendía un monte. En uno de los tramos de ascensión, este vehículo de pasajeros, atravesaba un túnel de 2 kilómetros de largo equipado con las más altas normas de seguridad. Pero como tantas otras veces, la tecnología falló. Un corto circuito en el primer vagón, provocó una fuga del aceite hidráulico altamente inflamable que corrió por todo el piso de la cabina incendiándolo en cuestión de minutos. El pánico fue el pasajero no invitado en aquel trágico viaje. En minutos, todos salieron con síntomas de principios de asfixia. El negro humo producido por la combustión de la carrocería, en su mayoría plástica, comenzaba a llenar el túnel. El grupo se dividió. De los 50 pasajeros, 40 optaron por lo que parecía más razonable. Una tenue luz se percibía a escasos metros, era la boca del túnel por donde entraron. La cosa era sencilla: caminar cuesta arriba esos 700 metros y salir a la superficie para pedir socorro. Lo hicieron, y sin escuchar las advertencias del conductor que quedó con el pequeño remanente, comenzaron el ascenso abriéndose paso entre la negra columna de humo que también buscaba la vía de salida natural: hacia arriba. Cuando los bomberos llegaron, el cuadro era espeluznante, 40 personas tendidas a lo largo del túnel yacían inertes en el suelo. Los más fuertes, estaban a pocos metros de la entrada, pero también muertos por asfixia. Abajo, más abajo, el conductor junto con 10 personas, esperaban desconsolados el rescate y sobrevivieron. ¿Sabes? No siempre lo más razonable o lógico, es la mejor opción. Cosas esenciales como el destino eterno del alma y la felicidad de vivir, no se consiguen con corazonadas aparentemente lógicas. De alguna manera, tu vida se asemeja a un largo y neblinoso túnel donde se percibe la tenue luz de una salida pero nunca se está seguro si esa será la senda mejor. El humo asfixia, los consejos son muchos y diversos... ¿Cuál camino? ¿Cuál consejo?... Si estás dudando, escucha al Capitán de la nave que nos ha salvado a millones de la tragedia. Aunque seamos un remanente pequeño, estaremos de pie el día en que Cristo venga de lo alto. No sigas a las mayorías.

Las cosas más importantes de la vida, no se consiguen con simples corazonadas aparentemente lógicas

30 de noviembre

"Llevad Mi Yugo"

Cada mañana, la escena se repetía. Encorvada por el peso de su carga, una anciana caminaba lenta y quejosamente por las playas del lago Michigan cargando un pesado cubo de agua rumbo a su cabaña. Sus pies descalzos y heridos por las afiladas rocas aumentaban el martirio al andar. Sus manos deformadas por el reuma apenas lograban sujetar, sin que se cayera, la tan preciada carga. Pero esta mañana, su observador notó algo diferente. Alguien le había regalado un yugo de madera a aquella mujer. Ahora, cruzando el travesaño por los hombros, el esfuerzo era menor. Pero al fin de cuentas, no se quitó el sufrimiento. Las mismas piedras, las mismas heridas, el mismo peso, la misma fatiga. No dudó. Bajó aprisa por las escaleras del piso superior; detuvo a la anciana en su andar y le dijo: "Abuela, permita que yo comparta la carga." Se puso bajo el yugo, del lado más pesado y juntos, joven y anciana, continuaron el viaje rumbo a la cabaña.

Una historia análoga sucedió con cada uno de nosotros en el encuentro con Jesús. Un día, Dios observó desde su balcón de gloria nuestro pesado andar por la vida, nuestra pesada carga. Nos detuvo y nos hizo la invitación más hermosa: "Llevemos juntos el yugo", compartamos la carga. Deja de llorar; deja de sufrir. A partir de aquel día, hemos echado "toda nuestra ansiedad sobre Él sabiendo que Él tiene cuidado de nosotros".

El hombre y la mujer nacen con una mochila vacía que poco a poco se va cargando de "cosas" pesadas. Obligaciones, placeres que enredan, rencores antiguos, envidia y malos recuerdos. Toneladas que presionan, agitan y ahogan hasta impedirnos respirar y movernos con libertad. Sólo Aquel que tuvo los hombros más fuertes del mundo, pudo llevar, por su gran amor, la carga más pesada de todas:el pecado de todos nosotros. Es triste ver, aún hoy día, muchos que andan por ahí cargando su vida y no permiten que Él lleve la carga. Es más fácil, es más seguro, más placentero. "Echa sobre Jehová tu carga, que Él te sustentará."

> "Yo anduve errante como oveja extraviada; busca a tu siervo, Porque no me he olvidado de tus mandamientos".
>
> **Salmo 119:176**

Cristo ya transitó la Vía Dolorosa para que tú hoy camines por una senda hermosa

1 de diciembre

POEMA DE RESTAURACIÓN

> "En su amor y misericordia los rescató; los levantó y los llevó en sus brazos."
>
> Isaías 63:9

Sueño cumplido

Aquí estoy, Señor, en tu presencia para darte mis pesadas cargas y contarte todo lo que sabes, del dolor inmenso de mi alma. Cuando niña, soñaba con ser madre, un hogar, tener quien me ama, me brindara su amor, palabras dulces, tiernas caricias, comprensible mirada. Me equivoqué en el camino. Este es el precio, porque el hombre que elegí es hombre cruento, su mirada despectiva me lastima, sus miradas hirientes, desestiman. De sus manos, nunca recibí caricia, sólo se acercan para lastimar. me equivoqué, Señor. Lo reconozco, pero esto ya no puedo remediar. Me volví a equivocar en decisiones, pues tomé el camino equivocado y aunque rotas estén hoy mis ilusiones no es excusa para haber pecado. Y aquí estoy, ¡Arrodillada en tierra! Esperando que la turba enfurecida descargue sobre mí su furia interna y acabe con mi amarga y triste vida. ¿Qué sucede, Señor, que no me escuchas? ¡Sólo escribes con tu dedo en tierra! No es el miedo a morir que me preocupa, es tu profundo silencio que me aterra. Pero tu voz se oye con potencia, con autoridad, de pie aquí a mi lado: "Todo aquel que se encuentre sin pecado, que arroje sobre mí su primer piedra" ¡Qué asombroso, Señor, me encuentro sola! Nadie juzga ni condena mi pecado, ni tú, Señor, que con amor perdonas y das oportunidad al fracasado. Hoy, Señor, pude cumplir mi sueño de niñez, que alguien me amara, que me anime cuando expresa sus palabras, que sea un bálsamo, en mi vida, su mirada.

Tu amor y tu perdón me han cautivado, mi vida llenas de abundante gozo. **"Las cuerdas me cayeron en lugares deleitosos, y es hermosa la heredad que me ha tocado."**

Óscar Martini, poeta

El silencio de Jesús en la cruz, fue el grito más grande de victoria

2 de diciembre

PRIORIDADES

Aunque suene incongruente, cuando le doy prioridad a cosas secundarias de la vida, lo primero en afectarse es, justamente, lo prioritario. Casi por una ley invariable, al atender urgencias no necesariamente imprescindibles, relego lo verdaderamente importante y comprendo, muchas veces tarde, que estoy viviendo con los valo-

> "Por Él lo he perdido todo, y lo tengo por estiércol, a fin de ganar a Cristo y encontrarme unido a él".
>
> **Filipenses 3:8-9**

res cambiados. Parecería que este ritmo loco que nuestro mundo nos imprime, nos obliga a vivir apurados y nos distrae de la meta de vida y sus valores eternos. Somos seres humanos, no "quehaceres" humanos. Somos eternos por naturaleza. Nuestra misma conciencia nos dicta, nuestro corazón nos susurra esta verdad sublime que nos diferencia de toda otra especie viva en la tierra. Pero son justamente esos valores eternos que nos caracterizan como creación distintiva, los que descuidamos en el correr del tiempo. "El tiempo vuela." "¡Cómo pasan los años!" "¿Ya se acabó el mes?"... ¿Te suenan familiares estas frases? ¿Verdad que sí? Son evidencias de lo acelerados que vivimos. Justamente por vivir apurados nos perdemos los detalles más lindos de la vida: Ver crecer a nuestros hijos, celebrar un aniversario, contemplar el mar, jugar en familia, una carta a un amigo... Agendas repletas, tráfico lento, citas amontonadas, mal genio, estrés... ¿No será que tenemos las prioridades cambiadas? Es sabio actualizar a diario mi escala de valores. El apóstol Pablo lo hacía y lo aconseja en Filipenses 3:10: **"Lo he perdido todo a fin de conocer a Cristo"**. Hace falta valor para considerar como pérdida cosas que este mundo las pone en primera plana. Es nadar contra la corriente, es exponerse a la burla y el desprecio, es sentir cómo te quedas en el camino mientras otros avanzan (o, por lo menos, eso es lo que parece.) Lo cierto es que sólo aquellos que aprendieron el secreto de considerar como peso extra para el viaje todo aquello que no está relacionado con la eternidad, son los que corren pacientemente la carrera de la vida con la garantía de llegar a la meta. Los demás se arriesgan a abandonar o a perder el rumbo.

Somos seres humanos, no quehaceres humanos

> "Bienaventurado el varón que soporta la tentación; porque cuando haya resistido la prueba, recibirá la corona de vida, que Dios ha prometido a los que le aman".
>
> **Santiago 1:12**

La Biblia, la Palabra de Dios, utiliza varias veces la figura del fuego asemejándolo con la adversidad. Así, una persona probada es aquella que pasa por el fuego de Dios y sale más purificada. En verdad las adversidades de la vida pueden tener un efecto enriquecedor, y en el descubrimiento de esta lección está una de las verdades más caras de tu existencia en esta tierra. Creo que hay dos tipos de personas: aquellas que quedan desgastadas después de atravesar momentos difíciles y aquellas que salen más enriquecidas, más purificadas. Es que el mismo fuego que quema es el que purifica. Depende de cuál sea tu óptica de la adversidad. Hay quienes se pasan la vida quejándose, diciéndole a Dios que tienen un gran problema, en vez de enfrentar a su problema y decirle que tienen un gran Dios. La prueba es un proceso, tiene su tiempo. Por eso Santiago habla del tiempo de la prueba en su capítulo 1 versículo 12. Además, Dios siempre está en control, nunca nada se escapa de Su soberanía. Él no se duerme mientras el oro hierve en el crisol. Como artesano experto, espera el momento ideal para retirar el crisol del horno cuando sabe que el metal ya está listo. ¿Sabes cuándo un orfebre comprueba que el metal está en su punto exacto de pureza? Cuando puede ver su rostro reflejado en él. Esa es la meta de Dios para tu vida: ver su rostro reflejado en ti. El carácter de Su Hijo Jesús reproducido en ti. Hasta que no acabe Su obra, el fuego seguirá ardiendo, el horno seguirá encendido y tú y yo seguiremos visitando al crisol de vez en cuando. ¿Te molesta, te quema, te resulta incómodo? Deja que Él acabe lo que comenzó por Su Espíritu. Sólo Dios sabe cómo hacer de ti una joya preciosa. **"Bienaventurado el varón que soporta la tentación; porque cuando haya resistido la prueba, recibirá la corona de vida, que Dios ha prometido a los que le aman".** No esquives el momento difícil. Los de vida fácil... nunca maduran.

El tesoro más caro y menos valorado de la vida, es el sufrimiento

4 de diciembre
LA PACIENCIA ES UN ÁRBOL DE RAÍCES AMARGAS

Es un dicho popular. Uno de los tantos y sabios dichos populares: "La paciencia es un árbol de raíces amargas, pero de dulces frutos". Es verdad. A nadie le gustar esperar. No estamos capacitados naturalmente para ello. Al nacer, lloramos a gritos por nuestra primera dosis de leche materna. No esperamos pacientemente que

> "Y el Señor encamine vuestros corazones al amor de Dios, y a la paciencia de Cristo."
>
> **2ª Tesalonicenses 3:5**

mamá se despierte o se asee o se alimente primero. No, queremos la leche ¡¡¡ahora!!! Crecemos, y nos sigue torturando la natural tendencia a conseguir lo que quiero ¡ahora! Con el tiempo, aprendemos que esperar es de sabios y que, generalmente, se consigue más y mejor en mayor tiempo que a las carreras. Pero... ¡cómo cuesta asimilar esa lección! ¿Verdad? Tal vez, el autor de este dicho popular se inspiró en uno de los tantos textos sagrados para referirse a la paciencia, sus raíces y sus frutos. El apóstol Pedro, en su Segunda Epístola, capítulo 1 del verso 6 al 8, aconseja cultivar la paciencia porque **"haciendo esto, no estaremos sin dar frutos"** o inactivos, sino creciendo más y más en el conocimiento de Dios y por ende, reconociendo cuán impacientes somos nosotros mismos. Pero si queremos ser más austeros con la Biblia, debemos decir que, si bien la paciencia da frutos, ella misma es un fruto, porque el fruto del Espíritu es: amor, gozo, paz, PACIENCIA...

Sí. El obrar sobrenatural del Espíritu Santo de Dios en el interior del ser humano, produce un carácter cada vez más paciente. Esperar es amargo. Rechazamos toda idea de tener que esperar, desde hacer un trámite impositivo, por ejemplo, hasta esperar el bus rumbo al trabajo, a la esposa frente al espejo o al bebé gestándose en el vientre de la madre nueve meses. Eso de "la dulce espera" es todo un cuento. La realidad es otra. Pero, es verdad que al final produce beneficios dulces y te evita muchos dolores. **"Puestos los ojos en Jesús [...] corramos con paciencia [...]"** y **"[...] afirmad vuestros corazones; porque la venida del Señor se acerca"**.

La paciencia es un árbol de raíces amargas, pero de dulces frutos

POESÍA: MI PADRE AMADO

> "De la abundancia del corazón habla la boca"
>
> Lucas 6:45

Los estados del alma siempre se exteriorizan de una manera u otra. Es que no se pueden ocultar ni reprimir. Por eso la Biblia dice: **"De la abundancia del corazón habla la boca" (Lucas 6:45).** La poesía es una forma de expresar esos estados del alma. Y esta poesía de Eliana Melgarejo, es una muestra de esto.

No te pude servir cuando podía;
De otra forma, Señor, te conocía.
Estas manos rugosas y cansadas
Yo te ofrezco, Señor no es casi nada.

Pero es todo lo que tengo para darte,
Voluntad de servicio tú me has dado.
A lo largo del camino he conocido
Que lo poco o lo mucho que he servido
Ya mil veces tú me lo has recompensado.

No me mueve, Señor, para servirte
Las coronas de laureles ofrecidos,
Pero sí lo cruento de tu muerte,
Las ofensas y desprecios que has sufrido.

Si entregarte algo muy mío me ha dolido,
tú lo sabes, formó parte del pasado.
Aferrada estaba a él. ¿Cómo he podido?
Sólo el precio de tu sangre lo ha logrado.

"Gracias" es una palabra tan perfecta,
Tan completa que no deja alternativa
De expresarte, Señor, de otra manera
Todo aquello que nos mueve, nos motiva.

¡Gracias, gracias! Por siempre quiero darte.
El derecho a ser tu hija tú me has dado.
Este humilde poema he de ofrendarte
Con amor, con gratitud, mi Padre amado.

Elena Melgarejo

Una vida con Dios es un canto a la vida

6 de diciembre
Libres De Nuevo

El sueño dorado de Satanás es volver a controlar las mentes de los hombres. Ha probado todos los medios posibles y ahora tiene un nuevo plan, apoyado en la ciencia y tecnología. El gigante japonés Sony, patentó el 7 de abril del 2005 una idea para transmitir datos directamente al cerebro, que permitiría que la persona viera

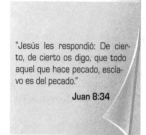

"Jesús les respondió: De cierto, de cierto os digo, que todo aquel que hace pecado, esclavo es del pecado."

Juan 8:34

películas o jugara con videos en los que sentiría el gusto o incluso, sentiría en carne propia lo que está viendo en la pantalla. Este nuevo invento de Sony, no necesitaría ningún implante en el cerebro u otra cirugía. Elizabeth Bounquis, portavoz de Sony Ericson, indicó que esta idea es una "invención profética, y la patente fue realizada bajo la inspiración de que esta pueda ser la dirección hacia la que la tecnología nos lleve algún día." Expertos independientes advirtieron sobre los peligros a largo plazo de los métodos propuestos. Saben que este método es invasor del cerebro y, por lo tanto, un peligro mortal para la libertad del alma humana.

Esto marcaría el fin de la poca independencia que todavía le queda al género humano que casi está dominado por la ciencia y la tecnología. Dejó de ser libre. Ahora es esclavo de lo que le dictan los medios masivos de comunicación que invaden, mediante la publicidad, la privacidad del alma creada por Dios para ser puramente libre. El enemigo está trabajando incansablemente para cumplir su antiguo objetivo: apoderarse del alma humana; que los seres humanos ya no escuchen ninguna otra voz más que la suya.

Si logra este objetivo, la rebelión contra Dios que se originó en el cielo allá en la eternidad pasada, llegará a su clímax. Pero queda poco tiempo para que este plagiario eterno sea encarcelado. Él sabe que un día perderá su libertad para siempre y desea que muchos acaben esclavizados junto con él. Sólo Dios puede salvarte del error, porque **"si Cristo te libertare, serás verdaderamente libre"**.

El futuro encierra peligros peores. Ponte de parte de Dios hoy, que todavía tienes la capacidad de decidir libremente. Quizás mañana sea tarde; demasiado tarde...

Satanás sabe que un día perderá su libertad para siempre y desea que muchos acaben esclavizados junto con él

> "Después de esto miré, y apareció una multitud tomada de todas las naciones, tribus, pueblos y lenguas; era tan grande que nadie podía contarla."
>
> **Apocalipsis 7:9**

Se realizó una gran feria en el pueblo; una verdadera fiesta en la cual todos participaron. Vinieron vendedores de todo tipo. No faltaron las golosinas, los juguetes, helados, y el típico vendedor de globos. Pero lo cierto es que no lograba vender ni siquiera uno. Nadie se acercaba, parecía como si ignoraran su presencia. Así que tuvo una idea, soltó uno de sus globos y lo dejó elevarse. Enseguida un niño lo vio y gritó ¡Mamá, mira, un globo! Al instante, varios niños rodeaban a aquel vendedor de globos. Luego, este hombre hizo una jugada maestra, dejó volar varios globos a la vez y entonces muchos más niños viéndolo se acercaron y compraron más globos.

Pero allí, en un rincón, triste y sollozando, un pequeñito -de raza negra- contemplaba la escena. El vendedor se acercó y le preguntó: ¿Por qué lloras? El niño le respondió: "Lloro porque me desprecian por ser negro y estoy seguro de que si usted suelta ese globo negro no subirá tan alto como los demás, ¿Verdad?" El vendedor, que era muy buena persona, le regaló un hermoso globo de color negro y le dijo: "Haz tú mismo la prueba". Los ojos de ese niño se iluminaron. Tomó su globo y, con manos temblorosas, lo soltó contemplando cómo su globo negro subía tan alto como los demás y trepaba velozmente por los aires. Quedó admirado y entonces el vendedor se acercó y le dijo: "Mira, pequeño, lo que hace subir a los globos no es la forma ni el color, sino lo que tienen dentro".

Quizás hoy te sientas discriminado, marginado, fuera del sistema. Otros te ponen precio de oferta; el cruel mercado de este mundo te devalúa cada día más, pero si estás lleno de Dios, podrás subir tan alto como lo desees y conquistar todos tus anhelos más caros. (2° de Samuel 22:34). No importa la raza, pueblo, tribu, lengua, nación. Un día, todos aquellos que hemos sido llenos de Su Espíritu, volaremos tan alto que estaremos de pie en el cielo alabando a nuestro Dios.

Lo que determina el alcance de tus conquistas no son tanto tus cualidades como tu potencial divino

8 de diciembre

CONSULTA, PRIMERO

Esta historia se encuentra en el capítulo 12 del Evangelio de Lucas. Este inversionista llegó al punto de que sus ganancias superaban su capacidad de almacenaje, por lo que se dijo a sí mismo: Construiré galpones más grandes donde guardar todo lo que he ganado y luego me dedicaré a disfrutar. En verdad, no tiene nada de

> "Porque nada trajimos a este mundo, y nada podemos llevarnos. Así que, si tenemos ropa y comida, contentémonos con eso."
>
> 1ª Timoteo 6:7-8

malo ni trabajar, ni ganar dinero, ni guardar lo ganado, ni siquiera el disfrutar de las utilidades. Lo malo, es tomar todas estas decisiones sin consultar con el dueño. ¿Qué? ¿Con qué dueño si el dueño soy yo? YO conseguí el trabajo. YO me capacité para lograrlo. YO invertí mis capitales. YO sudé. Es MÍO...

¿Tuyo? Digamos que contratas a una persona para cuidar tu casa el fin de semana. Le dejas las llaves, dinero e instrucciones y te vas. De regreso, descubres que tu casa ha sido pintada de otro color, los muebles cambiados de lugar, en el jardín posterior fue construida una piscina y la puerta de entrada ya no es de madera sino de hierro antiguo. ¿Qué dirías? Bueno, yo reclamaría al que dejé a cargo de mi casa el por qué tomó decisiones sobre algo que no le pertenecería. Por más que los cambios sean aparentemente buenos ¡No debería haberlos hecho sin permiso!

Lo mismo sucede con mi vida y la tuya. No es nuestra, es concesión y permiso de Dios. Todo lo que hagamos con ella debe ser filtrado por Su Voluntad, Su Plan para mi vida. Somos administradores, no dueños. Mayordomos, no terratenientes.

El hombre rico de nuestra parábola había creado un mundo que sólo giraba en torno a él. ¿No estarás haciendo tú lo mismo? **"Insensato"**, le dijo Dios. **"Esta misma noche reclamarán tu vida."** Y murió. ¿Qué se llevó de todo lo que acumuló?, nada, porque las carrozas fúnebres no cargan equipaje y la mortaja no tiene bolsillos. No seas necio sino sabio, invierte para la eternidad.

**Aquel que sólo se ve a sí mismo es tan necio
que no puede ver a Dios**

9 de diciembre
Cuando Tú Naciste, Todos Reían Y Tú Llorabas

> "Me has guiado según tu consejo, y después me recibirás en gloria".
>
> Salmo 73:24

Alguien dijo: "Cuando tú naciste, todos reían y tú llorabas. Vive de tal manera que, cuando tú mueras, todos te lloren y tú sonrías." De alguna manera, esta idea sintetiza el objetivo máximo en la vida, en tu vida. Concebimos, como especie viva, un ciclo vital lógico que a muchos conforma y satisface.

Me estoy refiriendo a: Nacer, crecer, reproducirse y morir. Pero, ¿es realmente esto todo en la vida? ¿Somos parte de un ecosistema con un ciclo vital predeterminado y nada más que eso? Definitivamente, estoy convencido de que no. Somos más que eso, mucho más. Somos seres únicos, creados con propósito definido y con proyección eterna, por un Dios de amor que tiene sueños para nosotros y quiere verlos cumplidos para nuestra satisfacción y para Su gloria. En el día en que nacimos, no sabíamos absolutamente nada de lo que era la vida; sólo sentíamos que estábamos vivos y debíamos abrirnos paso instintivamente. Crecimos y se nos dijo que lo único importante era sobrevivir y progresar a cualquier costo. Hicimos *una pausa en la vida* y Dios nos propuso una idea diferente: Vivir para conocerle y amar a los demás como a nosotros mismos. Tú decides.

Lo cierto de todo esto es que si vives a la manera de Dios serás feliz y extrañarán tu presencia el día que no estés. Muchos han reunido a personas el día de su sepultura pero para regocijarse de su muerte. Le odiaban en vida, o fueron heridas por aquel que están velando. Pero otros, fueron despedidos de este mundo con lágrimas de admiración y un tributo de honra por su altruismo.

¿Cómo te despedirán el día de tu partida? Recuerda: Vive de tal manera que sonrías en tu ataúd con la paz que sólo experimentan aquellos que saben Quién les espera en los portales de esplendor en la otra vida. Te despedirán de este mundo con lágrimas y te recibirán en el cielo con aplausos. Asegúrate de que no sea a la inversa. ¡Tú decides!

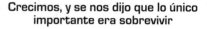

Crecimos, y se nos dijo que lo único importante era sobrevivir

10 de diciembre

EL ZAR NICOLÁS PAGÓ LA DEUDA

> "El señor de aquel siervo, movido a misericordia, le soltó y le perdonó la deuda."
>
> Mateo 18:27

Dicen que el Zar Nicolás de Rusia, solía caminar por sus campos y cuarteles militares vestido como un oficial ordinario para saber lo que sucedía, sin que se dieran cuenta de su presencia. Muy de noche, cuando se suponía que todas las luces debían estar apagadas, notó una luz que brillaba en el cuarto del tesorero. El Zar, al entrar, encontró a un joven oficial, hijo de un amigo íntimo suyo, profundamente dormido con su cabeza sobre la mesa. Junto al joven había un revólver, una pequeña cantidad de dinero y una nota escrita. En aquella hoja había una larga lista de deudas y cuentas fraudulentas. Aquel oficial había utilizado plata del Gobierno para apostar y estaba endeudado hasta el cuello. Hizo cuentas para intentar pagar sus deudas aun con la plata que administraba, y se dio cuenta de que era imposible saldarlas. Al final de sus cuentas en aquella hoja estaba escrita una pregunta: "¿Quién podrá pagar mi deuda?" La evidencia de que pensaba en el suicidio, estaba a la vista en aquel revólver. Cuando el Zar comprendió lo sucedido, su primer pensamiento fue arrestar al soldado y traerlo al consejo de guerra. Pero al recodar la larga amistad que le unía a su padre, el amor se sobrepuso al juicio y diseñó un plan para obrar con amor sin pasar por alto las leyes del ejército. Tomó aquella pluma y con el muchacho todavía dormido escribió: "El Zar Nicolás pagará la deuda", y la firmó. Fue grande la sorpresa de aquel joven al despertar y comprobar que la firma era genuina. Se avergonzó de haber sido descubierto, pero se emocionó al ver la actitud del Zar. Tranquilo se acostó a dormir y al otro día sus deudas estaban saldadas. Todo hombre y mujer tiene una deuda impagable, Dios lo sabía, y Él pagó por ti. Su Hijo fue el precio, Su muerte en la cruz. Tu deuda está saldada y en esa obra debes poner tu fe. Es una buena noticia, tú ya la sabes. Ahora, debes agradecerle y aceptarlo por la fe.

Hasta que no reconozca la imposibilidad para saldar mi deuda con Dios, Él no podrá hacerse cargo y pagar

Ricos O Pobres

> "El Dios del cielo creará un reino eterno que no podrá ser destruido. ¡Es un reino que durará para siempre!"
>
> Daniel 2:44

La historia del hombre ha repetido siempre la tendencia perversa de los ricos a ser más ricos y la opresión de los poderosos sobre los pobres para limitarlos a sus exiguos recursos.

Las grandes potencias han permanecido explotando a los esclavos y abriendo cada vez más esta brecha.

Por esta razón, los cuatro imperios que han brillado en la historia con la gloria de su poder, a los ojos de Dios han sido sólo fieras salvajes devorándose unas a otras.

Así lo ve Dios desde arriba, según lo describió Daniel en su capítulo siete. Claro que el hombre lo ve desde una óptica muy diferente. Para él es una imponente estatua, una gran construcción, como lo describió Nabucodonosor en el capítulo dos del mismo libro.

Pero en realidad no pueden ocultar sus colmillos y sus garras, su ambición y su sed de sangre inocente. Pero un día, dice el mismo libro de Daniel que **"El Dios del cielo creará un reino eterno que no podrá ser destruido. ¡Es un reino que durará para siempre!"** Daniel 2:44.

La injusticia caracteriza esta sociedad. Por un lado, se gastan fortunas astronómicas para explorar el espacio exterior cuando millones de niños mueren de hambre. En los países desarrollados los niños estudian en modernas computadoras, mientras que en el África los adolescentes aprenden los números escribiendo con sus dedos en la arena.

Norteamérica gasta al año 450.000 millones de dólares en armas y no hay presupuesto para el desarrollo social. Pero en aquel Reino, la justicia durará y **"toda la tierra será llena del conocimiento de la gloria de Jehová"**. Tú puedes formar parte de ese Reino futuro desde ahora, dejando que el Jesús de la cruz entre en tu corazón y te regenere por su Espíritu.

Sí. Aquella cruz de hace 2000 años, sostuvo colgado entre el cielo y la tierra al que vendrá a reinar. Su primer venida fue en humildad, la segunda será con poder y gran gloria. ¿Estás preparado?

Lo que el hombre llama gloria, Dios lo llama decadencia

12 de diciembre

VERDADERO AMOR

Tal vez, de todas las palabras más mal tratadas, "amor" sea la que ha sufrido más atentados a lo largo de la historia humana. ¡Es una pena! Es una palabra tan linda... La Biblia habla mucho del amor. El capítulo 13 de la primera carta del apóstol Pablo a los Corintios, sea quizás, el tratado más completo del concepto del amor que

"Ahora permanecen la fe, la esperanza y el amor, estos tres; pero el mayor de ellos es el amor."

1ª Corintios 13:13

Dios concibe. En una paráfrasis de este texto hecha por mi hija Ailén, leemos lo siguiente:

> *Nada soy si no amo, aunque se me haga difícil amar a quien no soporto. Tengo que ser paciente en el amor. En el amor, siempre la otra persona es la prioridad... Después yo. Si amo, no debo envidiar ni ser orgulloso. El que ama se comporta con dulzura, no con rudeza. Cuando se ama se comparte. Cuando amas, las cosas se hablan y no actúas locamente. Si amas de verdad, perdonas y olvidas, hasta el peor pecado. El amor nunca miente. Si amas confías, si amas esperas. Los que se aman, soportan sus diferencias. El amor no es por un tiempo, ni un juego nada más. El amor es para siempre. (Dios es amor).*

En verdad, solamente teniendo a Dios en la vida, a ese Dios de amor, se está capacitado para amar. Todo intento de amar o ser amado aparte de una relación correcta con el que es amo, estará sujeto a correr riesgos. Amar es arriesgar el corazón, es verdad, pero "en Dios" ese riesgo es mínimo. ¡Ama a Dios y podrás amar y ser amado! La vida nos va enseñando que el secreto de disfrutar de una sana convivencia es vivir para el otro; es dar. No es esperar que la otra persona satisfaga mis expectativas, o las deudas que la vida me dejó por ausencia de cariño en experiencias pasadas, sino dedicar mi tiempo a satisfacer al otro en lo que a Dios glorifique.

**En el amor, siempre la otra persona es la prioridad...
Después yo**

> "¿No decís vosotros: Aún faltan cuatro meses para que llegue la siega? He aquí os digo: Alzad vuestros ojos y mirad los campos, porque ya están blancos para la siega".
>
> **Juan 4:35**

En la universidad, una de las materias electivas es la de atletismo, y una de las áreas en esa materia es el salto de longitud. Cierta vez, un maestro puso a todos sus alumnos a saltar sin decirles nada. Después de que cada uno había saltado, les dijo que todos habían cometieron un error clásico y básico. Manifestó que al pisar la línea de despegue, todos se fijaban en la arena a dónde caerían. "Quiero que hagan una cosa diferente en el siguiente salto", dijo el maestro. Todos pensaron que tenían que correr más rápido o saltar más fuerte o algo semejante. Fue grande la sorpresa cuando les dijo que lo único que quería que hicieran diferente esta vez era que, en el momento de pisar la línea de salto, levantaran la cabeza y alzaran su mirada. "Eso arrastrará sus cuerpos en un ángulo que les permitirá tener una mayor longitud en el salto".

Muchas veces estamos tan enfocados en las cosas de este mundo y en nuestras propias vidas, que nuestros "saltos de fe" son pequeños. Pero tenemos que levantar la cabeza y alzar la vista, **"puestos los ojos en Jesús, el autor y consumador de la fe"**. Sólo entonces haremos grandes cosas en el Señor.

Muchas veces te encuentras en situaciones extremas donde, si quieres seguir en la competencia, no queda otra que saltar. Decisiones laborales, asuntos de familia, cuestiones personales o sentimentales... Momentos decisivos en los que necesitas valor para dar el salto. Es allí cuando la confianza en Dios es un patrimonio indispensable. ¿Lo tienes en este momento?

Si alzas tus ojos verás a Aquél que tuvo que dar un salto y, aferrado a la confianza en su Padre, dijo: "Padre, en tus manos encomiendo mi espíritu", y murió por ti y por mí en la cruz del Calvario.

Cuanto más alto enfoques tu mirada, más alto llegarás

14 de diciembre

PROSPERIDAD

"Este mandamiento que hoy te ordeno obedecer no es superior a tus fuerzas ni está fuera de tu alcance. No está arriba en el cielo, para que preguntes: ¿Quién subirá al cielo por nosotros, para que nos lo traiga, y así podamos escucharlo y obedecerlo? Tampoco está más allá del océano, para que preguntes: ¿Quién cruzará por nosotros hasta el otro lado del océano, para que nos lo traiga, y así podamos escucharlo y obedecerlo? ¡No! La palabra está muy cerca de ti; la tienes en la boca y en el corazón, para que la obedezcas."

> "¿A quién tengo en el cielo sino a ti? Si estoy contigo, ya nada quiero en la tierra. Podrán desfallecer mi cuerpo y mi espíritu, pero Dios fortalece mi corazón; Él es mi herencia eterna."
>
> Salmo 73:25-26

Hoy te ordeno que ames al Señor tu Dios, que andes en sus caminos, y que cumplas sus mandamientos, preceptos y leyes. Pero si tu corazón se rebela y no obedeces, sino que te desvías para adorar y servir a otros dioses, te advierto hoy que serás destruido sin remedio. Hoy pongo al cielo y a la tierra por testigos contra ti, de que te he dado a elegir entre la vida y la muerte, entre la bendición y la maldición."

Estas palabras que acabas de leer, apreciado amigo, son consejos profundos de Dios, como padre, a Su pueblo, como Su especial tesoro y las encuentras en el libro de Deuteronomio, capítulo 30:11-19. Son palabras eternas que están vigentes hoy también. Son consejos de vida que, lamentablemente, pocas veces son escuchados.

Muchos mal interpretan este pasaje y utilizan las promesas de bendición como meta absoluta para alcanzar; y a las condiciones de obediencia y vida piadosa como medio para obtener la bendición.

Lo cierto aquí es que hay una ley eterna e irrevocable: Una vida de obediencia a Dios traerá bendición y una vida enajenada de Dios traerá problemas y malestares. Y también es cierto que mi conducta piadosa no debe estar basada en lo que pueda conseguir a cambio de parte de Dios, sino en el amor y el respeto a Aquel que me amó primero y se entregó por mí en la cruz hace ya más de 2000 años.

Dios te hizo libre para escoger, pero no te hizo libre para no escoger. No puedes ser neutral ante Él

MOLDEADO POR LAS CIRCUNSTANCIAS

> "Pues los sufrimientos ligeros y efímeros que ahora padecemos producen una gloria eterna que vale muchísimo más que todo sufrimiento."
>
> **2ª Corintios 4:17**

En la parte posterior de un camión, lucía orgullosa una leyenda que para muchos ha llegado a ser un *slogan* en su vida: "Cuanto más conozco a las personas, más quiero a mi perro." Cómico, ¿verdad? Pero triste a la vez. Triste porque denota la realidad de que muchos deambulan por ahí desanimados y cansados de invertir para recibir pérdida en lugar de ganancia. Lastimados en su corazón por arriesgarse a amar una vez más y salir perdiendo. Gente guardando rencor durante años, envenenados y envenenando a los que les rodean. De alguna manera, debemos coincidir en que enfrentamos circunstancias diversas durante la mayor parte del día. Decisiones, diferencias con personas, o simplemente, el tener que mantener la compostura ante actitudes no deseadas de alguien que se levantó con el pie izquierdo ese día y te pasó la factura a ti. Cada una de esas circunstancias, moldean nuestro carácter y nos ayudan a conocer mejor a los demás y aún a nosotros mismos; activan mecanismos de defensa para evitar el daño en lo subsiguiente y, de alguna manera, conforman la vida misma de todo individuo sea cuál sea la cultura o el lugar en el que viva. Dios tiene un propósito con cada problema. Jesús advirtió que tendríamos problemas en este mundo: 2ª Corintios 4:17 **"Pues los sufrimientos ligeros y efímeros que ahora padecemos producen una gloria eterna que vale muchísimo más que todo sufrimiento".** Nadie puede abstenerse de enfrentar situaciones adversas ni es inmune al dolor, y cuando acaba con un conflicto, ya hay otro esperándole a la vuelta de la esquina. Todo esto se comprende mejor cuando tienes la convicción de que Dios siempre está en cada paso que das. Hay dos clases de personas en el mundo, las que se disgustan cuando no pueden ver a Dios a través de una circunstancia y los que han aprendido a ver las circunstancias a través de Dios, sea buena o aparentemente mala. No olvides: **"Dios dispone todas las cosas para el bien de quienes lo aman, los que han sido llamados de acuerdo con su propósito."** Así que: "Comienza a amar a Dios y permite que Él ame a los demás a través de ti."

Dios tiene un propósito con cada problema

16 de diciembre

TITANIC

Hace algunos años que se logró descubrir el sitio exacto en el que se hundió el Titánic, en abril de 1912 dejando un saldo de 3.000 muertos. Al partir este coloso de los mares, se había proclamado que era indestructible. Cámaras de aire en el subsuelo de la embarcación garantizaban que dicha nave flotase a cualquier precio.

> "Así que somos embajadores de Cristo, como si Dios los exhortara a ustedes por medio de nosotros: «En nombre de Cristo les rogamos que se reconcilien con Dios.»"
>
> **2ª Corintios 5:20**

"Ni siquiera Dios mismo puede hundirlo", exclamó su capitán a uno de los nerviosos pasajeros. Aquella fatídica noche, cuando las aristas afiladas de un iceberg sumergido rebanaron transversalmente el lado derecho de la nave, inundando justamente dichas cámaras de aire del subsuelo, los pasajeros no se dieron cuenta del peligro que les sobrevendría. La diversión continuó, la orquesta siguió tocando, aún varios rehusaron obedecer las órdenes de la tripulación que aconsejaba abordar los botes de emergencia argumentando que era imposible que se hundiese y que no había motivo para abandonar la nave. De ahí la cifra tan elevada de víctimas fatales. Se comprendió... demasiado tarde, que el buque se hundía irremediablemente y a la despreocupación sucedió un pánico indescriptible. Mientras se hundía aquella nave, la orquesta dejaba oír las melodías del tan conocido himno cristiano: "Más cerca quiero estar, Señor de ti", seguramente a petición de algún cristiano a bordo. ¿Sabes? El mundo en el que viajamos se asemeja a aquel Titánic. Se está hundiendo y los hombres no quieren reconocerlo. Las advertencias no faltan, pero el hombre no quiere darse cuenta de la inutilidad de sus intentos. Los cristianos debemos pregonar a tiempo y fuera de tiempo, como dijera Pablo en 2ª Corintios 5:20: **"Os rogamos en nombre de Cristo: Reconciliaos con Dios."** Su Cruz, Su muerte y Su resurrección, abren el camino a Dios y la entrada al cielo. Sólo falta tu arrepentimiento, tu fe en su amor y la decisión de subirse al bote salvavidas. Todavía queda lugar para ti. No dudes. Te puede costar la vida. Fue la duda y la incredulidad al anuncio de emergencia lo que mató a tantas personas en aquel barco y aquella historia de casi 100 años atrás se vuelve a repetir cada día. Recuerda: Hoy es el día de salvación.

La cuestión no es llegar rápido sino llegar

> "La sangre de Cristo limpiará vuestras conciencias de las obras que llevan a la muerte"
>
> **Hebreos 9:14**

La conciencia es patrimonio exclusivo de nuestra raza humana. Está puesta allí, en nuestro interior, como un juez imperceptible a los rayos X pero que se hace oír cada vez que se le demanda. La conciencia. ¿Quién la creó? ¿Quién la puso allí? ¿Quién la instruyó para discernir entre lo que hacemos mal, lo que hacemos bien y lo que debiendo haber hecho no hicimos? No es considerada como un órgano vital. No aparece con forma definida en ninguna lámina escolar. No hay medicamentos que actúen sobre ella; sin embargo, está allí, siempre con toda su fuerza. ¿La poseen los animales o los vegetales? Claro que no. El león que ataca a su dueño que le crió como mascota durante años, no está mal por lo que hizo, ni pierde el sueño acosado por un sentimiento de culpa. El gran árbol del bosque que crece por sobre los demás, no se acongoja al ver las plantas en los estratos inferiores de la selva palidecer por la falta de luz y la sombra del árbol; él sigue creciendo.

La única respuesta es que somos seres morales y la conciencia señala a un Dios moral como nuestro Hacedor. La inteligencia no puede venir de la "no inteligencia". La moral no puede venir de lo "no moral". Los que hemos encontrado en Dios las respuestas a éstas y otras preguntas de la vida, sabemos que Dios es nuestro Creador y que ha puesto Su voz en nuestros corazones: "La conciencia humana". Muchas veces, la conciencia como un árbitro, nos marca cuando cometemos una falta; también cuando estamos dentro de las reglas y el juego debe continuar. ¿La oyes? Fue puesta por Dios allí y es capaz de conducirte a Su presencia si la atiendes. Dice la Biblia en Hebreos 9:14: **"La sangre de Cristo limpiará vuestras conciencias de las obras que llevan a la muerte"**. Reclama a Dios el poder de Su sangre y verás tu conciencia regenerada sólo para Su gloria.

No trates de acallar tu conciencia, puede quedar muda

18 de diciembre

Termómetro O Termostato

¿Sabes cuál es la diferencia entre un termómetro y un termostato? Muy simple. El termómetro varía según la temperatura del medio ambiente que le rodea mientras que el termostato permanece inalterable a pesar de lo que pase afuera y además activa un mecanismo que regula la temperatura circundante. O sea que uno es alterado por las circunstancias externas y el otro no. Creo que existen dos tipos de personas: Los termómetros y los termostatos. ¿Cuál de los dos eres tú?

"Alégrense en el Señor siempre".

Filipenses 4:4

El gozo que Dios te ofrece, es un talante independiente de nuestras circunstancias inmediatas. Si dependiese de nuestros alrededores, entonces sería tan incierto como una vela ardiendo sin protección en medio de ráfagas de viento. En un momento, la vela arde clara y firme, al siguiente la llama salta al mismo borde de la mecha. Pero el gozo de Dios no tiene relación alguna con el efímero contexto de la vida, y por ello no es víctima de un día fugaz. Un día estoy en las bodas de Canaá y otro frente a la tumba de Lázaro. Un día, las personas me valoran y al otro no veo nadie a mi lado. Sí, los días son tan mutables como el tiempo. Pero el gozo cristiano puede ser persistente. ¿Dónde reside el secreto? Aquí está el secreto: **"He aquí yo estoy con vosotros todos los días hasta el fin del mundo"**. En los días cambiantes Él no cambia ni se cansa. No es un compañero de tiempos buenos que me deja cuando los días son oscuros. No escoge mis días de fiesta, para luego no ser hallado en mis días de derrota. No se muestra sólo cuando llevo una guirnalda, ni se oculta cuando llevo una corona de espinas. Está conmigo; "todos los días". Los días prósperos y los días de adversidad; días en que doblan las campanas de duelo, y días cuando repican las campanas de boda. ¿Cuentas con la presencia del Señor en tu vida? Sólo así obtendrás la firmeza para soportar los embates de la vida sin perder tu ánimo, sabiendo Quién está a tu lado.

**No juzgues a Dios por tus circunstancias,
Juzga tus circunstancias a través de Dios**

> "Me volví y vi todas las violencias que se hacen debajo del sol; y he aquí las lágrimas de los oprimidos"
>
> **Eclesiastés 4:1**

Leemos en Génesis 4:8, acerca de los orígenes de la violencia humana sobre esta tierra, cuando Caín, hermano de Abel, por envidia, preparó una emboscada y una vez solos le asesinó. ¡A su propio hermano! Sí. Es que la violencia no respeta ni aún a los de tu propia sangre. Te enceguece, te controla y te hace hacer cosas de la cuales, ya demasiado tarde, te arrepentirás.

Dos capítulos más adelante Dios señala esta conducta como característica de la sociedad, en Génesis 6:11: **"Y se corrompió la tierra delante de Dios, y estaba la tierra llena de violencia".**

Es escalofriante oír a diario las noticias acerca de actos de violencia en aulas de escuela, hogares, senados, estadios de fútbol, comercios, atentados terroristas, etc. ¡Violencia, violencia¡ Se repiten las palabras del viejo predicador: Eclesiastés 4:1: **"Me volví y vi todas las violencias que se hacen debajo del sol; y he aquí las lágrimas de los oprimidos, sin tener quién los consuele; y la fuerza estaba en la mano de sus opresores, y para ellos no había consolador".**

Cuando hablamos de violencia nos referimos no sólo a la puramente física, sino también a la verbal y sicológica, que puede ser peor. Violencia es toda aquella acción en la que se produce un ataque a la dignidad de la persona o su integridad. Son oportunas las palabras de Jesús cuando caminó esta tierra: **"La paz os dejo, mi paz os doy. Yo no la doy como el mundo la da."**

¿Cómo la da Jesús? Bueno, primero Él la da aún cuando la tormenta arrecia, el mundo la después. Él la da perpetuamente, el mundo sólo por breves instantes. Él la da gratis, el mundo te la cobra.

El mundo te propone la paz a través de cosas, Dios a través de una persona: Jesús. Porque la paz no se logra teniendo cosas sino teniendo a Jesús. Si quieres erradicar tu violencia y disfrutar de paz real, acércate a Jesús, Él es la paz. Juan 14:27.

La paz no se logra teniendo cosas sino teniendo a Jesús

20 de diciembre

TATUAJES

Los tatuajes en la piel de los jóvenes han llegado a ser marca registrada en nuestra sociedad moderna. Esta práctica no es nueva, por cierto.

La costumbre de hacer una marca sobre la piel con algún elemento punzante impregnado con pigmento indeleble provenía de los pueblos palestinos, aunque fue practicado por los babilonios, los escitas, los incas de América, y muchas tribus salvajes. Los indios del Chaco argentino, especialmente las mujeres de los matacos y tobas se tatúan con espinas de cactus. Los charrúas o guaraníes, y también los onas, lo hacían por punción y cicatrices.

La palabra "tatuaje" proviene del vocablo polinesio: "ta" que significa "dibujar", era un ritual artístico en esas islas y, según el contexto, era un arte prohibido, popular o erótico.

Antiguamente se marcaba con ellos a los esclavos y criminales y muchas veces eran parte de un rito fúnebre, como señal de luto.

Desde la década del 60, los tatuajes se convirtieron en sinónimo de rebeldía. Aquellos que se hacen tatuajes en el cuerpo, incluyendo los "piercings", palabra inglesa que proviene del vocablo "to pierce" o perforar, quieren manifestar algo, dar un mensaje a los demás.

Muchos lo hacen por estética como parte de la cultura "light", otros por imitación de sus ídolos; otros por pertenecer a alguna "tribu urbana"; pero todas son marcas de identificación y pertenencia.

Al margen del contexto de sensualidad, magia y superstición que ha envuelto y envuelve a los tatuajes, el hombre desde siglos ha buscado identificarse con alguna marca externa que lo asocie con determinado grupo de pensamiento.

La Biblia, la Palabra de Dios propone una marca interna, del corazón. Un tatuaje del alma, hecho con tinta roja de la misma sangre de Jesús. Es indeleble, nunca será borrado, es antiguo, ha cambiado millones de vidas, es muy valioso, costó la encarnación, muerte y resurrección de Dios, es gratis, sólo debes aceptarlo como un regalo; es vital, si no lo tienes estás condenado a la muerte eterna.

> "Y sus siervos le adorarán, y lo verán cara a cara, y llevarán su nombre escrito en sus frentes."
>
> **Apocalipsis 22:4**

La única garantía de salvación del alma es la marca de Dios escrita en tu corazón con la Sangre de Cristo

EVOLUCIÓN, CIENCIA O FILOSOFÍA

> "Me ha sido necesario escribiros exhortándoos que contendáis ardientemente por la fe que ha sido una vez dada a los santos"
>
> **Judas 1:3**

La ciencia ha resuelto infinidad de enigmas, pero la realidad de la vida ha resistido hasta ahora a todos los esfuerzos del investigador, de tal manera que sus inicios siguen siendo un misterio. Ni aún la jactanciosa teoría de la evolución ha dado explicación alguna de su origen, sino que se ha limitado a especular sobre el progreso de lo que ya existía. La vida procede únicamente de un antepasado vivo. Pues si la vida procede de la vida, ¿De dónde provino la primera vida? Cuando el hombre comenzó a interesarse por este problema, recurrió a la ciencia y le preguntó ¿Dónde comenzó esto que llamamos vida? La respuesta: "No sabemos". Es que la ciencia no se ocupa de los orígenes sino de conocer un asunto mediante la observación y lo demuestra en un laboratorio. De manera que "Ciencia" es el conocimiento adquirido y verificado. ¿Cómo se adquiere este conocimiento inicial? Por la observación proveniente de una fuente confiable, de lo contrario, esto degeneraría en superstición y fábula. De las teorías contemporáneas todas coinciden en un punto: Que el hombre es la última de las especies que aparecieron y que había abundante presencia de vida antes de la existencia humana. Si no hubo humano observador de tal proceso, ¿Cómo se atreven a titular bajo el rótulo: "Ciencia" la débil teoría de la evolución? El origen de la vida, entonces pertenece al campo de la filosofía más que de la ciencia, pues la filosofía no necesita de ningún hecho comprobable. Es puramente especulativa y teórica y puede ocuparse de cualquier asunto. La misma palabra "teoría" de la evolución, nos demuestra que no es ciencia sino filosofía. Filosofía humana, barata y atea. Si tú quieres atribuir la existencia de la vida y el destino de tu alma a una infundada filosofía, es tu problema. Yo prefiero cimentar mi vida y mi futuro eterno en Aquel que me creó, me conoce y me ama: Dios. No hay más. Sólo **"el necio dice en su corazón: No hay Dios"**.

El Eterno observador de los orígenes y el desarrollo de la vida, Dios, te sigue observando desde el cielo

22 de diciembre
PODER Y PLACER

En la frontera occidental de Rusia, en Vilna, hay un interesante monumento de granito con dos notables inscripciones. Del lado oriental dice: Napoleón pasó por aquí en 1812 con 410.000 hombres. Del lado occidental la leyenda reza así: Napoleón pasó por aquí con 9000 hombres. ¿Sacaste la cuenta? Sí. Más de 400.000 familias tuvieron que sentir el horror de la muerte de uno de sus integrantes por la demencia de un hombre con ansias de poder y conquista que acabó sus días en una famosa derrota. Desde tiempos remotos hasta nuestros días, esta realidad se repite. ¿Las causas? Siempre las mismas, la ambición sin límites, la necesidad de prestigio, la búsqueda del poder y el placer. Todas estas manifestaciones del perfil humano no son inherentemente malas pero pueden llevarnos a consecuencias trágicas si no están correctamente enfocadas. Tanto la búsqueda del placer como la necesidad de prestigio y la administración de poder están presentes en el ser humano porque Dios las puso allí. Experimentar y dar placer no es pecado, el poder del hombre sobre la creación es un permiso concedido por Dios, aunque perdido por la mala mayordomía del hombre. Desear respeto y reconocimiento, buscar el progreso no es malo siempre que no se obtenga al costo del desprestigio y el perjuicio ajeno. El hombre yerra cuando enfoca mal su fuente de placer, cuando alimenta sus ansias de poder y cuando se embriaga con la fama y los aplausos de los demás, no sólo arruinándose él sino también arrastrando muchas víctimas inocentes en su carrera desenfrenada.

Dice el Salmo 37:4, **"Deléitate asimismo en Jehová y Él te concederá las peticiones de tu corazón."** La conquista de todos tus deseos en la vida se obtiene cultivando una relación deleitante con tu Creador. En otras palabras, cuando Dios es tu deleite, tus peticiones son Su deleite y serán respondidas. El progreso y la realización de vida son consecuencias de enfocar correctamente mis pretensiones en Dios y Su Palabra y sentarnos a contemplar como Dios completa paulatinamente Su obra maestra.

El hombre yerra cuando enfoca mal su fuente de placer

Pacto De Sangre

> "Pero si vivimos en la luz, así como Él está en la luz, tenemos comunión unos con otros, y la sangre de su Hijo Jesucristo nos limpia de todo pecado."
>
> **1° Juan 1: 7**

A principios del siglo, tuvo lugar en Inglaterra y América un avivamiento religioso llamado: "Movimiento de Oxford" haciendo alusión a los jóvenes de aquella universidad que unieron sus esfuerzos para iniciar una nueva sociedad basada en valores de desinterés, honestidad absoluta, amor absoluto y pureza moral. Liderados por un tal Buschman, estos piadosos jóvenes comenzaban y terminaban su día con instantes de meditación y exámenes de auto conducta. Pedro Van Woerden, el célebre músico internacional comenta haber sido parte de aquel movimiento. "Escribíamos en un cuaderno todo aquello que nos ocurría, cómo nos sentíamos y teníamos que reconocer todas las impurezas que cometíamos a diario", comenta. "Decidí juntarme con un amigo cada domingo para comparar nuestros cuadernos y hacer un listado de las faltas más comunes que nos esclavizaban", continúa. "Cierto día, hicimos un pacto a esforzarnos por luchar y vencer esas debilidades, nos pinchamos cada uno un dedo y mojando las plumas en nuestra propia sangre firmamos el pacto. Fue triste al siguiente domingo, encontrarnos para coincidir que habíamos vuelto a fallar en los mismos pecados", confiesa Woerden. Este famoso músico, tuvo que comprender un día que Alguien lo había hecho todo por él, habiendo derramado Su propia sangre para hacerlo libre del pecado. La universidad de Oxford le había enseñado a Woerden que debemos reconocer nuestras faltas y tratar de repararlas pero no le había dado el poder de vencerlas. Sólo la sangre de Jesucristo nos limpia de todo pecado y nos hace verdaderamente libres. Él ya la derramó por ti, todo esfuerzo por mejorar y agradar a Dios es vano si no se hace sobre la base correcta: La sangre de Cristo en la cruz. Deja de intentar convencer a Dios de que eres bueno. Abre tu cuaderno de faltas ante Su presencia, pídele perdón y deja que Él haga un paco de sangre contigo, Su propia sangre. Serás libre y vivirás el resto de tu vida sólo para agradarle. Porque **"La sangre de Jesucristo, su Hijo, nos limpia de todo pecado"** (1ª Juan 1:7).

Las técnicas de autoayuda solo empeoran las cosas

24 de diciembre
Sé Un Héroe

Max Lucado afirma: *No pienses que los héroes sobresalen siempre en sus hazañas y cosechan aplausos en cada esquina. Muchas veces sus proezas son ocultas, anónimas e inadvertidas. De hecho, tú puedes ser uno de esos héroes. Ahora mismo, tú puedes estar realizando una gran hazaña y tal vez ni siquiera lo habías*

> "Todos ellos vivieron por la fe, y murieron sin haber recibido las cosas prometidas; más bien, las reconocieron a lo lejos, y confesaron que eran extranjeros y peregrinos en la tierra."
>
> **Hebreos 11:13**

pensado. En un húmedo calabozo, un hombre desconocido, yacía débil en el suelo. Acaba de inaugurar el movimiento más grande de la historia, sus palabras hicieron estallar una revolución que abarcaría dos milenios. Historiadores futuros lo describirán como visionario. Pero hoy, parece cualquier cosa menos eso. Con el rostro confundido mira la fría y blanca pared y suspira. ¿Será este, de quien he predicado, verdaderamente el Mesías prometido? Sí. Juan el Bautista, el precursor del Mesías, le teme al fracaso. No suena demasiado heroico, ¿Verdad? Preferiríamos que antes de cerrar sus ojos por última vez en este mundo, viera la consumación de la obra mesiánica que tanto anunció: "El reino establecido". Pero no. Se acaba su tiempo y le inunda la duda. Acompáñame a otra cárcel. Ahora en Roma. Doblado y frágil, esposado al brazo de un guardia romano, en total bancarrota, sin familia, sin propiedad, corto de vista y desgastado. Vivió momentos destacados, es verdad, pero hoy, la realidad es otra. Camina arrastrando los pies al desplazarse por los pasillos de su encierro. Pero si te digo que este hombre determinará el curso de la historia, si te digo que sus pensamientos afectarán la enseñanza de cada escuela de Occidente, si te digo que sus garabatos escritos en pergaminos se leerán en miles de idiomas e impactarán todo credo y constitución religiosa. ¡Ah, ese entonces sí que es un héroe! Pero el hecho es que no lo parece, ni el Bautista ni el apóstol. Pero lo son. Es que detrás de todo alud hay un copo de nieve, detrás de un terremoto, hay un guijarro. Una explosión atómica comienza con un átomo y un avivamiento puede comenzar con tu sermón. Rara vez vemos la historia cuando se genera y casi nunca reconocemos a los héroes. [Si no los ves, una mirada al pesebre te refrescará la memoria.]

¿Saben, los héroes, cuando realizan actos heroicos?
...Pocas veces

No Necesitas A *Papá Noel*

"El regalo de Dios es vida eterna en Cristo Jesús, nuestro Señor."

Romanos 6:23

Es inevitable relacionar esta fecha con el personaje tan simpático y alegre, con barba blanca, una gran barriga roja y su característico: " ¡Jo, jo, jo!" Sí, Papá Noel es el personaje más esperado por niños y grandes en la navidad. Pero... ¿En realidad es " Papá Noel" lo que necesitamos?

Dios, en aquel pesebre, envió al mundo lo que el hombre y la mujer realmente necesitaban, porque Él conoce a Sus criaturas, y quien nació en Belén no fue Papá Noel sino un niño que era el mismo Dios. ¡Qué triste que los hombres hayamos sustituido al Dios eterno hecho hombre, indispensable para nuestras vidas, por un místico personaje de dudosos comienzos.

No hay ni punto de comparación. Papá Noel vive en el Polo Norte, Jesús está en todas partes. Papá Noel pasea en trineo, Jesús camina contigo, Papá Noel viene una vez al año, Jesús siempre está a tu lado. Papá Noel tiene que preguntarte: "¿cómo te llamas?", Jesús sabe tu nombre desde antes que nacieras, conoce tu pasado y tu futuro. Papá Noel rebosa salud, sí, pero tiene su barriga llena de algodón, Jesús es delgado, es cierto, hasta parece débil, pero tiene su corazón lleno de amor. Papá Noel se ríe "jo, jo, jo"; Jesús sabe que, a veces las risas no son lo que necesitas, sino ayuda, consuelo y esperanza.

Los ayudantes de Papá Noel hacen juguetes; Jesús hace nuevas todas las cosas, ¡hasta tu vida! Repara corazones y arregla hogares destrozados. Papá Noel te hace reír; Jesús te puede hacer volver a vivir. Si te portas bien, puede ser que Papá Noel te deje un regalo a los pies del árbol, Jesús, sin importar cómo te comportes, hizo el regalo de Su propia vida la cual ofrendó por ti a los pies de la Cruz.

Por eso, en esta Navidad, dejemos a Papá Noel para los comerciantes, pero nosotros disfrutemos el Regalo de Dios, Cristo Jesús; apropiémonos de Él y de Su virtud y celebremos a Jesús en lugar de festejar a Papá Noel.

¿Qué prefieres, regalos nuevos o una vida nueva?

26 de diciembre
Aceptado Igual

Es conocida la historia de aquel soldado que después de varios meses en batalla volvía a casa. Junto con él traía un amigo muy particular. Lo llevaba a su casa. Llegó a la estación y llamó a sus padres, les dijo que regresaba, que ya todo había terminado, que faltaban horas para el reencuentro. El corazón de sus padres saltó de alegría al escuchar la noticia. Al fin el hijo regresaba al hogar para estar juntos para siempre. Aquel joven intentaba contarles lo de su amigo pero era tanta la excitación del otro lado de la línea telefónica que ni le escuchaban. Cuando por fin se calmaron él les dijo: "Papá, ¿puedo llevar a un amigo mío a casa? Te advierto que es algo especial". "Por supuesto que sí, hijo pero... ¿Especial? ¿Qué tiene de especial?" "Bueno", respondió el muchacho, "ha sufrido mucho en la guerra y lleva en su cuerpo cicatrices de por vida". "¿Cicatrices? ¿Qué tipo de cicatrices?" "Bueno," respondió el hijo, "ha perdido una de sus piernas, eso es tal vez lo peor. Pero también su rostro ha sido desfigurado por la explosión de una granada. Ah, me olvidaba, contrajo una rara enfermedad que los médicos aún no han detectado. ¿Puede ir papá, puede ir?"... Hubo un largo silencio y después de un rato la madre habló: "Sabes qué sucede hijo, nuestra casa no está adaptada para un lisiado. Además, ¿qué dirán los vecinos y tus familiares con lo de su enfermedad? ¿Será contagiosa? Y tu hermanita, puede asustarse al ver las marcas en su rostro. Mejor ven sólo. ¿Comprendes?"... Ahora el silencio estaba del otro lado de la línea... "Hijo, hijo, ¿Me oyes?"... Aquel joven dejó el teléfono de la estación colgando y se fue sólo. Sí, sólo porque no había ningún amigo. Él era aquel lisiado, y llamó para asegurarse de que sus padres lo aceptarían al verle así. ¿Sabes? Dios no te acepta por lo que eres o cómo eres sino porque eres Su criatura y aunque el pecado haya dejado huellas imborrables en ti, siempre habrá lugar en Su casa y en Su mesa si arrepentido acudes a Él.

Dios no te acepta por lo que eres o cómo eres sino porque eres Su criatura

> "No alimentes odios secretos contra tu hermano, sino reprende con franqueza a tu prójimo para que no sufras las consecuencias de su pecado. No seas vengativo con tu prójimo, ni le guardes rencor. Ama a tu prójimo como a ti mismo. Yo soy el SEÑOR."
>
> **Levítico 19:17-18**

Soy botánico de profesión, y algo que aprendí en mi vida de jardinero es que las buenas plantas deben ser atendidas si quieres conservarlas y reproducirlas, pero las otras, las malas, indeseables y amargas, crecen solas, sin que nadie las siembre, y se propagan con tanta facilidad que en cuestión de días invaden tu terreno hasta arruinarlo todo contaminando aún a las buenas plantas. Dios usa en Su Palabra dos veces esta analogía para referirse a la amargura, el rencor y el odio como raíz amarga que contamina y contagia. Así lo leemos, por ejemplo, en Deuteronomio 29:19, **"Tengan cuidado de que ninguno de ustedes sea como una raíz venenosa y amarga. Si alguno de ustedes, al oír las palabras de este juramento, se cree bueno y piensa: Todo me saldrá bien, aunque persista yo en hacer lo que me plazca, provocará la ruina de todos."** También el escritor a los Hebreos dice en su capítulo 12:14-15: **"Busquen la paz con todos, y la santidad, sin la cual nadie verá al Señor. Asegúrense de que nadie deje de alcanzar la gracia de Dios; de que ninguna raíz amarga brote y cause dificultades y corrompa a muchos."** Oportunidades para enojarnos, amargarnos, sentirnos heridos, y traicionados, tendremos siempre. Pero tú y sólo tú eres responsable de guardar rencor en tu corazón contaminándote. Muchas veces, como en la lectura anterior, pensamos que nosotros tenemos la razón y actuamos sobre la base de nuestros criterios. Cuando el móvil de mis decisiones está controlado por el rencor es posible que todos mis actos estén teñidos del color negro de la venganza y nos metemos en problemas a diario. El escritor a los Hebreos dice que vivir en este estado de enojo me aparta de la gracia de Dios. Esa gracia que fue derramada en nuestros corazones y que nos enseñó que fuimos amados aún cuando no lo merecíamos, que fuimos reconciliados aún cuando éramos enemigos en nuestra mente y acciones contra Dios y que del mismo cielo de Dios vino el socorro cuando no lo merecíamos. Es esa gracia la que me capacita para amar a otros a pesar de sus errores y ofensas y a vivir en dulce armonía con los demás, con Dios y conmigo mismo. Perdona y sé feliz.

**Si corres con la pesada mochila del rencor
nunca alcanzarás la gracia de Dios**

28 de diciembre
CONSULTA PRIMERO A DIOS

El capítulo 9 de Josué es un claro ejemplo de las consecuencias que puede acarrear una decisión tomada sin consultar a Dios. En esta oportunidad, Josué y el pueblo de Israel, hicieron pacto con vecinos impíos, creyéndoles las mentiras de que eran habitantes de un país lejano, cuando en realidad vivían a la vuelta de la esquina. En una astuta trampa, estos hombres se disfrazaron de viajeros de lejanas tierras y pidieron hacer convenio con la floreciente nación de Israel porque ya habían oído de las hazañas que Dios había hecho con ellos.

> "No seas sabio en tu propia opinión; más bien, teme al Señor y huye del mal. Esto infundirá salud a tu cuerpo y fortalecerá tu ser."
>
> **Proverbios 3:7**

El texto bíblico es bien claro en Josué 9:14-16. Los hombres de Israel participaron de las provisiones de los gabaonitas, pero no consultaron al Señor. Entonces Josué hizo con ellos un tratado de ayuda mutua y se comprometió a perdonarles la vida. Y los jefes israelitas ratificaron el tratado. Tres días después de haber concluido el tratado con los gabaonitas, los israelitas se enteraron de que eran sus vecinos y vivían en las cercanías. Pero claro, ya era tarde, la promesa había que cumplirla, pero si hubieran consultado a Dios... Cuántas veces nos lamentamos de decisiones tomadas a las apuradas, pero ya es tarde.

Aquel que disfruta de una íntima y fluida comunión con Dios, cuenta con un recurso inestimable como es la oración de consulta en momentos de duda. Pero aquel que se cree sabio en su propia opinión, arriesga su vida y perece víctima de su propio y empecinado orgullo. Es lógico, el que vive de fracaso en fracaso por no pedir consejo ni a Dios ni a los hombres, se debilita poco a poco al ver sus propios errores y tareas inconclusas, pero aquel que prudentemente espera los tiempos de Dios y actúa de acuerdo a Sus métodos, se fortalece y cada vez toma más confianza bajo la guía de Dios.

Al fin y al cabo, el tema principal del libro de Josué, es el valor de cumplir las reglas exactas de Dios para alcanzar Sus promesas en una vida de fe.

Confiar es obedecer, no hay otra

> "El que tarda en airarse es grande de entendimiento; mas el que es impaciente de espíritu enaltece la necedad."
>
> **Proverbios 14:29**

Vivimos en una sociedad violenta. La ira del hombre es una manifestación peligrosa de un estado emocional que puede dominar al que está enfurecido y puede afectar a todos los que le rodean. Cuenta una historia que cierto matrimonio subió a un tren para realizar un corto viaje de una estación a otra. Ignoraban inocentemente que el tren había sido secuestrado por un maniático y que el conductor estaba maniatado. El destino de aquel tren fue un barranco y la muerte de aquella pareja. Existen niños que manifiestan ira gritándole a sus compañeros o aún a sus padres. Los padres pierden el control con sus hijos; los esposos tienen actitudes violentas con sus cónyuges. El empleado se queja de los maltratos de sus jefes; los políticos gritan en los parlamentos. ¿Por qué nos volvimos tan violentos? Las cárceles están repletas de personas que, en un arranque de ira, se han extralimitado tal vez con la persona que más amaban y le han quitado la vida. Mujeres golpeadas o abusadas sicológicamente, gritos de furia en la carretera porque se aglomeró el tránsito, platos rotos y portazos en el seno familiar, discusiones, golpes en la cancha de fútbol y en las tribunas... Ira. Violencia. Enojo. No es malo enojarse, hay situaciones que demandan una enérgica respuesta de nuestra parte, pero es peligroso subirse al tren de la ira si no estoy seguro de quién lo conduce, porque si se descarrila puede acabar en tragedia. Jesús también se enojó. Nos cuenta Marcos que enfurecido al observar cómo los religiosos de su época habían convertido el templo en una feria de mercado, improvisó un azote y a los latigazos sacó a todos los comerciantes de aquel lugar. Pero lo notable es que sus emociones estaban controladas por una profunda comunión con el Dios de paz ya que la noche anterior, nos dice: Marcos 11:11-12, había entrado también en el templo y había presenciado semejante espectáculo, sin embargo, "como ya anochecía" se controló y volvió a su casa en Betania. ¿Te das cuenta? Ira bajo control es aceptable, furia descontrolada es peligrosamente trágica. ¿Quién conduce el tren de tu ira? Si no lo sabes, te aconsejo que no te subas.

Es peligroso subirse al tren de la ira si no estoy seguro de quién lo conduce

30 de diciembre
Sé Genuino

Cultivar la vida en comunidad requiere sinceridad, pero lamentablemente, la sinceridad es un ingrediente que escasea en nuestros días. Los humanos hemos desarrollado cierta habilidad en el uso de "máscaras" que nos ocultan y por otro lado ofrecemos la cara que más nos convenga. Esta "hipocresía crónica" nos caracteriza

> "Al contrario, el amor debe hacernos decir siempre la verdad, para que, en todo lo que hagamos, nos parezcamos cada vez más a Cristo."
>
> **Efesios 4:15**

pero a la vez nos despersonaliza e impide la correcta convivencia. Son pocas las personas que pueden demostrar que actúan de acuerdo a sus principios y convicciones interiores, realmente genuinos bajo cualquier situación. La mayoría finge, actúa, calla o miente si le conviene. ¿Por qué nos cuesta tanto ser sinceros y auténticos? Por lo general sabemos lo que debemos decirles a las personas pero nuestros temores nos impiden abrir la boca. A veces, es la medida de nuestro amor por esa persona lo que nos mueve a decirle la verdad, confrontándolo amablemente. Dice el apóstol Pablo: **"Hermanos, ustedes son guiados por el Espíritu de Dios. Por lo tanto, si descubren que alguien ha pecado, deben corregirlo con buenas palabras. Pero tengan cuidado de no ser tentados a hacer lo malo. Cuando tengan dificultades, ayúdense unos a otros. Esa es la manera de obedecer la ley de Cristo".** ¿Lo ves? Cuando el Espíritu del amor de Dios mora en tu corazón, estás capacitado para ser genuino, no fingir, decir siempre la verdad aunque te duela o le duela a quién la oye. Pero sólo así habrás hecho tu pequeño aporte para una convivencia más armónica. La comunión verdadera depende de la franqueza, ya se trate de un matrimonio, una familia o una iglesia. Basta ya de pasar por alto el conflicto en pro de un falso sentido de paz que sólo logra apaciguar los ánimos pero nunca resuelve nada. Habla la verdad a aquel que amas y aprendamos a vivir juntos... Pero en armonía.

Tu calidad de persona está dada por la medida de tu sinceridad

31 de diciembre
¿Satisfecho Este Año?

> "Porque en lo íntimo de mi ser me deleito en la ley de Dios."
>
> **Romanos 7:22**

Satisfacción es lo que más busca el hombre y la mujer de hoy. ¿Verdad? Llámalo placer, diversión, buen pasar... Lo cierto es que toda persona gasta sus fuerzas, dinero y tiempo en la búsqueda de placer y satisfacción. El problema radica en el lugar que nosotros escogemos para encontrar placer.

Porque la experiencia demuestra que la mayoría de esos lugares que prometen paz, felicidad y amor, en realidad son espejismos en el desierto de esta vida que nos deshidratan paulatinamente y nos frustran al ver, una vez más, nuestras expectativas incumplidas, nuestras aspiraciones no satisfechas.

¿Qué pasa? ¿Dónde encontrar la realización de vida? La cantante "Pop" de moda: Shakira, en una de sus últimas producciones dice: "Ya no me satisfacen los aplausos. En realidad no sé si he vivido mil días o el mismo día mil veces." ¿Es esto satisfacción? Más bien me suena a espejismo, a ilusión, a realidad virtual.

Una historia muy cruda pero real, fue la narrada por el Señor Jesús en el Evangelio de Lucas, capítulo 15. Cierto muchacho anónimo, abandonó a su padre y se fue en busca de "los placeres del mundo". Alejado de su familia, malgastó todo su dinero y encontrándose en la pobreza extrema, dice el versículo 15 que: **"Tanta hambre tenía que hubiera querido llenarse el estómago con la comida que daban a los cerdos, pero aun así nadie le daba nada".** Observa la frase: "llenarse el estómago" es muy distinto de alimentarse, ¿Verdad? Es que, como dijimos antes, lo que el mundo ofrece no te alimenta, sólo llena por un ratito. No te nutre, sólo te engaña. No te desarrollas, te consumes. No vives, sobrevives. En Cristo, y en su amor demostrado en la Cruz, el hombre y la mujer pueden experimentar verdadera satisfacción. Sin engaños, sin promesas falsas y con garantía asegurada por su resurrección.

Si este año que termina te deja, otra vez, con el amargo sabor de la insatisfacción, ponte como meta para el próximo, ¡deleitarte exclusivamente en Jesús! Él te asegura que "...no volverás a tener sed ¡JAMÁS!"

Es la agradable voluntad de Dios la que te enriquece y no te trae tristeza. (Paráfrasis de Proverbios 10:22)

CENTRO DE LITERATURA CRISTIANA

EDITORIAL CLC
Diagonal 61D Bis No. 24-50
Bogotá, D.C., Colombia
www.clccolombia.com